第一次
加密貨幣
挖礦就上手
Cryptocurrency Mining For Dummies, 2nd Edition
第二版

目錄

PART 2：加密貨幣挖礦的演進

PART 3：成為加密貨幣礦工

PART 4：挖礦經濟學

PART 5：十大注意事項

本書簡介

歡迎來到《第一次挖礦就上手》。我們將在這裡協助你進入加密貨幣挖礦的美妙世界。當然你可能覺得自己並不需要我們的協助，只要去 Google 或其他搜尋引擎用關鍵字搜尋一下，就可以發現很多有用的教學資訊，照著直接開挖即可！

哈！各位請試試看吧。其實這就像是直接從消防水管裡喝水一樣，你會瞬間淹沒在大量令人困惑的部落格文章、相互矛盾的加密貨幣新聞、難以理解的維基百科內容，以及充滿誤導的 YouTube 影片中……

這就是本書問世的目的。我們的職責是把挖礦的相關知識，分解成可以理解、易於消化的、一般人就可以閱讀並了解的小知識片段。

關於本書

這本書可以為你解釋、簡化並揭開加密貨幣挖礦世界的神秘面紗，因為你必須先了解自己需要知道什麼和做什麼，才能決定是否以及如何開始加密貨幣的挖礦事業。

我們將在本書中為你詳細解釋：

- 加密貨幣挖礦的工作原理以及用途（當初加密貨幣的發明，不可能只是用來賺錢吧？）
- 不同演算法及運作方式，包括工作量證明、權益證明、委託權益證明等，以及到底何謂「雜湊」（hashing[註 1]）的全部內容
- 不同類型的礦場：礦池挖礦、個人挖礦、雲挖礦等

註 1　hash 譯為「雜湊」（亦有譯為散列），例如「雜湊函數」（hash-function），但一般談論挖礦硬體算力值時，也常使用音譯的「哈希」值，兩者所指相同，特此說明。

- 不同類型的硬體：CPU 挖礦、GPU 挖礦（顯卡挖礦）、FGPA 挖礦和 ASIC 挖礦
- 如何選擇合適的加密貨幣進行挖礦
- 如何尋找與使用礦池挖礦服務
- 如何設置挖礦硬體和軟體
- 如何計算潛在收益（或損失！），考慮挖礦網路的雜湊率（全網算力）、礦機雜湊率（礦機算力）、貨幣匯率、電價等
- 哪裡還有更多有用資源，可以協助導引你的加密貨幣挖礦之旅
- 以及更多相關內容！

愚蠢假設

我們不想預設任何立場，不過我們必須假設如果你正在閱讀本書，應該就已經對網際網路和加密貨幣有初步了解。我們假設你已經了解如何進行線上工作，也知道如何使用個人電腦設備。我們還假設你應該了解如何買賣加密貨幣（要去交易所之類），也知道必須使用加密錢包，並且知道必須維護加密貨幣的安全性。

加密貨幣挖礦本身就是一個極為複雜的主題，需要用到一整本書的篇幅來加以解釋。因此，你最好先了解這些基礎知識。本書當然會偏重於更高階的主題，亦即加密貨幣的挖礦，因此這些純粹關於加密貨幣的基礎知識，並非本書的主要內容。我們建議各位觀看彼得製作的 8 小時線上影片課程「*Crypto Clear*：*Blockchain & Cryptocurrency Made Simple*」（加密貨幣釋義：讓區塊鏈和加密貨幣變得簡單），各位可以在 CryptoOfCourse.com 網站找到該課程。無論如何，你必須學習如何安全地使用加密貨幣，以保護自己的加密貨幣免受盜竊和遺失的風險。

本書使用的圖示

跟所有《*For Dummies*》系列書籍一樣，本書也會使用幾種「圖示」來突顯某些段落，提醒各位注意特別有用的訊息。以下就是這些圖示含義的簡要說明：

Tip（訣竅）圖示代表為你提供「額外的訊息」，這些訊息可以協助你對正在討論的概念有更多的見解。

Remember（牢記）圖示代表這是值得牢記的訊息。

Technical Stuff（技術內容）圖示代表這是可以跳過的技術內容，但如果你是喜歡背景知識的人，當然也可以深入了解。

Warning（警告）圖示可以協助各位遠離麻煩。它的目的在讓你提高警覺，避開那些對你的網站或業務可能有害的陷阱。

在本書之外

除了你現在正在閱讀的內容外，本書還附帶了可以免費造訪的備忘資源清單，裡面涵蓋了各種有用的資訊，例如常用加密貨幣的背景訊息、貨幣可分割性、最受歡迎的礦池挖礦服務等。若要取得此備忘清單，只需造訪 www.dummies.com 網站，並在搜尋框中輸入「**Cryptocurrency Mining For Dummies Cheat Sheet**」（**加密貨幣投資的小白速查清單**）即可。

關於彼得的「*Crypto Clear*：*Blockchain & Cryptocurrency Made Simple*」（加密貨幣釋義：讓區塊鏈和加密貨幣變得簡單）8 小時影片課程，請造訪 www.CryptoOfCourse.com。

如何閱讀本書

跟所有優秀的參考工具一樣，本書的目的也著重於可以在「需要」時閱讀。本書分為幾個單元：加密貨幣背景和基礎；挖礦相關基礎訊息；如何開始加密貨幣挖礦；挖礦經濟學；和「十」的單元（挖礦的十項、十大……相關要點）。我們建議你可以從頭開始閱讀，並按順序通讀整本書。如果你只想知道如何找到提供挖礦服務的礦池，請直接閱讀第 7 章。如果你想了解如何估算開採特定加密貨幣所需的設備成本，請閱讀第 11 章。如果你只想了解不同的挖礦形式，第 4 章正適合你。

加密貨幣確實是相當複雜的主題，加密貨幣的挖礦更是複雜。本書涵蓋的所有主題都是相互關聯的，所以我們強烈建議你在開始挖礦之前，詳細閱讀本書的所有內容；因為在開始挖礦之前，你必須對涉及到的所有相關內容，都有更深刻的了解。畢竟遇到任何損失時，賠掉的都是你自己的錢！

1

加密貨幣挖礦入門

本單元內容包含：

複習加密貨幣的基礎知識。

認識加密貨幣挖礦。

了解區塊鏈和雜湊。

了解不同形式的挖礦。

本章內容

- » 探索數位貨幣
- » 使用區塊鏈
- » 雜湊區塊
- » 了解公鑰加密
- » 使用私鑰簽署訊息

Chapter 1 加密貨幣釋義

你可能迫切希望立刻開始進行挖礦作業，但在挖掘加密貨幣之前，我們希望你能確實了解加密貨幣的實際含義。

加密貨幣感覺仍然如此新奇，人們對加密貨幣的興趣，多半是近幾年才開始出現。雖然各種形式的加密貨幣，大致自 1980 年代以來就已陸續出現，但大多數參與其中的人，對於加密貨幣到底是什麼以及到底如何產生的理解並不確實。所以一般的加密貨幣擁有者，甚至可能不知道他們擁有的到底是什麼東西？

因此在本章中，我們將回顧加密貨幣的歷史，以及加密貨幣的不同組成成分之間如何協同運作。一旦徹底了解到底什麼是加密貨幣，便可為加密貨幣的挖礦建立更穩固的基礎。

數位貨幣簡史

加密貨幣算是一種特殊類型的數位貨幣，但仍屬於數位貨幣的一種。

那到底什麼是「**數位貨幣**」（*digital currency*）呢？數位貨幣是一個範圍相當廣泛的術語，涵蓋了各種不同定義的事物。但在一般意義上，它就是以「數位形式」而非以「有形形式」存在的貨幣（例如硬幣和紙幣即為有形的形式）。而且我們可以透過某種「電子網路」，例如網際網路或私人銀行網路之類，來轉移這些數位貨幣。

其實連信用卡交易都可以視為數位貨幣的交易。因為當你在商店（不論線上或實體商店）使用信用卡或簽帳金融卡時，資金都是以「數位方式」轉移；這種網路當然不可能把有形的實體美元鈔票或英鎊紙幣打包，再把它們郵寄給店家。

先從網際網路開始

各種加密貨幣的故事，真的都要從網際網路的時代開始說起。雖然數位貨幣在網際網路廣泛使用之前就已經存在，但要讓數位貨幣有實際用途，就需要有一種數位貨幣的「傳輸」方式。如果沒有人使用數位通訊網路（1994 年之前很少人使用）的話，數位貨幣也很難形成實際的用途。

在 1994 年之後，數以百萬計的人開始使用全球數位通訊網路，也就是網際網路時，出現了一個實際的問題：我們該如何在網路上花錢？當然從現在的角度看起來答案很簡單：使用信用卡、簽帳金融卡或 PayPal 帳戶即可。但當我們回溯到 90 年代中期時，情況要複雜得多。

收取信用卡支付的難題

讓我們回到 90 年代中期，某些讀者可能還記得（我知道許多讀者都太年輕了，以致於完全不記得有這回事），人們對於在網路上使用信用卡消費，抱持著相當謹慎的態度。還記得 1997 年時，我開了自己的出版公司，並透過網站銷售書籍，我（也就是彼得，另一位作者泰勒太年輕了，應該不記得 1997 年的事）經常會收到購書者在信件裡，裝進從網站上列印的書籍封面，然後附上一張支付書籍費用的支票。我明明在網站上放了「信用卡支付」的選項，但大多數人根本不想使用；因為他們不相信網際網路可以保障信用卡資料的安全性。

此外，當時的商家如果想設置信用卡支付功能，不但很麻煩費用也很高。完全不像現在把信用卡選項添加到網站上，真的是非常簡單的操作，所有電子商務軟體幾乎都內建這項功能。而且像 Stripe 和 Square[註1] 這樣的刷卡服務，完全降低了商家進入的門檻。商家獲得收取信用卡支付的功能，已經不再像過去那麼麻煩與昂貴。

當然，我們剛剛談的還只是商業交易方面，那個人交易呢？例如一個人該如何把欠朋友的飯錢轉給對方，或是父母如何把生活費轉給唸大學的孩子呢？（我是說在 PayPal 或銀行轉帳之外，基於網路的轉帳。）如果我們想生活在更方便的數位世界中，就應該要有某種數位貨幣。

現金有個相當重要的特點：現金交易本質上是「匿名」的，沒有紙本紀錄或數位交易的電子紀錄。因此很多人認為要有等效形式的匿名或假名的數位貨幣，才能算是傳統現金結算方法的重大改進。

很多人相信一定有更好的方法，亦即我們需要發明一種用於數位世界的數位貨幣。就目前來看，這種觀點似乎很幼稚；然而回顧過去，很明顯地，信用卡公司不會眼睜睜的看著幾兆美元的交易，轉移到網路上。他們絕對想要分一杯羹，不願放棄壟斷的局面，所以今天在美國和歐洲大部分地區，主要的交易方式，依舊是透過各種銀行卡的交易。

來談點大衛・喬姆

在 1990 年代中期，人們開始在網路上進行各種活動。然而出於不同原因，許多人不想或無法使用信用卡（見上一節）。使用支票也很困難（除非你想郵寄），直接傳送現金也是不可能的。（不過，我要為各位年長的技客們說一個笑話：我確實記得曾經有一位朋友告訴我，請

註 1　兩者均為方便的信用卡支付服務，降低了商家提供信用卡支付選項的門檻。

把我欠他的 10 美元用 UUENCODE 編碼，然後透過電子郵件寄給他。再次聲明，這是彼得在說話；我敢打賭，泰勒太年輕了，應該不知道 UUENCODE 是什麼？[註 2]）

不過早在 1983 年，一位名叫大衛・喬姆（David Chaum）的人就寫過一篇論文，題目為「免簽名且無法追蹤的交易」（Blind Signatures for Untraceable Transactions）。喬姆是一位密碼學家（cryptographer，也就是從事密碼學工作的人）暨電腦科學教授。他的論文描述了一種使用密碼學創建數位現金系統的方法，該系統可以實現匿名交易，就像現金一樣（現代密碼學是保護線上通訊的一種科學；我們稍後再談）。事實上，喬姆通常被稱為「數位貨幣之父」或「線上匿名之父」。

結果呢？ DigiCash、E-Gold、Millicent、CyberCash 等

把網際網路、複雜的線上交易、對線上使用信用卡的恐懼、對類似現金的匿名線上交易的渴望，以及大衛・喬姆在 80 年代的論文（見上一節）通通加在一起，最後會得到什麼呢？

首先是大衛・喬姆 1990 年的 DigiCash 數位現金系統。可惜的是，喬姆先生的理念似乎太過領先於時代，DigiCash 到 1998 年就倒閉了。還有 E-Gold（電子黃金），一種據說是由黃金支持的數位現金系統，還有 DEC 的 Millicent（是的，大多數讀者應該都太年輕了，不太可能聽過 DEC。我一邊寫這個數位現金的「歷史」，一邊開始覺得自己有點老了），還有 First Virtual（第一虛擬）、CyberCash（網路現金）、b-money（B 錢）、Hashcash（哈希現金）、eCash（e 錢）、Bit Gold（點金）、Cybercoin（網路代幣） 等。還有擁有 1 億美元的投資資本的 Beenz（賓錢）；由琥碧戈柏代言（真的！）的 Flooz（流金）；被指控洗錢後關閉的 Liberty Reserve（自由儲備金）；和中國的 Q 幣等。

註 2　UUENCODE 是指「Unix-to-Unix encoding」，亦即在 Unix 系統下，將資料藉由 uucp 郵件系統傳送的編碼程式。

除了 Q 幣還在騰訊 QQ 服務上使用外，所有當時出現的這些數位貨幣都已經消失了。值得注意的是，這些早期的數位貨幣中，或多或少都需要受信任的第三方，也就是中心化的管理。

當然這股數位貨幣的潮流並未就此結束。雖然起步很艱難，經歷了許多嘗試錯誤，但很多人仍然認為世界需要類似現金的（換句話說，匿名的）線上交易方式。因此，一個新的時代即將開始：加密貨幣時代。

早期的數位貨幣當然也依賴於密碼學（這是真的），然而它們卻從未被稱為加密貨幣。直到 2008 年加密貨幣與「區塊鏈」相互結合後，大家才開始使用「加密貨幣」這個稱呼，而且直到 2012 年左右，這個專有名詞才真正開始廣泛的出現（區塊鏈是一種特殊形式的資料庫，本章稍後會詳細介紹）。

比特幣白皮書

2008 年，中本聰（Satoshi Nakamoto）在一個名為「密碼龐克郵件列表」的密碼學論壇上，發布了一份題目為「比特幣：點對點電子現金系統」（Bitcoin：A Peer-to-Peer Electronic Cash System）的文件，宣稱「……我一直在研究一種新的電子現金系統，完全是點對點的，不需要受信任的第三方……」。

中本聰表示，以下這些屬性是比特幣的關鍵重點：

- 透過點對點網路防止雙花（雙重支付）。
- 沒有鑄幣方或其他受信任方。
- 參與者可匿名。
- 新代幣[註3]由 Hashcash（哈希現金，前面提到過）式的工作量證明生成。
- 新代幣生成的工作量證明也為網路提供動力，以防止雙花。

註 3　代幣（coin）是加密貨幣（cryptocurrency）的簡化說法。

這份文件讀起來相當枯燥，但值得花幾分鐘朝聖一下，你可以在 https://bitcoin.org/bitcoin.pdf 找到這份文件。比特幣白皮書的開頭寫著：「一種純粹的點對點版本的電子現金，允許線上支付直接從一方發送到另一方，無須透過金融機構……」。中本聰解釋，他的方法解決了「雙花」問題，這也是困擾早期數位貨幣的一個重大問題，也就是本質上容易被複製的數位貨幣，必須能夠確保同一個貨幣不會被重複花用。

中本聰還描述了使用區塊鏈的功能，不過「區塊鏈」一詞在白皮書中並未出現：

> 「我們建議……使用對等網路。網路將交易雜湊到一個連續的，基於雜湊演算法的工作量證明鏈中，來對交易進行時間戳記，形成一個除非重做工作量證明，否則無法更改的紀錄。」

比特幣：第一個區塊鏈應用

早在 2009 年 1 月，中本聰便已啟動比特幣網路，使用了區塊鏈（這個概念自 1990 年代初就已經出現，不過這是第一次被正確使用），並創建了區塊鏈中的第一個區塊，稱為「創世區塊」。

創世區塊包含了 50 個比特幣，以及「*2009 年 1 月 3 日泰晤士報報導，英國財相將對銀行進行第二次援助*」的文字，當作比特幣系統為何如此重要的理由和解釋。中本聰也繼續對協議進行編碼更新，執行一個節點，並可能開採了大約 100 萬個比特幣，這個數字將使他在 2017 年底，成為世界上最富有的人之一（至少在「帳面上」如此）。

2010 年底，中本聰發表他的最後一篇論壇貼文並正式退出這個項目，此時已經有許多其他加密貨幣愛好者，加入網路開始挖礦，並且支援項目程式碼的後續開發。接下來的事大家應該都知道了。

中本聰是誰（或什麼）?

中本聰到底是什麼人（或女性），還是某個組織呢？沒人知道。中本聰似乎不是真名，比較可能是化名。如果有人確實知道中本聰是誰，應該也不會說出來，因為這是加密貨幣界最重大的祕密。

有一位日裔美國人名叫多利安・普倫提斯・中本聰（Dorian Prentice Satoshi Nakamoto）。他除了本名是中本聰之外，也是一位受過專業訓練的物理學家、系統工程師以及金融電腦工程師，也許他就是中本聰，然而他多次否認這件事。

住在離這位中本聰家只有幾個街區遠的哈爾・芬尼（Hal Finney）呢？他在比特幣出現之前就是密碼學家了，他也是最早使用比特幣的人之一，並宣稱自己曾經透過電子郵件與比特幣的創始人進行過交流。有人認為他「借用」了附近鄰居中本聰的名字，作為自己的化名。

還有長期涉足數位貨幣領域的尼克・薩博（Nick Szabo），他甚至在中本聰的比特幣白皮書發表之前，就發表了比特黃金（bit gold）白皮書。克雷格・懷特（Craig White）呢，他一度宣稱自己就是中本聰，但後來被指控詐騙。當然也可能是芬蘭經濟社會學家維利・萊東維爾塔（Vili Lehdonvirta）博士，或是愛爾蘭密碼學研究生麥可・克利爾（Michael Clear）？或者是申請了一項專利的三個人，這項專利裡包含了中本聰比特幣白皮書裡使用的晦澀語句「在計算上無法逆轉」（computationally impractical to reverse）。也有人說是日本數學家望月新一（Shinichi Mochizuki）或杰德・麥卡萊布（Jed McCaleb），也有人懷疑是某個政府機構或其他類型的團隊，甚至還有人認為是伊隆・馬斯克（Elon Musk）。好吧，完全沒人知道中本聰是誰，但各種理論都有。

比特幣的第二大謎團呢？中本聰擁有大約 100 萬個比特幣，在 2017 年 12 月的市價約為 190 到 200 億美元左右。然而一般認為屬於中本聰的這些比特幣財富，完全沒有被轉移或花掉；他為何不動這筆錢？

何謂區塊鏈？

要了解加密貨幣，就要先了解區塊鏈。區塊鏈技術很複雜，不過沒關係，你並不需要了解一切，只要了解基礎知識即可。

區塊鏈屬於「資料庫」的類型，資料庫只是把數據結構化的整合在一起。假設你蒐集了一堆姓名、街道地址、電子郵件地址和電話號碼，並將它們輸入文書軟體內，這樣並不能算是資料庫，充其量只是一堆無結構、亂七八糟的文字。

但如果你把這些資料輸入電子表格中，第一列是名字，第二列是姓氏，然後是電子郵件地址、電話號碼、街道地址、城市名稱、郵遞區號、國家等列，這就變成了結構化的資料，也就可以說是一個資料庫。

大多數人都一直在使用資料庫。如果你使用某種財務管理軟體，例如 QuickBooks、Quicken 或 Mint，你的資料將會儲存在資料庫中。如果你使用聯絡人管理軟體來儲存聯絡人訊息，它也會被儲存在資料庫中。因為在各種軟體背後，資料庫是現代數位生活不可或缺的一部分。

全球區塊鏈 —— 區塊鏈網路

區塊鏈就是一個資料庫；它以結構化的形式儲存訊息。你可以將區塊鏈用於各種不同的目的：例如用於**產權登記**（誰擁有這塊土地，如何擁有的？）、或**供應鏈追蹤**（你的酒或魚來自何處，如何運送到你手上？）。區塊鏈可以儲存各種類型的資料，就加密貨幣的情況而言，區塊鏈儲存的是「交易」的資料，包括誰擁有多少加密貨幣，由誰給他們的，他們又把手上的加密貨幣給了誰（是否花掉了）等資料？

當然，區塊鏈有幾個特性。首先，它們必須以網路形式運作。例如比特幣網路、萊特幣網路、以太坊網路等，就像電子郵件網路或網際網路一樣。

就比特幣而言，它是由遍布整個地球的幾千個節點或伺服器所組成的網路。

每個節點都擁有比特幣區塊鏈的「副本」（目前交易紀錄的複製），彼此透過網路相互聯繫並保持「同步」。他們使用**共識**系統，就目前有效的區塊鏈資料庫的內容達成協議。也就是說，它們都擁有區塊鏈的相同副本。

雜湊：為區塊按上「指紋」

由於在許多不同電腦上都有副本的區塊鏈，結構非常強大，使得駭客入侵或想操縱區塊鏈的做法會變得相當困難。區塊鏈還有另一個同樣強大的功能：**雜湊**（*hashing*，又稱哈希或散列，以下均統一稱為雜湊）。**雜湊值**是一串長數字，等於一種數據指紋。區塊鏈使用雜湊的方式如下：

1. 執行節點的電腦蒐集並驗證將要添加到區塊鏈的比特幣交易（在區塊鏈內的地址之間發送的比特幣交易紀錄）。
2. 當電腦蒐集到夠多交易時，它會創建一個資料區塊並對資料進行雜湊處理：亦即將交易資料傳給一個特殊的雜湊演算法進行處理，該算法將雜湊值回傳。

   這是來自比特幣區塊鏈中的一個區塊的真實雜湊範例：

   ```
   000000000000000000297f87446dc8b8855ae4ee2b35260dc4af61e1f5eec579Th
   ```

   雜湊就像是由數據資料做成的指紋一樣，由於複雜數學運算之故，它不可能與任何其他數據資料重複。如果雜湊數值稍微改變一下，例如把其中一個 0 變成 5，或 A 改為 B 的話，雜湊值便無法與原始數據相符。
3. 雜湊值被添加到交易區塊中。
4. 區塊被添加到區塊鏈上。
5. 繼續為下一個區塊蒐集更多交易。
6. 又一個完整的交易區塊準備好後，將前一個區塊的雜湊值添加到新區塊中。
7. 整個區塊，包括交易資料和前一個區塊的雜湊值，再次被雜湊。
8. 重複此項過程，並創建帶有時間戳記的區塊鏈。

因此，每個區塊都會包含兩個雜湊值：前一個區塊的雜湊值和目前區塊的雜湊值，而後者是把所有比特幣交易和前一個區塊雜湊值的組合，再進行雜湊處理後而創建的。

這就是把所有區塊串連在一起形成區塊鏈的方式（見圖 1-1）。由於每個區塊都包含前一個區塊的雜湊值，也就是擁有前一個區塊的「指紋」。事實上，每個區塊也因此可以確定它在區塊鏈中的位置，因為來自前一個區塊的雜湊值可以標示出當前區塊的所在順序。

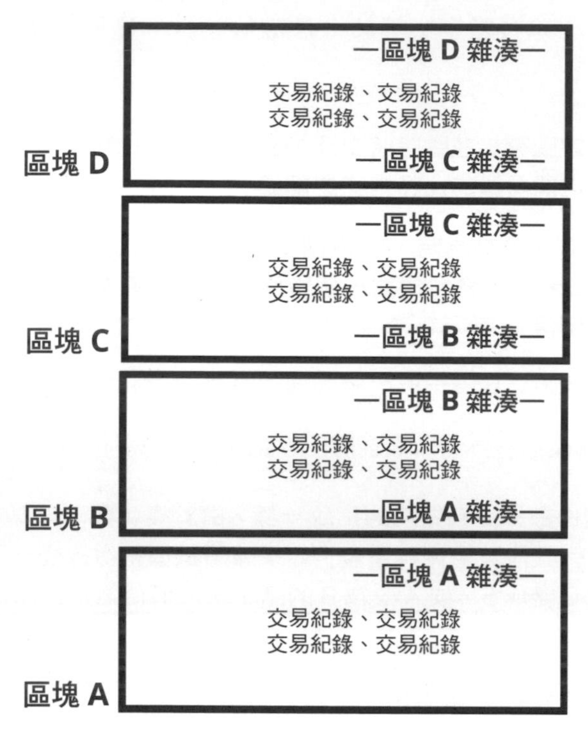

圖 1-1：每個區塊的雜湊值都會儲存在下一個資料區塊中，如此便可利用雜湊值，將區塊鏈以順序的方式連結在一起。

「不可竄改」的區塊鏈

你可能聽過區塊鏈是**不可竄改的**，這個說法是指它無法被輕易更改。如果比特幣區塊鏈說你擁有 x 個比特幣，你便確實擁有 x 個比特幣，這點不會有爭議，因為沒人可以進入區塊鏈加以破壞，或是以某種方式來修改變動區塊紀錄。

各位可以想像一下，如果有人進入一個區塊（假設這個區塊叫做區塊 A）修改了數據，會發生什麼情況呢？例如修改一筆向某人發送 1 個比特幣的資料，改成發送 9 個比特幣。

如此一來，區塊 A 中的雜湊值便無法與其數據內容相符。請記住，雜湊就是辨別數據的指紋，因此如果你更改數據，指紋將不再符合。

好吧，那駭客可以重新雜湊區塊 A 的數據資料，然後保存「修正」後的雜湊。但是等一下，現在下一個區塊（區塊 B）又不能符合了，因為區塊 B 帶有區塊 A 的雜湊。所以現在駭客只好繼續修改儲存在區塊 B 中的區塊 A 雜湊值。

但是修改之後，區塊 B 的雜湊值又與區塊 B 的數據資料無法相符了，因為該雜湊是由區塊 B 的交易數據和區塊 A 的雜湊所創建出來的！

因此，區塊 B 必須重新雜湊，並更新其雜湊值。可是再等一下！這不就表示儲存在區塊 C 中的區塊 B 雜湊值又不一樣了？

看看這樣一路下去要修改到什麼時候？如此修改勢必波及整個區塊鏈。也就是只要修改某個區塊中的一個字符，整個區塊鏈就都被破壞了。為了解決這個問題，駭客必須重新計算區塊鏈的區塊。從被駭的區塊開始，必須被「重新挖礦」。因此，看似簡單的駭入修改資料，變成了無法輕鬆完成的重大計算難題。

所以這種雜湊函數，再加上幾千個其他節點都必須與區塊鏈的相同副本「同步」的這個事實，讓區塊鏈幾乎不可能篡改；因此並不容易被駭客入侵。

由於沒有人可以改變它或摧毀它，因此駭客無法進入這樣的點對點節點網路，修改交易來竊取加密貨幣。政府也無法關閉這種網路（例如中國嘗試在其境內禁止比特幣活動，但區塊鏈仍會繼續存在於其他國家），恐怖組織亦無法加以摧毀，或者是一個國家無法攻擊並摧毀另一個國家境內的區塊鏈等。由於區塊鏈在各地電腦上存有許多副本，只要有夠多人繼續使用這種區塊鏈，它就是不可篡改且堅不可摧的存在。

錢在哪裡呢？

你可能很想知道「加密貨幣到底放在哪裡？那些錢到哪裡去了？」或者，你可能聽說過加密貨幣「錢包」，並認為這就是存放加密貨幣的地方。抱歉，這是錯誤的想法。事實上，加密貨幣錢包裡面並沒有錢，也就是沒有加密貨幣。

加密貨幣區塊鏈通常被描述為「**分類帳**」（*ledgers*）。Google 字典將分類帳描述為「一本帳冊或其他特定類型的財務帳戶集」。帳本已經存在了幾百年，經常用於記錄個人、企業、政府部門等各種交易。你的銀行帳戶或信用卡對帳單，就是一種分類帳，可以用來顯示你的個人交易紀錄，包括你付給別人的錢，以及你從別人那裡獲得的錢。

在區塊鏈中查詢收支

區塊鏈並沒有為每個錢包地址儲存加密貨幣餘額。整個區塊鏈中，也沒有任何地方說明任何特定所有者擁有多少加密貨幣，或任何特定地址與某人相互關聯等。你可以查詢的是以區塊鏈瀏覽器追蹤你的所有交易，亦即加密貨幣的傳入和發送，區塊鏈瀏覽器是根據這些交易，「計算」出你的加密貨幣餘額（也就是你擁有多少錢是靠所有交易的計算而來）。

從加密貨幣的角度來看，區塊鏈就是一種數位分類帳，記錄了你發送給別人的加密貨幣，以及你從別人那裡收到的加密貨幣。

你可以這樣思考：假設你有點強迫症，喜歡記錄自己口袋裡的現金。所以你隨身帶著記事本，用來記錄你每次往口袋裡放錢和每次花錢的時間，然後計算目前的餘額。這本記事本就算是一種交易帳本，對吧？

加密貨幣跟這種現金交易帳本非常類似，只差不能放在你的口袋裡。區塊鏈就是帳本；它會儲存每筆交易的紀錄（包括你購買或被發送的加密貨幣，何時花費或出售加密貨幣，以及你現在擁有的餘額等）。

不過這一切並不是放在一個小袋子裡，也沒有把加密貨幣存放在某個地方。區塊鏈只是儲存在分類帳中的一系列「神秘的」（或虛擬的）交易紀錄，完全沒有實體貨幣被轉移；有的只是說明貨幣已被轉移的更新紀錄。

帳本上說你擁有加密貨幣，代表每個人都可以驗證並接受你擁有這些加密貨幣。請記住，前面說過這本分類帳在加入區塊鏈後便無法篡改，無法被駭客入侵（相關訊息請參閱上一節）。因此，如果分類帳上說你擁有半個比特幣，你便絕對擁有這半個比特幣。而且你還可以把這半個比特幣賣（發送）給其他人，分類帳更新後便可證明對方擁有它！

那錢包呢？錢包是用來存錢的吧？不不不，加密貨幣錢包裡並不儲存加密貨幣，它所儲存的是私鑰、公鑰和錢包地址。私鑰是最重要的，因為它們控制著與你的加密貨幣在區塊鏈中關聯的地址。

加密貨幣中的加密是什麼意思？

加密貨幣中的**加密**是指密碼學的加密，那密碼學到底是什麼？

根據牛津英語詞典，密碼學是「編寫或解決密碼的藝術」。維基百科的解釋更複雜也更數位化：「安全通訊技術的實踐和研究……密碼學是關於建構和分析並防止第三方或公眾閱讀私人訊息的協議」。

密碼學的歷史至少可以追溯到 4000 年前，由於人們偶爾就需要發送各種祕密訊息，這也就是密碼學存在的意義。

現在的密碼學在電腦協助下，遠比古典世界的古代密碼學要複雜得多，應用範圍也更廣。事實上，密碼學已經是網際網路不可或缺的一部分。如果沒有密碼學，網際網路就無法按照我們想要的方式運作。

也就是說，每次你在使用網路瀏覽器時，幾乎都在使用密碼學。例如瀏覽器地址欄中的小鎖圖示，如圖 1-2 所示。

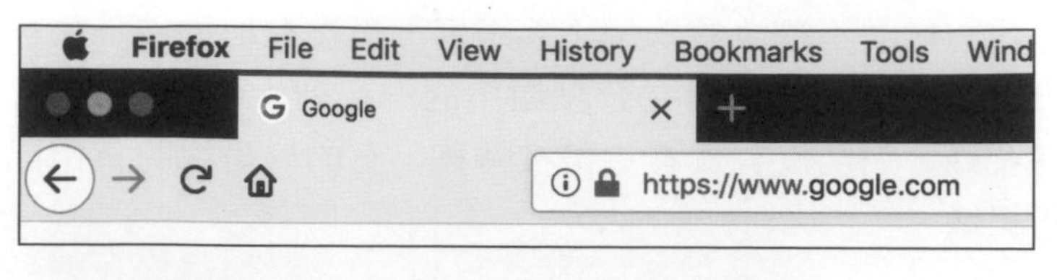

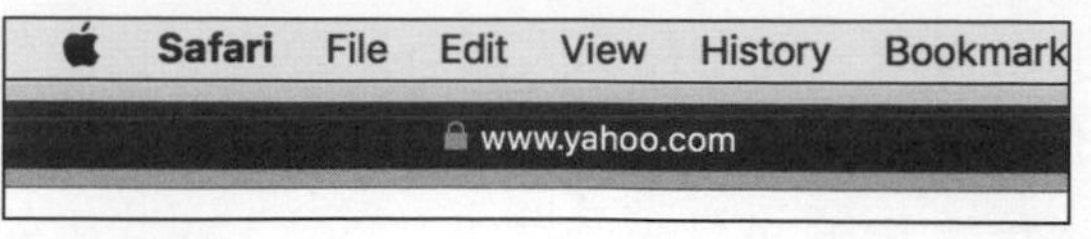

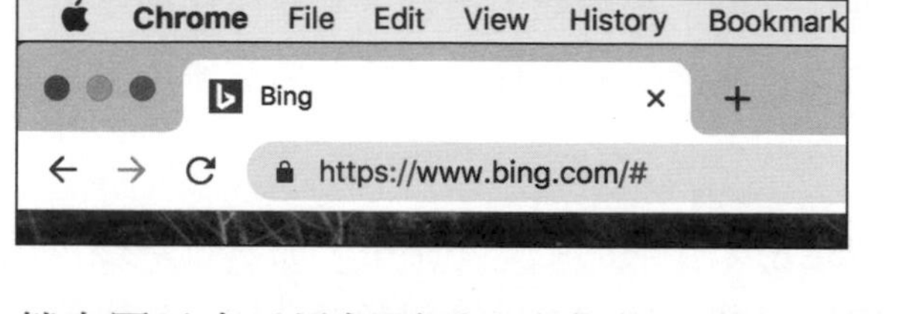

圖 1-2：
瀏覽器的鎖定圖示，代表傳回網路伺服器的數據，將會使用加密技術進行加密。

鎖定圖示表示這個頁面是安全的。當你在瀏覽器和網路伺服器之間來回傳送訊息時，該訊息將被**加密**（打亂資料）。因此，當它在兩點之間距離幾百或幾千英里的網際網路傳輸中被截獲時，訊息便無法破解讀取。舉例來說，當你的信用卡號傳輸到電子商務網站時，它會先被你的瀏覽器加密，再傳送到網路伺服器，然後由接收伺服器進行解密。

所以區塊鏈是加密的，對吧？不對！加密貨幣使用了密碼學，但並不是為了打亂區塊鏈中的數據資料，因為區塊鏈是開放的、公共的且可審查的。圖 1-3 展示了為比特幣設計的區塊鏈瀏覽器範例。只要使用區塊鏈瀏覽器，任何人都可以觀看區塊鏈、並查看自創世區塊（比特幣創建的第一個區塊）以來，發生過的每一筆交易。

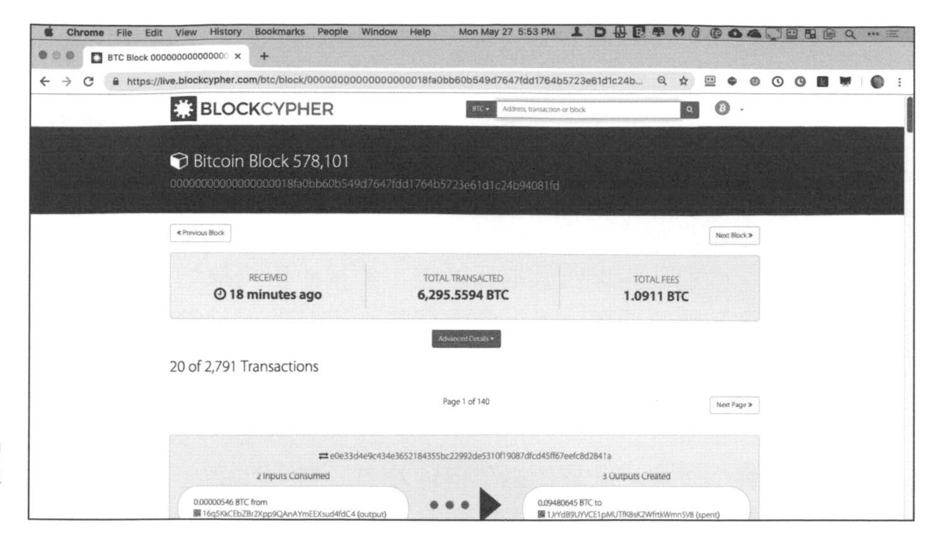

圖 1-3：https://live.blockcypher.com/btc 上的區塊鏈瀏覽器工具範例。

將區塊鏈加密

事實上，我們也可以建構加密的區塊鏈，將區塊鏈中的數據進行加密。雖然比特幣區塊鏈並未加密，而且任何人都可以查看（使用如圖 1-3 中的區塊鏈瀏覽器），但我們也可以創建一個隱藏交易數據的「加密區塊鏈」，例如大零幣（Zcash）便是如此。不過一般加密貨幣區塊鏈並不會加密，任何人都可以讀取其中儲存的交易紀錄。

所以加密貨幣並不是加密區塊鏈中的數據，而是加密你發送到區塊鏈的訊息，這些訊息就是觸發交易和更新區塊鏈分類帳的訊息。

公鑰加密魔法

公鑰加密是使用數位加密魔法所創建出來的一個聰明的小技巧。這類加密都是使用非常複雜的數學來完成的，即使是擁有數學學位的人，可能也難以理解的那種數學理論。這些超難數學理論的名稱，聽起來通常都像是**卡邁克爾數**（*Carmichael numbers*）或**戈帕密碼**（*Goppa codes*）這類，也就是那種我無法理解，你應該也不懂的數學（好吧，應該說大多數讀者都不懂，別吹毛求疵了）。這當然沒關係，就像我們也不是很清楚「重力」的原理，但我們每天都在使用重力。

所以，請忘記這種驚人的數學原理到底如何運作，而應該考量的是它實際上完成了什麼？因此，接著我們要請各位想像有一個保險箱，上面有兩個鑰匙孔和兩把相關的鑰匙。其中一把是公鑰，另一把是私鑰。你把某些東西放進保險箱，然後使用公鑰把保險箱鎖起來。一旦保險箱門關閉鎖上後，公鑰就無法再打開保險箱；亦即不能用來解鎖保險箱拿取物品。接著私鑰就派上用場了，打開這個保險箱的唯一方法便是使用私鑰。

事實上，這個神奇的數學保險箱是「雙向」的。你可以用私鑰鎖住保險箱，但是上鎖後就不能用私鑰打開保險箱了，只有公鑰才能打開用私鑰鎖定的保險箱。

這兩把鑰匙神奇的關聯在一起。它們只能相互搭配使用，而且沒有其他的鑰匙。不僅如此，私鑰 X 僅適用於公鑰 X，反之亦然。你也不能使用公鑰 X 鎖定保險箱，然後使用私鑰 W 或私鑰 K 解鎖保險箱。

好的，同樣的原理，但是現在換成電子訊息來看。我們可以使用公鑰鎖定電子訊息，也就是說，使用公鑰對訊息（例如從你的瀏覽器發送到網路伺服器的電子郵件或訊息）進行干擾或加密。

而在另一端（電子郵件收件人或網路伺服器）收到該鎖定（加密）的訊息後，只有使用私鑰才能將其解鎖閱讀；而且在這個時候，公鑰無法解鎖了（無法打開你的訊息）。因此二者就像是用神奇的魔法關聯在一起（好吧，是數學的關聯在一起），沒有別的解釋了。

加密是一種相當方便的訊息保密工具。亦即我可以給你一把公鑰，讓你寫一條訊息給我，然後你用我的公鑰把訊息加密發送給我。一旦訊息加密後，世界上便沒有任何人可以閱讀這條訊息，除非他們擁有我的私鑰。所以只要我小心的保護我的私鑰，我就是世界上唯一能解讀這條訊息的人。

這些鑰匙的名稱並不是隨便命名的。「私鑰」應該是真正私密的，這個世界上只有你，沒有其他人可以擁有它。而「公鑰」顧名思義是可以公開的，你可以把它傳送給任何人。例如你想讓人們透過電子郵件將訊息傳送給你的話，你就可以在網站、電子郵件末尾、名片上或其他任何地方，發布你的公鑰，以便讓任何想要發送訊息給你的人，都可以用你的公鑰加密，因為大家都知道你是世界上唯一可以閱讀這條訊息的人（前提是你小心保存了私鑰）。

電子郵件到底如何加密呢？電子郵件加密已經存在了幾十年，但似乎從未吸引大眾的關注。然而你每天都會自動為大多數電子郵件加密，因為 Outlook、Gmail 和 Yahoo! Mail，以及其他一些郵件系統如 ProtonMail 等，都是預設將郵件加密。

當你在網路上傳送信用卡訊息時，其過程本質上就是網路瀏覽器的作用過程；瀏覽器使用網路伺服器的公鑰對數據進行加密，如此便只有帶有相關私鑰的網路瀏覽器，才能解密和讀取這條信用卡訊息（好吧，這樣說有點把過程簡化了。瀏覽器到伺服器的通訊過程比這個描述要複雜得多，還要涉及到暫時的處理密鑰等；但其基本原理仍然適用）。

發送到區塊鏈的訊息

當你把交易發送到區塊鏈時，你使用了公鑰加密。也就是當你想向其他人發送比特幣時，你會向區塊鏈發送一條加密訊息，上面寫著「把我的 *x.xx* 個比特幣發送到這個地址」。

可是等一下，我剛剛才告訴過你區塊鏈並沒有加密，現在我又告訴你發送到區塊鏈的「訊息」是加密的？如果你本來就打算要讓大家解密這個訊息，那又為何要關心發送到區塊鏈的訊息是否被加密呢？

好吧，還記得我說過這種「鎖定 / 解鎖」的原理是雙向的嗎？你可以用公鑰鎖上，用私鑰開鎖，也可以用私鑰鎖上，用公鑰開鎖。無論哪種方式，資料都是加密的，差別在於誰有能力解讀它。如果你用公鑰加密某項訊息，世界上唯一能解密的人就是擁有對應私鑰的人。但是如果你用私鑰來加密訊息的話，世界上唯一能打開它的人就是……每個人都可以啊！因為任何人都可以獲得公鑰。記住！公鑰本來就是公開的。

那到底用私鑰加密訊息的目的是什麼？很明顯地，我們並不是要保護這條訊息，因為任何人都可以解密此訊息。所以加密的目的是「簽署」訊息（交易），以證明相關公鑰的所有權（屬於擁有私鑰的人）。

用私鑰為訊息簽名

假設我在網站、電子郵件和名片上發布了我的公鑰。有一天你收到一條似乎來自我的訊息，你該如何確定訊息是我發送的呢？我用的方法是使用我的「私鑰」加密此訊息。你只要拿我的公鑰（這是公開的）來解密訊息即可，如果這則訊息真的是我發送的，我的公鑰便可將其解密，讓你可以閱讀訊息。如果不是我發送的，我的公鑰便無法解密此訊息，代表訊息是來自其他人所發送。

因此，使用私鑰加密訊息時，我等於簽署了訊息，證明訊息是我發送的。收件人便可知道該訊息是由擁有可打開此訊息的公鑰「相關聯的私鑰」的人所發送。

區塊鏈地址：你的錢的家

區塊鏈中的所有加密貨幣都與地址相關聯。這是我剛剛使用 blockchain.com 上的區塊鏈瀏覽器，從比特幣區塊鏈中抓取的一個地址範例：

```
1L7hHWfJL1dd7ZhQFgRv8ke1PTKAHoc9Tq
```

區塊鏈上可以有數以兆計的不同地址，所以這個地址基本上是「唯一」的。那這個地址是怎麼來的？地址是來自一個從私鑰生成它的錢包（實際過程要透過很複雜的數學），該錢包裡面包含了一個公鑰和一個私鑰。

REMEMBER

公鑰與私鑰與地址的關聯：公鑰是從私鑰創建的，而地址與公鑰相關聯；事實上，地址是由公鑰創建的。因此，這三者在數學關係上獨一無二，相互關聯。

發送交易訊息

當你想把交易發送到區塊鏈上，以便將自己擁有的加密貨幣餘額，轉移給另一個人時，就是密碼學使用之處。假設區塊鏈中有一個地址有比特幣，例如在我檢查時，地址 1L7hHWfJL1dd7ZhQFgRv8ke1PTKAHoc9Tq 的餘額為 0.10701382 比特幣。現在假設這是你擁有的比特幣，你想將 0.05 比特幣發送給你購買商品或購買服務的朋友、交易所或商家。

TIP

我在本例中所使用的地址是真實地址；你可以在區塊鏈瀏覽器查看（造訪 https://blockstream.info/address/1L7hHWfJL1dd7ZhQFgRv8ke1PTKAHoc9Tq 即可）。在本書撰寫時，這個地址的餘額有 0.10701382 比特幣。當然在你看到的時候，數字可能會有所不同。

你向區塊鏈發送一條訊息：「我擁有地址 1L7hHWfJL1dd7ZhQFgRv8ke1PTKAHoc9Tq，我要發送 0.05 比特幣到地址 1NdaT7URGyG67L9nkP2TuBZjYV6yL7XepS」。

如果我只是向區塊鏈發送一則「明文」（未加密）訊息，那麼驗證和訊息有效性將存在重大問題。因為接收到這條訊息的比特幣節點，如何得知我確實擁有這個地址，以及地址裡的相關資金呢？這則訊息也很可能是我造假的吧？

因此我們要做的就是使用錢包裡與地址關聯的私鑰，對訊息進行簽署。換句話說，就是用私鑰來加密訊息。然後我們把公鑰添加到加密訊息中，再透過加密貨幣網路，將訊息與公鑰全部發送出去。

給區塊鏈的訊息

如何向區塊鏈發送訊息？這是你的錢包軟體負責的事。事實上，錢包軟體並不像錢包，因為錢包裡並沒有加密貨幣。錢包比較像是一個電子郵件軟體，就像你的電子郵件軟體透過電子郵件網路發送訊息一樣，你的錢包也是透過加密貨幣網路來發送訊息（交易的訊息）。

解開訊息

接著節點（也就是包含加密貨幣區塊鏈副本的電腦）接收訊息，獲取了附加的公鑰並解密訊息。於是節點了解了一些事實：這條訊息必定已被與公鑰相關聯的私鑰加密（簽署）了。當然，我們在這裡說了一大堆，事實上比較像是在強調這件事。因為根據區塊鏈定義，如果公鑰可以解密訊息，則該訊息必定是由已匹配的私鑰加密。

不過也請記住，公鑰在數學上與地址 1L7hHWfJL1dd7ZhQFgRv8ke1PTKAHoc9Tq 相關聯。所以現在節點可以同時檢查這兩者。事實上，如果詢問「公鑰是否與地址相關聯？」的答案是肯定的，節點便也會知道私鑰與地址相關聯（因為三者都是唯一相互關聯的），所以節點知道了哪些事呢？

「這條從 *1L7hHWfJL1dd7ZhQFgRv8ke1PTKAHoc9Tq* 匯款的訊息，確實是由創建此地址的私鑰所發送……所以這個地址是由擁有該地址的人所發送，因此也擁有與地址相關的錢。」

TIP

我知道這個概念很容易混淆；而且很難「想像」。所以我提供各位另一種思考方式：唯一可以發送帶有該地址交易指令的加密訊息，以及最初創建該地址的公鑰的人，便是控制相關私鑰的人。亦即所有者地址和與之相關的資金，可以藉由驗證所有權而驗證交易。

誰擁有私鑰，誰就擁有錢

好吧，所以也許會有更多人偷偷知道了你的私鑰。但從技術上來說，這點並不重要。因為誰有權造訪私鑰，誰就擁有控制分配給與該密鑰相關聯的區塊鏈地址裡的資金控制權。你可能聽過「擁有私鑰的人擁有錢」或者「不是你的私鑰，不是你的比特幣」這樣的說法。也就是說，雖然別人可能不是合法獲得私鑰或合法擁有它，但他們一樣可以控制它。所以，請保護好你的私鑰！

偽匿名加密貨幣

有些加密貨幣確實比其他加密貨幣更匿名。舉例來說，比特幣通常被稱為**偽匿名**，因為它只是部分匿名。請想像一下，如果警方從交易所傳喚交易紀錄，發現你在交易所購買了幾個比特幣，而且你的身分透過法律要求的AML（反洗錢）和KYC（了解你的客戶）數據蒐集軟體，發現這些交易關聯在美國境內（或其他國家）。他們便擁有了交易所用來儲存這些比特幣的地址，對吧？好了，現在警方就可以使用區塊鏈瀏覽器，透過區塊鏈追蹤來自該地址的交易。而且不同的地址都可能以某種「網路位置」的方式找出關聯，因此擁有這些訊息的人（例如稅務機關或警察機構），便可以從單一起點開始，查出某個個人的比特幣交易輪廓。所以我們必須說，今天常用的比特幣並非完全匿名。有一些加密貨幣，例如Monero（門羅幣）或Zcash（大零幣），宣稱它們更接近真正的匿名性。不過對於比特幣的改進措施，例如代幣混合（coinjoin，多筆交易合併成一筆交易）和二層網路（Layer 2，類似一種公鏈外掛的計算用網路），可能會在未來使比特幣更加匿名。

這就是加密貨幣中的加密！你可以透過加密技術來使用公鑰和私鑰對以及相關地址，並透過加密簽署訊息來控制區塊鏈中的資金。

加密貨幣的基本組成

以下將介紹加密貨幣的基本組成，這些東西到底如何結合使用？

錢包裡面有什麼？

就你的加密貨幣而言，「**錢包**」是一切的起始點。當你建立錢包文件時，錢包軟體會創建一個私鑰，該私鑰用來創建公鑰，公鑰則用來創建地址。這個地址以前從未存在於區塊鏈中，而且目前仍然不存在於區塊鏈中。

有了地址後，我們就可以儲存加密貨幣了。舉例來說，你可以把地址提供給你打算購買加密貨幣的人或交易所，他們便可將加密貨幣發送到這個地址。換句話說，他們會向區塊鏈發送一條訊息：「發送 x 數量的加密貨幣到地址 xx」。現在，這個地址便存在於區塊鏈中，而且具有與之關聯的加密貨幣。

錢包軟體就是一種訊息傳送軟體，而且可以把你的密鑰和地址儲存在錢包文件中。錢包軟體主要用途如下：

- 從區塊鏈中檢索你的交易和餘額資料。
- 可以向區塊鏈發送訊息，將加密貨幣從你的地址轉移到其他地址（例如當你用加密貨幣進行購買時）。
- 在其他人向你發送加密貨幣時，生成提供給對方的地址。

私鑰創建公鑰

在你錢包中的私鑰，可以創建用來把你發送到區塊鏈的訊息解密所需的公鑰。私鑰必須保密；因為任何知道你私鑰的人，都可以動用你在區塊鏈中的資金。

公鑰創建地址

「生成」地址的公鑰：第一次使用地址時，某人的錢包軟體會向區塊鏈發送一條訊息，上面寫著「從地址 y 向地址 x 發送 x 數量的加密貨幣」。前面說過，該地址原先並不存在於區塊鏈中，但在錢包軟體發送訊息後，該地址就會存在於區塊鏈中，並且與加密貨幣相互關聯。

私鑰控制地址

「控制」地址的私鑰：這點在加密貨幣中是非常重要的概念，失去對加密貨幣的造訪權或加密貨幣被盜的人，通常都忽略了這一點（見圖 1-4）。在本書中，我們並不會詳細介紹如何保護私鑰，但請務必保護好你的私鑰！不要弄丟，也不要讓其他人發現你的私鑰！

加密貨幣「分叉」

當某種加密貨幣一分為二時，就是所謂發生「**分叉**」（*fork*，叉子之意）。亦即網路節點脫離原本的共識，複製整個加密貨幣軟體，並對此副本進行修改。接著這兩個不同的軟體集，便會從某個區塊之後，建構出兩條獨立的區塊鏈。例如在 2015 年 1 月，DASH（達世幣）出現一個名為 DNET 的副本程式碼。於是 DASH 和 DNET 各自作為獨立的加密貨幣繼續發展，DNET 後來更名為 PIVX（Private Instant Verified Transaction，私人即時驗證交易），我們在後面還會詳加討論。

圖 1-4： 加密貨幣與區塊鏈中的地址相互關聯；地址誕生自與私鑰相關聯的公鑰，私鑰則安全地保存在錢包中。

加密貨幣來自何處？加密挖礦（部分加密貨幣如此）

加密貨幣到底從何而來呢？加密貨幣可以由挖礦產出，但其實這是最少見的形式（雖然因為你看了這本書，顯然是對挖礦很感興趣），較常見的情況是加密貨幣已經被**預先挖掘**。

說一種加密貨幣已經被**預先開採**或**無法挖礦**的意思，只是代表這種加密貨幣已經預先存在了。由於區塊鏈是一個包含交易訊息的帳本，因此在首次創建區塊鏈時，帳本可以事先記錄好創始人規劃的所有加密貨幣，不再添加新的代幣；因為一切數量已經都在區塊鏈中了。

事實上，雖然我們聽過很多關於加密貨幣挖礦的訊息，但大多數加密貨幣（在本書撰寫時，有超過 2,000 種不同形式）都是預先開採的。

例如市值排名前 100 名的加密貨幣中，有 74 種左右無法進行挖礦。整體而言，大約有 70% 的加密貨幣都屬於無法挖礦的形式。

預挖貨幣的範例之一是 XRP，通常被稱為 Ripple（瑞波幣），它是目前第二大的加密貨幣（這是就**市值**來說，也就是所有流通中的加密貨幣總價值）。XRP 儲存在 RippleNet 區塊鏈中。

在當初創建 Ripple 區塊鏈時，便已經有 1000 億個 XRP 被記錄在區塊鏈中，不過其中大部分都未分發出來。Ripple 的創始人持有 20% 的 XRP，但即使到現在，也還有將近 60% 的 XRP 沒有流通。

另一個例子是 Stellar（恆星幣），最初是由 Stripe 支付服務（前面提過）所資助的支付網路，在本書撰寫時已經是第四大加密貨幣。Stellar 的總供應量超過 1000 億個，其中的 2% 預先分配給 Stripe 進行投資。

所以，絕對不是所有加密貨幣都可以挖礦（事實上，大多數加密貨幣都不能挖礦）。不過，這並不是阻礙你閱讀這本書的原因吧？

目前可以挖掘的加密貨幣大約有 600 種，不過絕大多數都是你永遠不想碰的。若想快速決定挖掘何種加密貨幣，請直接跳讀本書第 8 章。

本章內容

- 透過挖礦賺錢：交易費用和區塊補貼
- 了解挖礦如何建立信任
- 探索挖礦如何確保加密貨幣的六大特點
- 透過工作量證明和權益證明選擇獲勝的礦工

Chapter 2 了解加密貨幣挖礦

雖然並非所有加密貨幣都需要挖礦，但比特幣和其他可開採的加密貨幣，必須依賴礦工來維護其網路。藉由解決計算上的難題並就交易的有效性提供同意，礦工便可支持區塊鏈網路，否則區塊鏈網路便會崩潰。由於礦工對整體網路的服務有所貢獻，因此可以獲得新創建區塊的加密貨幣（例如得到比特幣）補貼、和交易費用等獎勵。

當礦工透過加密貨幣網路發送交易訊息時，另一台礦工的電腦將接收該訊息，並將該交易添加到等待放入區塊和區塊鏈分類帳的「交易池」中（你可以在第 1 章找到有關加密貨幣區塊鏈分類帳的詳細訊息），我們將在本章探討加密貨幣如何利用挖礦來建立信任，並使加密貨幣可用、穩定與可行。

了解去中心化貨幣

加密貨幣是「**去中心化**」（*decentralize*）的，也就是說，加密貨幣並沒有中央銀行、中央資料庫，也沒有單一的中央機構來管理整個貨幣網路。這點與一般法定貨幣完全相反，例如美國在華盛頓特區有美聯儲，也就是管理美元的組織。歐元則由位於法蘭克福的歐洲中央銀行管理，所有其他法定貨幣也有集中的監督機構（**法定貨幣**就是政府透過中央銀行支持的官方貨幣）。

但是，加密貨幣沒有中央管理的權威機構；它們是由加密貨幣社群，尤其是加密貨幣礦工和網路節點共同管理。由於這樣的原因，加密貨幣通常被說成「**去信任**」（*trustless*，無須信任第三方）。因為沒有任何一方或實體來控制加密貨幣的發行、使用或貨幣數量平衡，因此你不必信任某個單一機構。

REMEMBER

不過「**去信任**」（*trustless*）有點用詞不當，因為信任已經融入整個系統中。雖然我們不必信任單一的權威機構，但你對系統和可審查程式碼資料庫的信任，仍然不可或缺。事實上，如果沒有某種形式的信任或信念，任何形式的貨幣都無法運作。因為沒有人信任該貨幣的話，就不會有人接受或努力維護它！

為何這種過程稱為挖礦？

如果我們把加密貨幣的挖掘與黃金的挖掘進行比較時，這種過程為何稱為「挖礦」就變得很清楚了。因為在這兩種挖礦的形式中，都有礦工投入工作並獲得非流通資產的獎勵。在金礦開採中，黃金市場經濟以外的天然黃金被挖掘出來，隨後成為流通黃金的一部分。在加密貨幣挖掘中，礦工執行工作，並在該過程創建新的加密貨幣，再將其添加到區塊鏈的分類帳上。在這兩種情況下，礦工在收到獎勵後（亦即開採的黃金或新創建的加密貨幣），通常會將其出售給大眾以收回營運成本並獲得利潤，也就是把新加密貨幣投入流通市場中。

當然加密貨幣礦工的工作內容，與黃金礦工的工作內容大不相同，但其結果大致類似：兩者都為市場帶來了新的貨幣供應。只是在加密貨幣挖礦時，所有工作都在連接到加密貨幣網路的挖礦電腦或礦機上進行，加密貨幣的礦工們，不必是騎著驢子或口中有明顯缺牙的淘金者！

在去信任的加密貨幣世界中，我們依舊可以信任加密貨幣社群及其機制，以確保區塊鏈維持準確且**不可變動**（無法竄改）的加密貨幣交易紀錄。加密貨幣是由一組軟體規則所建立，以確保整個系統可以被信任，而挖礦過程便屬於整個系統裡的一部分，用來讓每個人都能信任整個區塊鏈。

加密貨幣並沒有中央銀行之類的機構可以大量印製新貨幣。取而代之的是礦工根據預設的代幣發行時間表，挖掘出新的代幣，並在稱為**挖礦**的過程中，將新代幣釋放到流通市場中。

探索加密礦工的作用

雖然加密貨幣的礦工，會把交易添加到區塊鏈中，然而不同的加密貨幣可能會使用不同的挖礦方法（前提是該加密貨幣完全使用挖礦產生新代幣，但我們在第 1 章說過，有更多加密貨幣並不能挖礦）。這些不同的挖礦與共識方法，可以用來決定由誰創建新的資料區塊，以及這些區塊如何被添加到區塊鏈上。

如何挖掘特定加密貨幣，必須取決於所開採的不同加密貨幣類型，但基本原理仍然相同：利用挖礦創建一個無須中心化權限，即可在彼此之間建立信任的系統；可以確保每個人的加密貨幣餘額，在整個區塊鏈分類帳中都是最新且正確的紀錄。

礦工的工作內容包括幾項主要操作：

- 驗證和確認新交易
- 蒐集這些交易並將它們排序到一個新區塊中
- 將區塊添加到帳本的排序連結區塊（亦即區塊鏈）上
- 將新區塊廣播給整個加密貨幣節點網路

這些挖礦過程都是必要的工作，而且對於整個區塊鏈及其相關交易的持續傳播都是必要的工作。如果沒有挖礦，區塊鏈便無法執行。但為什麼會有人願意做這項工作？到底礦工的獎勵措施是什麼？

比特幣礦工有幾種獎勵的措施（其他加密貨幣的獎勵措施可能有所不同）：

- **交易費用**：每個花費或發送加密貨幣的人，都必須支付少許費用，以便將交易添加到新區塊中；因此獲得添加新區塊的礦工，便可獲得這些交易隨附的「交易費用」。
- **區塊補貼**：挖礦創建出來的新加密貨幣，稱為「區塊補貼」，會支付給成功將新區塊添加到帳本的礦工。

交易費用和區塊補貼兩者加起來，就稱為「**區塊獎勵**」。在比特幣中，區塊補貼是從最早的 50 BTC（BTC 是比特幣的貨幣代碼）開始，依預先設定的規則逐漸遞減。本書撰寫時的區塊補貼為 6.25 BTC。區塊補貼每經過 210,000 個區塊後便會減半（大約每四年一次）；目前大約到 2024 年春季左右，將會再次減半至每區塊 3.125 BTC。

圖 2-1 可以看到來自 BlockChain.com 的區塊鏈瀏覽器（`https://www.blockchain.com/explorer`），顯示將區塊補貼支付到添加區塊的礦工，所擁有地址的交易。其獎勵為 12.5 BTC 的區塊補貼，因為這筆交易是在 2020 年最近一次區塊補貼減半之前進行的；而礦工實際收到的獎勵（獎勵全額為 13.24251028 BTC）比這個數字多，因為還包括該區塊中所有交易的交易費用。

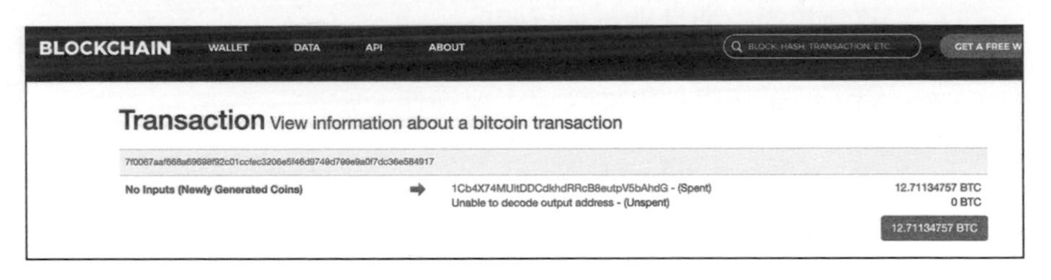

圖 2-1：從 BlockChain.com 區塊鏈瀏覽器可以看到支付給礦工的區塊補貼和交易費用。

讓加密貨幣更值得信賴

要讓加密貨幣發揮作用，區塊鏈協議必須滿足幾個條件。我喜歡用簡·藍克西（Jan Lanksy）的六要素清單來解釋（簡是加密貨幣學者，目前任教於捷克共和國的一所大學）。挖礦（指可挖礦的加密貨幣；無法挖礦的加密貨幣有不同機制）可以確保滿足以下這些條件的組成要素：

» **該系統不需要中央權威管理，而是透過「分散式共識」（distributed consensus）進行維護。**也就是說，鏈上每個節點都同意區塊鏈分類帳中與地址相關的餘額。挖礦便是將交易添加到區塊鏈和維護共識的一個組成部分。

» **系統可以持續追蹤加密貨幣數量及其所有權。**區塊鏈可以在任何時間點證明餘額。挖礦會以一種不可變更的方式將交易添加到區塊鏈中，亦即區塊鏈無法被更改。如果區塊鏈顯示你的餘額是 5 個比特幣，你就絕對擁有 5 個比特幣！

» **系統定義是否可以創建新的加密貨幣。系統定義了加密貨幣來源的情況，以及如何確定這些新貨幣的所有權。**加密貨幣固定的發行量或通貨膨脹率，都是預先定義好的。因此挖礦提供了一種以預定的、受到控制的發行速率，將新加密貨幣釋放到流通市場的方法，而且新加密貨幣的所有權會分配給添加區塊的礦工。

» **加密貨幣的所有權透過密碼學證明。**使用密碼學可以同時滿足真實性、無法否認性和不可改變性這三個條件。礦工使用密碼學的加密技術，以便在將交易請求添加到新區塊之前，驗證它們是否有效。礦工驗證交易的請求是針對加密貨幣所有者可用的金額，所有者使用其私鑰正確簽署並請求以證明所有權，確認接收地址有效並能夠接受轉移。

» **系統允許加密貨幣擁有者在所有權變更的情況下執行交易。**這些交易只能由可以證明欲轉移加密貨幣所有權的訊息發送者提交。亦即這些加密貨幣擁有者，使用與私鑰關聯的地址簽署交易來證明其所有權。挖礦便是協助完成這些交易的過程，礦工在將這些交易添加到區塊鏈之前驗證其所有權。

» **如果同時輸入兩條「不同」的更改「相同」加密貨幣單元所有權的指令時，系統只能執行其中一條。**因此「雙花」（見第 1 章）同一加密貨幣單位是不可能辦到的。這種雙重支出問題削弱了早期形式的數位貨幣。然而對於現代加密貨幣來說，經由礦工審查交易，搜尋交易的區塊鏈紀錄以確定提出交易的加密貨幣擁有者，在交易時是否真的有足夠餘額。如果在交易請求的支出地址中沒有足夠的餘額，則該交易將被節點軟體拒絕，並且永遠不會被挖礦礦工加入到區塊上。此外，如果同一個發送者有兩個或多個待處理的交易請求，但沒有足夠的加密貨幣來同時交易的話，礦工可以決定哪些請求是有效的。額外的交易將被丟棄，以避免重複使用相同的加密貨幣。

如果這六個條件中的任何一個沒有得到滿足，該加密貨幣就會失敗，因為它無法建立足夠的信任，讓人們可靠地使用。因此挖礦的過程，便是用來鞏固並滿足這些條件。

透過共識演算法達成一致性

有一個被稱為「**拜占庭將軍問題**」（亦有**拜占庭謬誤**、**錯誤雪崩**以及其他各種名稱）的思考練習，說明了加密貨幣共識演算法想要解決的問題。

這個問題是什麼呢？也就是你正在努力想達成的共識；因為在加密貨幣的世界裡，我們試圖就貨幣的交易歷史達成一致共識。不過在加密貨幣網路上，也就是一個對等的分散式電腦系統中，會有許多獨立的電腦（節點）；有時比特幣網路甚至會連接到 50,000 到 200,000 個節點不等。在這成千上萬個系統中，有些系統可能會出現技術問題：包括硬體故障、設定錯誤、軟體未更新、伺服器故障等。也有一些節點不值得信賴，例如想要利用網路弱點，來取得執行節點者的經濟利益（由鏈上的「叛徒」所執行的節點）。亦即基於各種原因，有些節點可能發送出衝突和錯誤的訊息。

為了解決這個問題，有人設計了一種思考上的比喻（或隱喻），將之稱為「拜占庭將軍問題」。萊斯利·蘭波特（Leslie Lamport）、羅伯特·蕭斯塔克（Robert Shostak）和馬歇爾·皮斯（Marshall Pease）這三個人，在 1980 年首次講述了這個故事，這是在一篇與「分散式電腦系統可靠性的一般問題」相關的論文中所出現。最初被命名為「**阿爾巴尼亞將軍問題**」，經過長時間的重新命名，最後改用了已經解散的帝國，以免冒犯到阿爾巴尼亞人！（當然在這個不斷受到社交媒體相互關聯攻詰的世界裡，應該有一些伊斯坦堡當地居民也可能覺得自己被冒犯了）。很明顯地，分散式計算學者喜歡坐下來設計這些小比喻。你還可能聽過「**用餐哲學家的問題**」、「**讀者／作家問題**」等。事實上，拜占庭將軍問題也可能源自於中國將軍問題。

無論如何，這是他們在原始論文裡描述的想法：

我們想像拜占庭軍隊的幾個部隊在敵城外紮營，每個部隊都由自己的將軍指揮。將軍們只能透過信差相互聯絡。在觀察敵情之後，他們必須決定一個共同的行動計畫。然而有些將軍可能是叛徒，會試圖阻止忠誠的將軍達成協議。因此這些將軍們必須有一種演算法來確保：

A. 所有忠誠的將軍都決定執行相同的行動。

B. 少量的背叛的將軍，無法讓忠誠的將軍採取錯誤的行動。

TIP

如果你有興趣觀看原始論文的話，請上網搜尋「拜占庭將軍問題」（The Byzantine Generals Problem）。

這就是眾所周知的加密貨幣**共識演算法**試圖解決的問題：將軍（亦即各個電腦節點）如何達成共識（也就是所有人都同意的共同行動，或者說交易帳本），並要避免被少數背叛的將軍（設備故障和駭客等）導致錯誤的行動。

加密貨幣礦工的情況

為了有機會獲得挖礦獎勵，礦工必須設定好自己的挖礦設備（電腦設備之類），並執行該加密貨幣的相關挖礦軟體。而根據礦工投入的資源多寡，他們將有一定比例的機會，可以成為創建和鏈接最新區塊的幸運礦工；使用的資源越多，贏得區塊獎勵的機會就越高。每個區塊都有預設的金額，可以獎勵給獲勝的礦工。這是因為他們的辛勤工作，才能換來可以任意花用的貨幣獎勵。

區塊鏈機制到底如何選擇獲勝的礦工呢？在大多數情況下，會使用以下兩種基本方法之一來決定：

- **工作量證明**：在這種方法下，礦工必須執行某種任務，第一個完成任務的礦工將最新的區塊添加到區塊鏈中，並獲得區塊獎勵，也就是區塊補貼和交易費用。比特幣和其他加密貨幣，例如以太幣（目前已經切換到權益證明）、比特幣現金、萊特幣和狗狗幣，都使用工作量證明。
- **權益證明**：在這種方法下，軟體將選擇其中一個加密貨幣節點可以添加最新區塊；而要獲得機會，通常的做法是節點必須擁有一定數量的加密貨幣，亦即必須先持有或質押一定數量的加密貨幣。該加密貨幣網路則根據隨機選擇和擁有權益數量佔比的組合，選出可以把下一個區塊添加到鏈中的礦工。舉例來説，某些加密貨幣會讓擁有的加密貨幣越多，且持有的時間越長的礦工，越可能被選中（就像擁有樂透彩券一樣：你擁有越多張，中獎的可能性就越大）。不過也有其他的加密貨幣是從預先選定的礦工隊列中，依排序進行選擇。

當比特幣剛開始出現的時候，任何擁有簡單桌上型電腦的人，都可以進行挖礦。若想成為礦工，只需要下載比特幣挖礦軟體，安裝後就能讓比特幣滾滾而來！然而隨著時間經過，競爭變得越來越激烈。更快、更強大的專用晶片被建造出來，專門用於挖礦。最後甚至開發出稱為特定應用積體電路（ASIC）的專用處理器。顧名思義，ASIC 就是為「特定目的」而設計的電腦晶片，例如可以快速顯示高解析度圖形、可以驅動智慧型手機或可以執行特定計算的用途。這些特別設計的 ASIC 晶片，被設計為可以在加密貨幣挖掘所需的計算形式上，例如比特幣的挖礦用途上，具有極高效能。這樣的晶片在比特幣挖礦中的效能，可能是你家電腦裡晶片的 1,000 倍以上。因此現在的比特幣挖礦環境裡，如果不使用 ASIC 的話，幾乎就不必挖了！

對於比特幣等這類高難度加密的貨幣，理想的挖礦環境必須滿足以下條件：

- **硬體成本要低**：因為這些挖礦設備並不是免費的。
- **溫度要低**：較低的環境溫度可以讓你的挖礦設備更容易冷卻。
- **電力成本低**：礦機會消耗大量電力。
- **快速、可靠的網際網路**：由於你隨時在與其他礦工競爭，因此必須以最少的延遲時間，與加密貨幣網路進行快速通訊。

請不要被嚇倒了！隨著各種不同的比特幣副本和山寨幣的猖獗模仿，比特幣已經不再是加密貨幣界裡唯一的選擇了。我們還可以找到許多替代的挖礦選擇，而且所需的計算能力各有不同。有許多目前最賺錢的加密貨幣鮮為人知，甚至可以使用現成的電腦硬體進行挖礦。而且因為較低的受歡迎程度和採用率，讓他們的挖礦難度並不會那麼嚴苛。

特定應用積體電路

從技術上講，ASIC 是一種**特定應用積體電路**：也就是一種非常專業的電腦晶片，擅長以超高效率來執行「特定」操作。你可能會聽到有些礦工把他們購買的專用礦機稱為 ASIC 礦機或 *ASIC* 盒（*ASIC box*）。不過每種 ASIC 只適用於特定用途的挖礦算法。假設你有一台使用 SHA-256 演算法來挖掘比特幣的 ASIC 礦機，你就不會用它來挖掘萊特幣，因為萊特幣需要另一種使用 Scrypt 演算法建構的特殊 ASIC。

從歷史上看，據說在 2013 年至 2020 年期間，全球加密貨幣挖礦的主要佔比發生在中國，其算力可能是佔比第二高的國家（美國）的三倍以上。廉價電力和容易取得製造礦機的廉價電腦零組件相互結合後，為中國帶來了礦工可以善用並保持的絕對優勢。不過中國政府並不支持加密貨幣，最近甚至徹底禁止比特幣和其他加密貨幣的交易與挖礦。但我們從加密貨幣網路在這次崩潰期間，幾乎沒有看到中斷的事實來判斷，可以證明像比特幣這樣的分散式加密貨幣系統的彈性，和關閉其系統的難度。

讓加密世界運轉起來

加密貨幣之所以具有價值，是因為有很多人都相信它確實具有價值。但為什麼他們會認為加密貨幣具有價值呢？答案就是信任（有關信任的更多訊息，請參閱前面「讓加密貨幣更值得信賴」一節）。持有比特幣的人可以信任他們的比特幣，無論是一天後或十年後，都還能穩定地待在他們的加密錢包裡。如果想研究整個區塊鏈系統如何運作，他們可以審核程式碼以便深入了解該系統，並藉此了解如何維持信任。如果你不具備審核程式碼的技術或電腦科學方面的知識，也可以選擇信任這些比自己更有知識的人，來理解和監控整個系統；也就是說，我們可以信任管理特定加密貨幣的整個區塊鏈社群。

如果沒有支撐分散式點對點加密貨幣系統的挖礦功能時，這種集體信任（基於對區塊鏈的集體工作證明）便會消失（那些預先挖好的加密貨幣、或其他弱共識機制如何存在，就是另一個故事了。我們不會在本書中討論，因為本書會專注於可開採的加密貨幣）。

挖礦可以確保你的貨幣餘額，不會未經你授權而改變。挖礦可以鼓勵每個人正確行事，並能懲罰那些行為不正確的人。它所創建的是一種數位形式的價值轉移，每個用戶都可以將其作為網路中的「平等」對等節點來信任，因為系統的每個環節都為了單一目的而合作，也就是提供一種安全的方式，創建、驗證和轉移這種具稀缺性的加密貨幣數位資產所有權。

本章內容

» 了解加密貨幣網路

» 定義網路上不同類型的節點

» 了解交易費用與變更地址

» 讓區塊鏈添加你的交易

» 驗證交易內容和區塊

Chapter 3 建構區塊：交易的區塊鏈旅程

一方面是你的錢包或你的節點軟體，另一方面則是區塊鏈。介於兩者之間的，就是點對點節點網路和在鏈中創建區塊的礦工們。那麼你在錢包軟體中所設置的交易，到底如何進入區塊鏈呢？

在本章中，我們將了解交易如何自你的錢包出發，最後進入區塊鏈的過程，以及礦工在此過程中所扮演的角色。我們以比特幣來舉例，因為這是第一個基於區塊鏈運作的加密貨幣。其他加密貨幣在不同程度上，可能也使用類似的過程。雖然每種加密貨幣都有自己的差異之處，但了解比特幣的工作原理，將可為你提供一個良好的理解基礎。

加密貨幣網路

每種加密貨幣都有自己的「節點網路」（你可能聽過**區塊鏈網路**或**比特幣網路**），可以在網際網路上執行。該節點網路具有點對點與客戶端伺服器功能（取決於你所使用的軟體以及你所選擇的網路互動方式）。

你可能經常聽到有人把加密貨幣網路描述為「點對點」網路，確實沒錯，不過點對點網路也可以當成「客戶端 - 伺服器」網路，所以二者到底有何差異？

- **對等網路**是讓電腦對等共同工作的網路。
- **客戶端 - 伺服器網路**是伺服器向客戶端電腦提供服務的網路。

你可以思考一下自己如何處理電子郵件。網際網路上的電子郵件系統也分成兩個部分。首先，它也有一個點對點的部分，也就是包含世界各地的幾十萬個電子郵件伺服器，它們對等共同工作，而在彼此之間發送電子郵件。

不過電子郵件系統也有一個客戶端 - 伺服器的部分，也就是擁有數以百萬計的電子郵件客戶端。假設你在電腦上使用 Outlook，或者登入 Gmail 並在瀏覽器中使用 Gmail 郵件軟體時，無論哪種方式，你用來編寫、發送、接收和閱讀電子郵件的軟體都稱為客戶端。該客戶端軟體將發出的電子郵件送到電子郵件伺服器上，並從伺服器接收別人寄來的電子郵件。

加密貨幣網路也是類似的做法。首先，我們有一個全節點的點對點網路，上面有接收交易並驗證交易和區塊的許多電腦，以確保它們遵守網路規則，而且決定交易的有效性；這就是負責維護區塊鏈運作的網路。而且這些節點都是對等的，因為它們都是平等的並且可以一起合作（其中有一些全節點同時也是礦工）。這些節點使用特定的協議（一種電腦語言寫成的規則，專門在**比特幣點對點網路**下使用），並透過網際網路相互通訊。就像電子郵件伺服器也使用為信件目的設計的協議，並透過網際網路進行信件交流一樣。

然後就是客戶端軟體的部分，也就是大家用來向全節點發送交易，以添加到區塊鏈的錢包軟體。當你在電腦或智慧型手機上安裝錢包軟體，或透過在交易所創建帳戶來設置「託管錢包」時，就是在使用代表你與整個點對點網路進行通訊的「客戶端」軟體節點。因為這些全節點對你的錢包客戶端來說，就像伺服器一樣。

「託管錢包」很方便，也很容易設定；可以讓其他人為你管理密鑰和錢包軟體。不過方便也帶來危險，因為你必須信任對方會保護你的密鑰，看護你的利益。

為了在與區塊鏈網路的互動中消除第三方，用戶和礦工通常會選擇執行自己的節點，來取代那些可以從網路上的全節點，獲取你所有資料的託管錢包與簡單錢包。這些自己執行的節點可以接收並驗證他們自己的交易，並在對等網路中充當對等節點。一般個人電腦即可用來作為具有正確軟體的節點。

以下是一些軟體工具，可以讓你在桌上型或筆記型電腦上執行比特幣節點。通常只要點擊幾下便可輕鬆完成設置：

- **Bitcoin Core（比特幣核心）**：https://bitcoin.org/en/bitcoin-core
- **BTCPay Server（BTCPay 伺服器）**：https://btcpayserver.org
- **OpenNode（開放節點）**：www.opennode.com
- **Samourai Dojo（武士道場）**：https://bitcoin-on-raspberry-pi-4.gitbook.io/workspace
- **Umbrel（一種自託管的軟體）**：https://getumbrel.com

還有專門設計只用來執行比特幣節點的硬體設備。這種專用的硬體節點設備與一般電腦相比，通常消耗更少電力，尺寸也小得多。以下是專門提供專用比特幣節點硬體的供應商列表：

- **The Bitcoin Machine（比特幣機）**：https://thebitcoinmachines.com
- **Lightning in a Box（盒內閃電）**：https://lightninginabox.co
- **myNode One（我的節點一號）**：https://mynodebtc.com/products/one
- **Nodl（節點網路）**：www.nodl.it
- **RaspiBlitz（閃電節點）**：https://shop.fulmo.org/raspiblitz
- **Samourai Dojo（武士道場）**：https://samouraiwallet.com/dojo
- **Start 9 Labs Embassy（啟動 9 實驗室使館）**：https://store.start9.com/products/embassy

TECHNICAL STUFF

事實上已經有各式各樣的不同節點出現，比特幣網路上的節點便有大約 150 種不同的軟體配置設定。由於這些難以計數的不同類型節點的出現，所以我們必須解釋一些基礎知識。接下來的內容我們會盡量簡化，以便讓各位了解這些帶有許多相似類型的節點。

任何連接到網路的電腦都是一個節點，但不同節點會做不同的事：

- **全節點（Full nodes**、亦稱完整節點），更精確的說法是「**完全驗證節點**」（*fully validating nodes*），也就是完全驗證區塊和交易的一種系統。全節點可以檢查在網路中傳遞的區塊和交易，是否遵循了網路規則。然後全節點會透過網路，將區塊和交易傳遞給其他全節點，這些節點同樣也會驗證區塊和交易。一個全節點可能會包含整個區塊鏈的副本，但並非所有節點都會完全包含整個副本；有些節點可能會選擇裁剪或刪除冗餘數據，以便節省儲存空間。目前的比特幣區塊鏈完整副本所使用的硬碟空間大約需要 430GB，因此裁剪有其需求。大多數全節點還接受來自錢包的傳入交易訊息。全節點也可能是**監聽節點**（*listening nodes*，通常稱為**超級節點**），也可能是**非監聽節點**。還有一些全節點可能是挖礦設備。
- **監聽節點**（或**超級節點**）是可公開連接的全節點，亦即允許與其他節點進行大量連接。該節點會「聽」來自特定連接埠上的其他節點連接，通常會一直維持執行，而且不會被防火牆阻擋。比特幣網路有大約 15,000 個以上的這種超級節點。
- **非監聽的全節點**是指關閉監聽設定參數的節點。由於擁有一個完整的監聽節點需要大量頻寬，因此大多數節點都關閉了監聽設定，以減少與其他節點的通訊。它們並不會向網路廣播自己的存在，因此不能公開連接；不過它們會保持少量的傳出連接。使用非監聽節點的人，通常是希望擁有能夠驗證交易和區塊的錢包，但又不想耗費監聽節點所需資源。根據統計，比特幣網路上大約有 80,000 到 100,000 個非監聽節點。在 2018 年 12 月的高峰期間，比特幣網路可能同時存在大約 200,000 個非監聽節點。
- **輕節點（lightweight nodes）**指的是不接收和驗證每筆交易的節點。大部分的輕節點就是錢包；筆記型電腦或智慧型手機上的簡單錢包軟體就是一種輕節點。輕節點與全節點的通訊為傳輸交易、並接收有關交易驗證的訊息。它們完全受全節點的支配，也就是說，輕節點不進行任何交易驗證或區塊驗證。大多數輕節點使用客戶端 - 伺服器設置；錢包（也就是客戶端）只會向伺服器查詢記錄到區塊鏈的交易訊息。
- **SPV 節點（Simple Payment Verification，簡易付款驗證）**是一種輕節點錢包形式，可以透過與其他節點通訊、並檢索「區塊頭」（block headers，可以用來快速審核區塊的有效性）副本，來驗證他們所關心的交易。

所以全節點相互連接，它們在彼此之間傳遞交易和區塊……然而它們並不會互相信任。如果一個節點判斷從某錢包接收到無效的交易時，它就不會把這個交易訊息傳遞給另一個節點。但這並不意味著節點會自動假設別的節點傳遞過來的交易一定有效；相反地，節點會自己驗證交易是否有效。

事實上，如果一個節點收到一個它認為無效的交易，舉例來說，如果這項交易所用的錢多於資金來源地址上可用的錢，該節點便會丟棄這項交易，並且會阻擋發送這項錯誤交易的節點。透過這種方式，網路便可「自我監管」；有效的交易和區塊會由幾千個不同的節點加以驗證，無效的交易會被快速處理掉，亦即不良的行為者會被網路屏蔽（進行處罰）。

正是這種缺乏信任才能建立起信任。節點被其他節點屏蔽，處罰取決於違規節點可能會被阻塞幾個小時，或者因明顯刻意的不當行為而被永久屏蔽，系統因而得以自我調節。因為節點並不信任其他節點，所以等於可以信任整個系統。

如果你想了解比特幣全節點網路的範圍和分布，請查看 `https://bitnodes.io`，如圖 3-1 所示（此圖只顯示了完整的監聽節點；非監聽節點的數量可能是這個數量的八至十倍）。

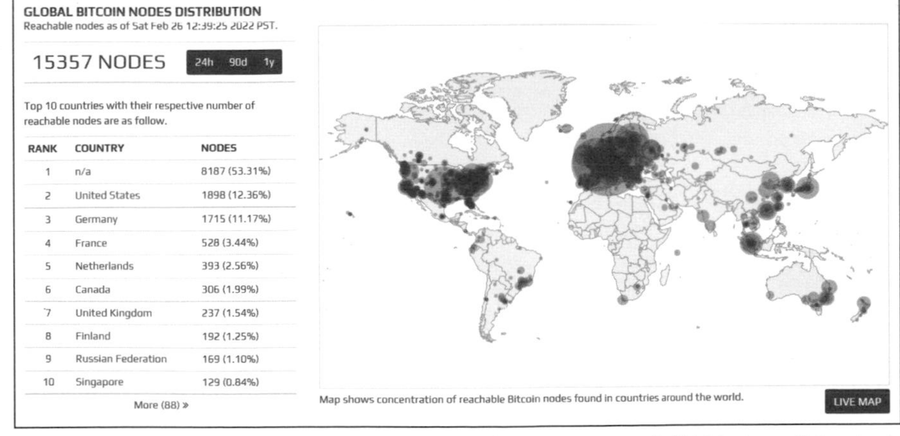

圖 3-1：在本書撰寫時，即時查看到的比特幣網路完整監聽節點數量，以及這些節點在全球的分布情形。

資料來源：*https://bitnodes.io*

提出交易

假設你想轉給某人一些錢，一些你所擁有的比特幣時（請記住，我們是從比特幣的角度來寫的；其他加密貨幣的功能可能略有不同，但核心原理大同小異）。

例如你有與比特幣區塊鏈中的地址相關聯的一個比特幣，你想將這筆錢的十分之一（亦即 0.1 BTC）發送給喬（原因並不重要。也許是買東西的付款，也許是喬幫你做了一些工作、慈善捐贈、賄賂或其他任何原因，我們只關心你向喬發送了 0.1 個比特幣這個行為）。

因此你打開錢包軟體，輸入喬的地址，亦即他給你交易用的比特幣地址。你輸入要轉給他多少比特幣（0.1 BTC），並輸入你願意為此次交易支付多少費用。

交易費用的部分

交易費用通常以 Satoshi/byte（聰，中本聰的聰）為單位，範圍在 1 到 2,000 Satoshi/byte 以上（也就是依據你的錢包發送到區塊鏈的交易訊息大小乘上這個數字，而非依據交易的實際價值來決定）。當網路越忙碌時，激勵礦工先將你的交易包含在區塊中所需的費用就會越高。每筆交易的比特幣網路費用平均在 0.00001 BTC 到 0.001 BTC 之間波動，如圖 3-2 所示。

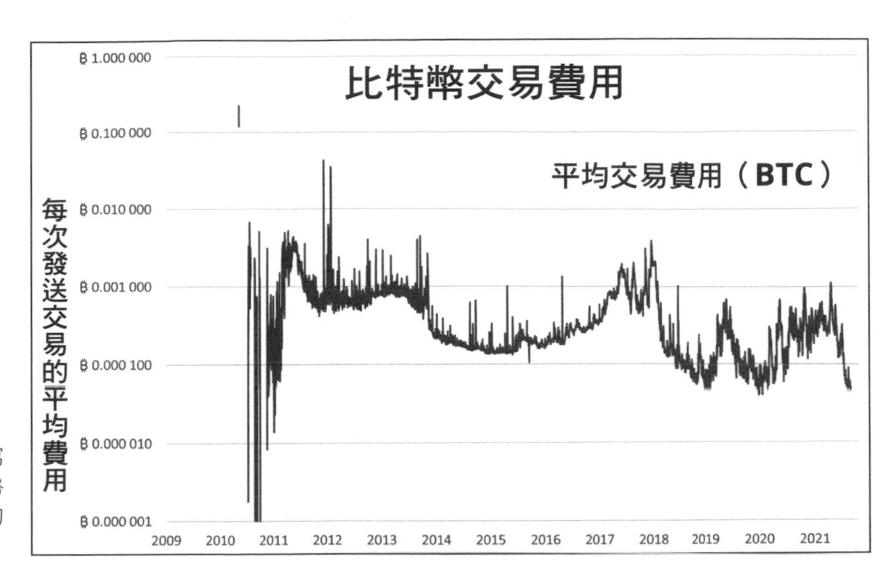

圖 3-2：在本書撰寫時，以比特幣為單位的平均交易費用。

比特幣網路上每筆交易的費用換算下來，平均約在幾美元到 50 美元（當網路擁擠且交易需求量大時，見圖 3-3）左右。

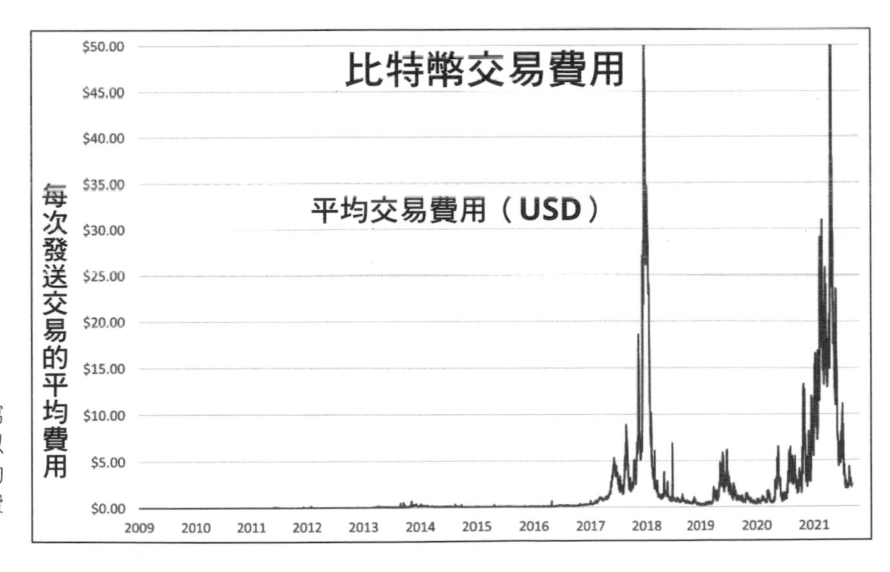

圖 3-3：在本書撰寫時，網路上以美元為單位的平均交易費用。

Satoshi（聰）是比特幣的最小單位，亦即一個比特幣的一億分之一。如果你的錢包餘額為 1.00000001 BTC，則最後一位數字代表一個 Satoshi。你的錢包軟體可能會根據當前費用和網路擁塞情況，自動預估交易費用；有些錢包軟體會為你選擇該費用，其他軟體則可允許你手動設置網路交易費用，以提高即時準確性來避免過度花費。如果支付費用太少，交易可能需要很長的時間才能完成，或甚至無法完成；而如果付出太多交易費用，就是自己吃虧。當然，收費較高的交易會比收費較低的交易更快被挖礦軟體接收；一個區塊中的高費用交易越多，獲勝的礦工便將獲得越多交易費用。

從剛剛我們的範例來看，假設你決定支付 0.0004 BTC 費用。接著我們假設以下是你的地址：

```
1x6YnuBVeeE65dQRZztRWgUPwyBjHCA5g
```

剛剛說過該地址的餘額為 1 BTC。這就是所謂的交易**輸入地址**（*input*，有些軟體為 from，由此地址轉出）。

然後是喬的地址：

```
38DcfF4zWPi7bSPkoNxxk3hx3mCSEvDhLp
```

這是交易**輸出地址**（*output*，有些軟體為 to，轉入此地址）。所以到目前為止，整個交易看起來像這樣：

```
輸入
1x6YnuBVeeE65dQRZztRWgUPwyBjHCA5g - 1BTC
輸出
38DcfF4zWPi7bSPkoNxxk3hx3mCSEvDhLp - 0.1BTC
```

請等一下，我們還需要另一個輸出。我們把 1 BTC 放入交易中，將 0.1 BTC 給喬，所以我們必須決定其他 0.9 BTC 該怎麼辦。事實上，只剩 0.8996 BTC，因為其中有 0.0004 BTC 是作為交易費用支付給礦工。那麼剩下的 0.8996 BTC 呢？當然，找回來的零錢依舊是你的，一定還會回到你身上。所以整個交易現在看起來像這樣：

```
輸入
1x6YnuBVeeE65dQRZztRWgUPwyBjHCA5g - 1BTC
輸出
38DcfF4zWPi7bSPkoNxxk3hx3mCSEvDhLp - 0.1BTC
1x6YnuBVeeE65dQRZztRWgUPwyBjHCA5g - 0.8996BTC
```

現在顯示了 0.8996 BTC 回到原始地址（可以想像一下帶著 10 美元鈔票走進一家商店，花了 1 美元買東西的情況。你從口袋裡拿出 10 美元交給店員，店員找給你 9 美元，然後你把 9 美元放回口袋）。

變更地址

我們已經展示了找回的錢會回到用於輸入的相同地址，這樣做當然可以。不過大多數錢包軟體會為輸出的第二個地址，使用不同的地址或**找零地址**。無論哪種方式，都會把找錢退回到你所擁有的地址，並由你的錢包軟體管理。

請注意在這個範例的輸出中，並沒有說明有關交易費用的內容。這是因為你的錢包所發送的交易沒有明確說明費用。這個範例所表達的是「向第一個地址發送 0.1 BTC，向第二個地址發送 0.89996 BTC，剩下的當作小費！」。贏得將此交易添加到區塊鏈權利的礦工，在獲勝之後，他的挖礦設備會自動把小費取走作為交易費用。

公鑰加密

密碼學就是加密貨幣中的加密部分；它使用所謂的**公鑰加密**。這是你證明擁有與地址相關資金的方式。使用加密貨幣的人會使用自己的私鑰加密訊息，然後將關聯的公鑰與訊息捆綁在一起發送。礦工可以確定此筆加密貨幣來源的地址與此公鑰相關聯。如果隨附的公鑰可以解密此訊息，則訊息一定是由控制相關私鑰的人所創建（因為私鑰、公鑰和地址三者，在數學上唯一相關，更多細節請參閱第 2 章）。

此交易訊息會被放入一段**文本**中，也就是透過加密網路發送出去的文字訊息內。你的錢包軟體會使用你的私鑰對此項交易訊息進行簽署，亦即使用私鑰對交易訊息進行加密。然後軟體會把相關聯的公鑰，添加到此訊息中，並將這個交易訊息發送到比特幣網路上。幾秒鐘之內，某個節點將會收到交易訊息；就像當你發送電子郵件時，郵件伺服器會在幾秒鐘之內收到你的電子郵件（事實上，你可以把你的錢包軟體視為一種特殊形式的訊息傳遞軟體）。

驗證交易

節點收到交易訊息時所做的第一件事，就是使用隨附的公鑰解密訊息，以便讀取訊息內容。接著它必須驗證這個交易，整個過程會依據許多不同的規則來確保交易合法有效。我不打算詳細介紹所有的細節，不過基本上，節點會檢視以下問題：

- 訊息的結構是否正確，且未超過最大訊息的大小？
- 訊息是否包含有效訊息？例如是否包含有效的輸入和輸出地址，以及分配給地址的總和在有效範圍內？
- 輸入地址是否存在於區塊鏈中，且餘額有效？
- 此筆交易是否有足夠的交易費用？
- 發送交易的錢包是否有權發送交易？也就是說，公鑰是否是與發送加密貨幣的地址相關聯的訊息，一起發送？

如果訊息經節點檢查判定無效後，該節點會將此筆交易丟棄，因為完全沒有必要讓不合法的無效訊息發送給其他節點。但如果它是有效的，則節點會將其添加到有效交易池（*memory pool*，**記憶池**或簡稱 *mempool*）中，並將其發送給網路上的其他節點。其他節點也會做同樣的事情：解密並驗證交易。如果大家都認為交易有效，就會將此交易添加到他們的記憶池中（這種方式屬於共識過程裡的一部分，必須確保每個節點都同意）。因此，訊息在幾秒鐘之內，立刻在加密網路中**散布**（傳播），然後被一個接一個的節點接收。

TECHNICAL STUFF

所以記憶池是等待確認、固定、併入區塊交易的集合處。記憶池的大小取決於當前送達網路的交易數量，當然，隨著網路擁塞程度的增加，交易費用也會跟著增加（你可以在 https://jochen-hoenicke.de/queue/#0,all 找到一個非常有用的網站，用來檢查記憶池目前堆積中的交易，以及目前的交易費用）。

有些節點是挖礦節點。這些節點可以把區塊添加到區塊鏈中，爭相賺取比特幣。這些節點也會創建記憶池，蒐集需要添加到區塊鏈的交易。

爭奪比特幣，十分鐘的競賽

以下要說明挖礦競賽的運作方式。我們先從礦工剛剛贏得向區塊鏈添加區塊的權利開始。發生這種情況時，獲勝者將獲勝的區塊發送到整個網路，並被其他節點添加到他們的區塊鏈版本中，接著就會開始進行下一場比賽。

這場比賽每輪設計持續十分鐘左右；挖礦的目的之一，就是以設定的速率，將新的比特幣添加進區塊鏈中；目前的設定為每十分鐘會生成 12.5 個比特幣。亦即平均每十分鐘就有一名礦工在這場比賽中獲勝，贏得加密貨幣獎勵，然後比賽就會重新開始。

收到新區塊的礦工會先將該區塊的交易訊息、與礦工的記憶池進行比較，然後從記憶池中刪除已添加到最新區塊的交易，只留下尚未添加到區塊鏈的交易。

接著礦工會從記憶池中剩下的交易裡，選取一些交易並集合到一個新區塊中，該區塊便稱為**候選區塊**（*candidate block*）。如果礦工能夠贏得這次的十分鐘競賽，這個候選區塊便可成為添加到區塊鏈的新區塊。

雜湊值

雜湊值（哈希值）是一串長數字，就像一組資料的指紋。這些資料透過相同的雜湊演算法傳遞時，會維持產生相同的雜湊值，並且該雜湊值不能符合任何其他組資料數據，也就是雜湊可用來產生唯一獨特的辨識數據。有關雜湊的更多訊息，請參閱第 2 章。

礦工為區塊創建一個區塊頭，區塊頭包含了時間戳記、軟體版本序號、前一個區塊的雜湊值、區塊交易的「雜湊樹」（Merkle tree，你不必了解雜湊樹是什麼）雜湊值。也就是說，區塊頭包含了礦工為了與其他礦工競爭，而必須玩的遊戲裡的相關條件。

因此，目前世界各地數以千計的已創建**候選區塊**（交易紀錄集合）所屬的挖礦電腦，都渴望將自己的區塊添加到區塊鏈中。所以系統必須進行選擇：到底要讓來自哪一個礦工的區塊，添加到區塊鏈中？這項決定是基於機率和計算能力的結合。由於比特幣網路使用一種叫做「**工作量證明**」的規則，因此所有礦工都被賦予相同的任務。第一個完成任務的人將會獲勝，可以把他們的候選區塊添加到區塊鏈中成為正式的區塊，並獲得區塊獎勵：包括交易費用和區塊補貼。

我們可以用任何任務來達成工作量證明，只要這項任務夠複雜即可，而且它必須可以大致預測工作量的難易度，還要能產生易於快速驗證的答案。

舉例來說，質數幣（Primecoin）的工作量證明任務，涉及到尋找質數鏈，然後將其儲存在區塊鏈中，供數學家使用（不管這種質數的用途如何）。不過就比特幣來說，工作量證明任務除了保護區塊鏈中的交易外，並沒有任何實際的用途。以下是比特幣工作量證明任務的運作方式。

礦工尋找符合特定條件的數字，必須是低於某個目標級別的數字（該數字來自儲存在區塊頭中的項目所產生）。

這個數字是對區塊頭進行雜湊而創建，也就等於創建了一個數位指紋（有關雜湊、雜湊值的更多訊息請參閱第 1 章）。

現在的雜湊是用 SHA256 演算法，也就是說，把區塊頭的內容都丟進去後，會產生一個 64 位元的 16 進位數字，範例如下：

```
000000000000000015ecd7feb009048fb636a18b9c08197b7c7e194ce81361e9
```

每個區塊都有一個目標數值。區塊頭的雜湊值必須等於或小於目標數值。我們可以看一下前面列出的雜湊值，它的開頭有 16 個零。這個數值是之前曾經獲勝過的雜湊值。由於數字開頭的零越多，數值越小，也越難找到。隨著時間經過，難度通常會上升。因此現在的目標數值更小了（我們舉的這個例子，開頭有 16 個零，屬於以前某段時間的數值）。在本書撰寫時，開頭已經有 19 個零了。

目標數值越小，任務就越困難，對吧？因為在較小數值往下的數值，絕對比較大數值來得更少，然而我們需要的是一個小於目標數值的雜湊值。

所以礦工們開始對區塊頭進行雜湊處理。由於每次你雜湊演算出一條數值時，一定會得到單一的相同結果。因此，如果礦工對區塊頭進行雜湊處理，得出的數值並未小於目標數值時，他們就必須更改區塊頭來重新雜湊出雜湊值。這種更改「*nonce*」（number used once 的縮寫，代表用過一次的數值）**就是**更改區塊頭裡的一段資料，實際上就是修改一個隨機數。礦工更改隨機數並再次雜湊。這一次雜湊得到的雜湊值一定會有所不同，但很可能仍然大於目標數值，因此礦工繼續更改隨機數，再次雜湊並檢查數值大小，一直持續下去。

雜湊演算法的魔力就在於你無法預測哪個 nonce 會得到你想要的結果，找到理想結果的唯一方法就是不斷嘗試再嘗試……嘗試個幾千萬次，直到獲得小於目標的雜湊值。如果你能搶先在其他礦工前辦到，你就獲勝了！

這項任務非常艱鉅。一個 64 位的 16 進位數字，會有這麼多可能的變化（不管這個數字該怎麼唸出來）：39,400,000,000,000,000,000,000,000,000,000,000,000,000,000,000,000,000,000,000,000,000,000,000,000,000,000,000,000,000,000,000,000,000,000,000,000,000,000,000,000,000 種。所以純粹基於機率的大部分的雜湊結果，都會超過目標值。

假設你就是那位幸運的礦工，最先找到了某個隨機數，把它添加到區塊頭雜湊後，產生了一個低於目標數值的雜湊值，你就贏了！

贏得比特幣

你向網路宣布你獲勝了。你為該區塊創建的一個區塊頭，其中包括時間戳記、軟體版本序號、前一個區塊的雜湊值以及該區塊交易雜湊樹的雜湊值（再次強調，要成功挖礦並不需要了解雜湊樹是什麼）。然後你將**候選區塊**及區塊頭，以及區塊頭的雜湊值發送到網路上，讓其他節點檢查，亦即檢查這個區塊是否成功。

除非經過其他節點驗證，否則並不會將你的區塊添加到區塊鏈中。為了確保你已經獲勝，節點會對區塊頭進行雜湊處理，並根據現有區塊頭的雜湊值檢查結果。請記住，工作量證明任務非常困難，卻很容易驗證，因此大家可以很快看出你贏得了這次比賽。於是節點將你的區塊添加到區塊鏈中，比賽被重置且重新開始。於是你終於得到了區塊獎勵，包括交易費用和區塊補貼，並且會發送到你在新區塊中輸入的地址。

這就是挖礦的過程！

到底誰會比較容易贏得這些比賽呢？這種競賽是機率和計算能力的結合，每當你添加一個隨機數並對區塊頭進行雜湊，就會有一次數學定義上的獲勝機會。雖然很低，但確實有可能。也就是說，你也可能在第一次嘗試中獲勝！（可能，但可能性極低。）

那麼到底該如何增加自己的機會呢？由於你的做法是一次又一次的添加一個隨機數，重新雜湊幾百萬次。每次雜湊的過程，就像買樂透一樣。因此，你購買的樂透彩券越多，機率就越高。這就是說，你的挖礦設備越強大，每秒可執行的計算越多，你所擁有的機會就越大。

整個挖礦過程聽起來可能很複雜，但是辛苦的部分都是由挖礦設備和節點軟體完成的。你並不需要每隔十分鐘就坐下來用紙和鉛筆，對區塊頭進行雜湊計算！你只要設置好適當的硬體和軟體，讓它們自行運作即可。

比特幣預設

所有預設的規則和系統運作方式，都已經融入執行比特幣區塊鏈的軟體中。一個區塊大約可以包含 2,000 筆交易（根據每筆交易所含的訊息量略有出入），而且大約每十分鐘就會添加一個新區塊。為了保持新區塊的出現頻率，區塊鏈系統必須經常調整它的難度規則。事實上是每隔 2,016 個區塊就會進行調整。如果每個新區塊的出現平均花不到十分鐘，例如有更多礦工和挖礦設備上線，也就是有更多算力被用來挖礦時，目標數值便會按比例變小，以增加猜測數值的難度。如果出塊時間超過十分鐘的話，例如隨著比特幣價格下跌，挖礦的人減少時，目標數值就會變大，讓猜中的難度降低。此外，每 210,000 個區塊（大約每四年），區塊補貼就會減半。在本書撰寫時，補貼已經降為 6.25 BTC，接著可能在 2024 年的某個時刻，繼續降至 3.125 BTC。

本章內容

- 了解共識演算法
- 為何工作量證明是最受信任的形式
- 哪些加密貨幣使用工作量證明
- 權益證明和工作量證明的差異

Chapter 4 探索不同形式的挖礦

本章要帶你了解加密貨幣使用的各種共識演算法。區塊鏈技術把資料分散在幾百甚至幾千台電腦上，其重點在於確保這些電腦上的每個資料副本都是正確的。我們可以使用各種不同的數學演算法來建立共識，以確保使用任何特定加密貨幣區塊鏈的人，都能對該區塊鏈應該包含哪些數據資料，以及該採用哪個區塊鏈版本有所共識。

接下來我們將會解釋各種不同的共識系統，包括工作量證明、權益證明、權益 / 工作量混合證明等。

工作量證明

共識是確保每個人的交易資料副本都能相符的過程。也就是區塊鏈上的每個副本，都包含了相同的交易資料。每一種加密貨幣都可以使用不同的共識規則，但在本書撰寫時，最主要的方法稱為**工作量證明**（PoW）。不過這些共識方法有比較值得信賴的，也有安全性較差的，我們也會在本章討論一些替代方案。隨著加密貨幣和區塊鏈空間的成長（一直在迅速擴張中），也可能會出現一個全然不同的共識系統，在最後「一統江湖」。

「工作量證明」是所有共識系統中最安全、最受信任但最也耗能的系統，但也擁有最佳的紀錄。而且工作量證明自從比特幣誕生以來就已存在，也就是自 2009 年 1 月以來，一直維持著不間斷的交易鏈！

其實工作量證明早於加密貨幣區塊鏈，最初是作為一種反垃圾郵件的想法而開發。

工作量證明的基本概念在於：為了使用特定服務（例如發送電子郵件或向區塊鏈添加交易），必須證明已經執行了某種形式的工作。其目標是給想要使用該服務一次的人，必須負擔適度的「成本」（依據執行工作量證明演算法所需的計算能力），但要讓使用該服務幾千或幾百萬次的人，必須負擔非常昂貴的成本。如此便可讓攻擊或破壞工作量證明系統的人，因成本過高而放棄攻擊。

使用工作量證明作為解決策略的概念，可以追溯到 1993 年左右。從那時開始便出現了許多使用工作量證明的不同想法。而在加密貨幣的背景下，工作量證明可以防止惡意礦工提交永遠「無法驗證」的新區塊而阻塞網路。其背後的概念是如果不需要任何工作量證明即可提交新區塊，那麼任何人都可以在新區塊中，重複發送虛假交易，進而使加密貨幣網路陷入癱瘓。

還有，工作量證明與現實世界的貨幣類似。如果我們想要讓貨幣發揮作用，貨幣的供應量必須有所限制。所以要不是像黃金這種數量稀缺的東西，要不就是必須付出巨大努力的過程（經濟體系）才能創造這種限制。

那古老的貝殼貨幣呢（貝殼曾經被各種文化當成貨幣）？讓我們思考一下在 18 世紀之前，北美洲東部原住民使用的貝殼貨幣「Wampum」（貝殼串珠）。你可能會說：「從海邊撿起貝殼能花多少工作量？」事實並非如此，這種貝殼串珠是由非常特殊的貝殼所製（包括溝螺、蛾螺和蚌蠣），而且這些生物只出現在一塊非常特殊的區域（大約沿著長島灣和納拉甘西特灣分布）。此外，你不能只撿到一個貝殼，就拿來跟別人交換晚餐，你還必須在貝殼上做點加工。舉例來說，要切開蛾螺的貝殼，使用內螺旋的部分（也就是蛾螺內部的小柱狀體）。然後由工匠（通常是專門製作貝殼串珠的婦女）用木鑽在貝殼上鑽孔，然後將貝殼在礪石上打磨光滑。最後用鹿皮或其他各種材料，將貝殼串在一起。這項加工的過程，可以確保必須把時間和精力投入「貨幣」中，才能賦予它價值。

我們可以用另一種方式思考這個概念：並不是金錢「獲得」了價值，而是由於大量投入的工作而創造其價值，如此才不會在市場上到處充斥著低成本的新錢，讓貨幣輕易貶值。

早期的歐洲殖民者也用過這種貝殼，一直到他們開始用更先進的製造技術來製造貝殼串珠後，降低了這種貨幣的製造成本，破壞其稀缺性，因此造成價值的崩潰，讓貝殼串珠無法繼續作為價值和貨幣的儲存手段。

正如本書另一位作者彼得所說：

> 第一次聽到加密貨幣時，我很難完全理解工作量證明的想法，以及它到底如何應用。如果有讀者還在試圖理解工作量證明的目的，我可能會換一種說法。礦工所做的工作（相互競爭以贏得工作量證明競賽）的全部目的，是為了確保向區塊鏈添加新區塊的過程並不容易。如果過程太容易，區塊鏈就很容易受到攻擊。因為不良行為者可以利用不良區塊，塞滿系統來攻擊區塊鏈。工作量證明的想法便是讓添加區塊變得極為困難，就像必須費盡心力才能手工製作成貝殼串珠的整個想法，就是為了確保貝殼經濟不會被廉價的貝殼氾濫所淹沒。

工作量證明的應用

工作量證明的演算法迫使礦工在向區塊鏈提交區塊之前，必須先使用自己的算力來完成某種工作。這種加密演算法會使不良行為的代價高昂，因而能確保預期的結果（也就是大家只會把真實、有效的交易添加到區塊鏈上）持續發生，來作為加密貨幣的安全保證。

工作量證明到底必須進行什麼工作呢？基本上，礦工需要解決的是某種數學難題。其難度必須足夠複雜以佔用掉一些計算能力，但又不能複雜到花太長時間來驗證或減慢了添加交易的速度。

舉例來說，比特幣的工作量證明所執行的工作，就是對交易區塊的前一個區塊（以及一個隨機數，前面說過的 *nonce*）進行雜湊處理，以期找到一個滿足所需難度的新雜湊值。

接著我們要看工作量證明的另一面。找到這項數學難題的答案雖然很困難，但正確與否的檢查和驗證工作必須很容易。也就是說，一旦難題被解決後，其他礦工必須很容易就能檢查數學難題是否已經正確解決。以比特幣為例，一旦礦工解決了難題，新的雜湊值就會被添加到區塊頭中，並將區塊發送給其他礦工和節點進行確認。雖然剛開始很難選到能夠提供最佳答案的隨機數，亦即低於目標數值的雜湊值。不過一旦找到這個隨機數後，其他礦工就可以非常快速輕鬆地執行相同的雜湊計算，確認謎題已經解決。接著工作量證明完成，每個人都可以快速檢查獲勝礦工的區塊，結束這回競賽，繼續下一輪。

還有，使用工作量證明的加密貨幣，通常都是需要效能更高、更專業挖礦設備的加密貨幣。對比在本章稍後將會說明的權益證明型加密貨幣而言，它們幾乎可以用任何電腦來充當新區塊的創建者、驗證者和連接者，而且通常只要事先擁有大量該加密貨幣即可。

工作量證明範例

工作量證明在加密貨幣世界中被廣泛採用。比特幣便是其中最大和最成功的加密貨幣，許多其他受歡迎的加密貨幣也使用了工作量證明。就這些加密貨幣而言，你可能需要各自不同的挖礦設備，因為即使這類加密貨幣都使用了工作量證明，但其數學難題通常使用了不太一樣的雜湊演算法。以下就是一些常見的工作量證明型加密貨幣範例：

» **比特幣（Bitcoin）**目前在網路雜湊率（亦即每秒處理的雜湊數）、市場流動性和整體採用率方面，完全可以說是加密貨幣之王，但比特幣卻不能算是最好的加密貨幣。比特幣開創了工作量證明的先河，並在這種共識系統的支持下發展了十幾年。因此許多其他加密貨幣都複製了比特幣的程式碼作為起點，然後進行修改以符合自己的使用方式。雖然大多數這類山寨加密貨幣都保留了工作量證明組件，不過他們可能改用了不同的雜湊演算法，因此需要設置與比特幣不同的挖礦設備。

加密貨幣挖礦領域的大部分資金都流向了比特幣，因此礦工使用的挖礦設備，幾乎都是可以專門執行比特幣共識原生的 SHA-256 雜湊演算法的礦機。比特幣專用 ASIC 礦機佔系統中的極大比例，而且很多都位於中國，爭奪第二名的則是美國和俄羅斯。

» **以太幣（Ether，在以太坊網路上）**是第二受歡迎的加密貨幣（有時是第三，依查詢日期而定）。以太坊使用自己的雜湊演算法（*Ethash*）進行工作量證明。請各位不必太擔心這種雜湊演算法到底是什麼，因為以太坊開發團隊的計畫，已經決定放棄工作量證明，並在未來使用權益證明（已於 2022 年 9 月 15 日完成）。一切看起來就像一架飛機在飛行途中，重新安裝發動機一樣！事實上，他們在以太坊程式碼中嵌入了「難度炸彈」。隨著時間經過，透過工作量證明來挖掘以太幣變得越來越困難，也就代表礦工的收入越來越少（雖然有難度炸彈，但當以太幣價格處於歷史最高點時，以太幣的挖礦還是有利可圖，可惜目前已經改為權益證明而無法挖礦）。

» **萊特幣（Litecoin）**通常被認為是輔助比特幣「數位黃金」地位的「白銀」。萊特幣專注於快速支付（亦即新區塊的出現時間更快）和低交易費用。它用的是與比特幣不同的雜湊演算法，稱為 *scrypt* 演算法，因此兩者之間無法「*互挖*」（使用相同的挖礦設備開採多種加密貨幣）。在一般情況下，萊特幣的工作方式與比特幣非常類似，因為它在本質上複製了比特幣程式碼。因此就像比特幣一樣，用專門的 ASIC 開採萊特幣是最能獲利的方法。

» **門羅幣（Monero）**是一種更私密（匿名）的加密貨幣，可以用 CPU 或 GPU 進行挖礦，也就是並不需要用到專門設備。門羅幣社群強調要把 ASIC 礦機排除在外，因此每隔幾個月就會稍微更新其算法，這樣製造商就來不及生產專用的 ASIC 礦機。你當然可以製造更有效率，專門處理特定算法的 ASIC，而且不斷配合演算法來更新也是可能的。然而設計、生產和銷售新的 ASIC 需要時間，只要不斷切換為不同的工作量證明演算法，門羅幣便可搶先晶片製造商一步。這種做法可以讓一般 CPU 和 GPU 在門羅幣的區塊鏈上維持有效。門羅幣使用了一種稱為「*環簽名*」（*ring signatures*）的複雜加密機制，隱藏與地址相關的交易金額，這種做法會讓分析交易的追溯變得極為困難。這點也讓它與使用工作量證明的其他加密貨幣有所區隔，因為其他加密貨幣多半在區塊鏈上，具有方便查詢的公共交易紀錄。

» **大零幣（Zcash）**是一種更加私密（匿名）的加密貨幣。它使用 Zcash 所稱的「零知識證明」所建構，以公共密碼參數在各個受信任方之間分配（這是很複雜的內容，如果你想了解更多訊息，請查看 Zcash 網站 **https://z.cash/technology/paramgen/**）。Zcash 區塊鏈可以使用匿名加密交易（稱為 zk-SNARK），而且幾乎不可能被追查出交易者。然而這些匿名交易的計算成本很高，而且目前可用的許多 Zcash 錢包，無法完全支持此項功能，因而 Zcash 的多數交易都是與比特幣非常類似的公開交易。Zcash 工作量證明機制被稱為「*Equihash*」（其理論依據發展自「生日悖論」問題）。Zcash 與比特幣礦工獲得全部區塊獎勵的方式不同，它所使用的是分享區塊獎勵；包括礦工獎勵、創始人獎勵和開發者獎勵，藉以補償創建和維護 Zcash 程式碼和區塊鏈的團隊。

優點

工作量證明的主要優點是非常有效！其他達成和保持共識的系統，並沒有像工作量證明一樣能擁有如此長期且無可挑剔的紀錄。工作量證明背後的「博弈論」，可以確保如果所有參與者都是理性的，願意為自己的利益行事的話，系統便可按預期順利運作。而且到目前為止，情況似乎便是如此。

工作量證明還可以防止惡意礦工向網路發送垃圾訊息，因為執行這項工作所需的能源和設備費用，會讓攻擊成本高昂而無法持續。

工作量證明的另一個重大優點便是權力的平衡。區塊鏈的權力等於分散給廣泛的節點，以比特幣為例，可能分散給了一百萬個節點。特定礦工擁有的加密貨幣數量並不會帶來影響，計算能力才是最重要的。然而在權益證明系統中，**礦工持有**貨幣會有所影響，擁有的貨幣越多，權力就越大。因此對系統的權力，可能集中在少數權益者手中；那些有**預挖分配**的初始代幣發行（IPO）加密貨幣尤其如此。

這也是大多數工作量證明加密貨幣的另一項優勢：公平分配。因為要產出一個新區塊並獲得區塊獎勵的話，礦工就必須提供足夠的工作量證明，並依據程式碼規則支持區塊鏈網路。從**加密貨幣博弈論**來看，便可提供重要的激勵機制。因為在博弈理論下，工作量證明機制可以確保：努力達成共識會比反對共識更具經濟效益。

「博弈論」（*Game theory*）是一種涉及數學模型的研究，用來描述理性決策者在某種關係下，可能做出的決策。這些決策者或行為者做出的決定，會同時影響到其他人的決定和行動。由於加密貨幣的目標是激勵所有參與者形成共識，因而能夠構築出一個穩定、可信的網路。

缺點

工作量證明的最大缺點便是執行工作所耗費的資源。因為不是只有一位礦工使用工作量證明演算法來解決雜湊難題，而是世界上所有的礦工，都在爭先恐後的解決同樣的難題！因此，不只一台電腦在消耗電力（對大氣排碳），而是成千上萬台電腦同時在做這件事，但事實上只有一個礦工有機會添加當下的新區塊！

擁有最多礦工的比特幣網路，每年大約使用約 100 TWh（1000 億度）電量，相當於一個馬來西亞或瑞典大小的國家，其年度的總能源需求（參考：台灣 2021 年總用電量為 2830 億度）。

工作量證明的另一個缺點是隨著時間經過，工作量證明下的挖礦也可能變得「中心化」。由於挖礦作業的設置成本很高，因此擁有資料中心和已經在進行挖礦作業的礦工，可能更容易添加新礦機。而且他們的挖礦設備成本較低，因此這些先行者在這場競爭中，通常會逐漸勝過後進者，因而可能出現大者恆大的算力集中化情況。

與這種集中化相關的便是所謂的「*51% 攻擊*」的可能性，這種問題對於任何靠工作量證明挖礦的加密貨幣來說，都是相當重要的問題。亦即當某個礦場實體獲得超過 51%（或以上）的總活躍雜湊算力控制權時，便可能發生 51% 攻擊。在這種情況下，多數方的雜湊算力可以修改加密貨幣的區塊鏈紀錄，因而破壞對區塊鏈存在最重要的「信任」問題。而信任就是在加密貨幣領域裡，促進和鼓勵礦工的去中心化的最重要因素。

工作量證明的最後一個缺點就是大量計算所帶來的能源浪費！雖然工作量證明讓攻擊加密貨幣，使其無法使用的可能性變得很低，因而使得工作量證明機制成為區塊鏈的有效保護。不過這種保護所必須尋找的正確隨機數計算，除了用在加密貨幣的生態系統之外，並不會為任何人帶來經濟、社會或科學上的利益。換句話說，一旦成千上萬的礦工玩過這場遊戲，其中一個人解決了難題，並在鏈上添加了新區塊之後，所有耗費掉的計算能力都沒有剩餘價值；因此會有人覺得這種算力，完全被浪費在一場毫無意義的遊戲上。

簡單的說，工作量證明是我們保持點對點加密貨幣系統執行，最有效可行的方法。雖然確實耗費了大量計算能力，然而並沒有其他解決方案可以提供相同的安全保證，或是能有不同的經濟、共識和電腦工程上的相互替換。因此，工作量證明仍將繼續被廣泛使用。

權益證明演算法

在加密貨幣早期，工作量證明是唯一的遊戲規則。因此那些以比特幣作為模型複製而來的新加密貨幣們，在其想法與實踐上，通常跟比特幣只有些微差異而已。

隨著時間經過，涉及加密貨幣的某些人意識到工作量證明的缺點，所以開始尋找更好的方法來保護加密貨幣，因此權益證明（PoS）很快就應運而生。

權益證明的想法是讓礦工抵押他們擁有的加密貨幣，作為進入區塊鏈賺取交易費用的「入場券」，如果礦工把無效交易添加到區塊鏈分類帳時，其懲罰便是沒收他們抵押的代幣。這點最早是由 Bitcointalk.org 論壇的用戶於 2011 年提出。到了 2012 年，*Peercoin*（**點點幣**）發表了闡述並鞏固這種想法的白皮書，描述了一種用於保護和達成區塊鏈共識的新系統，該系統耗費資源的程度遠低於純粹的工作量證明（雖然 Peercoin 在技術上是權益證明 / 工作量證明的混合體，但也標示著第一個涉及到權益證明的加密貨幣，在現實世界的首次實施）。

現在的權益證明及混合證明（混合權益證明 / 工作量證明），有助於保護和維持某些成功加密貨幣的「信任」。雖然權益證明目前仍會被認為是兩種主要共識系統中，未經長期實證的系統，然而權益證明確實可以帶來比工作量證明更多的優點。因此，任何稱職的加密貨幣礦工都應該了解權益證明。（以便從中獲利！）

解釋權益證明

權益證明類似於工作量證明之處，在於它可以用來維持共識，並保持加密貨幣分類帳的安全。兩者的主要區別在於「**工作量多寡**」的差異。因為想要創建新區塊的礦工，並不需要使用專門的挖礦設備來計算出目標雜湊值，而是選擇「質押」他們想要挖掘的加密貨幣數量。質押的權益可以視為一種可退還的「押金」，這種需求背後的目的，只是要你證明你對所開採的加密貨幣願意投入擁有的既得利益。換句話說，在挖掘該加密貨幣之前，你必須證明你擁有這種加密貨幣，而且必須在挖掘過程中進行「質押」。你不能只是展示你擁有這種加密貨幣後，就賣掉它們來繼續挖礦，因為這些質押的加密貨幣，在你挖礦的過程中會被鎖定，無法轉移。

接下來的步驟就是必須「選擇」一位能將交易添加到區塊鏈的礦工；而且只能有一位礦工贏得這場比賽。因此不同的加密貨幣會使用不同的方法進行選擇，但無論使用哪種方法，一定都必須做出選擇。被選中的幸運礦工可以創建和添加一個新的交易區塊，並從這個新區塊收取所有交易費用，這種做法的好處是只要抵押足夠的加密貨幣，被選礦工添加區塊所用的計算成本會相當低廉，亦即可以由任何執行該加密貨幣節點軟體的電腦創建。事實上，大多數電腦都能充當權益證明機制下的礦工。比較大的問題在於區塊的獎勵與質押的代幣數量成一定比例，亦即與基於工作量證明的系統相比，礦工之間的代幣分配可能會較不平均。

礦工與驗證者

為了方便起見，我們主要使用「礦工」（*miner*）和「挖礦」（*mining*）這兩個術語，但你可能也會聽到「驗證者」（*validator*）和「驗證」（*validating*）的說法。它們到底有何不同呢？讓我們以比特幣區塊鏈為例，來說明工作量證明系統的差異（由於區塊鏈的差異，可能會有不同的先後順序）。「驗證」（*validation*）是指檢查區塊和交易以確保它們「有效」（遵循所有網路規則）。所有全節點都是驗證者，事實上，根據定義，全節點是完全驗證交易和區塊的節點。但是我們說過有一些全節點是礦工（或者說挖礦節點），也就是說，礦工除了驗證交易，也會做包括蒐集交易並參加工作量證明競賽區塊的額外工作，試圖贏得將新區塊添加到區塊鏈的權利。然而獲勝礦工的工作量證明，當然也需要得到其他非挖礦全節點的驗證才行。在比特幣區塊鏈中，挖礦節點只佔大約 50,000 到 200,000 個全節點的一部分，因此大多數全節點在檢查少數礦工工作的同時，也會密切關注（檢查）彼此。

正如加密貨幣大師安德列亞斯·安東諾普洛斯（Andreas Antonopolous）所說：「節點服務於最重要的目的……每個節點的行為，都在作為每個交易和區塊的權威驗證者……節點決定該遵從什麼規則，而非由礦工決定。礦工獲得的是節點認為有效的交易，並根據節點的意願給予獎勵區塊，這些節點將決定它們的區塊有效性是否值得傳播。共識規則的有效性並不是由礦工決定的；他們只是把交易排序到一個區塊中……共識規則的有效性由節點決定，因為它們並不會傳播無效區塊……」。因此，儘管挖礦節點既是驗證者又是挖礦者，但挖礦和驗證一定是分開獨立的過程。

非挖礦形式的加密貨幣（貨幣預先開採），雖然沒有提供新貨幣作為補貼，但人們仍然會透過驗證交易來賺錢。他們可以透過檢查交易是否有效，將它們添加到區塊中，然後將區塊添加到區塊鏈來賺錢，亦即這些驗證者從「交易費用」中賺到錢。

值得注意的是，在權益證明加密貨幣中所贏得的區塊獎勵較少，因為發行的絕大多數加密貨幣，通常都是在貨幣的創世區塊出現之前就預先開採了。

由於權益證明加密貨幣缺乏挖礦所需的工作量，而且在交易費用之外，也只有最低的挖礦獎勵，因此我們不使用「**挖礦**」來描述這個過程，而會使用「**鑄造**」（*minting*）或「**鍛造**」（*forging*）等術語。總而言之，工作量證明和權益證明都試圖達到相同目的：確保網路中的每個人都同意最新區塊中的交易是有效的，並將它們正確鏈接到加密貨幣的區塊鏈紀錄上。

權益證明的選擇

在權益證明系統中，你必須證明自己擁有一定數量的該加密貨幣；而且必須投入賭注才能玩這場遊戲。不同的加密貨幣有不同的權益證明機制，但基本概念類似。

首先，在你加入這場比賽，有機會成為向區塊鏈添加區塊的礦工之前，你需要持有代幣來質押。因此，你的加密錢包裡必須已經擁有一些這種加密貨幣，而且這些加密貨幣的一部分，必須已經存在了一定的時間。例如 Peercoin 便要求該貨幣已經在錢包中存放至少 30 天，不過其他貨幣並不一定會有這種限制。此外，也要注意在某些系統中，當你質押貨幣時，就無法使用這些貨幣；也就是它會被鎖定在你的錢包中，並且可能會被鎖定一段特定的時間。一旦有人以某種方式攻擊系統，他就會失去自己質押的貨幣。其他系統的情況並不一定如此，也可能只要在錢包裡擁有某些數量的該貨幣即可。

權益證明系統使用的第二個概念是「**幣齡**」（*coin age* 或 *coin days*）。也就是將錢包中的代幣數量乘以它們存在於錢包中的時間。持有 10 枚 60 天的礦工（10 × 60 = 幣齡 600），比持有 5 枚 90 天的礦工（5 × 90 = 幣齡 450），有更高機率會被選中。一般可能會限制最短和最長的存放時間，例如在 Peercoin 中，代幣必須在錢包中至少存放 30 天；但已經存在超過 90 天的代幣，不得列入計算（這是為了確保區塊鏈不會被非常古老或大量的代幣支配）。此外，獲勝的礦工將會重新啟動其質押代幣上的時鐘；亦即這些代幣不能再度用來作為 30 天的質押證明。而 Blackcoin 的概念更簡單：你可以在錢包中指定多少加密貨幣數量，作為質押的數量。

但光有質押的賭注還不夠。如果這場競賽所選擇的礦工，純粹基於質押的幣齡（數量乘以時間）時，那麼最富有的人一定都會獲勝，可以每次都被選到，並將新區塊添加到區塊鏈中。

所以權益證明系統使用的第三個概念，就是必須有一些「隨機選擇」的元素。質押的貨幣，或者質押的幣齡，等於決定了你在樂透彩中買了多少張彩券，但中獎彩券仍然需要透過某種隨機選擇來選定，不同的權益證明型加密貨幣，會使用不同的選擇方法。雖然擁有更多彩券（質押更多的貨幣或更久的貨幣），意味著獲勝的機會更大。然而只要透過機率來選擇，即使是你只有一張彩券也可能獲勝。正如 Blackcoin 在官網的說法：「質押貨幣等於是一種樂透彩券，有些日子你的機率會比平常高，但有些日子的機率較低」。Blackcoin 採用隨機方式，將雜湊值競賽和質押的貨幣權益相互結合；礦工將質押數量和質押錢包地址結合起來，雜湊值前面零最多的礦工獲勝。

最富有和持有時間最長的加密貨幣礦工，通常也最具獲勝優勢，較能贏得創建新代幣，並將新區塊加入權益證明區塊鏈的權利。事實上，正如 Blackcoin 官網所說，「如果你投入更多的貨幣，你就會獲得更多區塊，因而更可能得到獎勵。在貨幣數量相同的情況下，一年 365 天、一天質押 24 小時的人，會比一天只有質押一小時的人，獲得更多獎勵（最多相差 24 倍）」。隨著時間經過，質押者賺取的 Blackcoin 與他們質押的貨幣數量和質押時間成正比。一般來說，所有簡單的權益證明系統，幾乎都是如此。

權益證明加密貨幣範例

使用純權益證明的加密貨幣成功案例並不多；大多數都是使用混合型，也就是我們在本章後面將會討論的形式。然而，有些值得注意的區塊鏈，已經將這種技術用在共識機制上：

- **NXT** 創建於 2013 年，使用純權益證明機制。雖然目前並未被廣泛使用，但該幣仍然存在。
- **Blackcoin** 發布於 2014 年初，也是一種在純權益證明共識機制上執行的加密貨幣。它也是一種市值相對較小的加密貨幣，並未被廣泛使用。

優點

與工作量證明相比，權益證明最明顯的優勢便是可以降低能源消耗。工作量證明會消耗掉幾乎一個國家等級的電量。使用權益證明的區塊鏈，只需少量能源即可進行管理。

權益證明下的可擴展性也較工作量證明高。比特幣和其他使用類似的工作量證明加密貨幣，難以在主鏈上獲得每秒兩位數以上的交易（比特幣每秒約為 8 次）。而利用權益證明的區塊鏈，其交易能力可以提高到每秒幾千甚至幾十萬次（取決於使用的驗證節點數量，通常越少就越快）。

由於想要驗證權益證明加密貨幣的成本降低，因此交易費用也相應降低。礦工不必購買昂貴的挖礦設備，因此也可以較低的能源和設備價格創建區塊。

雖然這種方式會影響權益證明礦工的整體收入，但挖礦相對容易和間接成本也較低的情況，依舊可以讓權益證明加密貨幣的挖礦，成為勇於嘗試者的可行選擇。各位可別忘了，每秒有更多的交易，當然也代表每秒可以獲得更多的交易費用！

缺點

權益證明在保護加密貨幣和維持共識方面的風險很高。在純粹的權益證明系統中，有兩個主要問題值得關注。

首先是開始分發新的權益證明加密貨幣的問題。有些加密貨幣既有預先開採的代幣，也有網路執行之後開採的代幣。但就許多權益證明系統而言，流通中的大多數加密貨幣都是預先開採的，這點等於為後來想參與的礦工，建立了巨大的進入門檻。亦即當你想挖礦時，如果你一開始就已經擁有大量加密貨幣可以抵押，你當然就會擁有巨大的優勢。

也就是說，當所有權越集中，網路的分散式信任就會越低，因為大量貨幣的持有者可以為自己的利益用大量的代幣投票，以傳播最有利於較多代幣持有者的長鏈。因而可能導致對區塊鏈帳本的「操縱」，以使較多代幣持有者受益。這些操縱包括雙重支付、依私利發布升級，亦即違背其他用戶的最佳利益。

鏈尖

「鏈尖」（*chain tip*）這個術語通常用於描述特定區塊鏈上「編號最高」的區塊。鏈尖將是具有最多累積工作量證明雜湊到鏈上的區塊。

純粹權益證明的第二個問題被稱為「無利害關係」（nothing at stake）。這項理論指的是在權益證明系統中，驗證者（礦工）對共識可能不感興趣，因為把無效區塊添加到區塊鏈中，也可能符合他們的經濟利益，因而導致區塊鏈分叉並創建出多條鏈。簡單的說，如果一個驗證者添加了一個無效區塊，其他礦工可能會接受並在其上續鏈，因為無論哪個鏈獲勝，他們都一樣可以賺取交易費用（而且由於這是一個權益證明系統，所以並不需要耗費太多算力）。如此一來，區塊鏈便可能被持有該系統最大佔比的人操縱。這等於跟加密貨幣的目的完全相反。加密貨幣的宗旨，就是為了消除傳統銀行系統所代表的「中心化」和「操縱」分類帳系統的想法。

如果是在工作量證明下，這種問題很容易解決，因為礦工會被激勵快速丟棄區塊鏈裡的無效區塊，才不會浪費寶貴的挖礦設備資源。當無效區塊被**孤立**後，便不會有礦工在其後建構新區塊，工作量證明系統的一切照常繼續，亦即只有一條區塊鏈。然而在權益證明下，在每條分叉鏈上繼續建構新區塊非常容易。理論上，區塊鏈完全可以輕鬆分叉，驗證多條鏈的成本可以忽略不計。如果發生這種情況的話，去中心化共識機制當然就會失敗。有了工作量證明，鏈上失敗的區塊自然會以「孤塊」（orphaned block），也稱為「**叔塊**」（*uncle block*）的形式發生；這些失敗區塊的交易會放回記憶池，無論最後確認哪個「鏈尖」區塊獲勝接上，交易和區塊鏈都能維持有效。

混合權益證明 / 工作量證明

由於工作量證明太過消耗能源，權益證明的「無利害關係」也會造成問題，因此精明的加密業者想到了不一樣的解決方案，亦即權益證明 / 工作量證明的「混合」證明。這種做法有助於緩和權益證明系統「貧富不均」和「無利害關係」問題，同時也可稍微降低工作量證明驗證交易的成本。

我們要如何得知加密貨幣屬於混合形式呢？很難，因為你可能會看到某種加密貨幣宣稱自己是權益證明、混合權益證明或混合工作量證明等，這些術語都相當令人困惑。若想搞清楚加密貨幣實際使用的是什麼證明，請利用搜尋引擎查詢最直接的答案。例如「比特幣共識演算法」，就會找到比特幣的工作量證明共識系統，而搜尋「DASH（達世幣）共識演算法」，便會出現 DASH 使用工作量證明和權益證明。

由於越來越多的加密貨幣項目同時使用權益證明和工作量證明，因此我們必須了解這種混合方式對挖礦的意義是什麼？

了解混合共識機制

我們在本章前面討論了工作量證明（PoW）和權益證明（PoS）如何運作；現在的問題就是這兩種系統的組件，如何在混合權益證明 / 工作量證明系統中，協同運作。不過要事先說明的是，不同混合共識系統彼此的變化很大。如果你決定開採或質押混合加密貨幣時，請花點時間研究，該加密貨幣到底如何確定其區塊鏈共識。

在混合系統中，同時會用到工作量證明和權益證明。一個特定的節點可能同時執行工作量證明和權益證明的過程，也可能只執行其中一種。

以下是混合共識系統的範例流程說明。礦工首先必須質押一定數量的加密貨幣，這是權益證明的部分。然後使用來自交易的資料，加上目前時間（例如自某個固定日期以來的秒數）相互結合。

接著礦工以這些組合訊息（包含交易訊息和秒值）計算出雜湊值（也就是工作量證明的部分）。雖然這種情況沒有前面提過的隨機數，但使用目前時間的整數雜湊，與更改隨機數的雜湊數值計算，效果大致相同。

由於這種隨機數「替代品」，每秒都會變動一次。因此，隨著時間流逝，只能每秒雜湊計算一次新的數值，其挖礦所需資源當然就「遠低」於真正的工作量證明系統（想想那些最新的 ASIC 礦工每秒可以雜湊計算幾兆次）。這種做法並不是每一秒都計算大量的雜湊值，而是每個節點每秒只進行「一次」雜湊計算。因此大多數手邊現成的電腦，都可以用來作為挖礦設備。你所需要的只是一台帶有加密錢包的電腦，而且該錢包持有已經預先確定過，特定數量的該混合證明型加密貨幣。

當混合礦工算出雜湊值後，就會根據難度目標，對該數值進行檢查。然而最主要的區別在於，每個礦工的目標難度並不相同！「難度」是根據在此過程開始時質押的加密貨幣所發送的資料中，使用的加密貨幣的「幣齡」來決定是降低（更容易達成）或提高（更難達成）。因此同樣會為現有的貨幣持有者提供優勢，並且增加新礦工的進入門檻（前面說過「**幣齡**」就是礦工擁有的每個加密貨幣單位乘上其存放時間後之和）。

舉例來說，如果彼得擁有 3 個混合幣（Hybridcoin），都在錢包裡存放了 5 天，該交易的幣齡即為 15（5+5+5=15）。但是，如果這三個混合幣中，有一個在他的錢包裡只存放了 4 天，那麼交易的幣齡將會是 14（5+5+4=14）。

交易裡的幣齡越高，越容易找到滿足雜湊計算難度下的雜湊值。也就是說，幣齡越大的礦工比幣齡小的礦工，有更大的獲勝機會。儘管如此，機率因素仍然存在，雖然幣齡較高可以增加驗證者的機會，但仍不能保證他們一定會獲勝。

第一個解決難題的礦工（找到與目標相符的雜湊值）獲得勝利。可以添加最新的交易區塊，並獲得區塊獎勵（可能包括區塊補貼和交易費用）。

這種系統讓礦工每一秒都可以試試自己的運氣。他們在整個過程裡把加密貨幣發送給自己，由於這些代幣被質押或鎖定在他們的帳戶中，因此不能把加密貨幣發送給其他人。此外，在大多數混合系統中，當礦工中獎時，他們的加密貨幣幣齡就會被重置，瞬間降低了下回再次中獎的可能性。

混合權益證明 / 工作量證明獎勵

使用混合權益證明和工作量證明的加密貨幣，其獎勵到底如何運作呢？就大多數混合加密貨幣來看，獎勵會混在一起，集合成一個總數，然後使用系統預設的百分比，在權益證明驗證者和工作量證明礦工之間分配。舉例來說，假設區塊補貼為 10 個混合幣（Hybridcoin），新區塊中的交易費用等於 2 個混合幣，工作量證明礦工和權益證明礦工的預設比例，分別為 60% 和 40%。在這種情況下，創建最新區塊的工作量證明礦工，可以獲得 7.2 個混合幣；驗證最新區塊的權益證明礦工，則可獲得剩下的 4.8 個混合幣（如果某一個節點同時進行質押和挖礦，一旦中獎，它就會獲得全部獎勵）。還要記住另一個重點，礦工類型之間的分配百分比，可能會因加密貨幣種類不同而有所差異，因此請務必先研究過！

混合範例

達世幣（DASH）是 PoS/PoW（權益證明 / 工作量證明）最成功的混合體形式。達世幣的程式碼庫是很多其他混合加密貨幣所依循的基礎。達世幣最早在 2014 年左右，以不同的名稱從比特幣分叉出來，後來經過修改以允許混合權益證明 / 工作量證明的**主節點**（*masternodes*），讓達世幣每年可以提供約 6% 到 8% 的投資報酬率。達世幣每秒可以處理非常多交易，但其主節點模型非常「中心化」，而且必須花上大量的前期投資，才能開始進行驗證。這種方式會讓該加密貨幣產生潛在的需求，因而變動購買的價格，所以有利於該幣目前的持有者。

普維幣（PIVX）是達世幣（DASH）的分叉之一。雖然最初使用工作量證明，但現在它也是混合權益證明 / 工作量證明的模式。只要質押任何數量的普維幣，一年便能為你帶來大約 8% 到 12% 收益，並直接以普維幣支付到你質押的錢包中。

在本書撰寫時，以太幣仍在使用工作量證明系統（稱為 Ethash），但他們已經規劃在未來某個日期（已於 2022 年 9 月 15 日完成），切換到混合系統（以太坊的轉換，已經在社群裡討論了相當長的一段時間）。轉換剛開始的先行修改（會隨著時間經過而陸續修改），被稱為 Casper FFG，其中的權益證明協議與 Ethash 的工作量證明協議一起執行，驗證者在網路每 50 個區塊，執行一個權益證明的檢查點。

點點幣（Peercoin，代號 PPC）是最早開始運作的權益證明加密貨幣（在加密貨幣的早期歷史上，也就是 2012 年時）。不過點點幣並非純粹的權益證明貨幣；它仍然屬於 PoS/PoW（權益證明 / 工作量證明）的混合體。不過，也從那時開始，一直有人模仿點點幣來建立自己的加密貨幣。假設代幣價格保持穩定的話，你現在仍然可以對點點幣的混合工作量證明和權益證明系統進行挖礦，每年約可獲得 1% 的投資報酬率。

優點

混合系統可以充分利用工作量證明和權益證明。由工作量證明組件提供網路安全性，而由權益證明組件所帶來的更高效率，提升交易量，進而降低交易費用。其結果便能產生一種安全、快速，但也會更中心化的加密貨幣。

主節點

主節點（*masternode*）是一種質押和驗證節點，它擁有系統要求的充足代幣數量，通常大約幾百個甚至幾千個。擁有這種數量的代幣，便可讓該節點對區塊鏈程式碼的修改提案進行投票，亦可驗證區塊並將其傳播到區塊鏈網路。使用這種主節點概念的加密貨幣中，最著名的就是達世幣的區塊鏈。

缺點

混合型加密貨幣的治理相當困難。由於在理論上，可以對獎勵分配進行投票和修改，因此希望獲得更多獎勵的權益證明用戶，與希望獲得更高百分比獎勵的工作量證明用戶之間，一直存在著分歧。雖然混合方法具有兩種共識系統的個別優點，但同時也伴隨著權益證明和工作量證明的許多缺點。

委託權益證明

委託權益證明（dPoS，Delegated Proof of Stake）與權益證明類似，但在 dPoS 生態系統中，會更中心化的集中在**區塊生產者**或**見證人**。區塊生產者被投票選出來，輪流將區塊添加到區塊鏈中。通常擁有該加密貨幣的人，可以根據他們擁有的加密貨幣數量，對驗證者進行投票。而區塊生產者的數量並不多，大約在 20 到 100 個之間（例如 EOS 幣就有 21 個）。

dPoS 系統也有**驗證者**，可以協助驗證區塊生產者添加的區塊是否確實有效；而且任何人都可以成為驗證者（一樣是用 validator，這也就是加密貨幣令人困惑之處。因為不同的人或加密貨幣，可能會以不同的方式使用相同的專有名詞。例如在某些權益證明系統中，驗證者也會把新區塊添加到區塊鏈中）。

在 dPoS 中，如果某些人想以無效交易或其他破壞性行為，破壞區塊鏈而成為不良行為者時，投票機制還可允許見證者（witnesses，亦即區塊驗證者），投票支持或反對其他見證者。

這項系統的優點和缺點，與典型的權益證明系統非常類似。不過在實際應用上，已經有許多區塊鏈靠這項技術成功部署，其中最值得注意的範例便是 EOS 和 Steem。

委託拜占庭容錯

委託拜占庭容錯（dBFT，Delegated Byzantine Fault Tolerance）類似於 dPoS。顧名思義，它的名字來自拜占庭將軍問題，也就是比特幣和其他加密貨幣試圖解決的問題。它所面臨的挑戰包括如何在分散式電腦網路中達成共識，讓每個人都能為網路的利益而共同努力。前面提過在這種網路裡，有可能因為技術故障問題，或刻意瀆職欺騙而讓網路變得不可靠。

在 dBFT 中，區塊由發言者節點（speaker nodes）提出，並由代表節點（delegate nodes）投票。當至少三分之二的代表節點同意提出的區塊時，就算達成 dBFT 的共識。任何用戶都可以執行發言者節點，但要成為代表節點，必須由大型代幣持有者投票選出。它的風險在於可能會導致未來權力的中心化和投票操縱等。不過到目前為止，dBFT 的實踐一直都能維持區塊鏈的有效性。

使用 dBFT 時，一旦交易被確認並將區塊記錄到鏈上，就會完全確定且不可逆，這便導致了幾乎沒有辦法在委託節點之間「分叉」區塊鏈的機會。

NEO（小蟻幣）是少數 dBFT 加密貨幣之一。在創世區塊（也就是 NEO 區塊鏈的第一個區塊）中，創造出一億個 NEO 幣（預挖），其中 5,000 萬個出售給大眾，另外 5,000 萬個則被鎖定，然後以每年 1500 萬個的速度流入 NEO 團隊中。執行發言者節點所獲得的獎勵，並不會以 NEO 支付。相反地，它是以 GAS 來支付。GAS 是一種單獨的代幣，可以想像成用來為 NEO 網路上的合約提供「燃料」。NEO 只有七個投票代表節點。雖然也可繼續增加，但要以三個代表節點一組，以便達成所需的三分之二同意（代表的總數減一可以被 3 整除，所以當至少三分之二的代表加上一票贊成時，新區塊才能被接受）。

燃燒證明

燃燒證明（*Proof of burn*，PoB）也是共識機制的一種，用來證明在創建特定貨幣或代幣時，花費掉足夠的資源。雖然看起來可能是一種

「昂貴」的共識機制，但它可以很有效地用來啟動新的加密貨幣，方法是利用其他工作量證明來累積安全性。燃燒證明的加密貨幣通常建立在其他工作量證明的加密貨幣區塊鏈之上。

基本上，在工作量證明區塊鏈中創建的代幣，被礦工發送到一個可驗證但不可花費的地址（有時稱為**黑洞地址**，*eater address*），亦即發送到社群已驗證為不可用的區塊鏈地址。這種地址通常是隨機創建，而非透過創建私鑰 / 公鑰，然後雜湊公鑰的過程。一旦這個地址是隨機創建的，便沒有相關私鑰可用，因此該地址所擁有的貨幣便無法使用，任何發送到該地址的加密貨幣都無法再次使用（因為沒有私鑰可以用來將加密貨幣發送到其他地址）。加密貨幣就等於被燒毀了！

所以要在燃燒證明加密貨幣挖礦，首先必須購買特定的工作量證明代幣，將它們發送到黑洞地址，得到的回報便是買方獲得開採權。舉例來說，Counterparty（XCP）加密貨幣就是如此運作，早在 2014 年 1 月，礦工將比特幣發送到一個黑洞地址，其回報為 Counterparty 代幣，亦即讓他們可以參與 Counterparty 挖礦的權利。

這種方法的好處包括使用燒毀工作量證明的代幣，可以作為燃燒證明鏈的安全保障，然而缺點也因為燃燒證明網路無法獨立於工作量證明代幣而存在，因為其信任和用途是來自燃燒其他的加密貨幣資產。

其他證明……

還有很多其他證明機制。例如「**容量證明**」（*Proof of Capacity*，PoC），礦工把計算謎題解決方案的資料庫，儲存到節點的硬碟中，當區塊競賽開始後，節點便造訪謎題解決方案資料，以便找出正確的解決方案。也有「**經過時間證明**」（PoET），其中節點被隨機分配一個等待時間，然後根據等待時間的順序添加區塊（最低等待時間先到的節點）。還有「**活動證明**」（PoA），這是一種混合 PoW/PoS 的特殊形式，以及「**有限制信度區域證明**」（LCPoA）等。

雖然有越來越多證明模型不斷出現，然而目前並沒有完美的共識機制。隨著新想法的出現和新模型的測試，這場進化仍在持續。

2 加密貨幣挖礦的演進

本單元內容包含：

了解挖礦隨時間經過的發展情況。

了解加密貨幣挖礦的未來。

本章內容

» 了解比特幣挖礦的演變

» 使用區塊鏈

» 回顧個人挖礦時代

» 使用礦池

» 使用雲挖礦

Chapter 5
挖礦的演變

在比特幣出現的最初幾年裡，整個比特幣網路並非廣為人知，因此執行節點或挖礦的用戶很少，用於挖礦的硬體也非常基礎，通常非專為挖礦設計的一般電腦設備即可。與今日相比，當時用於挖掘區塊和保護網路的計算資源（算力）少得可憐。在這段期間裡，比特幣生態系統中的大多數參與者，可能都將其視為實驗性質，因此許多人認為不值得投入大量資源。這些因素相互結合後，讓早期的比特幣礦工所擁有的是難度相當低的區塊鏈環境。

我們將在本章了解比特幣挖礦的歷史、計算用硬體的發展、挖礦軟體的發展、不同的挖礦技術以及各種電腦零組件如何協同工作。因為要了解礦工未來發展的最佳方法，就是透過了解行業和技術的過去到現在的演變。

工作量證明挖礦演進

比特幣挖礦傳奇開始於一部由中本聰操作的電腦所生成的區塊，也就是所謂的「**創世區塊**」，誕生出第一個比特幣。這時的比特幣挖礦剛開始執行，出塊難度相當低，並不需要太多算力就能夠贏得一場比賽，因此常常有機會添加新區塊。幾乎所有執行比特幣全節點的用戶，都有機會挖掘區塊並獲得相關獎勵。第二位確認的節點營運商和比特幣礦工在前面提到過，這是一位名叫哈爾·芬尼的研究員。所以整個比特幣網路早期有時只有兩個節點。比特幣節點網路就從這裡開始，已經發展到超過 100,000 個全節點，某些時刻甚至超過 200,000 個！

在比特幣挖礦的前十年裡，隨著網路盛名與惡名的兩極知名度均增加後，尋找區塊的競爭也穩步增加。礦工的各種創新與不斷增加的經濟激勵措施相互結合，促進了挖礦業者邁向更高效能的發展。2009 年至 2019 年的十年間，一場計算上的「軍備競賽」，激勵著最有效率和最高效能的挖礦硬體，被大量建造、採購和上線營運。

CPU 挖礦

個人電腦由幾個關鍵零組件所組成，其中最主要的就是 CPU（中央處理器）。CPU 是非常靈活的電腦晶片，擅長計算從電子郵件到網頁瀏覽再到文字處理的各種任務。雖然 CPU 有足夠的能力執行這些任務，但它們並不會特別針對其中任何一項任務，進行高效能或專門的用途。

在進行工作量證明挖掘協議時，目前的現成 CPU 每秒可以執行大約 20 到 200 次雜湊（H/s）。不過把這樣的 CPU 拿來在比特幣網路上進行挖礦，已經是徒勞無功，就像是拿著弓箭和長矛與現代化軍隊作戰一樣。CPU 根本無法與當今使用的專業礦機競爭。不過依舊還有一些加密貨幣區塊鏈具有較低的網路雜湊率，或是使用了獨特的挖掘演算法，因此還可能使用 CPU 進行有效的挖礦。

GPU 挖礦

從 2011 年左右開始，GPU（圖形處理器，顯卡上的計算元件[註 1]）成為比特幣網路上的首選挖礦硬體，只不過到了 2013 年就開始有點過

註 1　由於 GPU 是以顯卡搭載的形式販售，因此 GPU 挖礦一般多稱為顯卡挖礦，也是一般較熟悉的說法。以下當指稱為 GPU 礦機或 GPU 挖礦時，會盡量以中文的「顯卡」礦機、「顯卡」挖礦來稱呼，較不容易產生誤會。而當遇到 CPU、GPU、ASIC……等挖礦類型「比較」時，則會以英文的 GPU 來稱呼，特此說明。

時了。GPU 原先是設計用來管理電腦圖形所需計算的硬體。遊戲玩家和平面設計師，經常會透過購買 GPU 顯卡來升級自己的桌上型電腦，以提高電腦性能。不僅可以讓電腦遊戲中的圖形顯示速度更快，圖像設計師所製作的龐大圖像文件，也都能更快速、更輕鬆地處理。GPU 顯卡還被設計為可以長時間執行，並透過顯卡上附帶的大型散熱器和風扇冷卻系統來散熱。

從加密貨幣礦工的角度來看，這些顯卡具有能夠更快雜湊的額外優勢。而且與 CPU 相比，GPU 的雜湊耗能更低。因此可以讓礦工在保持相對較低的功耗同時，增加整體雜湊能力。

這是一場礦工彼此之間的競爭。礦工雜湊的速度越快，贏得雜湊計算競賽的可能性就越大，因為算力就是一切！

經過這些年的演進，比特幣網路的總算力和區塊生成難度大幅增加，已經將 CPU 挖礦變成了區塊鏈歷史書裡的一頁了。

FPGA 的興起

另一種用於提高雜湊率的挖礦設備，就是 FPGA（Field Programmable Gate Array，場域可程式化邏輯閘陣列，可以想像成是可變的通用晶片）。這些設備可依不同情況，快速地重新配置或程式化，以便用更高效率的速度來處理不同的演算法，而無須專門設計或製造為特定算法所設計的專用電路板晶片組。這種類型的挖礦設備依然很受歡迎，適合用來挖掘經常更改工作量證明演算法的加密貨幣。它們的演算法之所以善變，通常都是為了防止專用 ASIC 硬體挖礦設備的蠻橫競爭。

ASIC 的主導地位和效率

隨著挖掘加密貨幣變得更加普及和有利可圖後，供應商也開始開發專門用於挖掘特定加密貨幣的 ASIC 硬體。

CPU 被設計成可以完善處理範圍廣泛的任務，因此都不能專職地完成某種任務。對比這些新開發的硬體，其目的只在完成一件事，也就是專門處理挖掘特定加密貨幣所需的演算法。

因此，FPGA 的發展也迅速讓位給 ASIC（特定應用積體電路）的開發和製造。這些新晶片的目的只有一個，就是專門用來挖掘比特幣這類工作量證明的加密貨幣。ASIC 在文字處理、電子郵件或網頁瀏覽方面的效能並不強，但在加密貨幣挖掘方面的效能和效率，幾乎比 CPU 高出幾個數量級的程度。我們可以在圖 5-1 中看到晶片效率的提高。這張圖描繪的是 2014 年至 2017 年期間所受歡迎和廣泛使用的 ASIC 晶片的影響，你可以看到用於處理 terahash（兆次雜湊值）的消耗能量急劇下降。這是因為 ASIC 是專門為處理這些算法而設計，目前最先進的 ASIC 功能甚至還要更強。

ASIC 的興起導致網路的雜湊率（算力）大幅提高。網路**雜湊率**是指在網路上工作的所有礦工組合每秒可以完成的雜湊數。圖 5-1 中的圖表顯示，比特幣網路雜湊率峰值超過 1.2 億 TH/s，即每秒 1.2 億兆次雜湊數。一個 tera 就是一兆，所以一個 terahash 就是一兆次雜湊；因此，1.2 億 TH/s 意味著網路上所有礦工的完整算力，在高峰時可以在一秒內執行 120,000,000,000,000,000,000 次雜湊運算，這是相當難以想像的巨大計算能力！（還記得剛剛說過你電腦裡的 CPU，每秒可以執行大約 20 到 200 次雜湊運算，比較一下……）

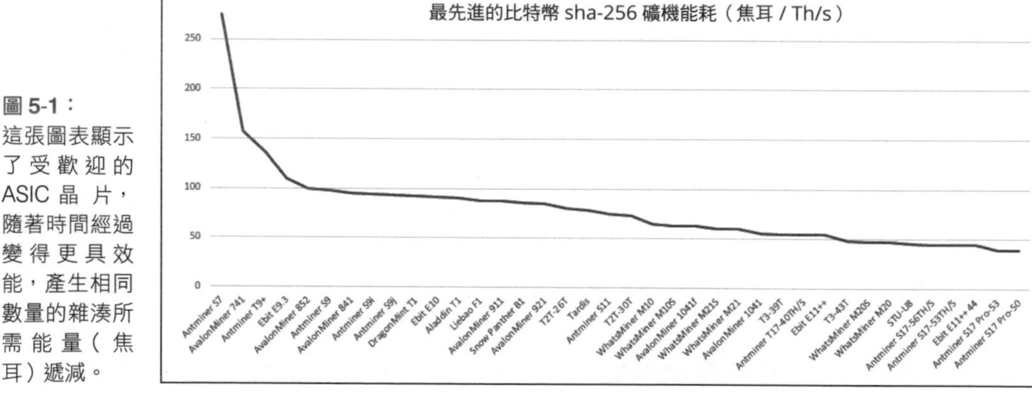

圖 5-1：這張圖表顯示了受歡迎的 ASIC 晶片，隨著時間經過變得更具效能，產生相同數量的雜湊所需能量（焦耳）遞減。

接下來的圖 5-2 對數圖中，可以看到比特幣網路的處理能力的增長速度（在 www.blockchain.com/en/charts/hash-rate?timespan=all 可以看到最新的數據）。

為何不用 EXAHASHES ？

120,000,000,000,000,000,000 次雜湊運算數量，就等於是 120 百京次雜湊（quintillion，百京，10 的 18 次方，這種單位在日常生活中很難用到）。那為什麼不説 120 QH/s 呢？首先，正確的符號表示應該是 120 EH/s；也就是説，每秒 120 百京次，因為百京的數學符號是 *exa*，就像 tera 是表示兆的寫法一樣。然而更重要的是，當我們討論每秒發生的大量進步時，最常使用單位的就是 terahashes（兆次）。這也是大多數製造商描述最新最好的比特幣 ASIC 挖礦設備規格的單位。無論是一兆、幾十兆或幾億兆次，我們都還是以 terahashes 或 TH/s 來標示其處理能力。當然你偶爾也有機會看到有人使用 exahashes（百京）的説法。

圖 5-2：這張圖表顯示比特幣網路隨時間經過的巨大雜湊能力，以及算力急劇增長的情況。

個人挖礦的時代

在比特幣歷史早期網路算力非常低的年代，讓幾乎所有在 2009 年至 2011 年期間，使用筆記型電腦或桌上型電腦執行比特幣核心客戶端軟體的礦工，都有很好的機會創建新的比特幣區塊，收取相關區塊補貼和交易費用。這是他們透過在核心客戶端軟體與比特幣區塊鏈同步後，簡單啟用挖掘所完成。

有些大型礦工仍然可能選擇個人挖礦，也就是選擇押注一個很小的機率，希望建立區塊並保留所有相關的區塊補貼與交易獎勵，不過這種做法在目前並不受歡迎。雖然只要設備的雜湊率算力夠大，並且花上足夠時間的話，個別礦工仍然有可能建立新區塊（當然他們必須在挖礦設備上投入巨額資金，以便提高這種微乎其微的機率），但我們完全不推薦這種方法給新手礦工。目前大多數業餘礦工，多半都選擇使用「礦池」（mining pool）來挖礦。

由於挖礦硬體發展到了 ASIC 領域，讓外行的新手挖礦變得越來越困難，家庭手工式的個人簡樸操作也越來越沒有機會挖到任何區塊。而且除了挖礦設備變得越來越貴之外，礦工為了競爭，需要添購越來越多的挖礦設備，也需要更多放置設備的空間。他們還必須冷卻這些礦機的高溫，因此不得不忍受噪音並處理日趨複雜的硬體和軟體設置等，這一切都讓挖礦變得昂貴且複雜。「礦池挖礦」和「雲挖礦」便是為了讓小規模礦工省下許多麻煩，讓他們也有機會參與挖礦而發展出來的一種方式（當然也為了讓礦池和雲挖礦公司本身可以賺錢）。

礦池挖礦

比特幣挖礦在這種對抗的環境中，具有本質上的競爭性，這也是讓礦池挖礦如此有趣的原因，因為礦池是在這場激烈競爭裡「合作」的一種形式。參與礦池的每個礦工，都為集體利益而工作，然後再依他們的貢獻度，也就是與所有為建立區塊貢獻出不同雜湊能力的礦工，依其算力分配獎勵。

何謂礦池？

參與礦池的用戶，將他們的計算資源集中在一起，以團隊合作的方式來尋找區塊。如果某礦池用戶找到一個區塊，但該用戶當時只貢獻了礦池總雜湊率的 5% 時，則該用戶將獲得與該區塊相關的區塊獎勵總和的 5%。也就是礦池是根據每個礦工的貢獻，以非常「公平」的方式，在礦池中分配成本和收益。

讓我們再深入解釋一下。即使礦池中的幾千名參與者都認為自己是礦工，而且為了本書的內容，我們也將稱他們為礦工。然而從系統的角度來看，他們並不是礦工。事實上，礦工是一個挖礦**節點**。從加密貨幣網路的角度來看，礦池本身是一個挖礦節點，而礦池中的各個成員對網路來說是「不可見」的，通通躲在節點的後面。也就是說，你並沒有設置自己的節點；所以礦池挖礦比個人挖礦簡單得多，因為你並沒有執行真正礦工所需的全部任務。單一礦池成員只為挖礦操作，提供自己礦機的處理能力（算力）。不過從技術角度來看，這裡確實有一個礦工，也就是礦池營運商，它必須管理整個過程並執行節點，還要為你提供使用礦池的工具。舉例來說，圖 5-3 顯示了 Antpool（螞蟻礦池）的統計頁面。

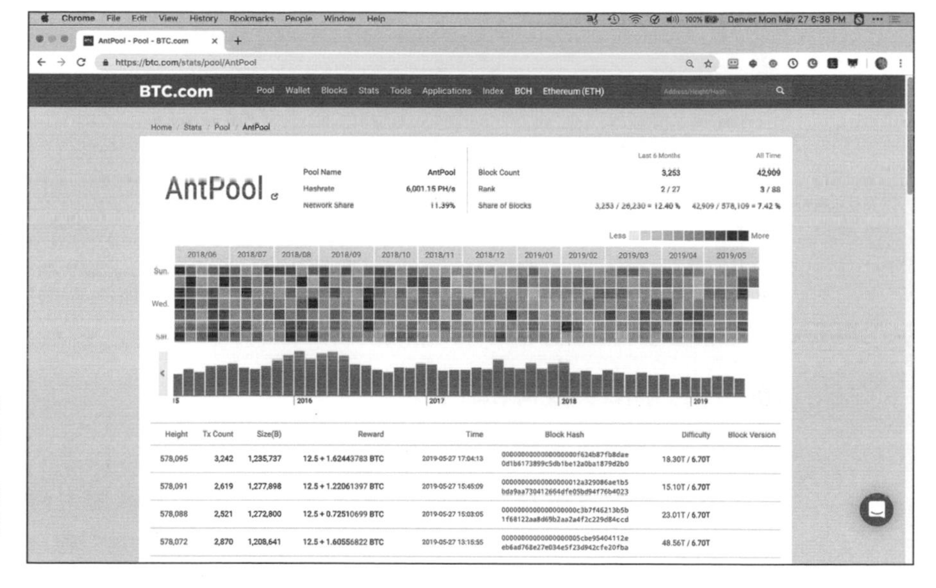

圖 5-3：
Antpool（螞蟻礦池）的統計頁面；Antpool 是最大的比特幣礦池之一。

選擇礦池

比特幣和各個加密貨幣挖礦業中，存在著許多不同的礦池。其中有些是本質上非常公平的礦池，有些則被認為是詐騙作惡的礦池。

選擇一個能實現你的計算價值的礦池非常重要。如果選錯的話，壞礦池可能會以與你的目標背道而馳的方式，利用你的雜湊能力去做別的用途（在本書第 7 章可以找到更多關於選擇礦池的資訊）。有許多工具可以協助我們做出正確的選擇。舉例來說，圖 5-4 顯示的是 Coin Dance（加密貨幣資訊網站）上的圖表，在過去七天內按礦池區分，添加區塊到比特幣區塊鏈的比例。

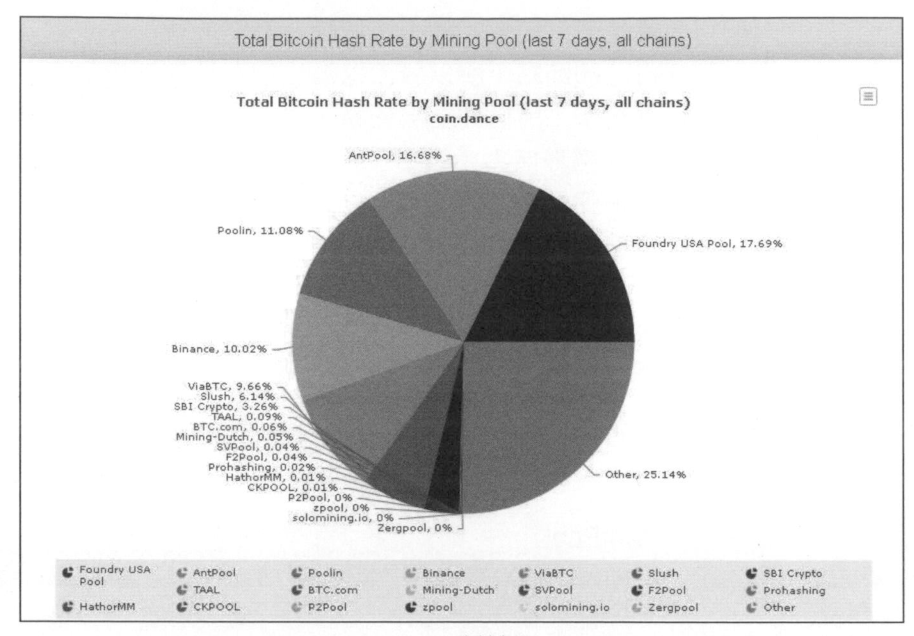

圖 5-4：
過去 7 天各礦池發現區塊的算力百分比。

資料來源：*https://coin.dance/blocks/allhashthisweek*

礦池挖礦的優缺點

礦池挖礦可以讓普通礦工持續以礦池網路提供的工作方式來獲得獎勵，因為普通礦池礦工的雜湊率很低，不太可能單獨工作而獲得獎勵。即使你從未真正找到贏得獎勵的雜湊值，只要你貢獻了自己的算力，依然可以分享到應得的利潤。

同樣的情況，如果你是那位找到獲勝雜湊值的幸運礦工，你也無法保留整個區塊獎勵；因為你必須與其他礦池裡的礦工一起分享獎勵，每個礦工都根據貢獻的雜湊算力比例來分配。

你也必須支付少量費用來獲取礦池提供的服務。也就是說，雜湊出正確雜湊值所獲得的區塊獎勵（包括區塊補貼和交易費用），並不只平均分配給每個礦工；經營礦池的人當然也會分一杯羹（天下沒有賠錢的生意啊）。

一般對礦池挖礦的批評之一，就是它會導致權力集中在少數人（也就是礦池營運商）手中。舉例來說，當區塊鏈網路需要節點對政策進行投票時，雖然一個礦池可能擁有數以萬計的個體礦池成員，但只有礦池營運商可以投票。

這類投票在區塊鏈程式碼改進的討論中就會變得很明顯，礦池投票支持的提案，礦池中的個人用戶可能並不同意。還有某些礦池會挖掘不包含任何大量交易的區塊，試圖阻塞記憶池、拉高交易費用而阻塞網路，這點也讓雜湊算力的濫用變得很明顯。由於不把交易添加到區塊中，記憶池便不會被快速清除，因而浪費了寶貴的區塊空間。一旦發生這種情況，便會導致交易積壓，進而導致結算的最終確定性被延遲。這也是推動比特幣擴容為更大區塊的一種策略，同時也可用於拉高交易費用，以便增加礦工的投資報酬率。由於一般礦工是從記憶池中選擇想要放入區塊的交易，大多數人應該都會選擇費用較高的交易放入區塊。如果將交易費用拉高，便可獲得更多利潤。然而有時礦工和礦池集團，確實會因其他政治動機而積壓交易。

當然這些缺點很容易就可以解決，你只要把自己的挖礦硬體，指向更符合目標的不同礦池即可（換家礦池吧）。礦池提供的服務大致相同，如果用戶不喜歡目前礦池的執行方式，便可將他們的雜湊率搬家到其他礦池。這種自由市場式的礦池生態系統，通常可以當成對礦池營運商的一種制衡，激勵礦池的正當行為，而讓加密貨幣獲得利益而非傷害。

雲挖礦

雲挖礦業務是指出售或出租算力的**礦場**（專門用來挖礦的資料中心）。這種服務的本質是「第三方託管」挖礦設備，只提供給你與設備相關獎勵的造訪權限。這種方法有很多優點和缺點，主要缺點便是用戶必須「信任」雲挖礦供應商，因為用戶無法控制設備或其使用方式，讓這個領域裡充滿許多詐騙行為。

當然，雲挖礦的優點就是不必在家裡擺滿電腦設備，也不必處理噪音、熱量、電力和挖礦設備的維護等。本質上，你把挖礦的工作外包給別人了。

礦池挖礦與雲挖礦的比較

礦池挖礦和雲挖礦都是與第三方合作，這兩種情況到底有什麼差別呢：

- 使用**礦池挖礦**，你需要自己的挖礦設備。你必須使用礦池提供的軟體，將礦機的處理能力貢獻給挖礦作業。所以你要購買設備、管理設備、執行設備、冷卻設備、保持穩定的網路連線，可以正常高速執行……等。
- 使用**雲挖礦**，你就像是「投資」挖礦業務的人，因為你提供的是「錢」。雲挖礦公司與幾千名個人簽約，將收來的資金投入到挖礦業務中，並從挖礦收益中分得一部分利益。所以你要做的就是找到一家信譽良好的雲挖礦公司（千萬小心！），匯款給他們，然後在他們挖礦的同時，你過自己的日常生活即可。

雲挖礦的利與弊

當然，雲挖礦與礦池挖礦都有類似的優缺點。例如你不能保留自己挖到的區塊獎勵（必須分享給所有人）；除了必須先付錢給雲挖礦公司才能加入挖礦（不過你省掉了許多麻煩事！），雲挖礦跟礦池挖礦一樣，也會有權力集中在少數人手中的危險。

而且你可能發現雲挖礦的搬家更為困難，因為某些雲挖礦會要求較長的合約期；所以你可能無法隨時跳槽到別家。此外，如果遇到開採特定加密貨幣無利可圖時（偶爾就會發生），雲挖礦的營運商也可能會取消合約。因此，向這些服務投入大量資金之前，請仔細做好功課，研究想要投資的雲挖礦公司。

本章內容

» 挖礦刺激了高效能源的生產

» 提升計算效率

» 了解挖礦死亡螺旋

» 思考企業和國家參與的未來

Chapter 6
加密貨幣挖礦的未來

才算剛剛嶄露頭角的比特幣，以及整個加密貨幣礦業的未來將會如何呢？由於加密貨幣產業持續蓬勃發展，因此展望未來，似乎也和過去 13 年一樣，有著光明的遠景。

激勵新能源的探勘

基本上，比特幣挖礦過程是一種「能源密集型」的過程。從原始設計上來看，這是為了防止惡意行為者，利用系統謀取私利。而最經濟有效的礦工，往往是那些可以找到最具成本效益「電力來源」的礦工。

根據一項研究指出，如果以單位經濟為基礎來比較的話，在 2018 年時，開採 1 美元的比特幣成本是開採 1 美元黃金的四倍（根據本書撰寫時的比特幣價格，大約略低於兩倍）。然而，最近的一項研究預估，未來**黃金開採**每年所使用的能源將大幅增加，大約會是比特幣挖礦所需能源的兩倍（懷疑這項研究嗎？請參閱 `www.nasdaq.com/articles/research%3A-bitcoin-consumes-less-than-half-the-energy-of-the-banking-or-gold-industries` 的文件說明）。當然，這點也導致了對比特幣等工作量證明加密貨幣的最大批評：在一個大部分電力都是來自化石燃料的世界中，耗費大量能源便會導致氣候危機。

不過，加密貨幣還有另一個可能的未來。時至今日，最便宜和最豐富的電力並非來自化石燃料，而是來自再生能源，例如水電、風能、太陽能，甚至核能等。隨著未來的發展，更多的礦機設備將推動清潔和廉價電力的發展，以便獲得更大的競爭優勢。

列舉目前過度浪費或遇上麻煩的能源資源中，最好的例子包括薩爾瓦多未充分利用的水電大壩和熱電設施，以及美國和加拿大的頁岩油熱潮中，鑽探井裡不斷燃燒的無用甲烷。當然也有浪費太陽能和風能等綠色能源的例子，因為某些電力公司被迫在一天中的低供電時段，降低或浪費太陽能農場產生的電力等。

許多加密貨幣礦工一直在尋找這類低廉能源的機會。最經濟有效的礦工，往往是那些開發並利用最具成本效益電力來源的礦工。目前最便宜的電力，通常來自再生能源或其他被浪費的能源（第 17 章會有更深入的討論）。

未充分利用的水電大壩

在過去十年左右，加密貨幣挖礦的很大比例（可能有 70%）出現在中國，部分原因是中國壟斷了電腦晶片製造業，但也因為中國具有負擔得起且選擇豐富的廉價水電，可以讓這些水電不會被浪費掉。例如在大雨期間，許多水力發電設施會被迫透過疏洪道排水，造成有些地區（例如四川），並未有效利用這些額外可行的發電量。在美國西北部以及加拿大的一些偏遠地區，也很常見到這種情況，當地的水力發電能力經常未被充分利用。目前這些地區的比特幣礦工，已經懂得利用多餘的能源，或善加利用原本浪費掉的水電，來降低挖礦的能源成本。

很可惜的是，中國在 2021 年禁止比特幣和其他加密貨幣的開採，因此大多數礦工被迫遷移，繼續尋找新的過剩能源來源，有許多挖礦產業搬到了俄羅斯和美國。

油氣燃燒

包括在北美的德州、科羅拉多州、北達科他州和加拿大部分地區，也就是屬於偏遠地帶的石油和天然氣探勘開採均有所增加。這個行業在生產過程裡拋棄了大量甲烷（天然氣），因為讓這些偏遠地區的甲烷運輸到市場上銷售的做法，並不符合成本，因而迫使許多操作員直接燒掉這些完全可利用的能源。

某些積極的比特幣挖礦業者，就把礦場搬到這些設施的所在地點，直接從原本浪費燃燒掉的多餘氣體中，獲取用於挖礦的能源（這是真的！你可以在 `https://blog.upstreamdata.ca` 看到一家專門建造挖礦設備的公司，可以把礦場放在油田燃燒天然氣的設施旁邊，詳見圖 6-1）。

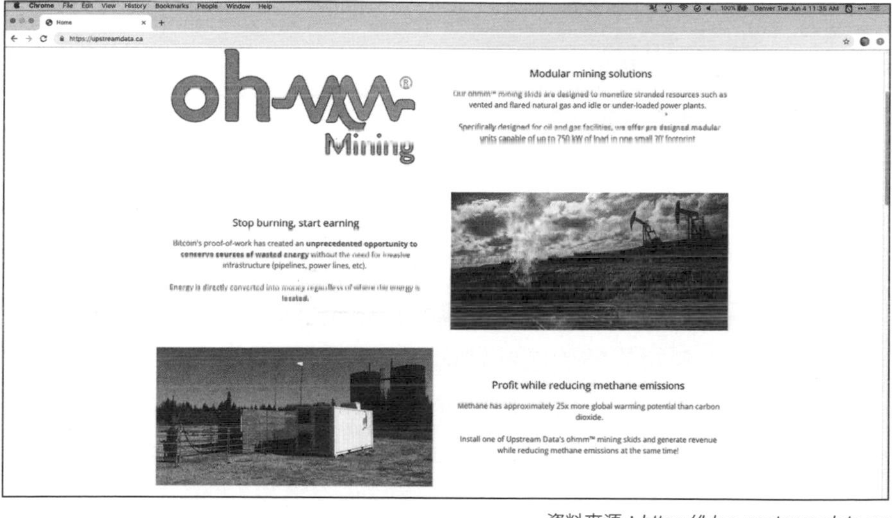

圖 6-1： 一些積極的礦工，將他們的挖礦設備放置在石油鑽井平台附近，這樣他們就可以利用燃燒的甲烷，維持發電機的運作。

資料來源：*https://blog.upstreamdata.ca*

他們藉此獲得廉價電力。而且在天然氣循管線排放而非任意燃燒的情況下，等於將甲烷轉化為水和二氧化碳的發電過程裡，減少了環境暖化的危害（甲烷也是導致全球暖化的氣體，其效力甚至是二氧化碳的 23 倍，因此多加利用還可以減少對環境的危害）。

這種獨特的能源利用方式，可以持續為挖礦營運商提供優勢，也能讓傳統上浪費多餘資源的能源公司獲益。而這種能源利用的趨勢也會繼續發展，並將有助於讓挖礦生態系統變得更清潔、更有效率。

計算效率持續提升

隨著加密貨幣挖礦的進步，晶片處理能力也屢創新高。晶片的效率一直都是跟隨摩爾定律（Moore's Law）的速度成長。摩爾定律是由英特爾公司的共同創辦人高登・摩爾（Gordon Moore）所提出，他觀察到積體電路上可容納的電晶體數目，大約每隔兩年（後來修改為 18 個月）便會增加一倍。而每增加一倍，就等於在消耗相同能量時，還能讓電腦晶片的能力大幅增加，因而提高了標準電腦晶片的效能。這種現象對於用來挖掘加密貨幣的 ASIC 礦機來說，也是一樣的情況。

關於這種穩定的效能提升趨勢是否會持續到未來，業界已經有大量猜測，然而僅止於猜測而已。

事半功倍

第一批比特幣 ASIC 於 2013 年左右開始進入市場。隨後的每次挖礦設備的更新，都帶來了更多的區塊鏈網路上的算力提升，而且每次雜湊所耗費的能源還相對減少。因而讓選擇升級礦機的礦工，比起尚未升級的礦工更具優勢。

舉例來說，今天一台現成的比特幣 ASIC 礦機的雜湊率，可能就高於 2013 年初的整個區塊鏈網路算力。由於能源消耗是加密貨幣礦場的最大營運成本之一，因此尋求最有效率和效能設備的礦工們，便能維持正常執行，不會被區塊難度（請參閱本章後面的「區塊難度」一節說明）、或挖掘一個區塊所耗費的能源擊潰。

接近物理極限

隨著電腦晶片和挖礦設備的進步，晶片製造商已經慢慢接近所謂材料的「物理極限」（physical limitation），這也是許多專家認為摩爾定律在未來無法繼續成立的主要原因之一。比特幣 ASIC 晶片製造的目前技術，是將不同的電路放置在彼此大約 5 到 7 奈米的距離，而且這是幾年前才從 11 到 17 奈米的距離降下來的。

以紙張來比喻，一張紙大約有 100,000 奈米的厚度。因此對於電路彼此的接近程度來說，已經是非常微小的距離，也正在迅速接近整個物理宇宙的極限。以數字來看，早期的 ASIC 晶片在印刷電路板上的層間距離大約 130 奈米。如今晶片領域的製造商所使用的層間距離，已經是 7 奈米的晶片組；亦即電子元件之間大約只有 15 個矽原子的距離（矽被用來作為這些電路各個導電部分間的絕緣體）。

最後的結果是這些對晶片能力的增進，在物理條件上已經達到不可能繼續靠近的情況，因為電路之間已經沒有足夠的矽原子來使組件之間充分絕緣。一旦到達物理限制後，晶片效率的提升就會變得更慢，也更難成功。

企業和國家參與

隨著比特幣和加密貨幣多年來的發展，已經有許多公司和民族國家（Nation States[註1]）參與加密貨幣領域的例子，賦予這種新技術有了合法地位。

民族國家

有些國家對比特幣和加密貨幣採取的是不加干涉的立場，另一些國家則可能限制或完全禁止公民使用加密貨幣。加密貨幣在阿爾及利亞、埃及、摩洛哥、厄瓜多爾、尼泊爾和許多其他地方完全「非法」。中國現在也已經禁止比特幣（雖然這裡一直以來都與比特幣有著藕斷絲連的關係），但並沒有阻止許多中國礦業公司的營運（雖然有些礦場已經關閉，但我們依舊可以看到對於比特幣和其他加密貨幣的開採持續著）。

越南和汶萊等國家雖然允許公民擁有比特幣，但禁止將其用作支付工具。還有一些更開放的國家，例如歐洲和北美大部分地區的國家，在使用加密貨幣方面具有更大的靈活性。不過這些開放地區，也在試圖解決例如從加密貨幣中獲利者的課稅問題。

註 1　原指單一民族組成的國家，現在多用來指稱一般國家。

有些國家被歸類為對加密貨幣友好的國家，例如瑞士、德國、新加坡、斯洛伐尼亞和白俄羅斯等國，都有鼓勵使用加密貨幣所開發的法律，包括一些對於比特幣和加密貨幣非常友善的稅法。

（如果想了解比特幣在全球的法律地位，請參閱 https://en.wikipedia.org/wiki/Legality_of_bitcoin_by_country_or_territory 的說明。雖然此列表專門適用於比特幣，但通常也能適用於各種類型的加密貨幣。）

也有一些國家非常積極地參與加密貨幣。在民族國家中，參與並支持比特幣和加密貨幣領域有效性的最早例子之一，就是美國司法部在 2014 年的做法。該部門利用美國法警單位，公開拍賣價值近 10 億美元的比特幣和其他加密貨幣，這些都是美國司法部歷年來從犯罪分子手中沒收的比特幣和數位貨幣。

另一個特殊案例就是委內瑞拉。該國政府在有點倉促的情況下推出自己的加密貨幣，稱為 *Petro*（*石油幣*），試圖修復失敗的玻利瓦爾（該國舊貨幣），以便阻止舊貨幣貶值與高額外債的問題（見圖 6-2），不過最後的結果並未成功。也有一些民族國家，例如伊朗和愛沙尼亞，宣布低廉的電力交易，試圖將比特幣和加密貨幣礦工吸引到他們的領土上。不過這些電力交易，通常都伴隨著嚴格的合約、警告和限制。也有傳言稱北韓和伊朗等國，正在以更官方的身分自行開採加密貨幣。根據報導，伊朗也已創建自己的加密貨幣 PayMon，並由黃金儲備支持。因為他們認為加密貨幣的點對點交易情況比較不會受到限制，可以讓擁有者繞過傳統金融機構進行交易，因此它們可能是突破這些國家所遭受的經濟制裁和經濟封鎖的有效工具。然而由政府發行的加密貨幣，也跟其他國家的「中央銀行數位貨幣」（CBDC）一樣，雖然想用來取代現有的法定貨幣，但它們也同樣具有這些法定貨幣的傳統缺點（太過中心化）。

圖 6-2：失敗的委內瑞拉 Petro 加密貨幣官方網站。其他國家在推行中央銀行數位貨幣時，也會遭受類似的命運嗎？

你可能聽說過日本和澳洲把加密貨幣視為「**法定貨幣**」，這應該只是一個神話（來自低標準加密貨幣領域新聞的傳播！）。這種誤解源於兩國都宣布，不會阻止加密貨幣被當成**合法的支付方式**（**法定貨幣**本身應該是一種更具體的分類，如果債務人希望使用該形式付款，則必須債權人也接受這種特定形式的貨幣；然而在日本或澳洲，不可能強迫債權人接受加密貨幣的償付！）。此外，比特幣在薩爾瓦多真的被視為法定貨幣，不過目前還很難判斷這項實驗是否算成功。

公司

許多主流公司都從加密貨幣的榮景中受益。比較明顯的早期贏家是 GPU 的供應商和製造商，例如 Nvidia 和 AMD。當然其他電腦硬體提供商，也都可以看到零組件的需求增加，因為這是加密貨幣礦工所促成「硬體軍備競賽」的後遺症。還有一些值得注意的公司，例如三星、台積電和 GMO 網際網路，因為他們已經開始生產專門用於比特幣 ASIC 挖礦硬體的晶片和印刷電路板。其他大公司如 Square 支付服務、富達投資和芝加哥交易所（CBOE）等，都已經擁有比特幣相關產品。這些公司及其採取的行動，都進一步擴大了加密貨幣技術的可信度。

事實上，有許多大公司都已經跨入區塊鏈領域，其中一些公司還涉足加密貨幣。舉例來說，IBM 已經押了幾十億美元，重金投資區塊鏈，包括開發 *World Wire* 支付網路，這是一種奠基於區塊鏈協議「Stellar」的加密貨幣代幣，目的在使國際匯款變得快速且便宜。英特爾公司也宣布憑藉其 BMZ1 和 BMZ2 礦機，加入比特幣 ASIC 晶片製造行列。

對未來的推測

展望未來，更多國家可能會開始打擊比特幣和其他加密貨幣，因為它們很可能被視為對政府及其中央銀行法定貨幣的威脅。另一方面，我們也可能會看到其他國家放鬆限制，並起草類似於上一節中提到的日本或德國倡議的加密貨幣友善型稅法，以及作為法定貨幣交易的相關法律等。

由於比特幣和各種加密貨幣，就像是無國界且易於運輸的貨幣一樣，因此，加密貨幣在存在嚴重金融問題的國家，也變得相當具有吸引力。例如在委內瑞拉等惡性通貨膨脹國家、土耳其和辛巴威等高通貨膨脹國家，還有希臘等通貨膨脹略高，但國家銀行體系的穩定性令人擔憂等。這些地區的某些人民在逃離崩潰的法定貨幣時，可能會尋求加密貨幣方面的金融穩定，因此有些人已經能夠重新取得部分財富。如果各國試圖禁止在其境內使用這些加密貨幣，創業者也可能乾脆離開，將他們的才能和資本帶到別的國家。不過加密貨幣的性質，確實使各國政府很難禁止其使用。舉例來說，拉丁美洲的政府如何阻止精通網路的公民購買比特幣，並將比特幣轉移到其他國家呢？

讓我們繼續看公司方面。許多公司已經依附在其他加密貨幣區塊鏈上發布了自己的加密貨幣，或者乾脆推出自己的整個加密貨幣系統。其中包括 Kik messenger（即時通訊軟體）、Circle（對等支付技術公司）、Coinbase（加密貨幣交易所）、Gemini（加密貨幣交易所）、富國銀行和摩根大通等公司。甚至連 Facebook（也就是現在的 Meta），也計畫發布一種稱為 Diem 的加密貨幣（其前身為 Libra）。雖然該項目受到國會和監管機構的強烈反對後被取消了，然而在我們寫完本書時，Diem 看起來極有可能會復活。2022 年 1 月，Diem 將資產出售給上市公司（SI）和美聯儲成員銀行 Silvergate，後者計畫在 2022 年繼續開發並推出穩定幣。

與美元等國家貨幣相比，這些自行開發的加密貨幣系統優勢，可能包括價值穩定和一對一的可贖回性，還可能包括大眾對於其母公司品牌的信任。

不過，它們的缺點在某些情況下可能相當嚴重。由於這類公司推出的系統，可能會比典型的加密貨幣更加中心化，因而使其更容易被當局進行扣押、審查和限制。它們還可能背負著安全和隱私缺陷，使自己的加密貨幣在使用上並不理想。還有，這些公司發行加密資產的另一個缺點，就是它們無法挖礦，因為根本就是由單一實體在控制這種加密貨幣的發行量。

神秘的礦工死亡螺旋

最近幾年，尤其是在比特幣和其他加密貨幣大跌時，就會有人出來猜測礦工「**死亡螺旋**」（*Death Spiral*[註2]）的可能性。他們的理論是指當加密貨幣價格大跌時，礦工產出的比特幣和加密貨幣變得越來越不值錢，礦工被迫以可能無法支付營運費用（資料中心費用、電費等）的低廉價格，將他們的挖礦獎勵換成當地貨幣以支付電力成本及設備維護等費用（詳見本書第 4 部分）。

隨著礦工拋售加密貨幣，加密貨幣的市場價格進一步下跌，使挖礦利潤更低，迫使礦工停業。因此，如果有夠多的礦工關閉並清算持有的加密貨幣，便將導致礦工們的**死亡螺旋**。如此又會進一步降低比特幣和加密貨幣的價格，繼續導致更多的礦工停挖。

從理論上來看，只要有足夠的礦工停挖，新區塊就可能停止開採和確認，整個加密貨幣系統也將停止傳播訊息而失敗。

區塊難度

在基於工作量證明的共識演算法中，找到為當前區塊創建雜湊的正確隨機數所需計算量，通常被稱為「區塊難度」（block difficulty，請參

註 2　「死亡螺旋」是指不斷因負債而舉債，造成債務上的惡性循環。

閱第 2 章）。創建比特幣創世區塊時，第一個區塊的區塊難度目標是 1。如果區塊難度為 100，比起目標難度 1 的情況，就等於找到創建區塊的正確隨機數將會難上 100 倍。

區塊難度是一個不帶單位的數字，在本書撰寫時，比特幣區塊難度為 27,967,152,532,434，與創世區塊的區塊難度相比，找到區塊的難度已經上升到大約是 27 兆倍。

想像一下就可以知道當許多礦工關閉電腦系統的情況。由於區塊難度如此之高，以致於幾乎不可能創建一個新區塊，因為整個區塊鏈網路上根本沒有足夠的算力。

區塊難度調整演算法

幸好我們不必擔心！比特幣網路在每隔 2,016 個區塊或大約每兩週，便會重新調整一次區塊難度值，以便緩解這種區塊難度的高低差懸崖。這種調整週期被稱為**比特幣挖礦難度週期**。亦即在 2,016 個區塊週期結束時，難度會根據前一個時期創建區塊的快慢程度，進行調整和重定目標值，其目標是約 10 分鐘生成一個新區塊。

如果之前的 2,016 個區塊以平均大約 10 分鐘的間隔生成的話，區塊難度將大致維持不變。而如果之前的 2,016 個區塊以平均超過 10 分鐘的速度創建（也就是產生這 2,016 個區塊的時間超過兩週），難度便會下降；如果 2,016 個區塊的平均創建時間低於 10 分鐘（2,016 個區塊的產生時間低於兩週），則區塊難度便會向上調整（增加）以進行補償。

你也可以觀看顯示最新難度和難度隨時間波動的圖表，例如請參閱 https://bitinfocharts.com/comparison/difficulty-hashrate-btc.html 和 www.blockchain.com/en/charts/difficulty 的圖表。圖 6-3 可以看到兩年期間的區塊難度圖表。

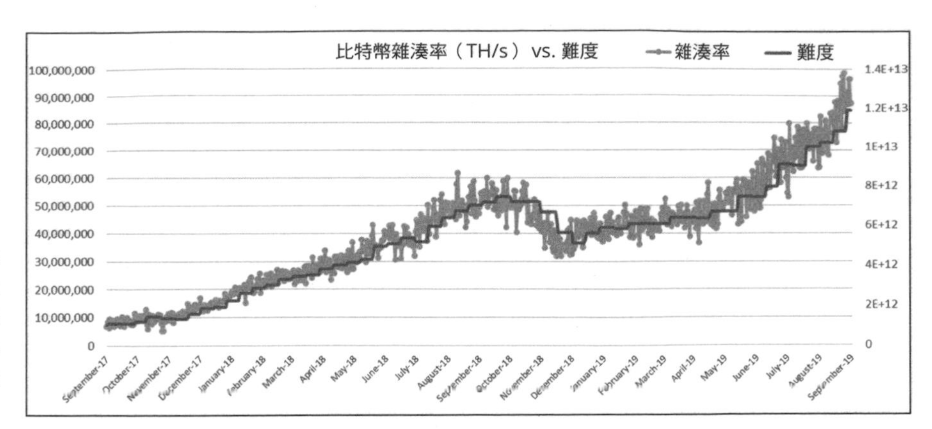

圖 6-3：比特幣區塊難度通常會上升，但偶爾也會下降。圖為兩年內的區塊難度。

一般來說，如果在兩週內有更多的算力上線，難度就會上升，反之亦然。從數學上來看，假設發生礦工死亡螺旋，網路上有一半的礦工在新的難度週期開始時突然關閉，接下來找到 2,016 個區塊，便要花上兩倍的時間（也就是大約要花 4 週而非 2 週的時間）。而在該次週期結束時，難度將會自動調整，以便回復約每 10 分鐘創建一個區塊的速度。

繼續想像一下，如果有 90% 的礦工停止開採區塊並關閉的話；會變成什麼情況？剩下的 10% 的礦工算力，需要花費 10 倍的時間才能找到 2,016 個區塊（也就是大約需要 20 週或 4 個月左右，才能進入下一個難度調整期）。整個區塊鏈網路又變成什麼情況呢？許多交易會被積壓，交易費用在期間大增，但最後還是會迎來區塊難度的調整！

一旦挖礦利潤減少，礦工停挖後，區塊難度明顯下降，剩下的礦工便會發現挖礦的成本變低而利潤變高了，所以這是一個可以自我調節的系統。

請看圖 6-4；你可以看到比特幣的區塊難度如何隨時間變化。請注意 2018 年的大跌。這是比特幣網路區塊難度自我調節的完美實例。因此我們可以想像 2018 年初，比特幣價格急劇下跌後所發生的情況：

1. 比特幣價格下跌。
2. 加密貨幣挖礦的利潤降低。
3. 部分礦工停止挖礦。

4. 應用於工作量證明的算力變少。
5. 添加新區塊所花費的時間，比產生新區塊的目標（十分鐘）要來得更久。
6. 於是區塊難度自動降低，讓挖礦容易，以維持十分鐘內出塊的目標。
7. 比特幣價格趨於穩定，於是更多礦工加入。
8. 算力上升，區塊的添加速度少於十分鐘。
9. 因此，區塊難度再次上升，使得添加區塊變得更加困難，以便再次達成每隔十分鐘創建新區塊的目標。

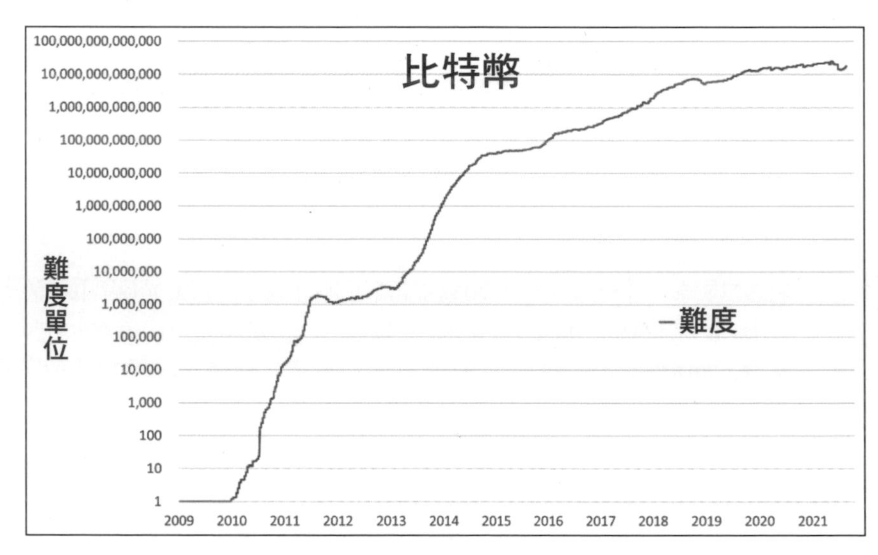

圖 6-4：這是比特幣網路的區塊難度比上時間的對數關係圖，難度在加密貨幣存在的這十年中，急速升高。

最後的礦工

如同神話傳說般的礦工死亡螺旋之所以不太可能發生，還有另一個原因。在比特幣生態系統以及其他加密貨幣系統中，有一些參與者是在原則和意識形態上進行挖礦，而非純粹為了獲利而挖礦。他們的信念是用挖掘來支持這個網路，並進一步分散其系統。當然，他們也可能出於一己私利，尋求加密貨幣的回報和利潤。不過，他們可能是用比特幣或其他加密貨幣來衡量自己的利潤，而非使用當地法定貨幣所衡量的當前匯率。而且他們深信加密貨幣及其未來價值，因此也會把挖礦上的損失，視為對於未來利潤的投資。

這些用戶可以被視為**最後的礦工**。當加密貨幣的交易價格下跌時，他們的算力可能不會關閉。事實上，隨著難度下降、區塊變得更容易建立，硬體價格也會因需求不足而下跌，這些礦工很可能會選擇在這種時期，增加自己的挖礦算力。這些最後的礦工中的某些人，是在對比特幣有任何真正需求之前，就已經支持網路並持續挖礦。相對於其他人來說，甚至是在開始可以有效兌換加密貨幣價值之前便已出現。對這些最後的礦工來說，開始挖礦的最佳時間是十年前，而次佳時間就是每一天。

加密無政府主義者！

在加密貨幣的歷史中，一直都有非常明確的加密無政府主義者（或者加密自由主義路線者）。**加密無政府主義者**指的是在密碼學中，看到了遠離政府監控方法的一批人。他們在密碼學中看到了一種以國家無法監控而能與他人交流的方式，可以保護個人訊息的私密性。而且使用加密貨幣，甚至可以防止國家知道我們擁有多少錢，也讓國家無法知道我們用自己的錢來做什麼事。所以有許多早期的加密貨幣愛好者，純粹是為了政治理想而非金錢利益（我猜他們所賺到的高額利潤純粹是錦上添花！）。儘管如此，正如早期的網際網路有一股反體制的暗潮，可惜後來被大公司收編了；加密貨幣空間，也很可能會被大公司和銀行系統所利用（不過這些加密無政府主義者認為，世界金融體系正在埋下一顆定時炸彈；因為大公司雖然以自己的方式利用加密貨幣，卻無法阻止點對點、去中心化和匿名貨幣的進步與發展）。

3

成為
加密貨幣礦工

本單元內容包含：

選擇合適的礦池。

研究想要開採的加密貨幣。

選擇正確的硬體設備。

安裝和設定你的挖礦設備。

本章內容

» 了解加密貨幣礦池

» 選擇適合你的加密貨幣礦池

» 備妥礦池帳戶

» 了解礦池使用的獎勵系統

» 測試加密貨幣雜湊率市場

» 了解如何設置礦池帳戶

Chapter 7

簡單挖礦：找個礦池並備妥帳戶

在目前競爭異常激烈的加密貨幣挖礦行業中，對尋求持續且可預測挖礦獎勵的大多數小規模礦工來說，從挖礦中獲得穩定獎勵的最佳途徑，便是為自己挖礦設備的雜湊算力，尋找礦池服務。除非你本身就擁有巨大的算力，而且佔網路算力相當大的 部分（任何接近一個百分點的算力，都算是相當巨大的算力來源），否則個人挖礦就是一場非常坎坷的冒險。如果你是入門級新手礦工的話，絕對要避免冒這種險。

我認為礦池是開始投入加密貨幣挖礦的最佳方法之一，而且對許多礦工來說，這也是最後一個階段。就算你只打算孤單地繼續進行個人挖礦，先進入礦池挖礦也是一個很好的開始方式，因為可以讓你先測試一下加密貨幣挖礦的實際情況，讓自己在一腳踏入前，先適應一下水溫。礦池挖礦還可以協助你觀察自己設備的雜湊率，這是你在閱讀本書第 8、9 章時所需要的事前準備。你也將因此了解更多關於挖礦的一切如何運作的訊息，再結合本書提供的其他訊息後，便可讓本書裡看到的內容，協助你決定獨自開採是否具有意義、必須採取什麼措施，以及這樣做的成本如何等。也就是說，你必須先學會走路（礦池挖礦），然後才能學會跑步（個人挖礦）。

本章還會研究一個相關概念，亦即「雲挖礦」（cloud mining）。利用雲挖礦，就等於投資於挖礦業務，並賺取對方營運收入的一部分。這相當於是一種完全不加干涉的方式，你提供資金，對方購買和管理挖礦設備。

了解礦池挖礦的工作原理

礦池挖礦涉及到一組礦工，以團隊合作的方式來尋找區塊。挖到的區塊獎勵會按照比例，分配給為礦池的雜湊工作量證明做出貢獻的「所有礦工」；也就是說，你在特定時段（**礦池挖礦持續時間或挖礦輪次**）內，為挖礦操作提供的算力越多，你在該時間段內獲得的礦池分配區塊獎勵就越高（更具體地說，分配獎勵的計算方式有很多種，本章稍後會加以介紹。不過就一般情況而言，都是根據提供給礦池的算力比例來獲得獎勵）。

挖礦持續時間或挖礦輪次指的是礦池開採區塊之間的時間段落。也就是說，在礦池贏得向區塊鏈添加區塊的權利後，立即開始一輪新的時間段落，並在下次獲勝向區塊鏈添加區塊時統計。一個回合的範圍可能從幾分鐘到幾個小時不等，必須取決於礦池大小和運氣好壞。

以下大致是這一切的基本工作原理：

1. 註冊一個礦池。
2. 在電腦上下載並安裝礦池軟體。
3. 電腦上的軟體與礦池伺服器通訊；於是你的電腦便成為礦池加密貨幣節點的分支之一。
4. 你的電腦協助進行挖礦，為礦池的工作量證明（PoW）雜湊率貢獻額外的新算力。

5. 當礦池獲得向區塊鏈添加區塊的權利，並獲得區塊獎勵（區塊補貼和交易費用的總和）後，你便可依據自己的個人貢獻分享收益。

6. 礦池會定期將加密貨幣轉移到你的錢包地址。如果不是以你協助開採的加密貨幣給予報酬，就是把該加密貨幣轉換為其他形式（通常是比特幣），然後將轉換後的金額轉移到你的錢包地址。

無論你打算使用何種硬體進行挖礦，或決定選擇挖哪一種加密貨幣，總會找到適合你的礦池。無論你擁有該加密貨幣 ASIC（特定應用積體電路）、顯卡（GPU）礦機，或只是搭載 CPU 和 GPU 的一般桌上型電腦，礦池挖礦都是可以為小型營運商賺取挖礦獎勵的最佳方法。

REMEMBER

由於作為小型營運商的算力太低，以致於個人挖礦根本不實用，礦池等於提供了一種「進入遊戲」的入門方式。你將在本書第 8 章了解「**挖礦計算器**」（*mining calculator*）的用途，這是一種可以讓你在網頁上輸入設備的雜湊算力，直接計算開採特定加密貨幣的利潤，以及挖出第一個區塊需要多久的時間。這些計算器會基於各種數字進行統計：包括**網路整體雜湊率**（即挖掘該加密貨幣的所有礦機算力總和）、你的雜湊能力、區塊被挖掘的頻率、區塊獎勵等進行計算。計算器在使用這些數字後，根據純統計機率輸出答案。它們會顯示出你在特定時期內，可能獲得的收入。不過真實的結果當然會有所不同，因為你可能立刻挖到第一個區塊，也可能會比預估多花幾倍的時間，才挖出你的第一個區塊。

對於許多小型營運商來說，這些計算器的計算結果可能相當令人驚訝。舉例來說，你可能會發現使用自己微不足道的處理器來挖掘比特幣時，從統計上來看，可能要 100 年以後才能挖出第一個區塊。換句話說，個人挖礦根本不實用。所以在目前情況下，如果你真的想挖比特幣，就必須加入礦池。

礦池的設計就是為了讓礦工方便使用，它們消除了挖礦過程中的許多技術細節，並免去令人頭痛的許多技術問題。簡單地說：礦池為個人礦工提供服務，礦工則為礦池提供算力。

選擇礦池

本章提供了許多礦池的連結。選擇使用哪一個礦池必須取決於多種標準，以下便是三大標準：

- **你的設備：**有些礦池要求你必須使用 ASIC 礦機。舉例來說，Slush Pool 礦池只開採比特幣和大零幣（Zcash），如果你想使用 Slush Pool 礦池，就得為這些加密貨幣提供合適的 ASIC 礦機。其他礦池可能會支援其他雜湊演算法，可以讓你用 CPU 或 GPU 提供雜湊能力。
- **你想挖掘的加密貨幣：**雖然你可能只想試試水溫，想去一個看起來比較容易使用的礦池。不過你也可以依據想要挖掘的特定加密貨幣加入礦池。
- **支付方式：**不同礦池的支付方式不同，收費方式也不盡相同。舉例來說，你可能會與礦池裡的其他礦工分享區塊補貼，但不分享交易費用；也可能會與其他人一起分享兩者。某些礦池可能收取更高的費用（亦即比其他礦池收取的費用更高），例如他們會保留一部分開採的加密貨幣，或是收取出金（提款）手續費等。

有許多礦池會同時開採多種加密貨幣，其他礦池則可能只列出少數特定貨幣供礦工挖礦。舉例來說，NiceHash（`www.nicehash.com`）可以使用幾十種不同的挖礦演算法，用來挖掘大約 80 種不同的加密貨幣，而 Slush Pool（`SlushPool.com`）只能挖比特幣和大零幣。

Slush Pool 是史上第一個加密貨幣礦池，早在 2010 年就已成立，因此它有良好的長期紀錄。在此之後許多其他礦池陸續出現，礦池挖礦已經成為加密貨幣挖礦的主要形式。有些礦池還設計了可以用較低雜湊率的 CPU 或 GPU 來挖礦的應用軟體，其他礦池用的多半是針對讓特定 ASIC 硬體更具效能的軟體套件。在加密貨幣挖礦發展史上，大多數的工作量證明區塊鏈都需使用 ASIC 硬體；由於這些機器效能超高，你根本無法用 CPU 或 GPU 與之競爭。不過你還是可以找到使用標準桌上型電腦或訂製的 GPU 挖礦設備進行挖礦的機會，這些機會出現在特殊類型的礦池，也就是可以開採各種不知名加密貨幣的礦池。比起比特幣而言，它們通常更有機會讓礦工獲得加密貨幣獎勵。

適合入門的礦池

如果你使用的是非專業的硬體設備，以下便是幾個目前比較容易使用的礦池，它們都是非常好的挖礦起點：

- **BetterHash**（www.betterhash.net）為 Windows 電腦提供挖礦軟體。
- **Cudo Miner**（www.cudominer.com）允許用戶使用 CPU 或 GPU 輕鬆挖掘比特幣。
- **Kryptex**（www.kryptex.org）讓你用桌上型電腦挖掘最可能獲利的加密貨幣，而且會以比特幣支付獎勵。
- **MinerGate**（https://minergate.com）可以挖掘大約十幾種加密貨幣。
- **NiceHash**（www.nicehash.com）允許用戶購買和出售算力來挖掘各種加密貨幣。

這些類型的礦池就像一個「雜湊率市場」一樣，讓你盡可能地利用非專業硬體設備，獲得挖礦的回報。這些雜湊率市場和挖礦服務，可以讓初學者輕鬆快速地進行挖礦，也就是可以把任何桌上型電腦、筆記型電腦變成挖礦設備。

雖然可以找到更多類似上述列表的礦池服務，但有些礦池有風險或信譽不佳，很可能導致你的資金損失，請謹慎選擇！

如果你已經選好特定的加密貨幣，這項選擇便能協助你決定最適合自己的礦池。理想情況下，你希望選擇的是一個相當受歡迎，也經常挖掘出區塊的礦池。然而你也可能希望避免加入最大的礦池，以免造成中心化問題，防止理論上的 51% 攻擊（亦即當惡意方獲得超過 51% 或更多的區塊鏈算力時，就可能發生 *51% 攻擊*，因為他們擁有了破壞區塊鏈的能力）。

幾個最大的礦池

以下列出了一些最大的礦池，這些礦池在挖掘的都是較受歡迎的工作量證明加密貨幣。

除了受歡迎程度和網路雜湊率百分比之外，還有其他因素也可能影響你對礦池的選擇。這些其他因素包括礦工激勵和獎勵的類型、礦池的意識形態、礦池相關費用和礦池聲譽等。

比特幣（BTC）

以下是一些最大的比特幣礦池，按字母順序排列。

- **Antpool（螞蟻礦池）**：https://v3.antpool.com
- **Binance Pool（幣安礦池）**：https://pool.binance.com
- **BTC.com**：https://pool.btc.com
- **F2Pool**：www.f2pool.com
- **Foundry USA Pool**：https://foundryusapool.com
- **Poolin（幣印）**：www.poolin.me
- **Slush Pool**：https://slushpool.com
- **ViaBTC**：www.viabtc.com

萊特幣（LTC）

以下是一些最大的萊特幣礦池，按字母順序排列。

- **Antpool（螞蟻礦池）**：https://v3.antpool.com
- **F2Pool**：www.f2pool.com
- **LitecoinPool.org**：www.litecoinpool.org
- **Poolin（幣印）**：www.poolin.me
- **ViaBTC**：www.viabtc.com

以太幣（ETH）

以下是一些挖掘以太幣（以太坊）的最大礦池，按字母順序排列（目前多改為權益證明質押形式，或改挖他幣，或甚至關閉了）。

- **Ethermine**：https://ethermine.org

- **F2Pool**：www.f2pool.com
- **Minerall**：https://minerall.io
- **Mining Express**：https://miningexpress.com
- **Nanopool**：https://eth.nanopool.org

Zcash（ZEC）

以下是一些最大的 Zcash 礦池，按字母順序排列。

- **F2Pool**：https://zcash.flypool.org
- **Nanopool**：https://eth.nanopool.org
- **Slush pool**：https://slushpool.com

門羅幣（XMR）

以下是一些最大的門羅幣礦池，按字母順序排列。

- **F2Pool**：www.f2pool.com
- **MineXMR.com**：https://minexmr.com
- **Nanopool**：https://xmr.nanopool.org

激勵措施與獎勵方式

不同礦池會使用不同方法來計算支付金額。每個礦池的官方網站都提供了使用哪種支付方式，以及如何實現支付方式的訊息。

本節稍後會列表說明目前較常使用的支付計算法（結算），計算的前提通常是礦工在一段時間內獲得一定比例的礦池收益，這段時間稱為**挖礦持續時間**（*mining duration*）或**挖礦輪次**（*mining round*）。舉例來說，https://slushpool.com/en/stats/btc 網頁顯示了 Slush Pool 的挖礦結果。圖 7-1 的右側，可以看到當前輪次進行了多久，還有挖礦輪次的平均時長（2 小時 56 分鐘）。

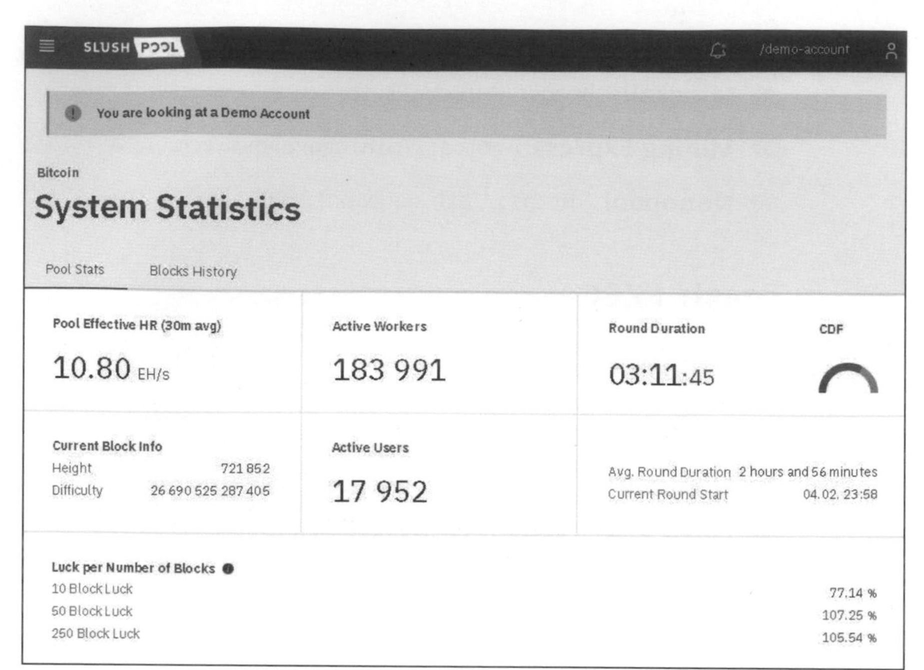

圖 7-1： Slush Pool 的統計頁面，顯示當前挖礦輪次（或時長）的訊息。

圖片左側顯示了平均雜湊率（10.80 EH/s），也就是每秒 10.8 exahashes，或每秒 10.8 百京次（每秒 10,800,000,000,000,000,000 次雜湊）。目前有 17,952 個礦工在為礦池提供算力（圖片中下處，中上處的「Worker」（工人）指的是挖礦設備的數量，也就是 17,952 名礦工擁有的礦機數量），因此對於 Slush Pool 來說，平均每個礦工提供大約 0.00557% 的礦池算力。

假設你在挖礦回合中提供了這個比例的算力；便可從該輪挖礦中獲得 0.00557% 的收益（當然要先扣除礦池營運商的費用）。你的算力可能並非該時段挖出實際區塊的設備（在你的電腦開機期間，可能並未幫礦池贏得添加區塊的權利），但是因為你在挖礦回合中提供了算力，所以你可以賺取一定比例的支付。

TIP

礦池的支付計算方式，通常要比簡單的比例支付複雜許多（就像加密貨幣挖礦背後的一切原理都很難理解一樣！）。以下列表說明了常見的礦池計算支付的方法。「**份額**」（*share*）指的是你的挖礦設備在挖礦期間，貢獻給礦池總算力的比例。

- **PPS（Pay-Per-Share，只根據供應的算力計算）**：PPS 是依據礦池挖出區塊的機率來保證收入，而非依據礦池實際挖到的區塊獎勵來計算。因為有時礦池表現得會比統計機率更好，有時也可能更糟。但不論如何，礦工是根據他們對挖掘區塊所需的平均雜湊率貢獻，來獲得報酬（礦池負擔風險，礦工維持固定收入）。
- **FPPS（Full Pay-Per-Share，分配完整的區塊獎勵與交易費用）**：FPPS 與 PPS 非常類似，但 FPPS 的結算除了預期的區塊補貼外，還包括交易費用的獎勵。與標準 PPS 相比，通常會為參與該礦池的礦工，帶來更多加密貨幣獎勵。
- **PPLNS（Pay-Per-Last N Shares，依礦池挖礦實際出塊來分配獎勵）**：PPLNS 結構根據最後貢獻的股份數量（N），按比例支付獎勵。它並不考慮你為整個挖礦期間貢獻的所有算力佔比，而只考慮發現區塊時的貢獻比例（最近佔多少份額？一旦礦池整天未出塊就整天沒有收益）。
- **SMPPS（Shared Maximum Pay-Per-Share，共享最高每份額報酬）**：SMPPS 是一種類似於 PPS 的獎勵方式，但它是根據礦池實際獲得的獎勵來支付給礦工，因此支付的金額永遠不會超過礦池的收入。
- **RSMPPS（Recent Shared Maximum Pay-Per-Share，最近共享的最大每份額收益）**：該獎勵計畫以類似於 SMPPS 的方式，向礦工支付報酬。獎勵與礦池期間貢獻的算力份額總數成比例支付，但在最近的雜湊率份額上具有更大的權重。也就是更接近發現區塊的份額獲得較多，在本輪早期貢獻（較遠）的份額價值較低。
- **SCORE（Score Based System，基於分數來分配獎勵的系統）**：該獎勵系統會根據你提供的算力比例支付給你，但比起挖礦輪中較早的份額，會更重視最近的算力份額。也就是說，如果你的雜湊是在該週期的早期進行的，並且在該週期的後期贏得了一個區塊，那麼你的雜湊算力獲得的比例低於在更接近獲勝區塊的時間提供的情況。所以這個部分類似於 RSMPPS。但基於分數的雜湊率，大致是依據挖礦雜湊率的動態平均值。如果你的挖礦份額穩定持續，你的雜湊率得分也會大致穩定。但如果在礦池挖出一個區塊時，你的挖礦設備剛好很不幸的處於離線狀態（故障、停電、維修之類），你就無法獲得你在區塊持續時間內貢獻的總雜湊值相符的獎勵；相反地，你所獲得的是調整計算後的獎勵。
- **DGM（Double Geometric Method，雙幾何法）**：該獎勵方案合併了 PPLNS 和幾何計算獎勵的形式，並根據挖礦輪的持續時間來平均支付。簡單的說，如果是持續時間較短的回合中，獲得的挖礦獎勵較低，而在較長的回合中，便會得到較高的獎勵支付。

這些支付方法都是為了維護礦池營運商的公平性，以及將礦池挖礦獎勵分配給為礦池做出貢獻的各個礦工而設計。有些方式可能比其他方式運作得更成功。不過它們都具有公正性的部分，可以為參與系統的所有礦工，平衡其競爭環境。

TECHNICAL STUFF

關於礦池結算方式和各礦池的詳細討論，請參考 https://en.bitcoin.it/wiki/Comparison_of_mining_pools。

礦池的意識形態

為你的雜湊率和挖礦能力選擇礦池時，有一個經常被忽略的重點就是礦池的「意識形態」（pool ideology）。意識形態可能是一種難以確定的概念，尤其當涉及到企業的營運時。因為礦池營運商本來就是一種營利性質的企業。有些企業可能是慈善型的好人，但有些企業除了挖礦獎勵和收入之外，也可能別有用心。

在加密貨幣史上，甚至有某些礦池曾經試圖破壞他們所支持的加密貨幣。這些礦池可能用挖掘空塊（無交易訊息）以嘗試操控交易費用獎勵、阻塞交易量或推動替代的共識系統。也有礦池利用他們的雜湊率和影響力，阻止系統更新或在挖掘的區塊鏈上煽動分叉。

TIP

雖然我們並沒有可靠或簡單的方法來衡量礦池的意識形態，然而，從其社群情緒和歷史行為來判斷，通常就是衡量礦池是否支持其生態系統運作的良好指標。篩選礦池意識形態的最佳方法，就是關注加密貨幣新聞，仔細閱讀線上論壇如比特幣談話（https://bitcointalk.org）或 Twitter 和 Reddit 等社交媒體網站。

總而言之，當你考慮礦池時，與挖礦獎勵流程和礦池費用相比，意識形態似乎是比較不重要的因素。畢竟，加密貨幣是基於「激勵」的系統，每位礦工在獲利上的自私性，通常就可以用來驅動各種區塊鏈的共識機制和安全性。

礦池聲譽

選擇礦池的另一個重要因素是礦池的「聲譽」（口碑）。例如某些礦池不僅傳播騙局，並且竊取用戶的算力或挖礦獎勵。這些類型的礦池一定無法持續下去，因為壞事在加密貨幣領域傳播得很快，而且礦工轉換礦池的成本非常低，讓用戶很容易就能離開欺騙礦工的礦池。儘管如此，還是有很多礦池和雲挖礦服務詐騙的案例出現。比較值得注意的案例就是 Bitconnect、Power Mining Pool 和 Mining Max 等礦池的事件（嚴格來說，Bitconnect 並不是礦池，而是一項承諾加密貨幣投資回報的計畫。他們鼓勵比特幣投資者將比特幣借給 Bitconnect，以便*每天*賺取 0.1% 到 0.25% 之間的利息收益。沒錯，幾乎一個月就能讓投資者的錢翻倍。不過，很多投資者並沒有從這個「龐氏騙局」裡拿回他們的錢）。因此，礦工檢測騙局最好的方法就是那句老話：「如果聽起來好得令人難以置信，可能就是詐騙！」。

其他明顯的礦池或雲挖礦騙局的提示如下（但絕對不限於以下這些）。

- **保證利潤**：提供「保證利潤」的礦池或雲挖礦服務，等於在推銷超過自己所能賺到的利潤。再說一次你聽過的那句老話：如果聽起來好得令人難以置信……
- **匿名罪犯**：由「匿名」的實體或個人所擁有和營運的礦池或雲挖礦服務，很可能居心不良，礦工要多加注意。
- **多層次傳銷**：有些礦池或雲挖礦服務，會為招募其他人加入該計畫的人，提供更多獎勵。當然這並不一定就是騙局，但如果存在「多層次傳銷」（或簡稱傳銷）的情形，便要仔細研究（許多線上公司也會支付招聘礦工獎金，但傳銷等於提升到犯罪的層次）。舉例來說，Mining Max 就屬於傳銷計畫：礦工付錢進入礦池，然後拉人來獲得招聘獎金。根據報導，加入的礦工們一共虧損了 2.5 億美元。
- **沒有可公開審核的基礎設施**：運作不透明的礦池或雲挖礦服務（例如不發布挖礦設施影片或不公開雜湊率數據），很可能就是一場騙局。
- **沒有雜湊率證明**：有些礦池會發布可供證明的雜湊率數據，用來說明無法偽造且可由任何礦工親自驗證。然而有些礦池在沒有任何證明的情況下，發布自己的雜湊率數據，不讓礦工驗證而希望你相信他們（有關如何親自驗證算力數據的範例，請參閱 Slush Pool 在 `https://`

help.slushpool.com/en/support/solutions/articles/77000433900 的解釋）。

- **無限購買算力：**如果雲挖礦服務提供了非常巨量、不切實際的雜湊算力供投資人購買的話，那麼他們很可能只是騙取你的加密貨幣，而非提供任何長期服務。因此請小心那些提供購買巨量算力服務的雲挖礦；因為這絕對會超出他們的設備能力。

在加密貨幣挖礦行業裡，良好的聲譽很難獲得，卻很容易失去。由於這樣的原因，許多在今日維持運作的礦池營運商，都已經在他們支持的加密貨幣網路上，獲得了相當大的雜湊率百分比，因為他們的服務並不是騙局。如果他們是該領域的詐騙者或非法行為者時，看出端倪的礦工就會轉投其他更好的礦池。不過這種說法並不適用於雲挖礦營運商（本章稍後會更詳細地討論雲挖礦服務），因為購買雲挖礦合約的投資者，要轉換到其他營運商的成本較高。然而較難轉換並不代表你可以放鬆警惕，因為在這種投資領域裡，我們強烈建議要時刻保持警惕並仔細研究。

如何查看礦池聲譽？請造訪各個加密貨幣挖礦論壇，搜尋礦池名稱，看看其他人對此礦池的看法。

礦池費用

礦池會以各種方式收取費用，這些費用指的是礦工支付給礦池營運商的費用。大多數礦池費用占礦池總收入的 1% 到 4% 之間。這些費用是用於維護礦池基礎設施、託管網路介面伺服器，執行完整挖礦節點和其他保持礦池正常執行的設備，當然也必須支付利潤給礦池營運商。

不要被那些聲稱「不收費」的礦池所騙。不收費的話，他們該如何繼續經營？（他們不是慈善機構吧？）所以礦池當然必須賺錢，礦工也必須以某種約定方式付款。

一般挖掘區塊時，有兩種方式可以賺錢：

- 挖到區塊的補貼
- 包入區塊的各個交易所產生的交易費用

所以礦池可能會為自己獲取總價值（區塊補貼加上交易費用）的一定百分比，接著再與礦工分享其餘的部分。或是礦池讓礦工依算力分享區塊補貼，但礦池自己獲得交易費用（這類礦池最常宣稱自己是「零費用」的礦池）。有些礦池可能會同時保留交易費用和部分的區塊補貼。但無論如何，礦池的服務都不是免費的！

礦池佔全網百分比

一個礦池的算力佔整個網路雜湊率的百分比，對礦工有什麼影響？雖然大型礦池會比較小礦池獲得更大比例的挖礦收益，不過只要時間拉長，並不會對你的收入有太多影響。為什麼呢？還記得網路雜湊率是所有礦工和所有礦池為挖掘區塊所貢獻的算力嗎？根據加密貨幣的不同，挖掘一個區塊可能需要每秒 50 億次雜湊，而且平均可能要花 10 分鐘（以比特幣挖礦為例）。

因此，可能同時會有幾萬台礦機正在努力雜湊，競爭區塊的挖掘，看看到底誰可以為區塊鏈添加新區塊？雖然雜湊的能力是主要因素，但還要加上運氣和機會。也就是說，我們很難確定挖出下一個區塊的礦工或礦池。很可能是由比其他礦池或礦工貢獻更多算力的大礦池獲勝；但也有機會是由整個網路中貢獻最小的礦工獲勝。雖然機會渺茫，但仍有微乎其微的可能性。這就是「機率」運作的方式。

請把它想像成樂透彩券。你擁有的彩券越多，中獎的可能性就越大。然而如果你只有一張彩券，也有可能會贏。可能性雖然極低，但仍有可能發生。

因此在短期內，我們無法預測誰將贏得雜湊競賽，甚至無法預測在前幾輪（甚至幾百輪）中，任何礦池可能獲勝的比例。

但如果我們從長遠來看，算力百分比將會趨近於獲勝百分比。如果你的礦池貢獻了佔全網所有算力的 25% 時，那麼只要時間拉長，你的礦池必定可以開採出 25% 的區塊。

讓我們舉另一個例子來說明：就像猜硬幣正反面一樣，當硬幣落下時，正面的比例是多少，反面的比例是多少？如果是短期內很難說，因為只丟兩次硬幣，有可能 100% 以完全正面或完全反面的方式出現。

丟十次硬幣呢，依舊不太可能是 50:50 的比例出現。但如果丟一千次硬幣，結果一定會非常接近 50:50（假設丟硬幣方式相同且硬幣材質平衡的情況）。

因此，隨著時間經過，一個擁有 25% 網路雜湊率的礦池，應該就會挖出 25% 的區塊；擁有 10% 網路雜湊率的礦池，也應該挖到大約 10% 的區塊。

接著讓我們回到最初的問題：你應該選擇大礦池或小礦池？雖然隨著時間經過，大礦池會比小礦池挖到更多區塊。但是與在較小的礦池相比，你在大礦池所獲得的獎金比例也會更少（因為同樣的算力在大小礦池所佔的比例並不相同）。

同樣的情況，當時間拉長之後，大小礦池就沒有太大的區別。無論你加入的礦池有多大，你的算力在整個網路所佔的百分比都是相同的。因此，隨著時間經過，你應該就會獲得相同百分比的獎勵。

REMEMBER

不過有一點不同。礦池越大，你獲得獎勵的頻率就越高（因為大礦池挖到區塊的頻率更高），因此會比小礦池較常獲得收益。當然，這些收入會因次數多而顯得較少；因為你無法打敗數學，你的收入不可能超過你的算力百分比所代表的收入百分比（這也是從長遠來看的。所以在短期內，無論你做出何種選擇，你的收入都可能大幅增加或減少）。

有些人可能更願意選擇大礦池，讓自己更常看到資金進帳。但請不要指望選擇更大的礦池，就能增加你的長期收入。

我們要如何比較礦池的相對大小？許多網站通常會以圓餅圖的形式提供這種訊息（本章後面「研究礦池」一節，也會討論如何找到這類訊息）。比特幣網路上按礦池劃分雜湊率百分比的歷史圖形，請見圖 7-2。此圖位於 https://data.bitcoinity.org/bitcoin/hashrate/5y?c=m&g=15&t=a。

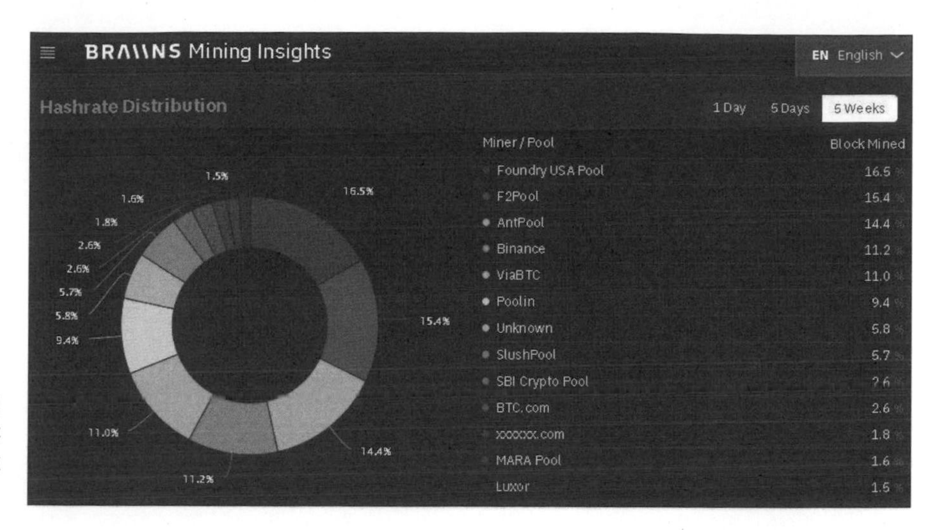

圖 7-2：
撰寫本章時，過去五週每個礦池對比特幣網路的雜湊率貢獻圖。

設置礦池帳戶

在大多數情況下，當你決定哪種加密貨幣適合自己（請參閱第 8 章），並選擇了一個合得來的礦池之後，創建並設置自己的礦池帳戶，就不算是件難事了。這個過程大概跟創建電子郵件帳戶或其他線上網路服務（例如社交媒體帳戶）的難易度差不多。設置礦池帳戶所需的兩項要求，就是電子郵件帳戶和加密貨幣錢包地址。而在礦池帳戶設置過程中，只有幾個比較特殊的選項需要決定，包括礦池伺服器選擇、支付門檻和獎勵支付的地址。

無論礦池正在挖掘何種加密貨幣，一定都會有簡單的步驟說明，讓你可以正確地把挖礦設備（ASIC、GPU 或其他硬體）連接到位於其網站上的礦池介面。所以你必須設定一個帳戶，選擇一個伺服器，設置你的挖礦硬體，並註冊一個支付地址。大多數礦池還有協助篩選設置過程的基本用戶手冊，也有遇到困難時很有用的常見問題解答，還有在一些特別情況下，為進階用戶提供的詳細技術文件等。

選擇伺服器

就大多數礦池而言，多半都已經在世界各地啟用並執行了許多伺服器，讓你可以將挖礦硬體連接上礦池的基礎設施。伺服器最重要的區別在於地理位置，最受歡迎的礦池，其伺服器可能位於全球各地，包括亞洲、歐洲和美洲等。

為了減少連接上的延遲並避免連線中斷，連接最靠近你的挖礦硬體的伺服器，對你來說會最有利。

大多數 ASIC 加密貨幣挖礦硬體，可以讓你在挖礦設備用戶介面上，設置三個獨立的伺服器或礦池。有些礦工會把他們的設備指向多個礦池，以避免在礦池中斷時停機，還有一些礦工則是將他們的硬體導向同一個礦池的不同伺服器。

挖礦設備的礦池設定

專門用來挖礦的加密貨幣硬體設備（將在第 9 章詳細介紹），通常會配備容易使用的圖形用戶介面（GUI）。你可以透過與挖礦設備連接到同一區網（LAN）的任何電腦，造訪此挖礦設備用戶介面。通常只要打開瀏覽器，輸入挖礦設備的網際網路協議（IP）位址，即可進入其用戶介面。

如果你不確定礦機的 IP 地址，你可以連進自己家裡的路由器，掃描連接到家用網路的設備。不過如果你也不知道如何連進自己家裡的路由器的話，你可以使用 Angry IP Scanner（AngryIP.org）這類軟體來協助你掃描 IP，以確定設備的本地位址。還有你的挖礦硬體用戶手冊或指南，應該也會有協助你設置和登錄本地位址的相關訊息。

以下是在美國執行的比特幣 ASIC 礦機加入 Slush Pool 礦池，所輸入的設置範例：

```
網址：stratum+tcp://us-east.stratum.slushpool.com:3333
用戶 ID：userName.workerName
密碼：自行設定
```

你所選擇的礦池，通常會在官網上提供關於連接設定的詳細訊息。舉例來說，礦池可能只需要你輸入你想挖掘的加密貨幣的支付地址，而非要求你輸入用戶帳號。再次強調，請仔細閱讀礦池的說明文件，獲取更詳細的訊息。

你連接上的位址取決於實體位置離你最近的伺服器。你的用戶名稱跟你的礦池帳戶相同，你也可以根據自己想要使用的礦工名稱或礦機名稱來發揮創意命名；然而如果你連接的挖礦設備不止一件，請不要重複 Worker（工人，亦即礦機）的名稱。因為你可以讓多個「Worker」都在一個挖礦帳戶下工作，每個 Worker 分別代表一部特定的挖礦設備。設置挖礦設備的更多相關訊息，請參閱第 10 章。

收款地址

你可以產生一個加密貨幣地址，用來從其他加密貨幣錢包收取礦池支付（加密貨幣錢包的相關訊息，請參閱第 1 章和第 9 章）。在加密貨幣領域裡，我們強烈建議不要使用用過的交易地址。不重複使用地址的做法，可以幫助維護隱私以及交易時的匿名性。

事實上，如果你使用的是非 ASIC 硬體，設置礦池帳戶通常會比上述步驟更簡單。我們將在本章稍後示範設置礦池帳戶的範例，從進入網站到開始挖礦，大約只需五分鐘。

支付門檻

對於加密貨幣礦池，更進一步的細項設置之一就是**支付門檻**（*payout threshold*，亦稱**出金門檻**）。這是指你跟礦池約定好挖礦必須賺到這個金額，才讓礦池對你在區塊鏈上的加密貨幣地址發送你賺到的獎勵。大多數礦池允許你定義希望收到貨幣收入的頻率。雖然也有些礦池允許你手動執行挖礦獎勵的支付，但大多數都會要求你設置一個支付門檻，該門檻數值直接決定礦池支付給你的頻率，不過實際情況當然必須取決於你的硬體算力和礦池貢獻。

如果你設定的支付門檻太低，很可能就會把賺到的大部分獎勵，都浪費在交易費用上，因而導致你的加密貨幣錢包裡堆積灰塵（*dust*，加密貨幣領域中的「**灰塵**」，通常是指由於地址中持有的總金額，少於移動它所需的交易費用，因而導致未來可能產生無法成功交易的小金額或微交易金額）。灰塵交易是你絕對要避免的事。

不過如果你設定的支付門檻太高，很可能就會把你賺到的加密貨幣獎勵，留在礦池方的手中過久，增加它們被駭客攻擊或因詐騙而被盜的機率。

比較可行的門檻甜蜜點，就是將支付門檻設置為平衡這兩種問題之間的金額。我們建議比較好的設定方式是將你的礦池帳戶支付門檻，設定為預計在幾週到一個月的時間內，可以從你的挖礦設備獲得的挖礦獎勵，也就是類似於傳統的薪水支付週期。如此既可以讓你賺到足夠的加密貨幣，讓礦池的支付足以獎勵於你的付出與努力，也不會讓你的資金被別人控制太久。其底線在於：你希望你在挖礦和勞動力方面的工作，獲得穩定的回報。雖然一般日常工作也可以領時薪，但加密貨幣挖礦領時薪的話，每小時支付所涉及的頻繁交易費用，一定很不划算。

研究礦池

許多資源網站提供了關於礦池的大量訊息，尤其是在挖掘比特幣的礦池。因此在比較其他加密貨幣礦池時，訊息就變得較不可信，也更難取得。我們建議你搜尋自己感興趣的加密貨幣名稱，加上**礦池**名稱（舉例來說：*達世幣礦池*、*萊特幣礦池*等），並造訪 Reddit、Stack Exchange 和 Bitcoin Talk 等論壇網站，尋找更多相關訊息。

以下是關於比特幣礦池的一些參考資源：

- https://coin.dance/blocks/thisweek
- https://en.bitcoin.it/wiki/Comparison_of_mining_pools
- https://99bitcoins.com/bitcoin-mining/pools
- https://en.bitcoinwiki.org/wiki/Comparison_of_mining_pools
- www.blockchain.com/pools

以下則是關於以太幣和萊特幣的參考資源：

- www.poolwatch.io/coin/ethereum

» www.litecoinpool.org/pools

» https://litecoin.info/index.php/Mining_pool_comparison

雲挖礦

加密貨幣礦工的另一個選擇是使用雲挖礦服務。基本上就是你為挖礦業務提供資金，其餘的挖礦過程就由雲礦工來完成。也就是說，你是雲挖礦操作的投資者。

這些公司提供算力合約。讓你購買特定算力一段時間（見圖 7-3），然後根據你投資佔整體雲挖礦業務的百分比，按比例獲得獎勵。

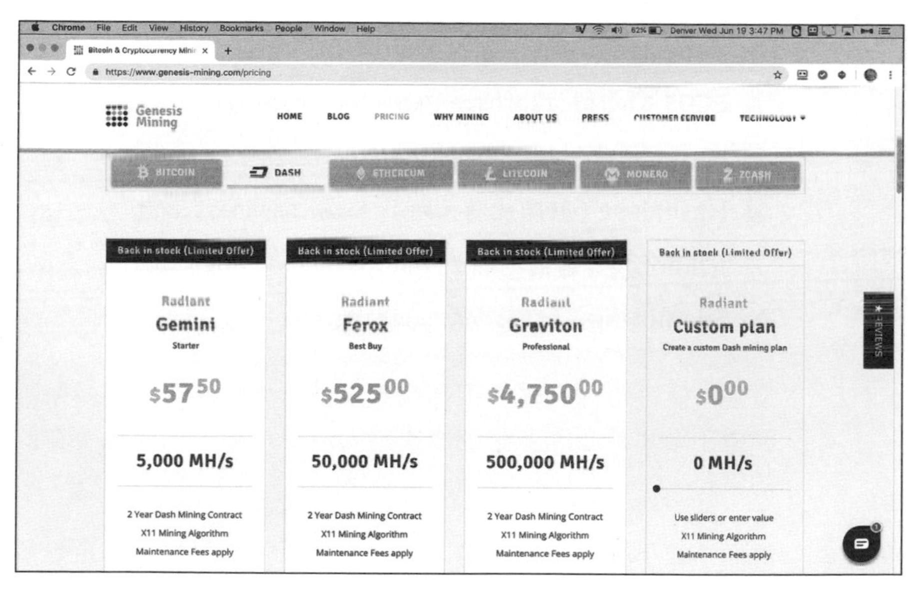

圖 7-3： Genesis Mining（創世礦業）出售的算力包。DASH（達世幣）從 5,000 MH/s 開始，合約為期兩年。你也可以選擇挖掘比特幣、以太幣、萊特幣、門羅幣或大零幣等加密貨幣。

這些服務最大的優勢就是你完全無須親自操作，不必購買或管理設備，也不必為挖礦設備尋找設置空間。換句話說，你不必處理設備噪音，也無須處理礦機的散熱。雲挖礦服務為你解決了這些問題。

然而雲挖礦當然也有風險。許多雲挖礦業務在合約規定的期限內，幾乎都無法獲利。從長遠來看，購買雲挖礦服務的人，幾乎都會蒙受損失。因此用戶直接購買這些挖礦合約所挖掘的加密貨幣，獲利可能還比較好（當然時間拉長後，礦池和個人挖礦也可能如此，第 11 章會提到更多關於挖礦經濟學的相關內容）。

其他的雲挖礦風險，包括從「一開始就是詐騙」的問題。加密貨幣界常說的一句口頭禪是「不是你的私鑰，就不是你的錢」（擁有私鑰才擁有錢）。對於雲挖礦合約來說，可能就要換成「不是你的礦機，就不是你的區塊獎勵」（擁有礦機才擁有錢）。

我們認為在比較值得信賴的雲挖礦營運商中，以下的雲挖礦服務名列前矛。不過買者仍應自負盈虧責任（請買家小心）。對於我們在本書討論的所有服務，請各位務必都要仔細研究，了解社群對這些服務的看法，以確保它們值得信賴。

- **Compass Mining**：https://compassmining.io
- **Genesis Mining（創世礦業）**：www.genesis-mining.com
- **ECOS**：https://ecos.am/en/cloud-mining
- **Hashgains**：www.hashgains.com
- **HashNest（隸屬比特大陸）**：www.hashnest.com
- **IQMining（智商挖礦）**：https://iqmining.com
- **Shamining**：https://shamining.com

這是一個很短的列表，因為我們只覺得少數幾個加密貨幣雲挖礦供應商還不錯，其他許多雲挖礦都不太值得信賴，因此也不在此宣傳他們的服務。

然而這並不是說上述雲挖礦服務商所提供的服務，一定是會賺錢的挖礦合約。只能說他們確實提供了他們宣稱會提供的服務。根據了解，他們確實提供了宣傳中所說，在承諾期間內將會提供的算力。但這當然不表示投資他們一定會賺錢。

雲挖礦合約的獲利能力因服務而異。若要了解如何針對雲挖礦服務、礦池挖礦設定或預期硬體獎勵，進行成本 / 收益分析的更多相關訊息，請參閱第 11 章。

使用 Cudo Miner 進行挖礦

我們在本章提供了一些礦池和資源，讓各位可以了解更多訊息。這些礦池的工作方式並不相同，我們無法向各位展示如何在每一個礦池進行挖礦。因此，我們接下來將面對的是一場發現之旅。也請各位多花點時間，了解你所選擇的礦池。

在本節裡，我們將快速瀏覽一個相當受歡迎且備受推崇的礦池 Cudo Miner（www.cudominer.com）。它的優點是在設定和執行上，都非常快速容易。不過，我們並不推薦任何特定礦池（請參閱本章前面的一些礦池選項），只是拿來當作範例而已。

正如我們在本章開頭所說，礦池挖礦軟體是在你的硬體設備上執行，並為 Cudo Miner 礦池提供算力以進行雜湊。然而你在這裡也可以參與各種加密貨幣的挖掘，Cudo Miner 會開採當時最有利可圖的加密貨幣，自動切換挖掘不同幣種。在本書撰寫時，Cudo Miner 可以開採比特幣黃金、以太幣、以太坊經典（Ethereum Classic）、門羅幣和烏鴉幣（Ravencoin），並且會以 ALGO 幣（Algorand）、比特幣、以太幣和門羅幣支付給礦工。

要開始使用 Cudo Miner 礦池前，請執行以下步驟：

1. **造訪 www.cudominer.com，下載並安裝 Honeyminer 軟體。**

   在 Cudo Miner 主頁中間（整個網站的其他各處也都可以看到），有一個較大的「註冊和下載」紅色按鈕。

2. **請註冊一個帳號（亦可使用 Google 或微軟帳號登入）。**

3. **驗證你的電子郵件後，便可進入控制台。**

   找到「設定裝置」（Set Up a Device）按鈕。依螢幕顯示訊息而定，你可能必須向下捲動畫面才能看到。

4. **點擊設定裝置按鈕，然後點擊「繼續」（Continue）。**

   你會看到選擇一個「設備類型」（Worker Type，見圖 7-4），亦即在此選擇你的作業系統。請注意，Cudo Miner 有自己的「CudoOS」作業系統選項，針對挖礦進行了優化；如果你選擇「CudoOS」選項，便會下載作業系統和挖礦軟體。當然，變更作業系統是比較複雜的過程，所以我們不在此處討論。因此，請選擇你正在使用的作業系統，然後點擊「繼續」（Continue）按鈕。

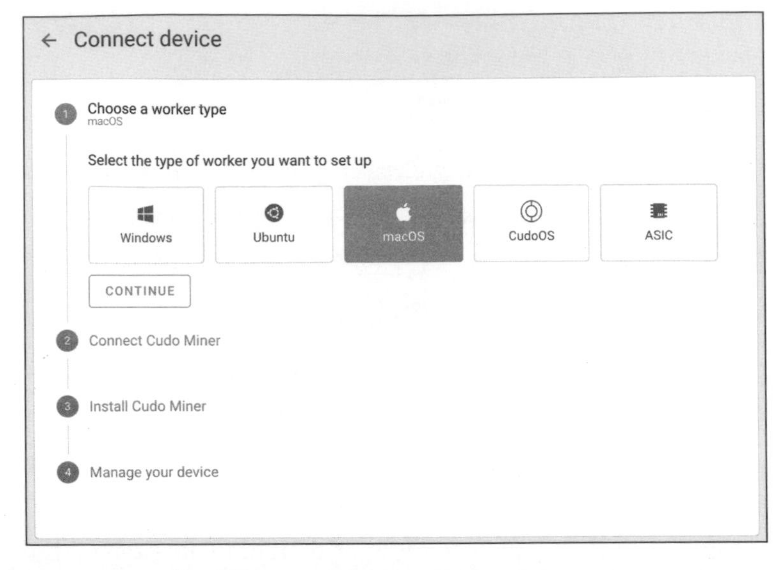

圖 7-4： 在 Cudo Miner 選擇設備的作業系統。

5. 複製你的組織用戶名稱並點擊「繼續」（Continue）。

Cudo Miner 會給你一個用戶名稱（見圖 7-5），請將它保存在某個地方（可以點擊右側的小圖示，將組織用戶名稱複製到剪貼簿）。然後點擊「繼續」（Continue）。

6. 點擊「下載 Cudo Miner」（Download Cudo Miner）按鈕。

下載軟體（見圖 7-6）並像安裝一般軟體一樣進行安裝。

TIP

如果你在 Mac 上看到「未識別開發者」（unidentified developer）訊息時，一樣可以繼續安裝。方法是到「系統偏好設定」裡，打開「安全性和隱私權」，選擇「一般」選項標籤，然後點擊「強制打開」。

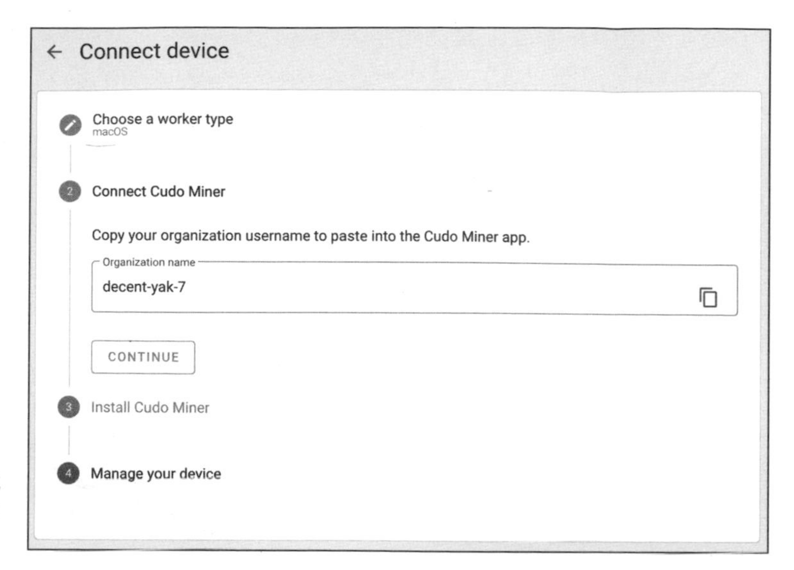

圖 7-5：
複製你的組織用戶名稱，稍後會用到。

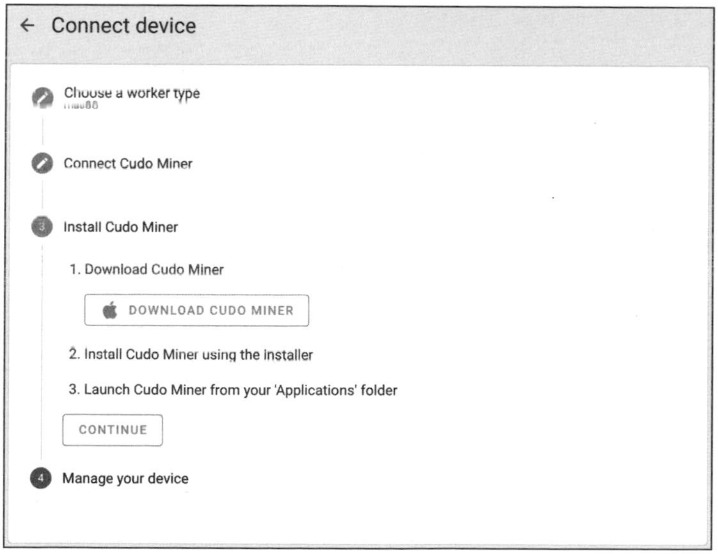

圖 7-6：
下載軟體。

7. **執行 Cudo Miner 應用軟體。**

執行應用軟體（安裝後可能會自動開啟），然後輸入剛剛複製的組織用戶名稱（見圖 7-7），並點擊「執行」（Go） 按鈕。

該應用軟體便會開始執行，你的電腦就會執行挖礦軟體，開始挖掘加密貨幣。你可以在 Cudo Miner Web 控制台看到挖礦的狀態，做法是在軟體中點擊右上角的用戶名稱，然後選取「造訪控制台」(Visit Console，見圖 7-8)，便可進入控制台(如圖 7-9 所示)。

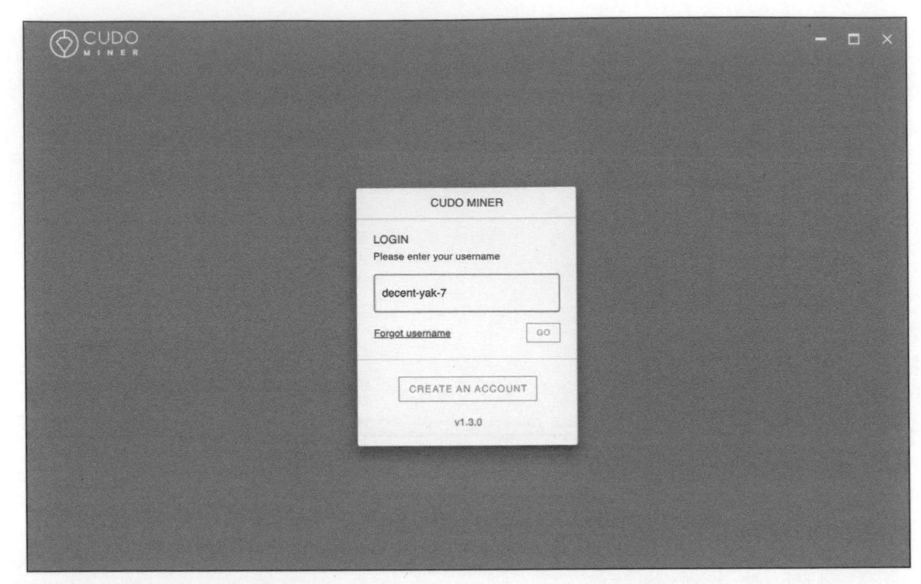

圖 7-7：
輸入你的用戶名稱來登入。

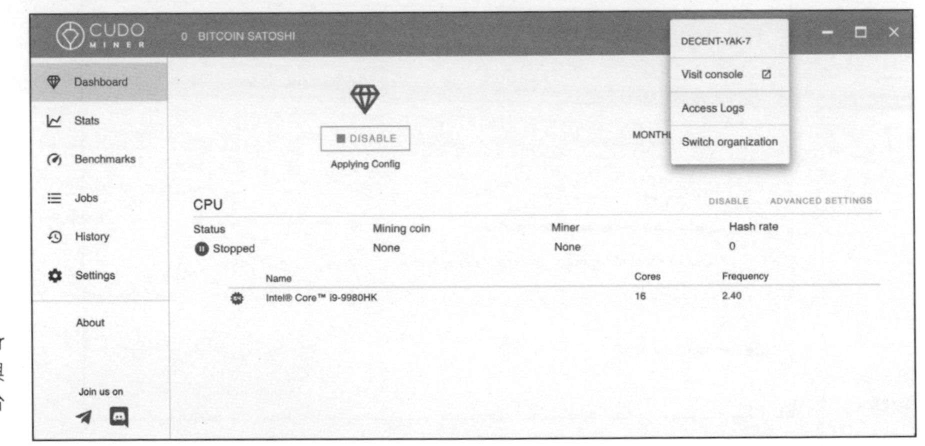

圖 7-8：
Cudo Miner 應用軟體與 Web 控制台結合使用。

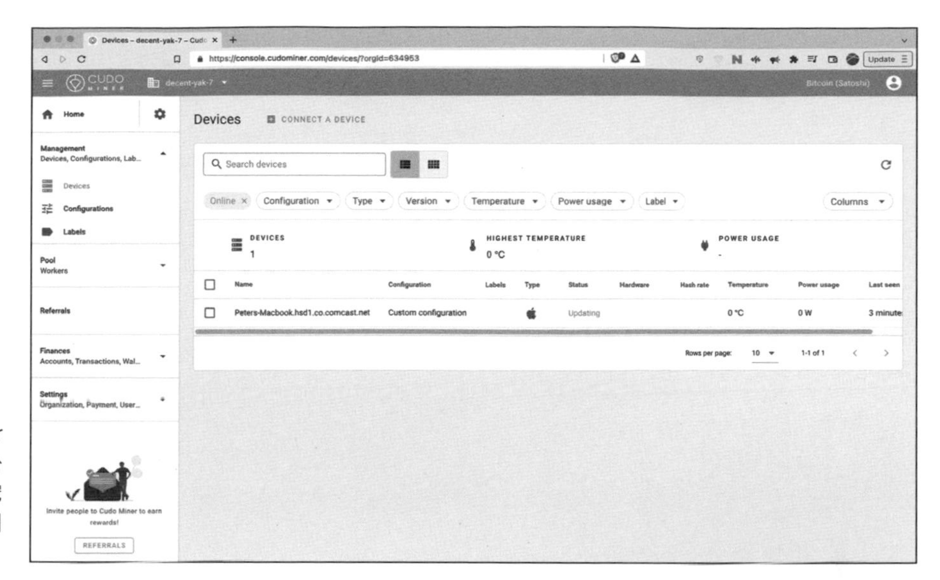

圖 7-9：Cudo Miner Web 控制台會提供關於挖礦操作的詳細訊息。

本章內容

- 確定自己的目標
- 檢查你的目標是否具有優良加密貨幣的各項屬性
- 問自己正確的問題
- 選擇適合你的加密貨幣

Chapter 8

選擇想要開採的加密貨幣

第 7 章所討論的是進入挖礦行業的最簡單方法：使用礦池。而在本章中，我們將討論如何選擇合適的加密貨幣，來為自己的個人挖礦做好準備。當然一開始的入門階段，一定會比只選擇礦池要複雜得多。事實上，我們建議你在讀完本書（不光是讀完本章）之前，絕對不要開始進行挖礦。

本章討論的是協助你找到良好加密貨幣的主要因素，也就是足夠穩定、能讓你成功的各項判斷因素。不過我們認為在你真正開始之前，了解更多相關訊息絕對會是較好的想法，因此本章將協助你選擇初始的加密貨幣標的。不過，你的目標貨幣很可能會因為你學習到更多的知識而跟著改變。例如你必須使用的特定設備類型（請參閱第 9 章），或更多關於挖礦經濟學的訊息（請參閱第 10 章）。事實上，整個決策過程會有點循環互動；亦即你決定開採的加密貨幣，將決定你所需要的硬體類型；而你現有（或可以獲得）的硬體類型，也將決定對你來說具有挖掘意義的加密貨幣。

本章將協助你清楚了解哪一種加密貨幣，才是適合你的最佳初始標的。

決定你的目標

無論你想成為一位業餘礦工或職業礦工，或是介於兩者之間。在你進一步挖掘加密貨幣之前，都必須問自己一個非常重要的問題。只要回答這個問題，就能讓你正確決定要開採哪些加密貨幣，並協助你成為一位成功的加密貨幣礦工：

「你挖掘加密貨幣的目標是什麼？該如何實現？」

讓我們再進一步分析，也就是把問題拆解後，深入研究其組成：

- **你想從加密貨幣挖掘中獲得什麼？**是想對整個加密貨幣技術有所了解，並獲得額外利潤的激勵。也就是說，你比較想支持加密貨幣的生態系統，還是更關心它是否支持你的獲利？
- **你打算投入多少資金？打算大舉投資或只想小試水溫？**從小處著手再輕鬆進入整個生態系統，總是比較好的想法，但根據財務狀況的不同，小試水溫對你和其他投資者來說，可能完全代表不同的事（資金可能不足以啟動）。
- **加密貨幣挖礦對你來說有多認真？你願意承擔多大的風險呢？**市場會上漲下跌，而且加密貨幣比傳統金融資產的波動更為頻繁。如果你所投入的是自己的積蓄，就更應該了解風險。請先考慮一下你在生活中的財務義務和壓力，並確保在你有足夠的經驗和對複雜系統的感覺之前，並沒有過度投入。如果你希望加密貨幣挖礦能成為一種有趣的愛好體驗，當然也沒關係！
- **你必須達到的最低投資報酬率（ROI）是多少？在多久的時間範圍內呢？**換句話說，挖礦為何值得你投入？你是想快速致富，還是想確保自己獲得長期穩定的價值和財富？一旦無法達到設定的投資報酬率時，你便該準備好嘗試不同的東西，甚至可能減少你的挖礦規模。縮小規模或退出挖礦並不可恥，而且根據市場情況的不同，光是簡單的購買特定加密貨幣，有時可能還比挖掘該加密貨幣的獲利更好！
- **你打算以你所在當地的法定貨幣來衡量投資報酬率，或是以你計畫開採的加密貨幣資產，來衡量你的收益？**當然，只有在你對該加密貨幣的未來價值有信心時，選擇後者才有意義。舉例來說，許多礦工在比特幣低迷時期繼續挖礦，因為他們堅信價格一定會再次上漲。而當加密貨幣的價值下降時，有些礦工會選擇關機退出，其他礦工的收入

（以加密貨幣來衡量時）會隨之上升，因為分享區塊獎勵的礦工變少了。在這種情況下，剩餘的礦工正在增加他們的加密貨幣庫存，即使以法定貨幣衡量他們可能是虧損的，但他們依舊對此表示滿意，因為他們認為加密貨幣是一種可以在「未來」獲得回報的投資。

為了協助各位回答這些問題，讓我們來看一些假設的加密貨幣挖礦故事。

首先是肯尼（Kenny），一個擁有電腦和 IT 背景的聰明人。他相當熟悉資料中心的做法，對他來說，加密貨幣挖礦設備跟一個裝滿伺服器的房間非常類似（肯尼可能太過自信了，因為挖礦設備只是整場加密貨幣戰鬥裡的一部分而已）。

肯尼希望從加密貨幣挖礦中獲利，並將其視為一項挑戰。他憑著自己在 IT 領域工作的積蓄，打算為加密貨幣挖礦事業投資大約 10,000 美元，而且這只佔他總積蓄的一小部分（還記得我們說他很聰明！）。他對加密貨幣挖礦非常認真，因為他認為這項工作是對他的智力和技術能力的挑戰。他訂下的最低投資報酬率是自己每年投入挖礦資金的 20%，如果無法實現這個目標，就會不斷調整自己的挖礦策略。假設他的投資報酬率目標取得一定成功時，他打算在一年後全面進行重新評估，再決定是否繼續挖礦。

讓我們再舉第二個例子。凱茜是一位精明的投資者，她很成功的管理了自己的退休投資組合。對她來說，加密貨幣挖礦就是一種體驗和接觸加密貨幣技術的方式。一旦加密貨幣逐漸普及，她完全不想錯過這個機會。由於想要獲利，但還不完全了解加密貨幣的工作原理，所以她很高興能進一步了解更多加密貨幣相關訊息。她非常認真的看待自己的挖礦是否正確進行，並在最初只預留了 500 美元用於加密貨幣挖礦。如果最後並未成功，她也不會被嚇壞。她希望的是每年可以有 10% 的投資報酬率，在挖礦六個月後，再決定是否要繼續挖礦。她也規劃好每兩個月就要重新評估一次自己的挖礦策略。

我在這裡要強調的是投資金額的差異，以及肯尼和凱茜為自己設定的期望值。凱茜的做法比較偏向「規避風險」，如果事情沒有按計畫進行，自己的壓力也會比較輕，因為她從可以承受損失的金額開始投入。而且她還每兩個月重新評估一次挖礦策略，這也是降低冒險和承擔風險的另一種方法，可以確保她在萬一失敗時，不會感到壓力過大。

肯尼採取的是風險更大的做法，一旦成功，他將獲得比凱茜更多的利潤。值得注意的是，肯尼在執行電腦作業方面比較有經驗，這點可以協助他降低一些風險。他還對投資報酬率的評估，採取了更加嚴謹的關注方式，這也是不錯的策略，原因是他願意對自己的投資投入更多精力。而凱茜用的方法則是減少初始投資，來對沖失敗的風險。

這兩位礦工在預定時間週期結束時，繼續實現他們的目標，最終都對他們進入加密貨幣挖礦而感到高興。我們之所以說了這兩個故事，就是想告訴各位，你對上述那些重要問題的回答，本質上並沒有錯誤的答案，但關於這些問題的思考，對於你的成功與否相當重要。在選擇要開採的加密貨幣以及如何設置挖礦設備時，自問這些問題和對於答案的思考，將會對你的挖礦事業發揮重要的影響。

可挖礦？工作量證明？權益證明？

有許多因素會決定某種加密貨幣，是否會是有志礦工的理想選擇。當然，第一個因素就是該加密貨幣是否可挖礦？某些加密貨幣無法挖礦，例如正在創建推廣的一些最新代幣和加密貨幣，就屬於這種情況。尤其是一些非常中心化的代幣產品，以及基於公司所發行的代幣等。因為它們通常在發布之前就已經預先挖完，而且多半是在類似於中心化資料庫上作業，而非在去中心化加密貨幣系統上運作。

此外，我們通常也會忽略權益證明（PoS）類型的加密貨幣（請參閱第 4 章）。雖然你可以挖掘權益證明的加密貨幣，但它們存在一些本身既有的問題，降低了對多數礦工的吸引力。因為你必須先擁有一定的代幣份額；換句話說，你不僅要投資挖礦設備，還要投資（購買）你計畫開採的加密貨幣（不過挖掘權益證明加密貨幣所需的硬體設備，通常會比工作量證明加密貨幣便宜得多。而且經常是用普通電腦就可以完成，甚至用你身邊的舊電腦就能辦到）。也就是在你開始挖礦之前，必須先購買該加密貨幣，存放在你的錢包中質押。然而根據你所選擇的特定權益證明加密貨幣的不同，很有可能要投入一筆相當大的金額。一般而言，當你質押的該加密貨幣越多，就越有機會向區塊鏈添加新區塊，賺取區塊補貼與交易費用（對新手似乎有點不公平）。

其次，這副牌一開始就對你不利。因為權益證明系統必須有預挖的貨幣；如果系統需要質押，當然必須有已經挖好的加密貨幣可供質押，否則系統就無法運作。因此該貨幣的創始人（也就是莊家），從一開始就已經獎勵給自己大量的加密貨幣，於是他們擁有了領先優勢，並將主導整個過程（再次強調，因為質押的加密貨幣越多，就越有可能贏得將新區塊添加到區塊鏈的權利）。

因此，權益證明挖礦對新手來說，有著先天上的問題：你必須先投資，但你的投資報酬率會低於那些加密貨幣的創始人，因為他們擁有更多的股份，可以添加區塊的機會更高。本書前面提過的「混合工作量證明 / 權益證明系統」，也面臨許多相同的問題。但由於它們也涉及挖礦，因此往往還會同時包含兩種證明系統的許多缺點。

所以目前大多數的挖礦，都集中在工作量證明的加密貨幣上。我們在這裡關注的內容，也就是我們挖礦的對象，就是這些將工作量證明嵌入其系統的加密貨幣。我們也將為各位介紹讓某些加密貨幣比起其他加密貨幣，更適合挖礦的多種因素。

研究加密貨幣

如果你想深入了解加密貨幣的相關訊息，就應該知道一些消息來源。在本節中，我們將會探討各種方法，用來揭開你必須了解的，關於特定加密貨幣的所有訊息。

挖礦獲利比較網站

第一種訊息來源提供的是關於「值得開採嗎？」的問題解答，也就是「挖礦比較」的網站，這些網站蒐集了大量關於可挖礦加密貨幣的數據。以下便列出這類型網站的其中幾個，隨著時間經過一定還會出現更多同類型網站。如果這些連結有任何一個失效的話，請隨時上網搜詢最新的挖礦獲利比較網站：

- **2CryptoCalc**：https://2cryptocalc.com/
- **CoinWarz**：www.coinwarz.com
- **Crypto-CoinZ**：www.crypto-coinz.net
- **NiceHash**：www.nicehash.com/profitability-calculator
- **WhatToMine**：www.whattomine.com

這些網站為你做的第一件事，就是提供可挖礦的加密貨幣列表；不在他們列表中的加密貨幣，可能就是無法挖礦，或者挖礦並不划算的加密貨幣。有一些比較網站可能比其他網站列出更多的加密貨幣，但只要結合幾個網站來看，就可以清楚了解目前哪些加密貨幣的挖礦較為可行（如果是明天才會推出的全新加密貨幣呢？當然一定不會立刻出現在這些列表中。對於初學者來說，新幣的訊息可能並不重要。無論如何，請思考一下「林迪效應」（Lindy Effect）的說法。在本章稍後的「加密貨幣的壽命」一節中會加以解釋）。

請參考圖 8-1，這是 WhatToMine.com 網站的列表。我們可以看到它所列出的各種加密貨幣，並將它們與以太坊區塊鏈上的以太幣（表中選取處）進行比較。列表中包括了 Metaverse、Callisto、Expanse、DubaiCoin 等加密貨幣。在本書撰寫時，WhatToMine 網站列出了 62 種可以使用 GPU 挖礦的加密貨幣，以及 59 種需要特定 ASIC 礦機才能開採的加密貨幣（頁面上方有分 GPU 和 ASIC 等標籤）。總合起來，這些網站大約列出了 150 種不同的可開採加密貨幣。

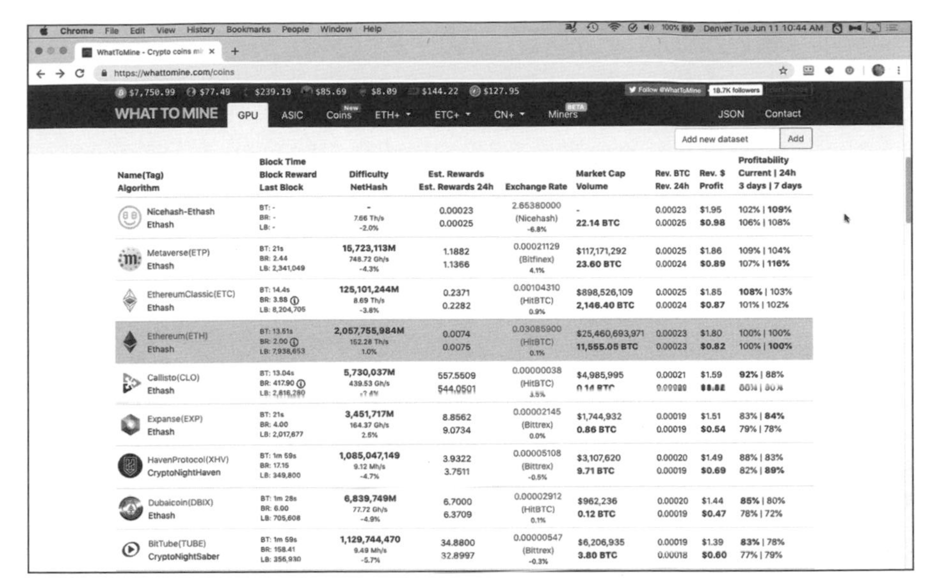

圖 8-1：WhatToMine.com 挖礦獲利比較網站。

圖 8-2 是另一個非常受歡迎的比較網站 CoinWarz.com；該站將各種加密貨幣與比特幣而非以太幣進行比較。CoinWarz 的表格看起來更清楚，讓你可以輕鬆查看一些重要指標：

- 加密貨幣相關的基本訊息，包括貨幣名稱、圖示、貨幣代碼（LTC、BTC 等）、整體網路雜湊率（每秒多少次雜湊。有關雜湊率的更多訊息，請參閱第 5 章）、區塊獎勵（嚴格來說，CoinWarz 顯示的是區塊補貼；區塊獎勵應該包含區塊補貼加上交易費用）、目前區塊數、平均添加一個新區塊到區塊鏈所需時間等。
- 顯示「區塊難度」隨時間變化的圖表。
- 根據你的挖礦設備的雜湊率和當前區塊難度，也就是你的雜湊率和過去 24 小時的平均難度，計算你每天可能開採出多少加密貨幣。
- 每種加密貨幣與比特幣之間的匯率，以及過去兩週的變化情況（這些數字是基於該加密貨幣的最佳兌換值，亦即出售你開採的加密貨幣時所獲得的最佳匯率）。
- 該加密貨幣過去 24 小時內的交易量。
- 每日總收入（獲利以美元計）。亦即基於你的雜湊率、電力成本，每天可能賺取的利潤（或虧損的金額）。
- 你的每日預估收入（以比特幣計價）。

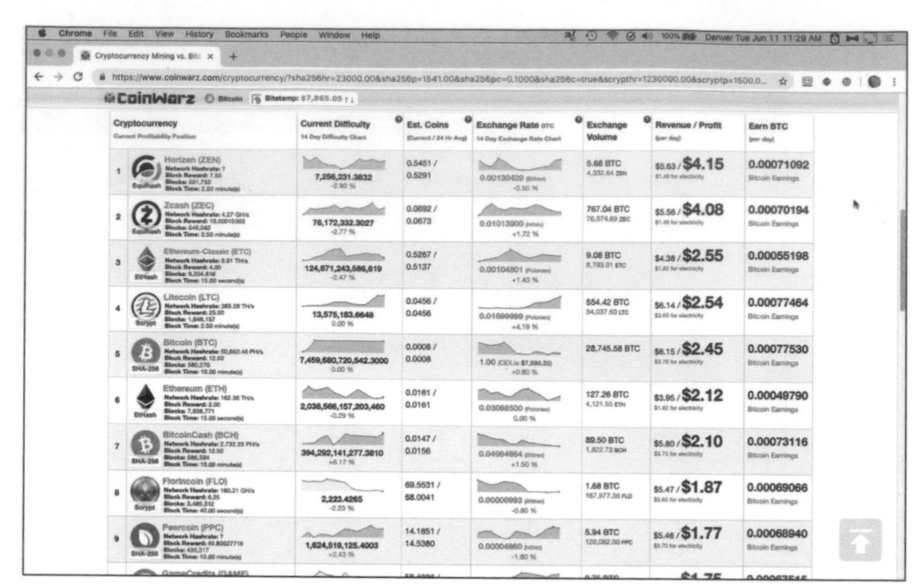

圖 8-2：CoinWarz.com 是另一個非常受歡迎的挖礦獲利比較網站。

關於雜湊率的部分，如前所述，在這些計算裡的某些項目是基於你電腦設備的**雜湊率**，也就是它在一秒內可以執行的工作量證明雜湊數（請參閱第 5 章）。這是這些網站必須知道的基本訊息，用來計算你贏得比賽，將新區塊添加到區塊鏈上的機率。你的雜湊率在本質上，指的就是礦機設備的計算能力（算力）。

這些網站使用的是「預設」算力設定，優點在於即使你不知道自己設備的算力數值，只要輸入礦機型號，依舊可以了解挖掘不同加密貨幣時的相對獲利能力。

但如果你確實知道自己的礦機設備算力有多強大，便可輸入相關數值。在 CoinWarz 網站中，這項訊息的輸入出現在頁面頂部，如圖 8-3 所示。底下這些空格裡的數值是什麼呢？這是針對於每種區塊鏈演算法（SHA-256、Scrypt、X11 等）所能產生的效能（每種演算法下方會看到三個數值）。你在上面輸入礦機處理器的雜湊率後，第一個空格便會自動對應（取決於算法）出現多少 KH/s（每秒千次雜湊）、MH/s（每秒百萬次雜湊）或 GH/s（每秒十億次雜湊）。

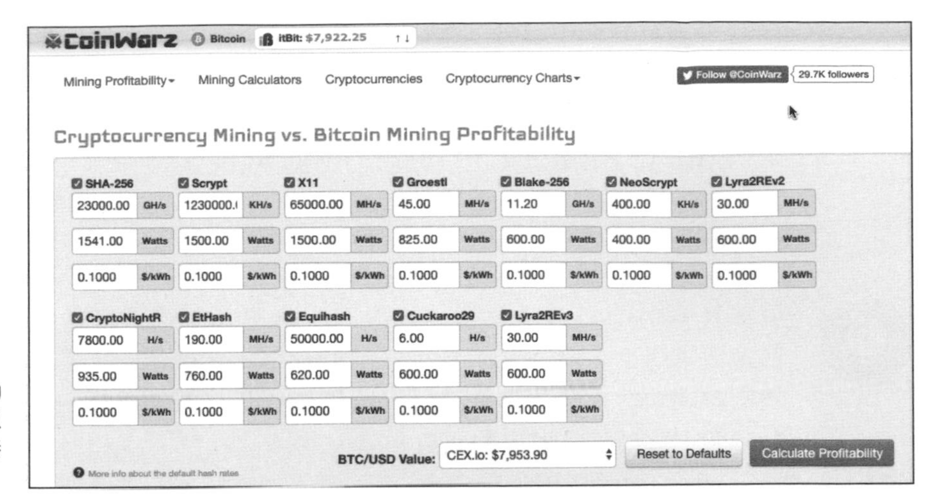

圖 8-3：CoinWarz.com 網頁上方可以輸入你的雜湊率數值。

第二個空格是**耗電瓦特數**，亦即你的設備將會使用的電量；第三個空格則是電力成本，以美元 / 千瓦時（$/kWh）為單位，「美元 / 千瓦時」解釋起來有點複雜，我們會在第 10 章討論。事實上，有些比較網站會直接提供常見設備的數據。舉例來說，在圖 8-4 中，你可以在 Crypto Coinz.net 上看到以顯卡型號顯示的相關算力計算器。

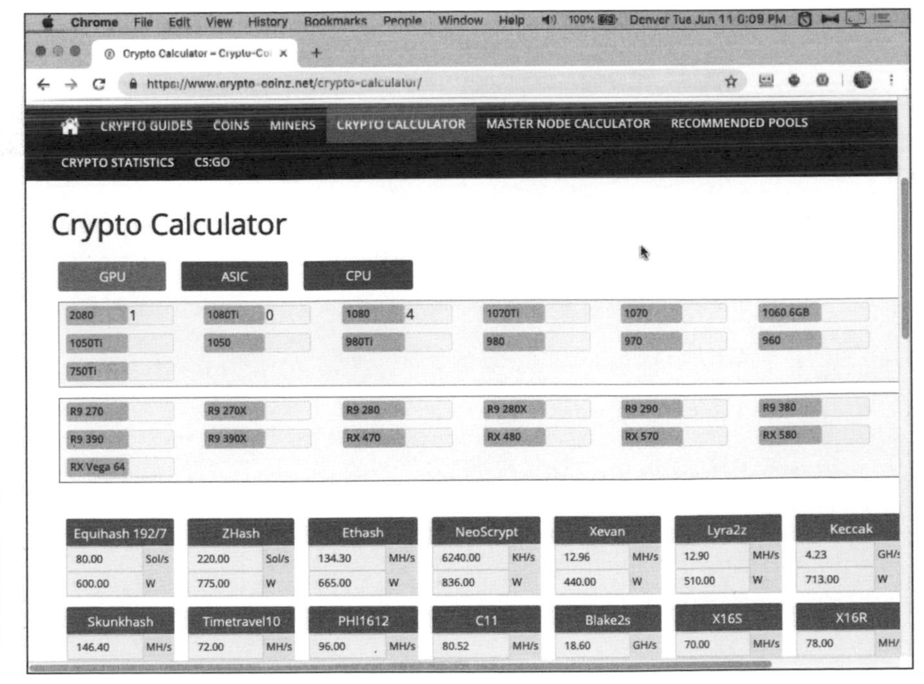

圖 8-4：Crypto-Coinz.net 為 GPU、CPU 和 ASIC 等處理器選項，提供各種算力訊息（出現在下方）。

我們可以看到圖中選取了 GPU 選項，所以中間區域顯示的就是加密貨幣挖礦領域，經常用到的顯卡（GPU）型號。這些都是功能強大的顯卡，而且可以自行妥善管理顯卡持續處理時的高熱量。上排列出的是 NVIDIA 顯卡型號；下排列出的則是 AMD 顯卡型號。你可以找到自己的顯卡型號，並在型號後方輸入共有幾張的數量，網站就會自動在下面的演算法空格中，出現相對應的算力數值。

TIP

這些比較網站的工作方式各有不同。我們強烈建議你多嘗試幾個網站，再選擇一、兩個自己真正喜歡的網站，然後花一、兩個小時弄清楚網站的功能。這些網站會以不同方式提供大量的訊息，因此請多花點時間了解如何掌握這些訊息。

演算法與加密貨幣

當你第一次使用這些網站時，上面的文字看起來可能像在聽外國人說話一樣（這就是為何我們建議你多花點時間在這些網站上瀏覽，熟悉挖礦業界的術語，並充分理解上面出現的各種數值），你需要一點時間來適應各種名詞對你來說都很新奇的挖礦領域。

雜湊率單位

一般來說，比特幣生態系統中的雜湊率以每秒兆次雜湊（TH/s，一兆次）為單位，但在某些情況下，你也可能看到其他單位，以下便是快速對照：

- **H/s**：每秒一次雜湊
- **MH/s**：Megahashes，每秒百萬次雜湊（millions，百萬：1,000,000）
- **GH/s**：Gigahashes，每秒十億次雜湊（billions，十億：1,000,000,000）
- **TH/s**：Terahashes，每秒一兆次雜湊（trillions，兆：1,000,000,000,000）
- **PH/s**：Petahashes，每秒千兆次雜湊（quadrillions，千兆：1,000,000,000,000,000）
- **EH/s**：Exahashes，每秒百京次雜湊（quintillions，百京：1,000,000,000,000,000,000）

舉例來說，在圖 8-3 中，你會看到 SHA-256、Scrypt、X11 等。這些是什麼呢？它們就是特定的工作量證明挖礦的演算法。每種演算法可能都會有一個或多個（通常是多個）使用該演算法的加密貨幣。下一小節將為各位列出在各種演算法下，可挖礦的加密貨幣幣種列表。

這個列表並不包含所有演算法；因為目前一定有更多演算法和更多可開採的加密貨幣陸續出現。不過你可以這樣想，如果它們並未出現在至少一個比較網站上，那這種演算法可能就不值得你關注。舉例來說，在本書撰寫時，許多其他演算法（X25、Keccak、SkunkHash、BLAKE2s、BLAKE256、X17、CNHeavy 和 EnergiHash 等）並未被這些網站認為值得列出的加密貨幣所採用。

關於列表的另一件事也請注意。在選擇需要使用 ASIC 相關計算的加密貨幣時，可能必須考慮的一件事。我們列出了五種需要用到 ASIC 的演算法，在每種演算法下面分別列出 7、13、8、7 和 4 種加密貨幣。也就是說，相同的 ASIC 礦機（同一種硬體設備），可以用同樣的 ASIC 設計，挖掘該種類下的加密貨幣。

所以如果你選擇挖掘 CannabisCoin，依據下面的列表說明，你需要一部 X11 演算法的專用 ASIC 礦機。但如果 CannabisCoin 冒煙了（請原諒我的雙關語。Cannabis 是大麻，冒煙 smoke 在加密貨幣界指灰飛煙滅消失之意），你還可以改挖 DASH、IDApay 或 Startcoin 等加密貨幣。而如果你是為 Scrypt 演算法購買了特定的 ASIC 礦機，當你開始挖掘某種 Scrypt 加密貨幣後，如果想改挖別的幣種，你將有 12 種替代的選擇。

需要專用 ASIC 的演算法

以下是可開採的加密貨幣及其使用演算法的列表。第一個是 SHA-256，也是最受歡迎的演算法，這是包括比特幣及其所有衍生幣種所使用的演算法（以下中文幣名依 CoinGecko 幣虎網站為參考）。

» **SHA-256 演算法：**

- Bitcoin（BTC，比特幣）
- Bitcoin Cash（BCH，比特現金）

- eMark（DEM）
- Litecoin Cash（LCC，萊特幣現金）
- Namecoin（NMC，域名幣）
- Peercoin（PPC，點點幣）
- Unobtanium（UNO，超導幣）

» **Scrypt 演算法：**

- Auroracoin（AUR，極光幣）
- DigiByte（DGB，極特幣）
- Dogecoin（DOGE，狗狗幣）
- Einsteinium（EMC2，鎄幣）
- FlorinCoin（FLO）
- GAME Credits（GAME，遊戲幣）
- Gulden（NLG）
- Held Coin（HDLC）
- Litecoin（LTC，萊特幣）
- Novacoin（NVC）
- Verge（XVG）
- Viacoin（VIA，維爾幣）

» **Equihash 演算法：**

- Aion（AION）
- Beam（BEAM）
- Bitcoin Private（BTCP）
- Commercium（CMM）
- Horizen（ZEN）
- Komodo（KMD，科莫多幣）
- VoteCoin（VOT）
- Zcash（ZEC，大零幣）

» **Lyra2v2 演算法：**

- Absolute Coin（ABS）
- Galactrum（ORE）
- Hanacoin（HANA）

- Methuselah（SAP）
- MonaCoin（MONA）
- Straks（STAK）
- Vertcoin（VTC，綠幣）

» **X11 演算法：**

- CannabisCoin（CANN）
- DASH（DASH，達世幣）
- IDApay（IDA）
- Petro（PTR，石油幣）
- Startcoin（START）

不需專用 ASIC 硬體挖礦的演算法

在沒有專門建構、特定應用的 ASIC 硬體情況下，仍可進行挖礦的演算法。

» **NeoScrypt 演算法：**

- Cerberus（CBS）
- Coin2Fly（CTF）
- Desire（DSR）
- Dinero（DIN）
- Feathercoin（FTC，羽毛幣）
- GoByte（GBX）
- Guncoin（GUN）
- Innova（INN）
- IQ.cash（IQ）
- LuckyBit（LUCKY）
- Mogwai（MOG）
- Phoenixcoin（PXC，鳳凰電子幣）
- Qbic（QBIC）
- Rapture（RAP）
- SecureTag（TAG）

- SimpleBank（SPLB）
- SunCoin（SUN）
- Traid（TRAID）
- TrezarCoin（TZC）
- UFO Coin（UFO）
- Vivo（VIVO）
- Zixx（XZX）

» Ethash 演算法：

- Akroma（AKA）
- Atheios（ATH）
- Callisto（CLO）
- DubaiCoin（DBIX）
- Ellaism（ELLA）
- Ether-1（ETHO）
- Ethereum（ETH，以太幣）
- Ethereum Classic（ETC，以太經典）
- Expanse（EXP）
- Metaverse（ETP）
- Musicoin（MUSIC）
- Nilu（NILU）
- Pirl（PIRL）
- Ubiq（UBQ）
- Victorium（VIC）
- WhaleCoin（WHL）

» X16R 演算法：

- BitCash（BITC）
- CrowdCoin（CRC）
- GINcoin（GIN）
- GPUnion（GUT）
- Gravium（GRV）
- HelpTheHomeless（HTH）

- Hilux（HLX）
- Motion（XMN）
- Ravencoin（RVN，烏鴉幣）
- StoneCoin（STONE）
- Xchange（XCG）

» Lyra2z 演算法：

- CriptoReal（CRS）
- Gentarium（GTM）
- Glyno（GLYNO）
- Infinex（IFX）
- Mano（MANO）
- Pyro（PYRO）
- Stim（STM）
- Taler（TLR）
- ZCore（ZCR）

» X16S 演算法：

- Pigeoncoin（PGN，鴿子幣）
- Rabbit（RABBIT，兔子幣）
- Reden（REDN）
- RESQ Chain（RESQ）

» Zhash 演算法：

- BitcoinZ（BTCZ）
- Bitcoin Gold（BTG，比特黃金）
- SnowGem（XSG）
- ZelCash（ZEL）

» CryptoNightR 演算法：

- Monero（XMR，門羅幣）
- Lethean（LTHN）
- Sumokoin（SUMO）

» **Xevan 演算法：**
- BitSend（BST）
- Elliotcoin（ELLI）
- Urals Coin（URALS）

» **PHI2 演算法：**
- Argoneium（AGM）
- Luxcoin（LUX）
- Spider（SPDR）

» **Equihash 192/7 演算法：**
- SafeCoin（SAFE）
- Zero（ZER）

» **Tribus 演算法：**
- BZL Coin（BZL）
- Scriv（SCRIV）

» **Timetravel10**：Bitcore（BTX）

» **PHI1612**：Folm（FLM）

» **C11**：Bithold（BHD）

» **HEX**：XDNA（XDNA）

» **ProgPoW**：Bitcoin Interest（BCI）

» **LBK3**：VERTICAL COIN（VTL）

» **VerusHash**：Verus（VRSC）

» **Ubqhash**：Ubiq（UBQ）

» **MTP**：Zcoin（XZC）

» **Groestl**：Groestlcoin（GRS）

» **CrypoNightSaber**：BitTube（TUBE）

» **CryptoNightHaven**：HavenProtocol（XHV）

» **CNReverseWaltz**：Graft（GRFT）

» **CryptoNight Conceal**：Conceal（CCX）

- **CryptoNight FastV2**：Masari（MSR）
- **CryptoNight Fast**：Electronero（ETNX）
- **Cuckatoo31**：Grin-CT31（GRIN）
- **Cuckatoo29**：Grin-CR29（GRI）
- **Cuckatoo29s**：Swap（XWP）
- **Cuckoo Cycle**：Aeternity（AE，阿姨幣）
- **BCD**：Bitcoin Diamond（BCD，比特幣鑽石）
- **YescryptR16**：Yenten（YTN）
- **YesCrypt**：Koto（KOTO）

加密貨幣訊息頁面

尋找特定加密貨幣訊息的另一個好地方，就是比較網站裡的該加密貨幣訊息頁面。我們在本章前面看到的比較網站上的貨幣列表，通常也可以連結到該幣的詳細訊息頁面。請見圖 8-1；如果點擊加密貨幣名稱，就會被帶到包含該加密貨幣其他內容的詳細訊息頁面。舉例來說，點擊 Callisto（CLO），就會看到如圖 8-5 所示的頁面。

此頁面包含加密貨幣的各種相關訊息，包括出塊時間（Block time，添加區塊的頻率）、區塊獎勵（Bl. reward）、難度級別（Difficulty）等統計訊息。甚至還列出了有挖掘這種特定貨幣的礦池（Mining Pools，必須將頁面往下捲動才能看到，請參閱第 7 章）。

CPU vs. GPU vs. APU vs. ASIC

你打算使用 CPU、GPU、APU（accelerated processing unit，整合型處理器）或 ASIC 來挖礦呢？首先要考慮的是，有些加密貨幣幾乎只能靠 ASIC（請參閱前面的列表）挖礦。雖然你可以使用其他方式進行挖礦，但並不太有意義，因為與專為該算法設計的 ASIC 相比，其他挖礦硬體的處理能力差太多了，你可能要花上一千年，才有機會獲得把區塊添加到區塊鏈的機會（不是開玩笑，實際差距就是這麼大）。

如前面列表所示，還有其他加密貨幣不需用到 ASIC 礦機；它們可以使用 CPU（也就是你電腦裡的處理器）、GPU（專為管理電腦圖形而設計的專用處理器，效能較前者強大），或是 APU（把 CPU 和 GPU 整合在同一塊晶片上）。

一般來説，雖然 CPU 可以挖礦，但不太可能作為效能出色的挖礦晶片。藉由這些比較網站，以及我們在本章後面所看到的挖礦計算器，都可以告訴你手上的 CPU、GPU 或 APU，是否有能力用來挖礦。各種晶片之間的處理能力範圍很廣；有些可能無效，有些則可行。你可以在第 9 章了解如何計算這些處理器的算力。

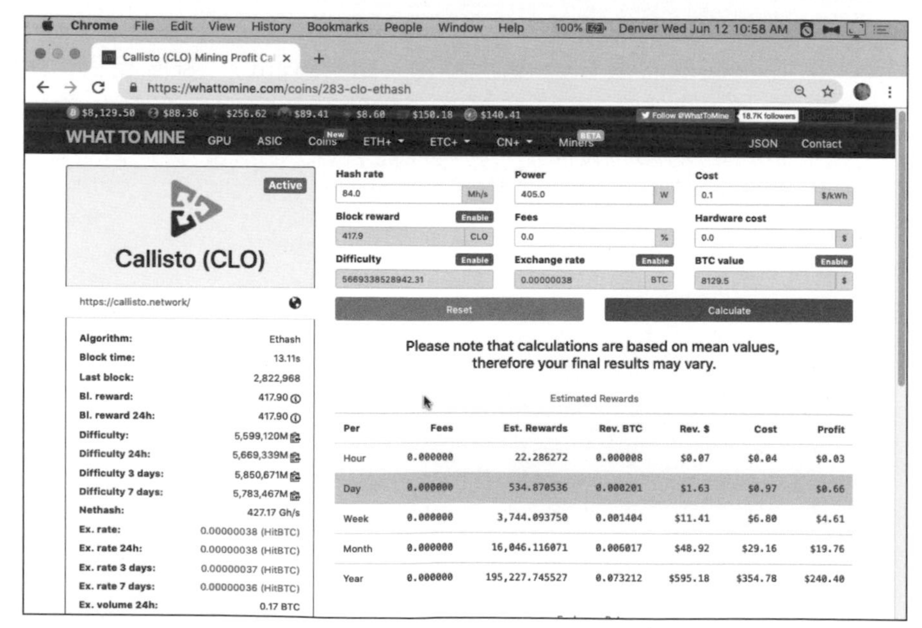

圖 8-5：WhatToMine.com 上的加密貨幣詳細訊息頁面。

挖礦收益計算器

若你想知道特定加密貨幣的潛在利潤有多少，就要用到挖礦收益計算器。挖礦比較網站通常會包含這類計算器，雖然其他網站可能也會提供單獨幣種的計算器，但就缺少了整體比較的工具（例如 `www.cryptocompare.com/mining/calculator/` 也提供了 Bitcoin、Ethereum、Monero、Zcash、DASH、Litecoin 的計算器比較）。

舉例來說，請見圖 8-5。你可以在頁面上方輸入硬體的算力、耗電成本以及你的電價，計算器便會計算出你一天一小時可以賺（或虧）多少錢，甚至一週、一個月或一年的獲利總和。

圖 8-6 顯示的是更簡化的計算器，這是來自 `www.cryptocompare.com/mining/calculator/btc` 網頁，顯示了挖掘比特幣的潛在收入和利潤。這個計算器甚至還能讓你輸入礦池費用（Pool Fee）百分比，加入透過礦池挖礦的成本（請參閱第 7 章）。從圖中的例子來看，即使計算結果看起來是賺錢的，事實上卻是一個失敗的挖礦範例（請參閱下面的文章「羨慕算力？最好的做法就是礦池挖礦」）。

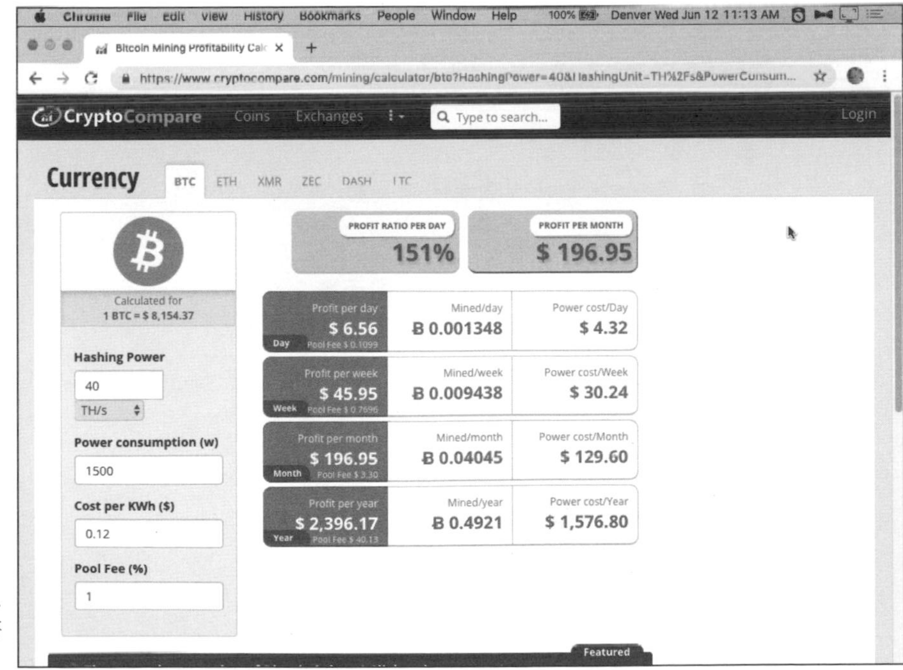

圖 8-6： CryptoCompare.com 上的比特幣計算器。

羨慕算力？最好的做法就是礦池挖礦

不論如何，你大概不會喜歡在這些計算器上所看到的內容。如果你的雜湊算力不夠大，這些計算器會含蓄的，或甚至明確地告訴你不要考慮個人挖礦，並引導你考慮進行礦池挖礦。例如在圖 8-6 中，在頁面左側填入你的雜湊算力後，計算器告知你平均每年將會挖到 0.4921 個比特幣（最後一列的中間空格）。由於目前區塊補貼是 12.5 個比特幣，因此當你無法獲得區塊補貼的話，就表示你一無所獲。把 12.5 個比特幣除以 0.4921 等於 25.4，這個數字告訴你，如果一切維持不變的話（但不可能不變），你的挖礦設備需要 25.4 年的時間，才能贏得向區塊鏈添加區塊的權利（挖到一個區塊）。而且這只是平均值，你的運氣可能有所不同，有可能花更少的時間，但也可能需要花上 30 年或更長時間，才能贏得挖到一個區塊，獲得完整的區塊補貼！（30 年後會有什麼變化呢？區塊補貼會隨著時間經過而越來越少，也可能會有更多雜湊算力進入網路）。換句話說，你根本不可能以 40 TH/s 的雜湊率來挖掘比特幣。所以，如果你想挖比特幣（請參閱第 7 章）或大幅提升你的比賽能力（也就是挖礦硬體設備，請參閱第 9 章），那就加入礦池挖礦吧。

有些計算器的訊息會更明確，例如 CoinWarz 比特幣挖礦計算器（`www.coinwarz.com/calculators/bitcoin-mining-calculator`），便會提供此類訊息（可能要往下捲動頁面才能看到）。

比特幣挖礦計算器彙整

個人挖礦添加一個區塊所需天數：9,271.5 天（因你的運氣不同可能會有很大差異）

個人挖礦獲得一個比特幣所需天數：741.72 天（因你的運氣不同可能會有很大差異）

損益平衡所需天數：不提供（根據當時匯率可能會有很大差異）

加密貨幣首頁

另一個可以查詢你感興趣的加密貨幣訊息的好地方，當然就是該加密貨幣的官網（不過你在官網看到的訊息，可能都會偏向對未來抱持樂觀態度的訊息）。這些官網很容易找到，在比較網站的加密貨幣詳情頁面裡（見圖 8-5），一般都會附上該加密貨幣官網的連結。其他加密新聞網站如 coinmarketcap.com，通常也可找到該加密貨幣的相關訊息。

由於在這些加密貨幣系統裡，通常都是為了去中心化而分散節點。這表示系統裡的大多數人並不會被任何一方控制。因此也可能會出現許多網站，都聲稱自己是該特定點對點加密貨幣的官網。不過在這些網站裡，通常會出現一、兩個網站，看起來就是比起其他網站更能有效證明自己的地位，例如它們會做大量研究並且小心行事等。

GitHub

可以挖礦的大多數加密貨幣，應該都有一個 GitHub 頁面。GitHub 是一個軟體開發平台和程式碼代管服務平台，許多開源軟體（Open Source Software，軟體開放原始碼可供修改）項目都會使用 GitHub。儘管加密貨幣在定義上並不算開源軟體，但實際上大部分都等於是開源軟體（事實上，可以挖礦的加密貨幣通常都屬於開源性質）。你可以在圖 8-7 中看到代表範例，也就是比特幣的 GitHub 頁面。

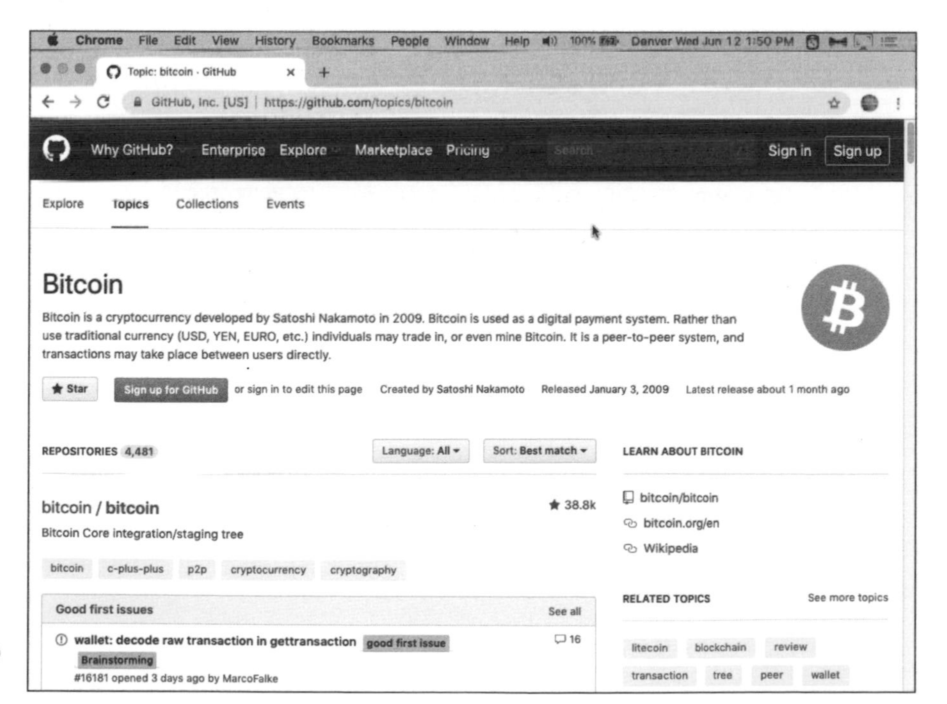

圖 8-7：比特幣的 GitHub 頁面。

如何找到某個加密貨幣的 GitHub 頁面呢？方法其實也一樣，在某個加密貨幣網站的詳細訊息頁面裡，很可能也包含了該貨幣的 GitHub 頁面鏈接（不過也可能沒有）。你應該可以在該貨幣的官網主頁中找到連結，當然也可以在 GitHub.com 網站裡，直接搜尋該加密貨幣名稱。

你可以在 GitHub 查看該加密貨幣的實際程式碼，以便了解其功能（當然你得有相關技術基礎才行），但你也可以在此了解該加密貨幣社群的活躍程度、參與人數、對程式碼進行修改的頻率等。若要深入了解 GitHub 所涉及的具體機制和複雜性，請參閱莎拉·古瑟斯（Sarah Guthals）和菲爾·哈克（Phil Haack）合著的《**小白也懂的** *GitHub*》（*GitHub For Dummies*）一書（John Wiley & Sons, Inc. 出版）。

加密貨幣的維基百科頁面

有許多（也許是大部分）加密貨幣都有維基百科（Wikipedia）頁面。這可能是查找加密貨幣一般背景資料的有用地點，而且通常比其他來源的訊息取得要方便得多。這些維基百科頁面通常會提供關於該加密貨幣的歷史、創始人和技術方面的訊息，以及與之相關的爭議等。可惜對許多更小、更不為人知的加密貨幣，就很難找到它們的維基網頁了。還有，這些加密貨幣訊息在維基百科上的詳細程度，從很零散到極為詳盡都有可能。

圖 8-8 的範例是 Dogecoin（狗狗幣）的維基百科頁面。請注意右側的訊息欄，裡面提供了重要訊息的摘要速覽。

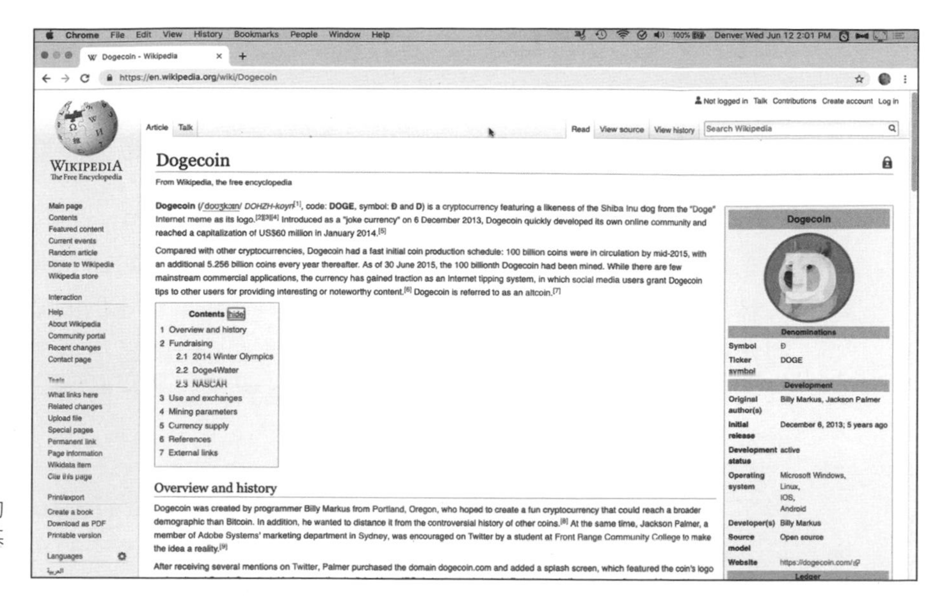

圖 8-8：Dogecoin（狗狗幣）的維基百科頁面。

挖礦論壇

最後，不要忘記加密貨幣挖礦論壇（forums），其中最重要的可能就是比特幣（BitcoinTalk.org）論壇。你可以在這裡找到許多論壇主題，這些主題多半都是不同的比特幣問題，或是加密貨幣的相關問題。論壇裡分成關於比特幣挖礦區（Bitcoin Mining section），山寨幣區（Alternative Cryptocurrencies section，討論其他加密貨幣），還有一個挖礦子區（Mining subsection）。山寨幣區挖礦區就有超過 3,000 個主題，80 萬多篇貼文。因此這裡絕對有海量的挖礦訊息有待消化。

深入了解

當你知道如何針對這些加密貨幣系統查找訊息後（如果可以找到的話，因為在許多情況下，可能很難找到某種加密貨幣的相關訊息），你可能還要進一步考量其他幾個因素。

加密貨幣的壽命

選擇適合的加密貨幣時，最重要的一點就是必須確保它會在你選擇挖礦的時期，以及你計畫使用該加密貨幣儲存挖礦獎勵的時期內，安然「存在」並「可用」。

能夠經歷時間考驗的加密貨幣系統，更有可能繼續如此。有一種稱為「**林迪效應**」（*Lindy Effect*）的理論指出，某些事物（例如某種技術）的預期壽命，會隨著經歷時間的成長而增加，也就是活得久的技術可以活得更久（當然生物正好相反；一旦達到一定的年齡時，預期壽命就會下降）。

對了，這個理論是以紐約的一家熱食店命名的，當時有一群喜劇演員，每晚都會聚集在這裡討論工作。無論如何，這個理論在說明一種想法或技術（非生物系統）的預期壽命，與其目前延續的年齡有關。每增加一段存在的持續時間，這個想法或技術就更可能繼續存在。類似比特幣或其他類似加密貨幣之類的開源系統，不斷被程式開發人員和軟體愛好者升級與改進。系統中的每一個**錯誤**程式碼，只要被發現並迅速「**修補**」（*patched*，軟體術語中的修理之意），就會使系統變得更堅實，更不容易出錯。比特幣或類似的加密貨幣等開源軟體系統，可以被認為是「**反脆弱**」（*antifragile*，越挫越堅強）的。每個被發現並修復的缺陷，都會形成更強大和更不脆弱的技術。

REMEMBER

最重要的是為自己的特定風險狀況，選擇一種具有足夠的「感知壽命、持久週期和耐受力」的加密貨幣來進行挖礦。

讓我們用一個問題來總結一下：哪一種加密貨幣存活的時間可能會更長？一、比特幣，可以追溯到 2009 年 1 月，或是二、某新幣（假設），這是一種昨天下午才對世界發布的新加密貨幣？**比特幣當然會是更好的選擇**（*Bitcoin be a better bet*），請原諒我這句話押了頭韻。世界上有幾千種加密貨幣；而且大多數都是垃圾貨幣，不可能生存下來。一個新加密貨幣，很可能只是垃圾堆上多一個垃圾幣而已。

從另一方面看，有些表面上穩定、持久的系統也可能掛掉。舉例來說，誰還記得 DEC、WordPerfect 或 VisiCalc ？（我敢打賭，許多讀者甚至不知道這些名詞是什麼意思！）當然也有新系統瞬間出現，擊敗成熟競爭對手的情況（Google 對吧？ Facebook 呢？）。

不過，如果我們繼續以科技公司為例，那麼大多數的新來者可能都失敗了。舉例來說，1990 年代網際網路泡沫中的大多數網路創業公司都倒閉了。類比之下，大多數不起眼的加密貨幣也可能失敗。因此，一般而言，比特幣、萊特幣或以太幣等長期存在的加密貨幣，比起今天剛進入加密貨幣市場的某新幣來說，絕對是更好的選擇。

要如何知道加密貨幣已經存在了多久的時間？其實很簡單，只要檢查該貨幣官網、維基百科條目（如果有的話）、以及 GitHub 的軟體提交和發布歷史紀錄即可。

雜湊率和加密貨幣安全性

選擇開採何種加密貨幣的另一個重要因素，就是選擇安全的區塊鏈來挖礦。你當然不會想把自己的雞蛋（挖礦資源），放在一個有洞的籃子（區塊鏈）裡，這種籃子絕對無法支撐你珍貴貨物的重量（價值）。

同樣的想法也適用於加密貨幣系統，就意義上來說，它的安全性是相對的。由較低算力驅動工作量證明的加密貨幣，一定不如其他執行較複雜工作量證明的加密貨幣安全，因為前者更容易受到駭客攻擊或操縱。讓該加密貨幣的生存面臨風險，也就是讓你在該區塊鏈中的資金面臨風險。

TIP

哪裡可以找到網路使用的雜湊算力比較？ BitInfoCharts.com（比特幣訊息圖表網站）就是查詢這類訊息的好地方，因為它可以讓我們選擇加密貨幣來相互比較。該網站也為各種加密貨幣提供了大量不同的加密貨幣指標，範圍從定價圖表到市值，一直到最富有（擁有最多比特幣）的區塊鏈地址列表都有。

如圖 8-9 所示，你可以選擇一堆加密貨幣，然後建立一個表格來比較它們的雜湊率；請參閱 `https://bitinfocharts.com/compare/bitcoin-hashrate.html`。也可以從本章前面看過的比較網站中，查詢單一幣種的雜湊率。

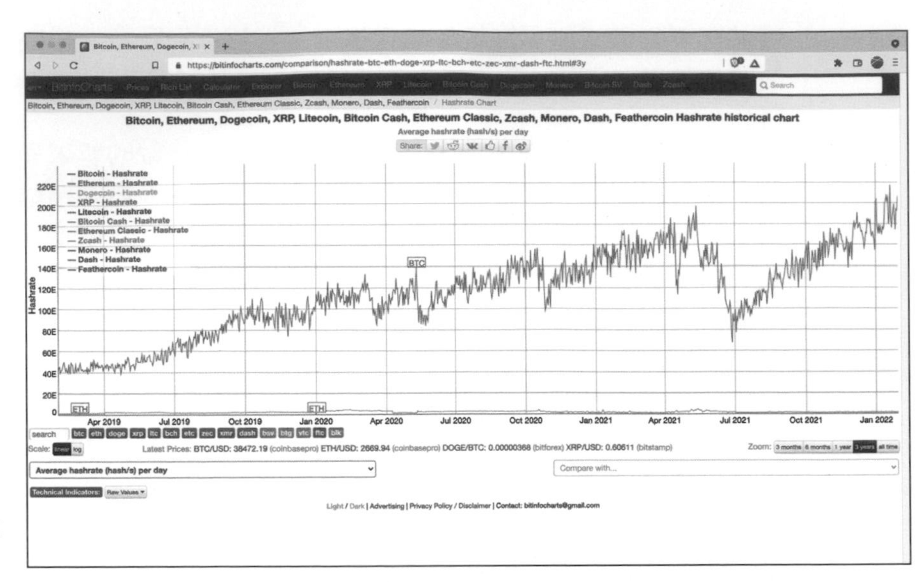

圖 8-9：BitInfoCharts.com 的各幣種雜湊率比較。

事實上，你幾乎可以在各種相關網站上，找到某個幣種的雜湊率。舉例來說，你可以在 `www.blockchain.com/explorer` 找到比特幣、以太幣和比特幣現金的雜湊率。礦池的挖礦服務，也會提供他們所挖的加密貨幣專屬的雜湊率統計資料。Coin Dance 等統計網站，也提供了一些雜湊率統計數據（請參閱 `https://coin.dance/blocks/hashrate`）。

社群支持

在選擇適合自己的加密貨幣時，另一項必須考慮的因素就是社群支持。加密貨幣系統的網路效應非常重要，區塊鏈是否有被廣泛採納運用，也是決定挖礦前必須考慮的關鍵指標。例如是否有很多人參與管理和開發該加密貨幣？（參與人數很少的加密貨幣，很可能並不穩定）。是否有很多人使用該加密貨幣？換句話說，該加密貨幣是否有很多交易正在進行，或者人們是否會用它來進行購買行為？

梅特卡夫定律

從概念上來看，梅特卡夫定律（Metcalfe's Law）可以應用於任何網路，例如電子郵件網路或電話系統網路，當然也可應用在像比特幣這樣的加密貨幣網路。其意義在於：如果只有兩個用戶（節點）在電話或電子郵件系統上，則該網路並沒有太大價值，但如果有四個用戶的話，則價值（以及可能產生的網路連接）便會呈指數級增長。如果系統有 12 個用戶時，那麼連結的可能性將會大幅增加，因此網路價值會更高（見圖）。

同樣的邏輯也適用於加密貨幣網路；每個額外的用戶都會大幅增加指數級成長的潛在連結數量。如果你所選擇挖礦的加密貨幣系統並沒有大量用戶群時，按照這個理論來看，就可能沒有足夠連結來為該網路提供長期挖礦價值。

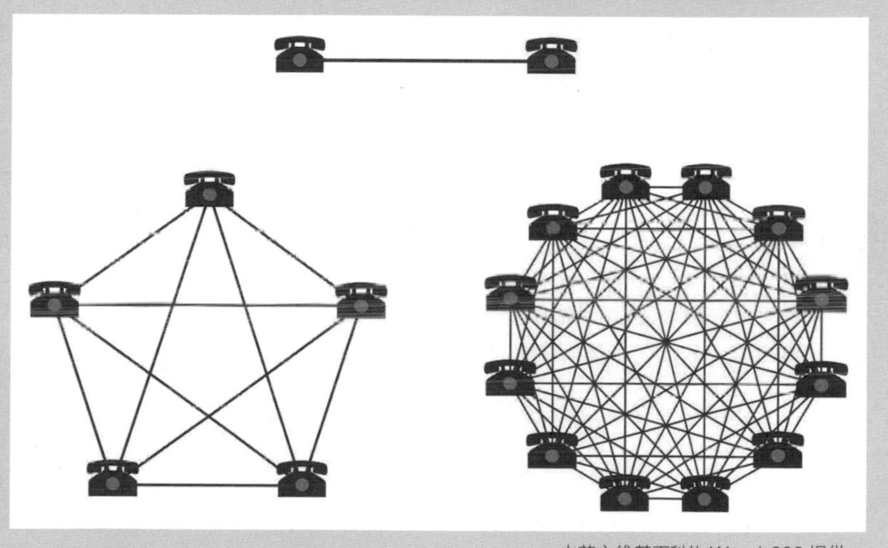

由英文維基百科的 *Woody993* 提供。

我們經常會使用稱為「**梅特卡夫定律**」（*Metcalfe's Law*）的概念，來解釋網路效應的形成。這個由以太網路的發明者之一羅伯特・梅特卡夫（Robert Metcalfe）所提出的想法指出：通信系統所能創造的價值，與該特定系統用戶數量的平方成正比。也就是說，該系統上的用戶越多，其網路就越有用，也就越有價值。

除了網路價值之外，社群支持在其他方面也很重要。例如我們也可以透過是否有許多程式開發人員，積極為加密貨幣程式碼庫做出貢獻來衡量。一個健康、強大的加密貨幣，會有許多個人和實體加入檢查、審計以強化系統的程式代碼。

開發人員的支持，對於加密貨幣系統的壽命和穩健性相當重要。請注意，一般由公司或財團創建和發布的許多加密貨幣系統，其程式代碼並非開源，也無法挖礦。而且在公司以外，並沒有大量程式代碼審查人員來檢視和修改他們的「高牆花園」(walled-garden，通常指有寡占性的封閉平台)系統。

不過我們要如何衡量社群支持的程度呢？加密貨幣的 GitHub 頁面就是很好的起點；你可以確切地看到開發過程的活躍程度及參與人數。該加密貨幣的官方網站，也可以讓你了解相關的活動程度，如果該網站有討論群組則更好。`www.coindesk.com/data` 是另一個可以比較不同加密貨幣網路支持度的有用工具，它顯示了排名比較前面的加密貨幣的各種排名，例如社群、市場和開發人員等各種比較。

請了解「去中心化」是件好事

一般來說，去中心化程度更高的加密貨幣，通常會比中心化程度更高、分布程度更低的加密貨幣更為穩定，也更可能存活下去(也就是有足夠的時間，讓你來得及從挖礦中獲利)。

在加密貨幣領域裡，「**去中心化**」似乎是個絕對性的詞語：亦即一個加密貨幣系統若非去中心化，就是中心化的。然而事實並非如此，去中心化應該被視為一個頻譜範圍(見圖 8-10)，加密貨幣系統的許多不同方面，會隸屬於去中心化頻譜的不同部分。

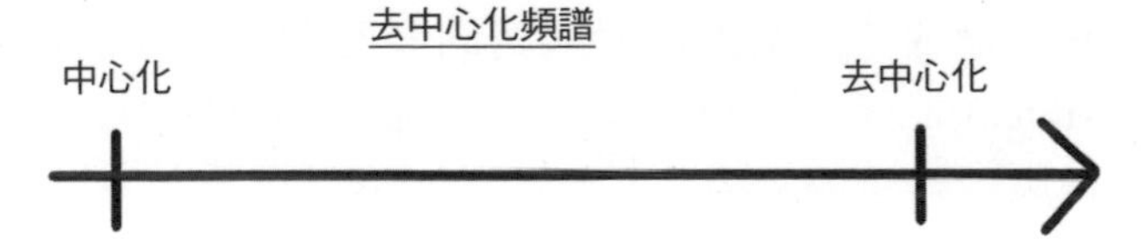

圖 8-10：
去中心化的頻譜範圍。

基於區塊鏈的去中心化點對點系統的主要觀點在於：任何用戶都可以啟動一個節點，並成為網路中的平等參與者。以下是一些關於去中心化程度的其他考量因素，你可以將它們套用在去中心化頻譜上，對你想挖掘的加密貨幣進行排名。

- **初始代幣分配和發行**：具有預定發行時間表的工作量證明加密貨幣，其初始代幣的分配，可以想成是該加密貨幣發行的相當比例，已經被預先開採並分配給少數的內部人士。與更公平且更分散的代幣分配模型（例如比特幣）相比，預先開採的加密貨幣會更接近頻譜的「中心化」這一端。如果我們比較一下比特幣，圖 8-11 便是比特幣網路代幣的詳細「發行時間表」，圖中顯示的是在 **https://bashco.github.io/Bitcoin_Monetary_Inflation/** 上動態創建的互動式圖表（可沿線條移動游標，對照查看確實的數字）。圖表中階梯式下降的線條，代表每 210,000 個區塊或大約每四年，區塊補貼減半；向上的曲線則代表隨時間經過而流通的比特幣數量。若要研究其他加密貨幣的情況，可以到各個比較網站，觀察所選加密貨幣的發行頻率。
- **節點數**：節點就像是區塊鏈系統有效交易資料和區塊訊息的「守門員」。系統上運行的活躍節點越多，加密貨幣就越去中心化。很不幸的是，這也是更為棘手的問題。因為對於大多數加密貨幣來說，找到精確的節點訊息可能非常困難。
- **網路雜湊率**：加密貨幣在礦工之間的網路雜湊率分布情形，也是工作量證明加密貨幣最重要的去中心化衡量標準之一。如果只有少數公司、個人或組織（例如礦池）在對區塊鏈進行雜湊而創建區塊，則該加密貨幣相對來說一定比較中心化（可參閱前面提過的「雜湊率和加密貨幣安全性」一節）。
- **節點客戶端軟體**：許多主要加密貨幣都有多種版本的客戶端或節點軟體。舉例來說，比特幣就有 Bitcoin Core、BitCore、BCOIN、Bitcoin Knots、BTCD、Libbitcoin 等多種節點軟體。以太坊也有 geth、parity、pyethapp、ewasm、exthereum 等。客戶端軟體版本較少的加密貨幣，通常會被認為比軟體種類較多的加密貨幣，更趨向中心化。你應該可以在加密貨幣的 GitHub 頁面或該加密貨幣官網上，找到這類軟體版本訊息。例如 **https://luke.dashjr.org/programs/bitcoin/files/charts/branches.html** 可以看到，關於比特幣網路上客戶端版本的有趣圖表。

» **社群共識**：加密貨幣的網路用戶和參與該加密貨幣者的「社交網路」，對於加密貨幣在中心化的頻譜位置來說也相當重要。當你的用戶群越大，對系統的技術意見也越趨多樣化。由這些系統主要參與者所推動的軟體和硬體變化，也會變得更穩固。如果加密貨幣的社群共識，只存在一小群超級用戶或基金會之類的聲音，該加密貨幣勢必更偏向中心化。當越多控制權掌握在少數人手中時，系統便更可能經歷規則上的劇烈變化。我們可以拿體育賽事來類比；例如在比賽中途，裁判（用戶和節點）並不會隨意改變規則（共識機制）。除此之外，加密貨幣區塊鏈中「活躍地址」的數量，也可以作為一個很好的指標，用來看出其社群共識和網路效應如何。「活躍地址」的數量，指的就是具有一定餘額的不同區塊鏈地址數量。雖然這個指標並不能算是完美的指標，因為單一用戶可以擁有多個地址，而且有時許多用戶的餘額會與同一個地址相關聯（例如把所有客戶的代幣，儲存在同一個地址中的交易所或託管服務）。然而這種活躍地址指標，仍然可以作為比較加密貨幣中心化與否的有用指標。因為更多的活躍地址，通常代表有更多的活動，以及更多參與的人。我們可以在 https://coinmetrics.io/charts/ 找到一個查詢加密貨幣活躍地址數量的有用工具；在該工具左側的下拉列表框中選擇「活躍地址」（Active Addresses），然後使用圖表底部的選項按鈕，選擇想要比較的加密貨幣（見圖 8-12）即可。如果是較小的加密貨幣，這種訊息可能難以找到，但如果直接看該加密貨幣的區塊鏈資料，應該可以取得這些訊息。

» **實體節點分布**：節點數量對加密貨幣相當重要，但這些節點盡量不要位於同一地理區域，或都在同一託管伺服器上，也是相當重要的一件事。有些加密貨幣的大部分節點，都是託管在提供區塊鏈基礎設施的第三方雲服務上，例如 Amazon Web Services、Infura（它也使用 Amazon Web Services）、DigitalOcean、Microsoft Azure 或阿里雲等託管。這種節點集中化的系統，很可能面臨被受信任第三方攻擊的風險。也就是說，這類系統比具有大量節點且地理分布廣泛的純點對點網路來說，一定更加中心化。你可以在 https://bitnodes.earn.com/ 找到比特幣網路節點「地理分布」圖。同樣對於較小的加密貨幣而言，這種訊息一定更難找到。

» **軟體程式碼貢獻者**：讓客戶端軟體可以使用的眾多程式碼貢獻者，以及審查這些程式碼的人員，對加密貨幣的去中心化都相當重要。程式碼編寫人員的數量越多，便可認為該加密貨幣的系統越分散，也更為去中心化。這是因為貢獻者和審查者較少的話，程式碼中的錯誤可能就更多，也更可能被刻意操縱。只要審查者和編碼人員數量增加，程式碼錯誤和開發人員的瀆職行為，就更容易被發現。你可以透過瀏覽他們的 GitHub 頁面，判斷各種加密貨幣程式碼儲存庫上的開發人員數量和活動。例如比特幣的核心儲存庫開發者，便可在 `https://github.com/bitcoin/bitcoin/graphs/contributors` 找到詳細訊息。從數據上看，以太坊平均每個月有超過 200 個活躍的程式碼儲存庫開發者，而比特幣網路平均不到 100 個。不過對於大多數其他加密貨幣網路，這個數字要低得多。在本書撰寫時，每個月大約有 8,000 名開發人員，正在開發幾千個不同的加密貨幣項目。

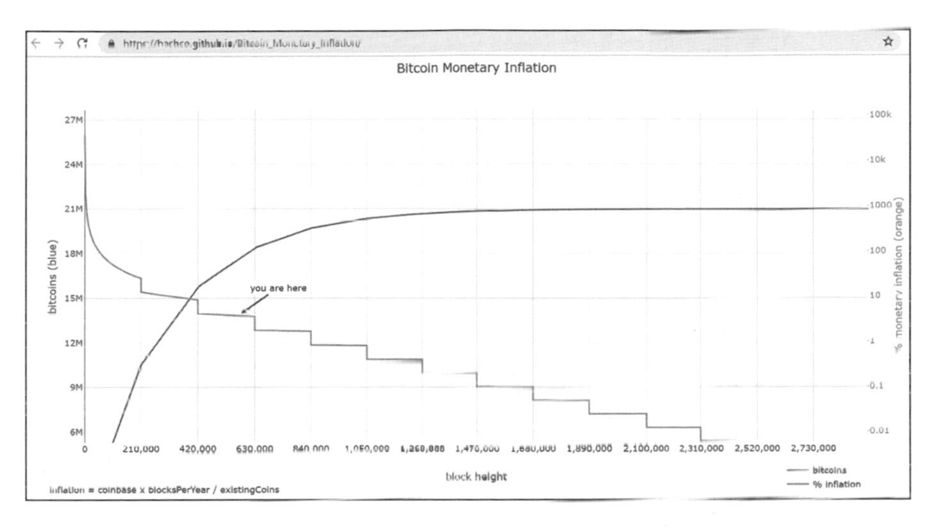

圖 8-11：來自 GitHub 的圖表顯示比特幣的代幣發行時間表和通貨膨脹率，目前已經成為大多數工作量證明代幣分發計畫的模型。

圖 8-12：Coinmetrics.io 比較了不同加密貨幣之間的活躍地址數量（該網站也提供了更多的其他統計數據）。

請了解這是一種環環相扣的過程

選擇想要開採的加密貨幣，完全是一種環環相扣的重複過程，必須綜合我們在本章介紹的所有因素、你所能取得的硬體（請參閱第 9 章）和挖礦的經濟條件（請參閱第 10 章）等。經濟條件一定會影響到你能否買得起某些挖礦硬體，而買得起什麼硬體則會影響你選擇挖掘何種加密貨幣。如果你還沒有決定選擇哪一種加密貨幣，我們建議你先讀完第 8 章和第 9 章，了解這些因素如何組合在一起，一直到你完全了解後再做決定。

本章內容

» 選擇正確的挖礦硬體

» 尋找可行的挖礦地點

» 選擇錢包以儲存開採出來的加密貨幣

» 尋找其他挖礦資源

Chapter 9 備妥你的挖礦設備

挖掘加密貨幣非常容易；挖礦硬體自己會完成大部分繁重的工作，你只要坐著看自己的貨幣堆積即可。選擇合適的礦機、購買設備和設置一些必要設備，才是最困難的部分。也就是說，選對正確的加密貨幣、為特定區塊鏈選擇正確的硬體，並選擇合適的挖礦地點來部署這些挖礦設備，都是挖礦前必須完成的初期步驟，這些步驟對於你的收益和短期、長期的成功而言都相當重要。

我們在第 8 章討論了如何選擇加密貨幣。在本章中，我們將深入探討選擇挖礦硬體時，必須考慮的因素（第 10 章還有更多挖礦硬體的相關訊息）。

選擇正確的計算用挖礦硬體

你可以使用任何計算設備（CPU、GPU、ASIC……）來挖掘任何加密貨幣，但如果遇到 ASIC 可用的特定加密貨幣演算法時，如果你還使用 CPU 或 GPU 來挖礦，就會讓你處於極大的劣勢。也許就是因為劣勢如此明顯，以致於如果沒有用上最新 ASIC 的話，該加密貨幣的任何挖礦都會變得毫無意義。

你所需要的硬體會因區塊鏈的不同，以及其特定的雜湊演算法的不同而有所差異。舉例來說，比特幣挖礦所需的 ASIC 硬體執行的是 SHA-256 算法。如果使用 CPU 或 GPU 來挖礦簡直毫無意義；算力的差距實在太大了。而以太坊使用的 Ethash 演算法雖然也有 Ethash ASIC 可用，但仍有許多礦工使用 GPU 顯卡來挖礦並獲利。Scrypt 演算法的 ASIC 挖礦設備，也可以用來挖掘萊特幣或狗狗幣，而達世幣和石油幣等加密貨幣的 ASIC，使用的則是 X11 演算法（正如我們在第 8 章所說，任何想要維護自由的美國人都應避開石油幣。此外，各種加密貨幣及其演算法的列表，請參閱第 8 章）。

然而，對於像門羅幣這樣的加密貨幣，你可以使用任何具有正常執行能力的 CPU 和 GPU 等現成電腦設備（也就是幾乎任何電腦），便能有效挖礦。

REMEMBER

別忘記還有礦池挖礦服務（例如 NiceHash、Cudo Miner 和 Kryptex 等礦池），它們會讓你使用他們的專用軟體，把你的現有電腦設備提供給礦池，挖掘他們所選擇的加密貨幣，然後以更穩定的獎勵（例如比特幣），感謝你在加密貨幣挖礦中的貢獻。這些礦池服務可能是測試挖礦的最簡便方法，你可以使用現有的硬體設備來試挖，因為在你辦公桌上的這些硬體設備，很可能大部分時間都處於閒置狀態。對於那些想在購買更昂貴設備之前，先試一下水溫的人，我們強烈建議你使用礦池挖礦服務（請參閱第 7 章）。

如果你想在挖礦事業上更進一步，甚至也可以考慮購買專門的挖礦設備。這些設備當然可以用於礦池挖礦，但也可能用來個人挖礦，所以你可以把設備等級高低的因素納入考量。

額定算力

選擇挖礦硬體時，最重要的便是該設備所提供的雜湊率。通常，提供挖礦硬體 ASIC 的公司，一定會提供挖礦設備平均輸出的雜湊率保證數值。實際運行時可能會多一點或少一點，但在時間拉長之後，礦機應能達到此保證值。

對於比特幣的 SHA-256 挖礦硬體（也就是最先進和最高效能的設備）而言，其雜湊率通常以 TH/s（每秒兆次雜湊）為單位。圖 9-1 所顯示的是從 2017 年到 2022 年，曾經發布過的一些效能強大的比特幣 SHA-256 演算法 ASIC 礦機的雜湊率比較。如你所見，這些設備差異懸殊，從大約 1 TH/s 到大約 140 TH/s 都有。

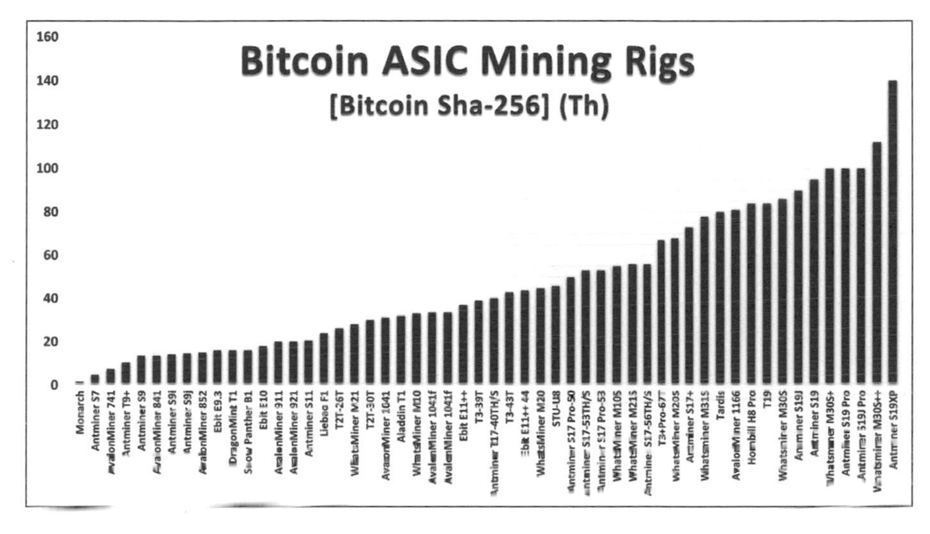

圖 9-1： 2017 年至 2022 年間，比特幣網路上部署的最高雜湊率 SHA-256 挖礦設備比較圖。

過去幾年裡，許多製造商都加入了這場比特幣礦機生產遊戲，因而加劇該領域的競爭，引發了一場 ASIC 礦機的軍備競賽。在過去幾年裡，這個領域在供應商的多樣性和雜湊率能力方面，出現了巨幅成長。

TIP

想要在比特幣或其他加密貨幣挖礦領域保持競爭力，就必須使用最新最好的硬體設備。大多數工作量證明區塊鏈，都可以看到為其演算法所開發的 ASIC 礦機。對這些區塊鏈來說，其實可以算是好事（儘管常有抱怨），因為它為區塊鏈提供了更高的安全性，而且大幅提升了攻擊區塊鏈所需的資源難度，降低區塊鏈被攻擊的可能性。請記住，工作量證明的全部意義在於讓尋找區塊變得困難，這樣區塊鏈就不容易被攻擊。

然而，ASIC 礦機在首次發布時具有一定的風險，因為剛出來的硬體可能一下子就會過時了，也就是被更新、更高效的產品立刻取代。所以你很可能會認為，為了保持挖礦上的領先地位，你應該經常添購最新礦機，甚至在這些硬體設備準備發表之前就先預訂。

然而這種策略也有風險。有些非法製造商銷售的礦機，交貨時間過長，因此其號稱的收益與礦機交付後實際獲得的收益並不相符。因為當你等待礦機交付時，區塊鏈的出塊難度和雜湊率都會增加，尤其在早期 ASIC 開發期間更是如此。一旦等待的時間過長，太晚投入的 ASIC 礦機競爭力當然就越小。

雖然非法 ASIC 礦機的銷售，已經不再像過去那麼嚴重（至少對於大多數成熟的工作量證明區塊鏈而言），因為製造商的多元化以及 ASIC 礦機日漸成熟，ASIC 的效率提升越來越難實現。然而，對於尚未開發 ASIC 專用硬體的新演算法來說，購買太早的硬體版本，仍可能存在重大風險。

特定的耗電量

由於 ASIC 比你的一般 CPU 或 GPU 強大得多，因此它們能有更快的雜湊率（畢竟這就是購買它們的重點）。然而，天下沒有免費的午餐。ASIC 也需耗費可觀的電力。每台 ASIC 礦機都有其額定功耗。也就是說，在購買礦機之前，你應該先檢查設備規格，了解它開始挖礦時將消耗多少功率。

功率通常是以國際單位制計量，亦即使用「**瓦特**」（*watts*，台灣簡稱瓦），能耗是以瓦特小時（Wh）來計量。老式的白熾燈泡通常消耗大約 20 到 100 瓦（如果你還在購買白熾燈泡的話，通常可能會購買 60、75 或 100 瓦的燈泡），目前普遍使用的 LED 燈泡，可以輸出相同亮度的光，但卻只消耗 4 到 15 瓦。假設你有一個 15 瓦的燈泡，開啟了一個小時；便是使用了 15Wh，亦即 15 瓦時的電。這會花你多少錢呢？實際上要取決於你的地點。舉例來說，如果你的用電地點在丹佛市（Denver），一瓦特小時約為 0.01 美分，因此一個 15W 燈泡打開一小時（消耗 15Wh）的成本約為 0.15 美分；100 小時不關的話，大約花掉 15 美分。

內建 CPU 和 GPU 的一般桌上型電腦，可能會消耗 400 到 1,200 瓦（依配備不同而定，例如最新的 Mac Pro 主機大約使用 900 瓦）。筆記型電腦通常使用較少的功率，舉例來說，另一位作者 Peter Kent 的 MacBook Pro 筆電，用的是 85W 的電源供應器。

目前用在比特幣網路上的最先進的 ASIC，其功耗大約在 1,000 到 6,000 瓦之間（1.0 到 6.0 kW，kW 就是 1,000 瓦，也就是「千瓦」，一千瓦用一小時就是 1 kWH，也就是我們所說的一度電）。圖 9-2 為目前網路上使用的一些比特幣 SHA-256 演算法專用 ASIC 礦機的用電功耗比較。

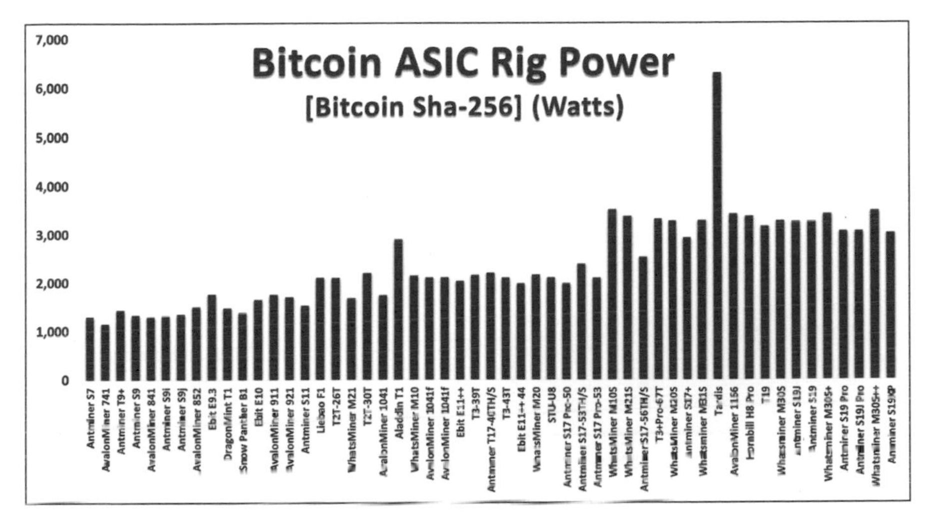

圖 9-2：用於比特幣 SHA-256 雜湊演算法的一系列 ASIC 礦機功耗。

你所在當地的電費如何計算呢？請檢查你的電費單，找一下最近寄來的紙質帳單，或登入你的電力公司網站通常也可以查詢。你可能會看到實際的帳單，也可能會看到帳目摘要。圖 9-3 顯示了美國常見的帳單用電量範例。

請注意，電費通常是按千瓦時（度）而非瓦時計費。圖 9-3 顯示了這家公司的用電基本費率為每千瓦時 0.05461 美元（圖中有兩個不同時間分段 —— 非夏季電費和夏季 1 級電費，只是此地的兩種時間分段費率相同）。然後，電力公司還會針對各種特殊費用，收取額外費率：**交易成本調整**（*Trans Cost Adj*）、**電力商品調整**（*Elec Commodity Adj*）……等，不管這些東西是什麼名目（我們真的不想搞懂），應該都只是將不同的費率相加：0.05461 美元、0.00203 美元、0.03081 美元、0.00159 美元、0.00401 美元和 0.00301 美元。計算出來的千瓦時（度）費用為 0.09606 美元。也就是說，該公司的電費是每千瓦時消耗電量 9.606 美分（亦即一度電費約為新台幣 3 元）。

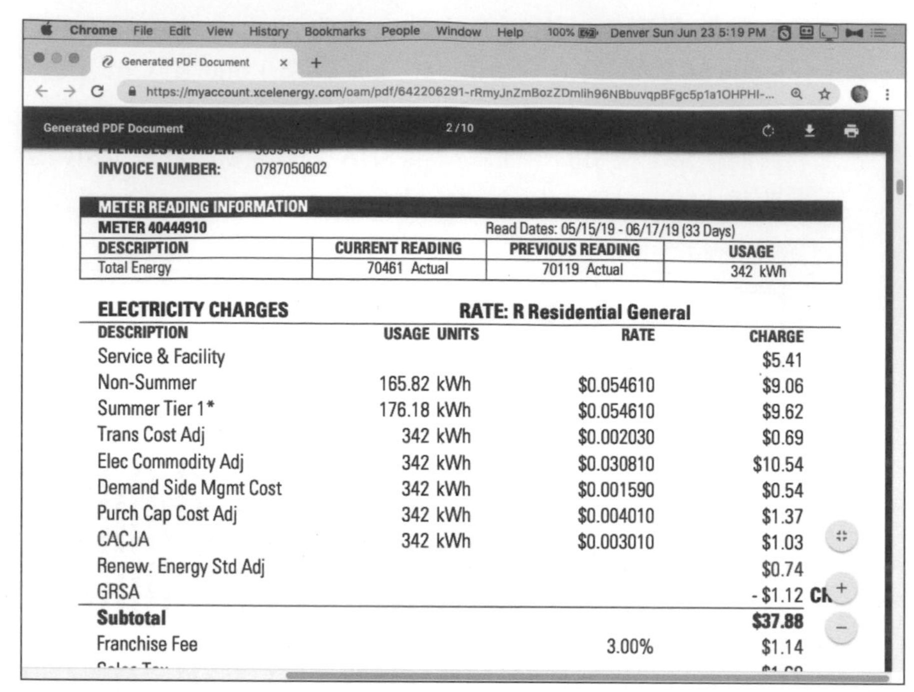

INVOICE NUMBER: 0787050602

METER READING INFORMATION			
METER 40444910	Read Dates: 05/15/19 - 06/17/19 (33 Days)		
DESCRIPTION	CURRENT READING	PREVIOUS READING	USAGE
Total Energy	70461 Actual	70119 Actual	342 kWh

ELECTRICITY CHARGES　　RATE: R Residential General

DESCRIPTION	USAGE UNITS	RATE	CHARGE
Service & Facility			$5.41
Non-Summer	165.82 kWh	$0.054610	$9.06
Summer Tier 1*	176.18 kWh	$0.054610	$9.62
Trans Cost Adj	342 kWh	$0.002030	$0.69
Elec Commodity Adj	342 kWh	$0.030810	$10.54
Demand Side Mgmt Cost	342 kWh	$0.001590	$0.54
Purch Cap Cost Adj	342 kWh	$0.004010	$1.37
CACJA	342 kWh	$0.003010	$1.03
Renew. Energy Std Adj			$0.74
GRSA			- $1.12 CR
Subtotal			**$37.88**
Franchise Fee		3.00%	$1.14

圖 9-3：你可以從電費帳單找到自己的每度電費是多少。

在考慮購買挖礦設備時，挖礦硬體的功耗輸入（所需電力）和雜湊率輸出（產出算力），都是相當重要的考量因素。把這兩個指標結合起來會更有用，因為我們關心的是花多少錢獲得多少雜湊值。如果 ASIC 礦機幾乎無法輸出可用算力的話，那麼就算完全不耗電又有什麼好處？或是換個角度，可以輸出大量算力的 ASIC 礦機，但單位算力的電力成本是其他礦機的兩倍呢？因此，最重要的考量就是我們需要為特定的算力輸出，支付多少能量的費用。我們關心的是「**效能**」（我們現在談的是礦機的電費，而非礦機的購置成本）。

「**效能**」通常被定義為執行的有用「功」，除以完成該功所消耗的「能」。然而當我們談到 ASIC 礦機時，製造商通常會把這個指標反過來。ASIC 礦機通常以消耗的能量（以**焦耳**為單位）除以執行的工作（兆次雜湊 / 秒）來列舉效能。

TECHNICAL STUFF

焦耳是能量單位，相當於每秒一瓦特或一瓦時的 1/3,600。維基百科將其定義為「在一秒鐘內產生一瓦特功率所需的功，或一瓦特秒（W·s）」。因此，一瓦時（Wh）相當於 3,600 焦耳（每秒 1 焦耳，乘以一分鐘是 60 秒，再乘以一小時是 60 分鐘，答案即為 3,600；所以 1 kWh 就再乘以 1000，等於 360 萬焦耳—3,600,000 焦耳）。

因此 ASIC 製造商通常會標示「每輸出所消耗的能量」值，讓用戶可以簡單比較挖礦硬體的效能。ASIC 規範通常以「**焦耳/雜湊**」的形式提供。舉例來說，我們可以看一下以前對於挖礦設備評論的一段話：

> 「得益於 DragonMint 16T（下龍礦機）的新一代 DM8575 ASIC 晶片，16T 已經成為市場上最節能的礦機。16T **僅消耗 0.075J/GH 或 1,480W** 的電力，比起 Antminer S9（螞蟻礦機）的電力效率高出 30%……與最接近的競爭對手 Antminer S9 相比，DragonMint 16T 很明顯的是最後的贏家。它以 16 TH/s 的速度雜湊，勝過 S9 的 14 TH/s。此外，16T 的耗能只有 **0.075J/GH，而 S9 耗能則為 0.098J/GH。**」

這段評論所說的是這台礦機（DragonMint 16T）的功率是 1,480W，亦即使用一個小時將消耗 1.48kWh 的電量（第 11 章將說明用電量對設備運行成本的影響）。不過我們也看到它消耗 0.075J/GH（即每十億次雜湊消耗 0.075 焦耳，或者說設備執行十億次雜湊會消耗 0.075 焦耳的能量）。這個數據可以直接用來比較挖礦設備；例如 S9 的消耗是 0.098J/GH。也就是說，在相同的雜湊次數下，S9 消耗的能量大約增加了 31%。

有關在比特幣網路上發布的最新 SHA-256 硬體的排名，請見圖 9-4。左側是效率較低的礦機 Antminer S7，每秒需要大約 275 焦耳才能輸出 1 兆次雜湊，而在排名另一端，我們看到 Antminer S19XP，每秒輸出 1 兆次雜湊的消耗約為 20 焦耳。

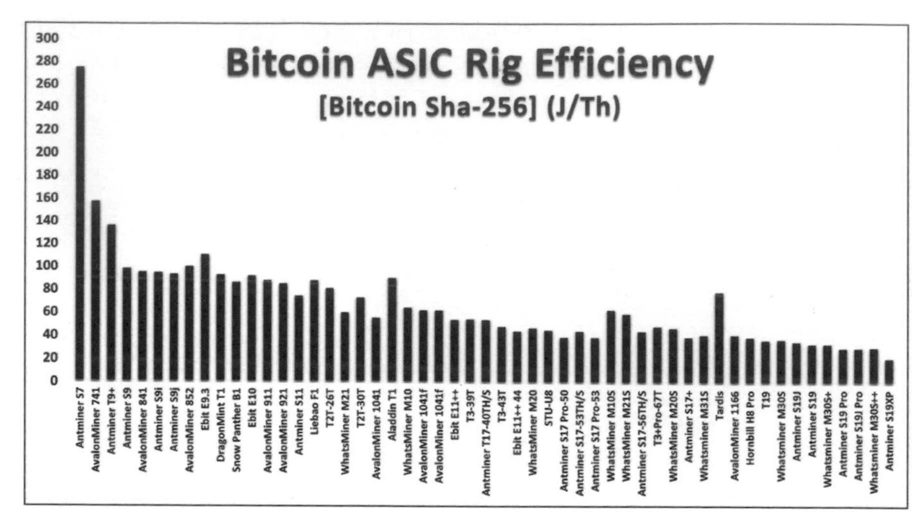

圖 9-4：SHA-256 比特幣網路 ASIC 礦機，按每秒兆次雜湊的焦耳效率排名。

我們也為其他常見演算法提供類似的圖表。圖 9-5 是設計用於達世幣網路上執行的 X11 ASIC 礦機，圖 9-6 則為用於萊特幣網路雜湊而設計的 Scrypt ASIC 礦機，圖 9-7 是用在大零幣網路上挖礦的 Equihash ASIC 礦機排名，圖 9-8 則是按效率排名的 Ethash 演算法 ASIC 礦機。這些圖表左側的礦機會具有較低的能量（焦耳）消耗 / 輸出（雜湊率），因此更有利可圖，因為它們每次雜湊的電力成本會更低（有關挖礦經濟效益的更多內容，請參閱本書第 4 部分）。

礦機效率是決定硬體設備的重要因素。單位輸出的能源用量越低，消耗電力就越少，電費也就越低，代表挖礦硬體的成本效益越高。

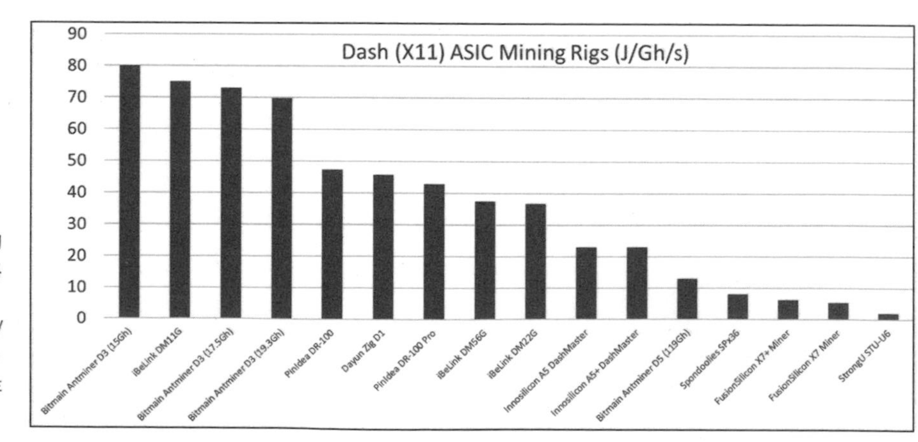

圖 9-5：X11 演算法的達世幣網路 ASIC 礦機，按每秒焦耳 / 十億次（GH/s）雜湊的效率排名。

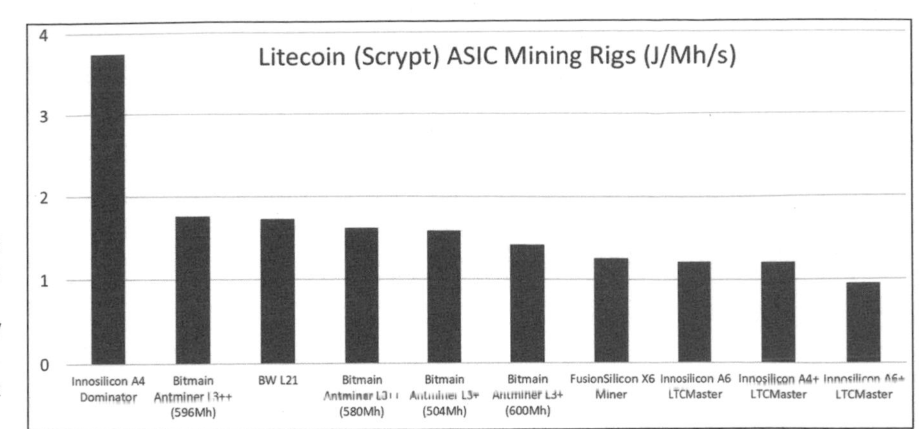

圖 9-6：Scrypt 演算法的萊特幣網路 ASIC 礦機，按每秒焦耳 / 百萬次（MH/s）雜湊的效率排名。

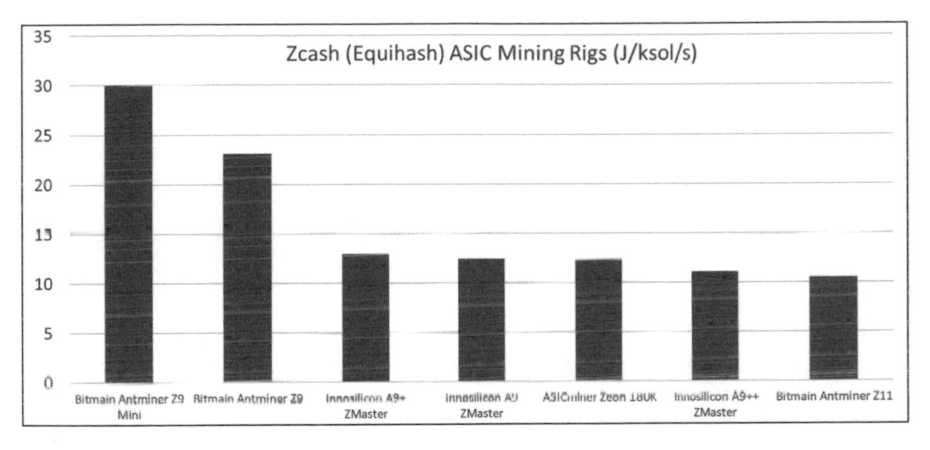

圖 9-7：Equihash Zcash 網路 ASIC 礦機，以每秒焦耳 / 千次（ksol/s）的效率排名。（ksol 的意思是千次解答，原則上是跟雜湊次數的意思差不多，第 11 章會討論到千次解答和千次雜湊之間的區別）。

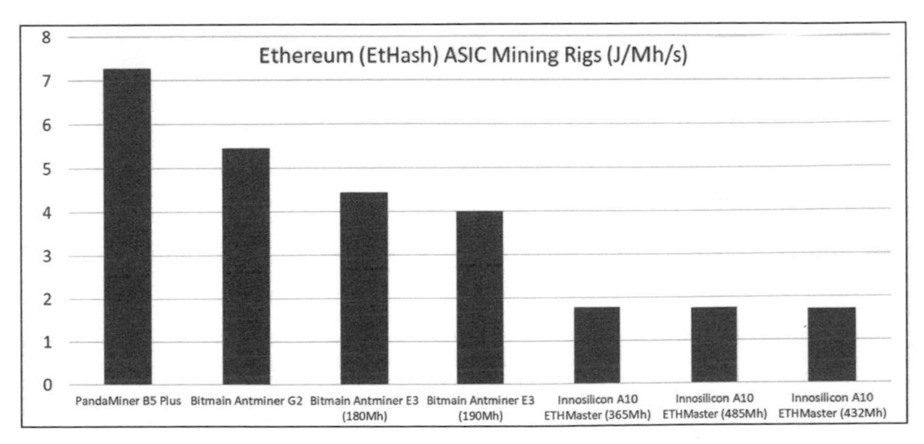

圖 9-8：以太坊網路 Ethash 演算法 ASIC 礦機，按每秒焦耳 / 百萬次（MH/s）雜湊的效率排名。

無論是商業挖礦設施或喜歡在家裡挖礦的礦工，其礦機成本效益對於挖礦的長期生存來說，相當重要。隨著時間經過，大部分成本都是來自營運支出，而最大的支出部分便是電力成本（有關挖礦經濟的更多訊息，請參閱第 11 章）。

設備成本等其他考量

挖礦硬體的成本和可負擔性的波動相當大，其波動幅度類似於加密貨幣資產的市值波動。在某些時期，挖礦設備的成本會與市場同步波動。如果加密貨幣價格上漲，新的礦機和二手挖礦設備都會溢價（超過原本價格）出售。而如果價格下跌，大型礦業公司和製造商可能就會清算設備庫存，礦機的售價也將大幅打折。

當然無論是在任何市場條件下，最新、最高效能的設備都很昂貴。而且不管它們可以開採的加密貨幣的價格如何，高效能的挖礦設備需求量都很大。在本書撰寫時，最先進的 SHA-256 ASIC 礦機價格從幾百美元到幾千美元不等。

新硬體價格最好也最穩當的購買途徑，就是從製造商直接採購，避免中間商哄抬超過廠商標價的硬體。

另一方面，許多製造商根本不賣小批量的零售商品。也有些製造商不讓購買者以當地法定貨幣購買產品，而是以比特幣或該設備特定挖掘的加密貨幣來出售礦機。真正必須仔細確定的另一件事，就是購買後的「交貨」時間。如果你以高價購買了最新最好的硬體，實際交貨時間卻延遲很久的話，你的礦機優勢很可能變得微不足道。

你也可以購買二手礦機，也就是到 eBay、亞馬遜、Newegg、阿里巴巴或 Craigslist 等網站搜尋。不過，面對大多數二手市場上的賣家，都請特別小心，也請記住有些賣場會比其他賣場更有保障（舉例來說，在亞馬遜上如果遇到設備故障或以某種方式超賣價格的話，幾乎都可以退貨）。因此在購買之前，請務必仔細研究過設備規格，例如雜湊率、功耗和效率等。

硬體可用的時間長短

另一件要考慮的事就是你所購買的 ASIC 設備，能夠使用並維持獲利的「時間」。也就是說，隨著區塊難度和雜湊率要求的增加，你的礦機多久後會徹底落伍？

有許多因素都會影響加密貨幣 ASIC 礦機的使用時間，包括網路雜湊率、區塊難度、你正在開採的加密貨幣的市場匯率、挖礦設備效率，以及你的時間偏好等。

多數情況下，加密貨幣的網路雜湊率都隨交易價格波動。請記住一點：更多礦工加入網路或現有礦工購買更多礦機，整體網路雜湊率便會增加；更多礦工離開網路，雜湊率便會下降。因此，如果加密貨幣價格連續一個月飆升，那麼未來幾個月的雜湊率，很可能會隨著更多礦工加入而上升，反之亦然；如果匯率下跌，那麼在接下來的幾個月中，隨著礦工關閉其無利可圖的設備，雜湊率也可能會隨之下降。

在加密貨幣價格上漲時，你從加密貨幣挖礦賺取的錢可能較少，因為礦工會在價格上漲時，讓更多礦機上線，因此你在網路雜湊率所佔的百分比就會下降，導致獲得挖礦獎勵的機率降低。不過你仍有機會在加密貨幣中賺取更多以美元（或你使用的任何法定貨幣）計價的錢。也就是說，雖然你開採出來的加密貨幣較少，但這些加密貨幣的價值更高。

反過來看，你正在開採的加密貨幣價格下降時，雜湊率也會跟著下降。在此期間，你的挖礦設備以資產衡量時，可以挖到更多的獎勵回報；不過以當地法定貨幣衡量時，這些多挖出的加密貨幣，其整體價值也可能較低。

這就是你的「時間偏好」因素跟你對所開採加密貨幣的「未來價值」，兩者的考量相互結合之處。**時間偏好**指的是你想現在收到某物的價值，而不是你對未來收到它的價值。時間偏好高的人與時間偏好低的人相比，更關心自己「目前」的幸福感和滿意度；時間偏好低的人，寧願將獎勵推遲到未來，因為預期滿意度可能會提高。

如果你信任目前正在挖的加密貨幣，也認為長期價格將會上漲。當你的加密貨幣遇上市場低迷時期時，你可能還會想要繼續挖礦。因為網路雜湊率隨著價格一起下降，你的競爭也會減少。你的礦機在網路雜湊率所佔的百分比上升，挖掘相同數量的加密貨幣時，成本也會變得更低。

舉例來說，在 2018 年 12 月，比特幣價格跌破 3,300 美元（USD）。對許多礦工來說（也許是大多數礦工），挖礦變得無利可圖，但他們為何並未停止挖礦？因為繼續挖礦的這群人相信價格一定會漲回來。結果他們猜對了，幾個月後，比特幣的價格上漲了四倍。所以如果你願意為了未來的收益，暫時推遲現在的收益，確信未來**一定會**有更好的收益時，那你一定會想在價格低迷時期繼續挖礦（一旦猜對了，這段辛苦的時刻，最後就會變成美好的時光！）。

時間偏好較低，但對加密貨幣具有信心的礦工，可能會在看似無利可圖的挖礦條件下，繼續使用稍微「落後」的挖礦設備，因為他們也預計未來可能獲利。

隨著網路雜湊率升高、加入競爭的挖礦設備效率變得更高，新硬體能夠對每千瓦時的功耗輸出更多的雜湊，因此你的設備將慢慢變得獲利困難。很可能會比以前挖出更少的代幣，讓每枚代幣的成本都變得更高。如果能定期改用更高效的硬體來替換目前的挖礦設備，將更具經濟意義。

目前最先進的比特幣或加密貨幣礦機，可能擁有四年或更長時間的運行壽命。但展望未來，隨著 ASIC 礦機的效率增加逐漸變慢，也更難取得後，ASIC 的使用壽命很可能會增加。請見圖 9-4，了解過去幾年所發布的礦機在效率上的提升趨勢。

舉例來說，比特大陸 Antminer S7 礦機於 2015 年底發布，是當時市場上效率最高、能力最強的礦機。在某些情況下，如果礦工的時間偏好較低，並且能夠取得足夠低廉的電力時，S7 便仍屬於有利可圖的礦機，且能在壽命週期經過大約四年半後，依舊在網路上運行。當然 S7 已接近其使用壽命，也是圖 9-4 所列出效率最低的比特幣 ASIC 礦機。如果比較 S7（275 J/Th/s）和 Antminer S17 Pro-15（40 J/Th/s）的話，後者只使用大約七分之一的電力，就能完成相同的工作。

在發展快速的加密貨幣挖礦行業下，電腦硬體的使用壽命永遠無法保證。但只要透過適當的研究、調查和常識判斷，這種風險確實可以得到緩衝。請確保在購買器材和參考獲利能力預測之前，先進行挖礦產品的研究，以確保設備的生命週期獲利能力。有關計算挖礦獲利能力的更多訊息，請參閱第 11 章。

挖礦設備製造商

目前有許多製造商生產挖礦相關的電腦設備（包括 ASIC 和 GPU），都是專門為雜湊演算和挖掘各種不同加密貨幣所設計。

ASIC 礦機製造商

以下是一些頂級 ASIC 製造商列表，他們製造出許多最強大的礦機和最高效的硬體，專門用於針對比特幣和其他使用 SHA-256 哈希算法的加密貨幣進行雜湊和挖掘。同樣也使用此種演算法的其他加密貨幣列表，可參閱第 8 章。

- **Bitfury**（`https://bitfury.com/crypto-infrastructure`） 是 Bitfury Tardis 比特幣 SHA-256 礦機的製造商。
- **Bitmain**（比特大陸，`https://shop.bitmain.com`）生產螞蟻礦機系列，專門生產 SHA-256、Equihash 等受歡迎挖礦演算法的 ASIC 設備。
- **Canaan**（嘉楠耘智，`https://canaan.io`）製造 Avalon 系列的 SHA-256 比特幣礦機。
- **Ebang**（億邦國際，`http://miner.ebang.com.cn`）生產 EBIT 系列的 ASIC 礦機，專門研究比特幣 SHA-245 演算法。
- **Innosilicon**（芯動科技，`https://innosilicon.com/html/miner`）專門生產 Equihash、SHA-256、Scrypt、X11 與其他常見挖礦演算法的礦機。
- **Whatsminer**（神馬礦機，`https://whatsminer.net/shop`）生產專用於比特幣 SHA-256 的 M 系列礦機。

請小心提防那些宣稱自己開發出超高規格、超高雜湊率和效率領先業界的 ASIC 礦機新製造商！過去已經發生過許多案例（將來只可能看到更多），新的礦機製造公司發布具有驚人規格的新 ASIC 硬體「預售」。而且這些騙局通常只接受比特幣或其他加密貨幣作為付款。當然，被預購的硬體從未被生產或交付，這些新製造商再也不會出現（這種騙局的專有名詞叫做「**退場騙局**」*exit scam*）。

礦櫃製造商

以下是專為比特幣或加密貨幣挖礦，生產可移動挖礦設備的礦櫃廠商：

- **Bitcoin Mining**：https://blog.upstreamdata.ca
- **Bitcoin Mining Container**：www.bitcoinminingcontainer.com/bitcoin-mining-container
- **Digital Shovel**：https://digitalshovel.com

GPU 礦機製造商

以下是預置 GPU 挖礦硬體的供應商列表。

- **Coinmine**（https://coinmine.com）是一款 GPU 礦機，介面簡單易用，能夠挖掘多種加密貨幣如以太幣、Grin、門羅幣和大零幣。
- **MineShop**（https://mineshop.eu）出售多種產品，包括 ASIC 礦機、內置於 20 呎貨櫃中的大型加密貨幣礦櫃、以太幣 GPU 礦機等。
- **MiningSky**（https://miningsky.com/gpu）提供可裝載 8 張 GPU 卡的 V 系列 GPU 礦機，以增強挖礦能力。
- **Mining Store**（https://miningstore.com.au）提供預建的 GPU 礦機，可以裝載 6、8 或 12 張 GPU 卡來挖掘各種加密貨幣，以便盡量提高挖礦收益。
- **MiningStore**（https://miningstore.com）提供多種不同服務，包括挖礦託管、礦箱礦櫃以及預載 GPU 和 ASIC 礦機等。
- **PandaMiner B Pro 系列**（www.pandaminer.com/product）則是預載的 GPU 礦機，可以用來挖掘以太幣、Grin、門羅幣和大零幣。

準備一個儲存和保護私鑰的錢包

除了挖礦設備之外，你還需要一個區塊鏈地址，讓挖礦獲得的利潤可以發送到該地址，接著還要一個用來儲存密鑰的錢包。錢包的安全就是一切，一旦弄丟私鑰或被盜的話，你的加密貨幣就會永遠消失。因此這只是一個提醒，但也是激發想像的一種方式，以確保讓你深入了解錢包的安全性！各位可以觀看本書另一位作者彼得關於加密貨幣的影片課程「*Crypto Clear*：*Blockchain & Cryptocurrency Made Simple*」（加密貨幣釋義：讓區塊鏈和加密貨幣變得簡單）的說明，這些影片都放在 CryptoOfCourse.com 網站上。

在哪裡挖礦？選擇可行地點

取得足夠的硬體（挖礦設備和重要的存放設備）後，尋找一個可以保護挖礦設備的執行地點，就成為了當務之急。加密貨幣挖礦地點的需求包括空間、網際網路、適當的通風或空調，以及充足的電力供應。

在家裡挖礦

剛開始對加密貨幣挖礦行業試探水溫時，最簡單、也最具經濟效益的地點，就是在自己家裡挖礦。因為家裡已經擁有啟動加密貨幣礦所需的各項資源：網際網路、電力和礦機放置空間等。

當然，有些房子就是會比其他房子更適合挖礦。舉例來說，如果你住的是公寓，可能就不是最佳地點，原因是不但空間有限，挖礦設備所產生的巨大風扇噪音也很麻煩。跟公寓這種多戶型住宅相比，獨棟住宅可能是更好的地點，因為當礦機嗡嗡作響時，你應該不想讓自己或鄰居們徹夜難眠吧。

挖礦設備（尤其是 ASIC 礦機），通常會由每分鐘 3,600 到 6,200 RPM（轉）的進氣與排氣風扇進行冷卻。如果是 6,200 RPM 的風扇，大約會產生 60 到 100 或更高分貝的噪音。這些高轉速冷卻風扇會產生相當多的噪音和氣流，還會伴隨著更多熱量。所以家中的某些位置，一定會比其他位置更好一些，例如你應該不希望 6,200 RPM 的風扇，在床頭櫃或廚房裡嗡嗡作響吧？

如果你決定要在自己家裡進行挖礦的話，擺放這些設備的最佳地點，當然就是車庫、通風的花園雨棚，或者同樣通風良好的涼爽地下室等處。

無論你選擇部署加密貨幣挖礦硬體的地點是你的住宅、公司或其他合適地點，在你所選擇的空間裡，都必須考慮一些重要事項。例如通風必須良好、炎熱月份時要有降溫措施、網際網路的連接和充足的電力供應等，這些都是不可或缺的要素。所以如果挖礦地點的氣候，在一年當中的大部分時間都是涼爽、寒冷或溫和的氣溫，在通風降溫的做法上就會更容易也更便宜。

通訊上的要求

由於加密貨幣礦工必須連接到全球性的區塊鏈節點網路上，因此通訊上的連結也是重要關鍵，亦即你需要相當可靠快速的網際網路。網路的連結有很多種方式，但就挖礦而言，你必須能夠發送和接收訊息，因此上傳和下載速度都很重要。「高頻寬」的網路雖非絕對必要，但連接時「低延遲」一定比較好，因為挖礦領域中的每毫秒（千分之一秒）都很重要。

「**頻寬**」指的是網路資料的吞吐量：通常以可以傳輸多少資料量，每秒多少 M（Mbps）來衡量。「**延遲**」則指的是資料從 A 傳到 B 所需的時間延遲，通常是以毫秒（ms）或千分之一秒為單位。

傳統上網方式

加密貨幣挖掘最簡單的連接方式，就是透過傳統的網際網路。目前大多數寬頻網路的速度均可滿足加密貨幣礦工的需求。事實上，一個完全同步且連接良好的比特幣節點，很少會用到超過 10 到 50 kbps。理論上，以前的老式 56 kbps 數據機撥號網路就足以執行，不過我們當然不建議你去考古。

理想狀況下，你的挖礦設備將會透過以太網路線，連接到網際網路供應商（ISP）所提供的設備。你可能需要額外的路由器或交換器來連接多台礦機。不過如果礦機難以實體連線到 ISP 提供的設備時，你也可以使用 Wi-Fi 來連接網路。

衛星區塊鏈？

有一項免費服務是透過衛星，在全球範圍內分布比特幣區塊鏈，也就是允許你在世界上的任何地方建立一個全節點。該衛星比特幣的數據傳輸是由 Blockstream, Inc. 所提供，你可以在 `https://blockstream.com/satellite` 找到免費服務的相關訊息。

雖然這項服務具有其革命性的地位，但它目前僅限於分布區塊鏈資料，而且不能上傳。因此無法進行比特幣挖礦（挖礦必須把挖到的區塊發送回網路）。不過這項服務的好處在於它等於成為一個良好的備份，可以保持節點更新並與區塊鏈同步。當然這項服務在將來，也可能允許資料的上傳和下載。

衛星網路

適合挖礦設備的偏遠地區，很可能沒有實體連線的網際網路基礎設施，不過仍有替代方案。有些公司可以提供基於衛星的網際網路，以服務其他沒有網際網路的地區。請搜尋「**衛星網際網路**」（*satellite internet*）以找到這些服務。

電力考量

在你設置挖礦設備的地點，必須能夠為這些設備提供充足的電源。如果你打算在普通的桌上型電腦進行挖礦，一般的家用插座就能為電腦提供足夠的電力。而使用專用的加密貨幣礦機時，每秒大約會消耗幾千瓦不等的電力來產生幾兆次雜湊。

除了可以插入大多數設備（例如電視、吹風機、檯燈等）的 110 伏特插座外，你家裡應該還有 220 伏特的插座；這是給冷氣或烘衣機等家電所使用。只要一個 220 伏特插座，應該就可以為一般的高電壓 ASIC 礦機供電。

你還需要一些額外的電源設備，確保對加密貨幣礦機進行安全可靠的供電。因此你需要配電裝置（PDU，類似多孔插座的用途）、適當額定值的電源供應裝置（PSU），以及可靠的電源線和分電盤斷路器等基礎設施。

電源分配器

電源分配器（*PDU*，*Power Delivery Unit* 或 *Power Distribution Unit*）可將電力從電源插座傳送到電源供應器。在美國，這些設備通常是 240V。用來提供電力並防止電路過載。這些 PDU 電源分配器可以連接多個電源供應器為其供電，數量取決於它們的額定值（包括額定電壓、電流或有效電力）。它們通常內建一個 240V 的線對線電氣匯流排，可以為幾個「斷路器」（類似保險絲的過載保護功能）供電，並為供電的插座提供突波保護。圖 9-9 的範例為 CyberPower 製造的 PDU。

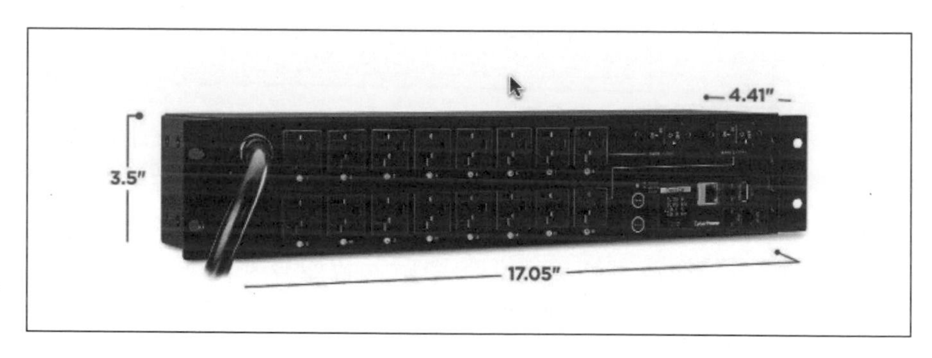

圖 9-9：CyberPower 製造的PDU。

舉例來說，根據美國國家電氣規範（NEC，National Electrical Code）的規範，為額定電壓為 240 伏特和 30 安培的 PDU 供電的電源線，可以為 PDU 中三個獨立的 240 伏特 10 安培斷路器供電。

以電壓和安培數來計算功率（P，以瓦特為單位）的公式相當簡單，也就是大家在中學物理課學過的 P=V*I，其中 P 是功率（能量流動的速率，以瓦特為單位），V 是電壓，以伏特為單位；I 代表電流，以安培為單位。

我們可以用這個公式來計算，一個 240 伏特 10 安培的 PDU 插座，可提供大約 2,400 瓦（2,400W = 240V*10 安培）功率，因此每個 PDU

可以為圖 9-2（在本章稍前）中的大多數 ASIC 供電，不過並非全部均可。如該圖所示，右側的一些礦機需要更高的功率！

此配置可以為 PDU 上的三個插座提供單獨的過載保護，並有助於隔離插座下游的任何設備或電氣故障的情況，同時還能維持對其他兩個插座供電。

雖然 PDU 不一定必要，必須看你的挖礦設備規模與配置再來決定，然而使用 PDU 可以為挖礦設備提供額外的故障保護和安全性。而且 PDU 所能提供的電氣設備連接性、便利性和安心性，讓它顯得價格合理，也很容易從許多電商網站直接購買。

電源供應器

加密貨幣挖礦領域的「電源供應器」（PSU，Power Supply Unit）有各種形狀和大小，範圍從桌上型電腦裡的典型電源供應器，到專為加密貨幣挖掘應用設計的專用電源供應器等。圖 9-10 的範例是由比特大陸（Bitmain）所製造的電源供應器。

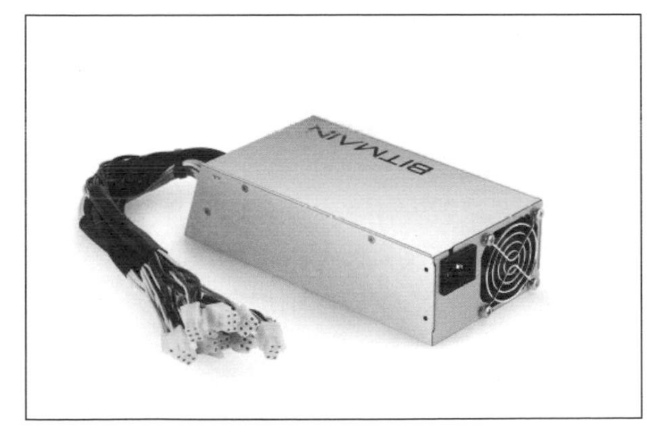

圖 9-10：ASIC 礦機製造商比特大陸，為其螞蟻礦機 ASIC 系列提供販售的電源供應器。

PSU 通常會與 ASIC 礦機綁在一起販售，你可以直接從製造商購買這種同捆包的方式，亦即同時購買特定加密貨幣礦機與電源供應器。當然 PSU 也可以在許多電商網站線上購買。電源供應器通常分成 120V 或 240V 兩種，也有些是雙電壓型（兩種電壓均可使用），購買時請注意你所使用的電源插座類型。如果單獨購買 PSU 的話，請確保 PSU 的額定功率，一定要大於礦機的最大功耗。

電源的額定瓦數應該要超過加密貨幣礦機的額定最大功率。否則電源供應器便無法為電氣負載提供電源，低估瓦數可能導致電氣問題、頻繁的電源故障或礦機故障等，其代價通常既危險又昂貴。因此，請確實使用適合硬體（ASIC 或 GPU 礦機）的電源。更多相關訊息請參閱製造商所附的挖礦設備手冊。

安裝礦機一定要小心！安裝或配置不正確的挖礦設備，可能會帶來嚴重的火災風險。不要大意的認為這種事不會發生在你身上，只會發生在其他人身上。如果你無法確定自己可以正確安裝的話，請找專業電工協助你安裝這些設備！

利用現有電力基礎設施與重新安裝

如果你打算使用現有的電氣基礎設施，來為自己的礦場提供電力的話，這些為加密貨幣挖礦設備供電的插座、配電板上的電線和斷路器等，都必須具備電氣負載的適當額定值，這點非常重要。而同樣重要的是你家裡的電力公司配電線路和為其供電的變壓器，也應根據你的加密貨幣挖礦設備的負載增加，進行額定值的計算。這點必須諮詢當地的電力公司以及專業電工，以便了解你即將啟動的電器負載能力，是否需要進行額外的升級。

所有相關電路導體、電線以及保護電路的斷路器，也都必須為你規劃供電的負載，提供足夠的額定值。供電面板中的斷路器，通常可以看到電路所能承載的最大電流或安培數。如果你對電線、斷路器或插座額定值有任何疑問的話，都請諮詢當地可信賴的有執照電工，以確保電氣安全和可靠性，避免你的挖礦設備出現電氣故障的問題。

如果是針對更大規模的專用加密貨幣挖礦設備進行設置，尤其是最先進的礦機所涉及的功耗相當驚人，可以肯定會用到新的電路和電氣裝置。一般家用電氣面板的額定電流約為 100 到 200 安培（台灣多為 30 安培左右，可付費向台電申請提高到 100 安培以上，但室內配線均需隨之更換），因此可以在一般住宅安裝的礦機數量會有一定的限制。除非你是合格電工，否則請諮詢專家並與當地有執照的電氣專家聯繫，為自家進行電氣升級或重新安裝。如果是中大型礦場規模的部署時，可能就需要租用商業資料中心、挖礦託管設施，或自己搭建的全新挖礦設施才能辦到。

WARNING

雖然這對大多數依附礦池挖礦的用戶來說，並不會造成太大的問題，但你仍然應該諮詢電力公司，甚至詢問是否可以執行挖礦設備！美國某些地點就禁止在私人住宅挖礦，尤其是在電力需求較少的農村地區。這些地點一旦遇上少數礦工開業，可能就會面臨用電不足的風險。舉例來說，華盛頓州的奇蘭縣主要是國家森林所在地，人口只略高於 70,000 人，在幾年前就公布加密貨幣挖礦必須通過許可，而且也曾一度禁止加密貨幣挖礦，因為他們擔心在該縣的挖礦作業會對電力供應造成負擔，同時也擔心會提高當地的森林火災風險。另一方面，魁北克水電公司（Hydro-Québec）則歡迎加密貨幣礦工開業，但他們要求必須在客戶類別上註冊為挖礦作業。

資料中心等專業場所

更具野心的加密貨幣礦工們，可能會希望擴大設備規模以進行更大規模的挖礦作業，因此他們發現倉庫或專用資料中心（Data Center）等商業地點，可能才是最佳挖礦地點，因為大型挖礦作業根本不適合放在自己的公寓或透天厝裡。

擴大規模所選擇的地點，基本上可以分成三種：

- **建立自己的資料中心**：舉例來說，租用倉庫空間或貨櫃，從頭開始建構自己的資料中心。
- **與託管單位合作**：這類主機託管中心遍布世界各地，通常都是用來管理網路伺服器。這些託管中心具有可靠的電源供應、防洪防火，並有充足的網際網路連接頻寬等優點。他們會根據你在中心佔用的機櫃空間以及使用的頻寬進行收費。
- **與挖礦服務託管公司合作**：這些託管服務會對託管設備收取合理費用，包括為挖礦量身訂製和部署的商業空間和電力成本等。雖然本質上依舊是伺服器託管服務，但這是專門針對加密貨幣挖礦而設計空間的託管公司。以下便是一些較受歡迎的加密貨幣挖礦設備託管服務。
  - **Blockstream**：`https://blockstream.com/mining`
  - **Citadel 256**：`www.citadel256.com`
  - **Compass Mining**：`https://compassmining.io`
  - **Compute North**：`www.computenorth.com`

- **Core Scientific**：https://corescientific.com
- **Frontier Mining**：https://www.bitcoinmined.net
- **LightSpeed Hosting**：www.lightspeedhosting.com
- **Mining Colocation**：https://miningcolocation.com
- **MiningSky**：https://miningsky.com/miner-hosting
- **MiningStore**：https://miningstore.com/mining-services
- **TeslaWatt**：https://teslawatt.com
- **Upstream Data**：https://blog.upstreamdata.ca

專業場所的優點

無論你選擇上述何種方式：自行建構、使用一般託管服務或與專門的挖礦託管服務公司合作，這類商業場所都可以讓你安裝大量的加密貨幣挖礦設備。後兩者的優點是方便快速設置，因為他們可能已經預先配備了大量相關電網設施，並有足夠的內部電氣基礎設施，可以滿足你的挖礦硬體需求。這類託管中心和挖礦服務公司通常也擁有強大的空調設備，可以冷卻貴重的加密貨幣挖礦設備（當然某些倉庫也可能會有相同的設備）。它們還具有高速網際網路，讓挖礦作業的延遲較低，為你帶來一些優勢。換句話說，有些地點可以提供完整的電力與設備，讓你可以獲得立刻挖礦所需的一切服務，因為在加密貨幣界中，時間就是金錢。另一件必須考慮的事情是：託管和挖礦服務業務，可以將整體建構成本分攤給所有客戶。如果你嘗試從頭開始建構自己的「礦場」，所有的成本負擔便將落在你身上，而且這種成本通常相當高。

專業場所的缺點

在某些情況下，這些類型的裝機缺點可能很明顯。例如包括成本、租賃期限以及無法直接控制或檢視你的設備。倉庫雖然可能便宜一點，不過也不一定都是如此。

TIP

通常在專門的特殊地點，建造一個「非常大」的礦場一定更便宜。然而在規模不夠大的情況下，與託管中心或挖礦服務合作，可能會更便宜。

在託管設施中，你可能無法直接控制你的挖礦設備。不過在某些情況下，託管服務也會提供線上監看的方法。如果是你自己設置的商業空間或資料中心時，額外的費用（也就是高於在你家裡運行挖礦設備的費用），可能包括網際網路連線、空間租賃費用和保險費等。這些項目的花費看起來不多，但如果沒有做好充分準備，當加密貨幣網路雜湊率競爭加劇，或是加密貨幣市場價格下跌時，都可能嚴重阻礙你的獲利能力。

本章內容

- 正確設置你的挖礦設備
- 組裝挖礦硬體
- 了解挖礦軟體選項
- 建構GPU礦機
- 設置挖礦硬體

Chapter 10 設置你的挖礦硬體設備

選好打算開採的加密貨幣，取得所有必要的器材和硬體，並且為運行這些挖礦設備選擇了合適的地點後，下一步就是將它們整合在一起，也就是架設與裝配這些挖礦設備。無論你使用特定的 ASIC 礦機，或用訂製的 GPU 顯卡礦機來挖礦，都必須了解如何組裝這些挖礦設備、連接所有必要的電線、網路線以及安裝和執行正確的挖礦軟體。

ASIC 礦機

ASIC 礦機都已經建置在一個預先建構好的小機箱內，這個小機箱已經處理好技術軟體和實體設置的許多需求，因而讓競爭對手 GPU 加密貨幣挖礦，變得更加困難。而且 ASIC 礦機的設計幾乎是隨插即用，畢竟 ASIC 礦機是專門為加密貨幣挖礦而設計製造，因此它一開始就被設計為適合挖礦軟體的使用。你的 ASIC 礦機應該會隨附安裝手冊，裡面會有詳細的說明。所以本章比較偏向概述的介紹，讓你了解自己架設礦機需要哪些步驟。

機架

在一般礦機託管設施裡，走道兩旁通常遍布著略高於 19 吋寬和 40 到 50 吋高的伺服器機櫃。一個機櫃可以包含為不同客戶安裝的礦機，一台疊在另一台之上。每個機櫃分隔成垂直上下排列的單元，一般電腦機櫃所使用的單位「1U」，代表 1.75 吋高的垂直空間。因此，設計成適合一般機櫃的電腦設備，高度可能會是固定倍數的 1U 或 2U 或 3U 不等。舉例來說，一台 2U 的設備，將適合擺放於機櫃中 3.5 吋高度的空間內。

雖然 ASIC 設計為**可機櫃安裝**，亦即 ASIC 可以直接插入標準的 19 吋電腦機櫃內，並且可能佔用多個垂直單元，然而這是比較少見的情況。ASIC 礦機通常並非設計為機櫃安裝，圖 10-1 所顯示的便是 ASIC 常見的外形尺寸範例。

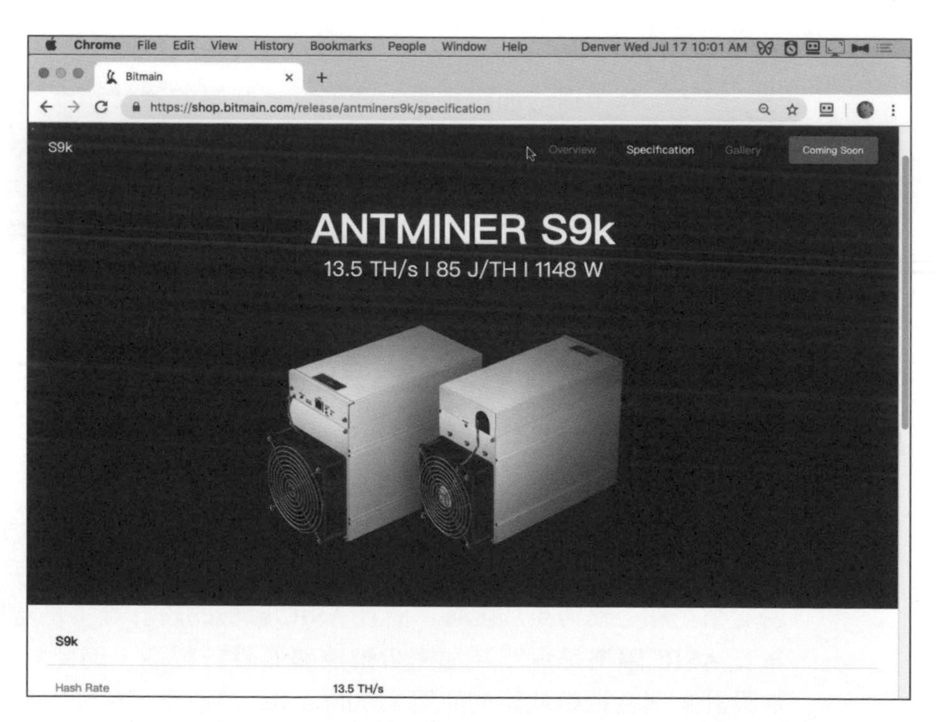

圖 10-1：典型的 ASIC 礦機尺寸和形狀；圖中為螞蟻礦機 S9k。

所以我們該如何把無法機櫃安裝的 ASIC 礦機，安裝到制式機櫃上呢？通常我們會用特殊機架（機箱）的方式安裝。有些公司出售這類機架式的板狀機箱，適合容納特定的 ASIC 礦機，也可以安裝到一般伺服器機櫃中。舉例來說，圖 10-2 可以看到專為 Antminer Bitmain S9 和 L3 ASIC 礦機設計的 Gray Matter Industries 機架範例（www.miningrigs.net）。該機架可以同時容納三台比特大陸 ASIC 礦機，包括 PSU（電源單元）在內，而且整體機箱高度為 7U。

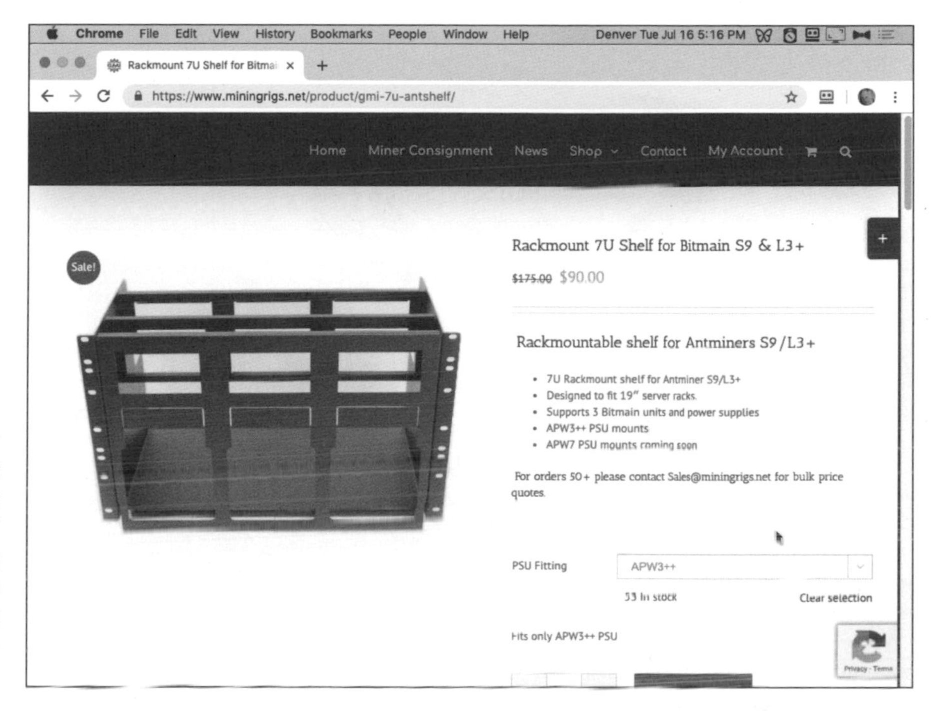

圖 10-2：Gray Matter Industries 機架被設計用來同時容納三台比特大陸 ASIC 礦機和一個電源供應器，並可符合機櫃安裝。

這些機架式開放機箱並不貴（通常不到 200 美元），如果你正在執行的是一個大型挖礦作業，擁有幾十台 ASIC 礦機的話，你可能需要使用這類「整體性」的安裝設備。不過如果你只是小型挖礦作業的話，大可不必如此！只要把幾台 ASIC 礦機直接放在桌上，或是放在五金行、大賣場賣的那類實用貨架也很適合。還有，一般標準的資料中心裡的電腦伺服器機櫃，通常都會安裝接地線；如果你在家裡使用金屬機架或隔板架的話，也應該讓這些金屬架子接地，以確保你自己和設備的安全。

電源供應器

大多數 ASIC 礦機使用外接的電源供應器（PSU）；你可以在圖 10-3 中看到電源供應器的範例。一般來說，當你購買 ASIC 礦機時，可能會同時買到一個同捆販售的適用電源供應器，不過情況並不一定如此。如果礦機沒附電源供應器的話，你可能就要仔細選擇，另購合適的電源供應器。

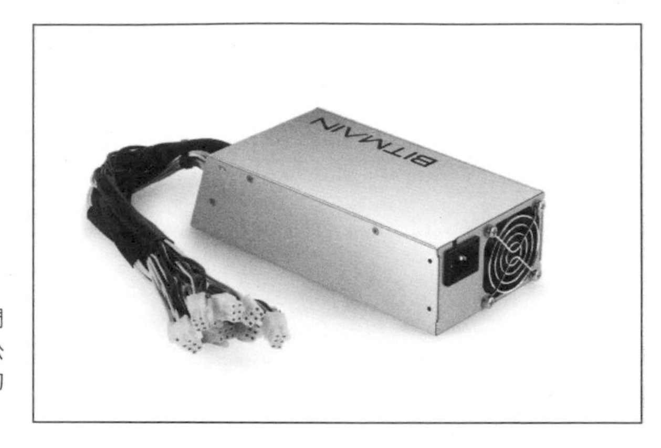

圖 10-3：比特大陸專門設計用於該公司螞蟻礦機的電源供應器。

電源供應器可以把電力公司送來的交流電（AC）轉換為直流電（DC），以供電腦設備使用。因此，請將 ASIC 礦機直接連接到合適的電源供應器上。

WARNING

在開始連接這些組件之前，請先確定任何設備都還沒有插入插座，這點非常重要。接著再將電源供應器連接到 ASIC，然後將電源供應器的插頭連接到 PDU 電源分配器的插座上，最後才將 PDU 連接到牆上的插座。

每台挖礦設備只使用一個電源供應器也很重要。如果將挖礦設備上的礦機分別連接到多個電源供應器，可能會相當危險，容易導致設備故障或電氣故障。此外也請注意，雖然某些電源供應器有電源開關，但有些電源供應器並沒有開關，很可能會在連接到插座後，立即開啟電源（有關電氣設備要求的更多訊息，請參閱第 9 章）。

TECHNICAL STUFF

電源供應器通常會配備 PCIe（Peripheral Component Interconnect Express，快捷週邊組件互連介面）電源線，因此連接非常方便快速。如果你曾經自己組過個人電腦，應該就會熟悉這些東西。市面上可能有多種不同的 PCIe 電線，但一般礦機電源通常使用 6 針的版本。

你的 ASIC 礦機會有多個 PCIe 連接器。每個算力板（hash board）都會有幾個 PCIe 插頭，2、3、4 個都有可能。一台礦機單元裡面可能有 3 張算力板（有些可能更多張），因此每台 ASIC 礦機的算力板加起來總共可能有 6 到 12 個 PCIe 連接埠。每台 ASIC 礦機還有一個必須通電的控制主機板，因此你也會看到該板的 PCIe 連接。圖 10-4 為 Antminer Z9 ASIC 安裝手冊中的一頁，上面解釋了礦機的電源連接方式。

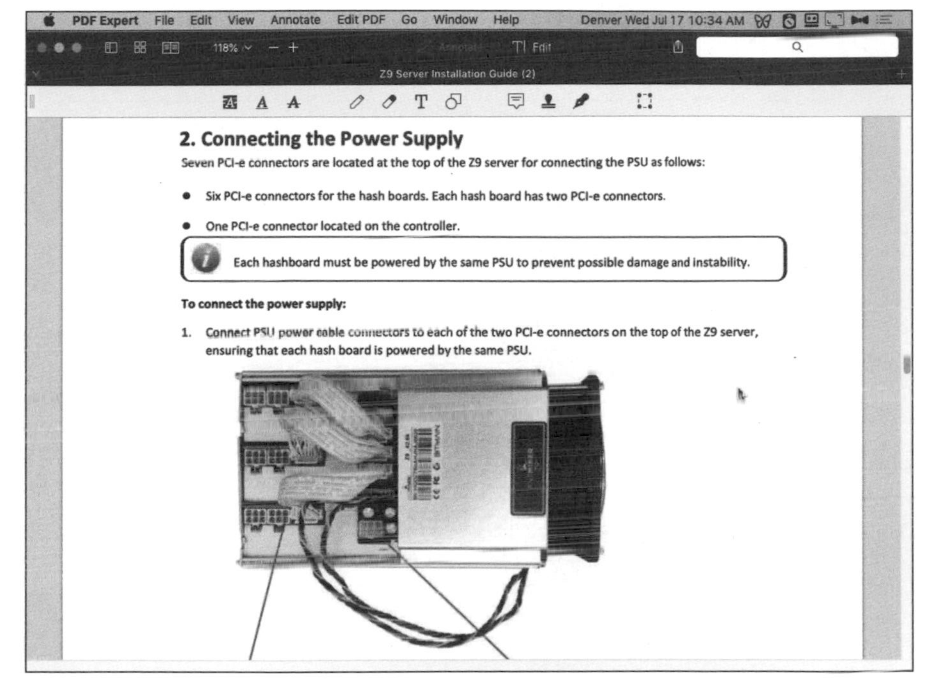

圖 10-4：螞蟻礦機 Antminer Z9 ASIC 說明手冊裡關於電源連接的部分。

PDU

雖然規模較小（例如在家裡）的加密貨幣挖礦設備，並不一定需要專門的供電設備或 PDU 電源分配器。但我們仍建議你使用，因為電源分配器可以在使用多個挖礦設備電源供應器時，更容易連接也更安全。

若要安裝電源分配器，就要讓它們經由購買電源供應器所附的電源線，連接到這些礦機的電源供應器上。接好之後，便可以將電源分配器連接到電源插座。我們在第 9 章詳細討論過電氣基礎設施的基本要求。例圖 10-5 就是一般 PDU 電源分配器的外觀。

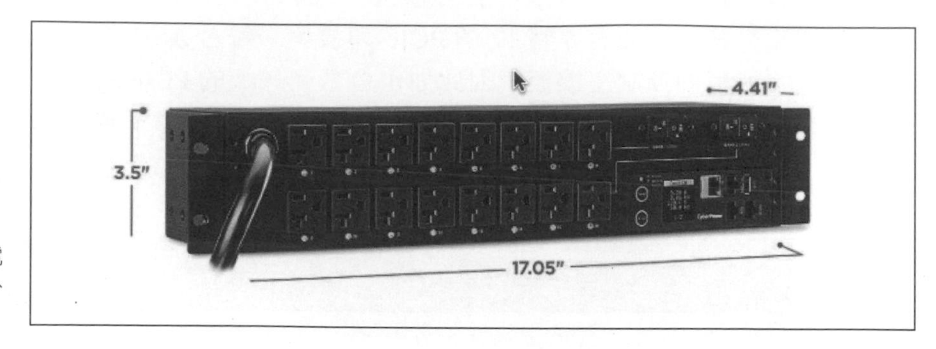

圖 10-5：一般 PDU 電源分配器的外觀。

挖礦的火災風險確實存在（請參閱第 9 章），因此我們必須確保使用正確設備，而且設置正確。如果你無法確定的話，可能就必須得到專業電工的協助。此外，請將滅火器放在靠近挖礦設備的地方，但也請不要放得太近。

網際網路和以太網路

ASIC 礦機在挖礦時會用到網際網路。因此你需要 ISP 服務商租給你使用的那個「盒子」（也可以自行購買，這樣就不必支付月租費），它的用途是把你家（或你用於挖礦的任何其他類型的設施）連接到網際網路。

複雜一點的說法是：你需要一台網際網路調解器（Internet modem，數據機）和一台路由器（router），不過現在通常會拿到一台同時內建兩種功能的黑盒子（通常還會包括無線傳輸功能）。無論如何，這要取決於你的 ISP 做法。

無論是你自己的或是由 ISP 服務商提供的這台盒子（調解器兼路由器），通常會有多個以太網路連接埠。以太網路是大多數區網（LAN）使用的連接標準。以太網路連接埠看起來有點像電話線的連接埠，但稍微大一點，在大部分桌上型電腦和筆記型電腦上，都應該可以找到。

ASIC 礦機的控制板上也配備了以太網路連接埠，必須連接到這台調解器才能造訪網際網路。你可以直接連接網路或透過多埠網路交換機，讓你的礦機和網際網路調解器連接起來。

把電源和網路連接都接上到礦機後，下一步就是打開設備的電源。確保一切正確連接：ASIC 的六 pin 電線（PCIe）均需連接到電源供應器上，電源供應器（PSU）均插到電源分配器（PDU）上。然後，而且只有在這個時刻，你才可以把電源分配器的插頭，插到牆上插座，再打開所有挖礦設備。

用一台電腦來控制你的礦機

若要造訪專用加密貨幣 ASIC 礦機的控制面板和已安裝的 GUI（圖形使用者介面），必須透過與挖礦設備連接到同一網域的某台電腦。任何筆記型電腦或桌上型電腦都可以適任，只要它位於同一個區網內，就算是手機也可以連接。這台管理 ASIC 礦機的電腦並不需要很強大的處理能力，因為它只是用來設置礦機並讓它執行；ASIC 本身會自動完成所有的挖礦工作。

請打開電腦的瀏覽器，在瀏覽器中輸入 ASIC 的 IP 位址，進入其用戶介面。

要在哪裡找 IP 地址呢？你可以使用免費的 Angry IP Scanner（https://angryip.org）等 IP 掃描軟體，或是登入網路路由器進行掃描。ASIC 製造商可能會提供工具以查找 IP 編號。舉例來說，有些比特大陸螞蟻礦機 ASIC，會提供一個名為 IP Reporter 的 Windows 軟體（可以從比特大陸官網下載）。執行軟體後，按下 ASIC 礦機介面上的 IP Report（回報 IP）按鈕，ASIC 礦機便會將自己目前的 IP 位址回報給軟體（見圖 10-6）。取得該 IP 位址數字後，將其輸入網路瀏覽器，便可連接到該部 ASIC。請參閱 ASIC 礦機隨附的說明文件；每種 ASIC 礦機的功能可能會有所不同。

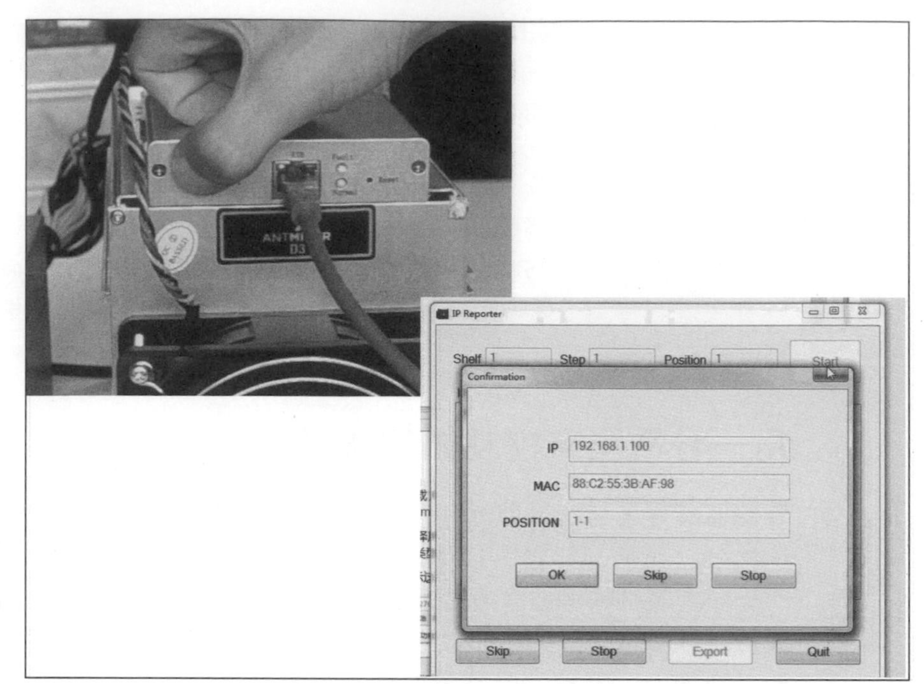

圖 10-6： 比特大陸螞蟻礦機 ASIC 的 IP Report 按鈕，可將 ASIC 的 IP 位址回報給 IP Reporter 軟體。

然後，你要使用透過瀏覽器造訪的 ASIC 軟體介面，指向你打算使用的礦池。以下是為在 Slush Pool 礦池上執行的一部地點位於美國的比特幣 ASIC 礦機，所需輸入的設置範例：

```
URL（網址）：stratum+tcp://us-east.stratum.slushpool.com:3333
userID（用戶ID）：userName.workerName
password（密碼）：[你的礦池密碼]
```

在圖 10-7 中，你可以在礦池配置畫面裡，看到比特大陸螞蟻礦機 ASIC 用戶設定介面。

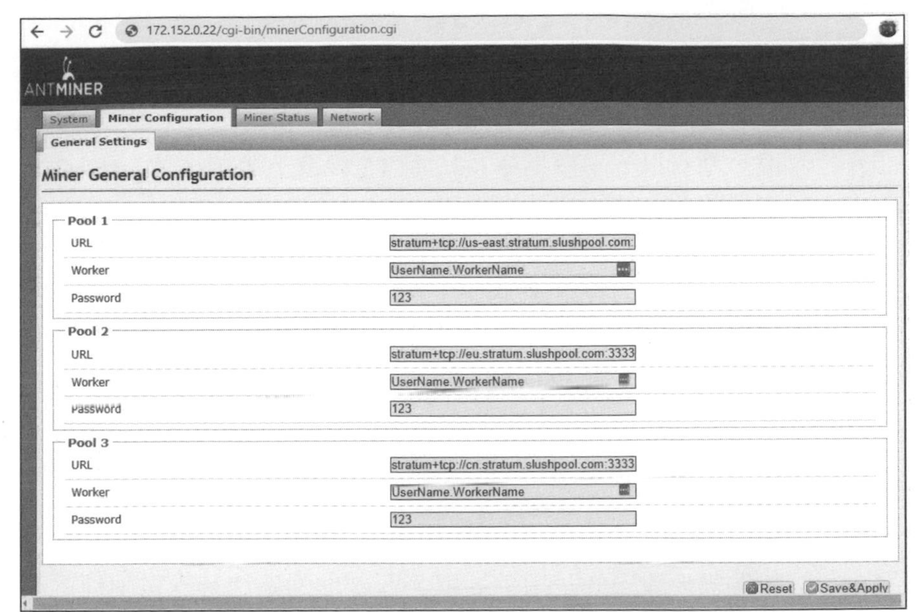

圖 10-7：比特大陸螞蟻礦機 ASIC 設置畫面，你要在這裡設定礦池、用戶名稱和伺服器網址，以使用這部 ASIC 礦機進行礦池挖礦。

你所選擇的特定礦池，也會提供有關連接設定的詳細訊息。舉例來說，有些礦池並不需要輸入用戶帳號，只需要輸入正在挖掘的加密貨幣區塊鏈支付地址。因此再次強調，請務必詳細觀看你的礦池說明文件，以獲取詳細訊息。

連接伺服器要取決於離你最近的地理位置；礦池也會為你提供多個選擇。一般來說，我們會選擇在地理位置上離自己最近的一個，但你也可能想多測試幾個，看看哪個伺服器的連接最快；這時就可以使用 *ping* 命令來測試。舉例來說，假設你人在澳洲，不確定自己該選 NiceHash 礦池的美國伺服器或日本伺服器時。如果你手上用的是 Windows 電腦，便可打開 Windows 命令提示字元，並依次執行以下兩個指令：

```
ping -n 50 -l 128 speedtest.usa.nicehash.com
ping -n 50 -l 128 speedtest.jp.nicehash.com
```

如果是 macOS，你可以使用 Network Utility 應用軟體的 Ping 螢幕。對於每一個伺服器，都會收到如下的回應：

```
50 packets transmitted, 50 packets received, 0.0% packet loss
round-trip min/avg/max/stddev = 62.156/67.665/83.567/7.214 ms
```

```
（傳輸50個數據包，接收50個數據包，0.0%數據包丟失往返 min/avg/max/stddev =
  62.156/67.665/83.567/7.214毫秒）
```

如果是 Linux 電腦（Ubuntu、Debian 等版本），便只需要打開終端機，執行以下兩個指令（10 到 15 秒後，還要按 CTRL+C 來獲取 ping 測試報告）：

```
ping speedtest.usa.nicehash.com
ping speedtest.jp.nicehash.com
```

然後你可以比較平均的 ping 時間（兩部電腦以 ping 傳輸來測定封包往返所需時間），以找到最快的連接（以 ms 或毫秒為單位，數字越小當然連接越快）。速度最快的伺服器，就是最適合你使用的伺服器，因為對於加密貨幣挖礦來說，每一毫秒都很重要。

如果需要輸入的是用戶名稱，而非你的區塊鏈支付地址的話，就請輸入你的礦池帳戶名稱。前面說過，你可以對礦機或挖礦設備的名稱，進行有創意的命名方式。不過，如果你連接的礦機不止一台時，請不要重複礦機名稱（有些人可能擁有多台礦機，例如個別的 GPU 礦機或 ASIC 礦機，都在同一個挖礦帳戶下工作。因此請參閱礦池的說明，了解如何提供此類訊息）。

GPU 礦機

如果你購買的是預先搭建好的 GPU 礦機，其設置就會像 ASIC 礦機的設置一樣簡單。如果你是自己購買顯卡搭建的話，就需要更多的作業規劃。

讓 GPU 礦機連線

有些礦機製造商出售的是預先配置好的 GPU 礦機（請參閱第 9 章中的預建 GPU 礦機製造商列表，以便了解較受歡迎的一些設備供應商），但這些預組裝礦機的成本，當然會大幅超過個別購買這些電腦零件的成本。不過，這些預組裝的礦機，在挖礦作業上一定更容易設置，而且過程可能與 ASIC 礦機類似，幾乎都是隨插即用。圖 10-8 所顯示的是一台預組裝的 8-GPU 礦機，亦即帶有可插 8 張獨立顯卡的插槽。基本上可以將預組裝的 GPU 礦機視為 ASIC 礦機來設定，但 GPU 礦機本身就是一台電腦，並不需要外部電腦來管理。因此，你將執行的是以下的操作：

1. 將 GPU 礦機放在桌子、機架或機櫃上。
2. 將其連接到電源供應器。
3. 將電源供應器連接到電源分配器。
4. 連接以太網路。
5. 安裝作業系統（除非已內建，有些礦機會預載）。
6. 連接滑鼠、鍵盤和螢幕（除非內建螢幕）。
7. 在電腦上安裝挖礦軟體（預組裝礦機可能會預載軟體）。

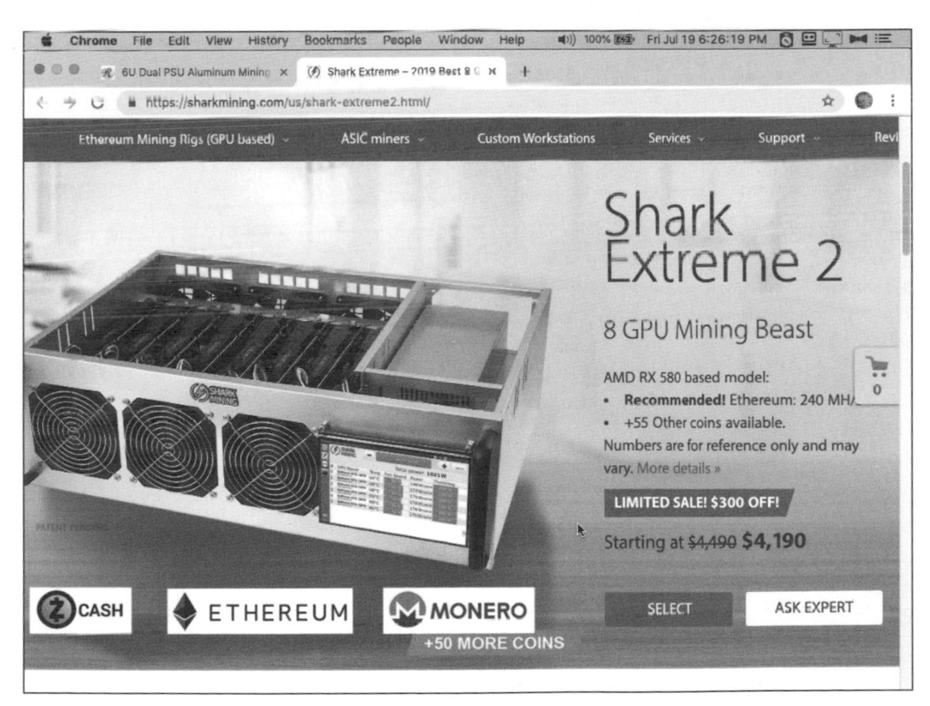

圖 10-8：預組裝的 8 顯卡 GPU 礦機。

打造自己的 GPU 礦機

預組裝的 GPU 礦機可能相當昂貴，因此一些很有決心的礦工，會從 Newegg 和 Amazon 等購物網站，或是從 Micro Center 或 Best Buy 等零售商，獲取組裝礦機所需的零配件，自行組裝 GPU 礦機。跟預組裝的成本相比的話，自己組裝的 GPU 礦機當然比較省錢。然而，這條路線也會更複雜難走，需要一些組裝經驗以及有時相當複雜的軟體知識。

一般桌上型電腦可能只有一張或兩張顯卡的放置空間。有些訂製電腦可能在標準直立式機箱中，可以插到最多三張顯卡。然而就 GPU 挖礦作業來說，通常需要特殊的機箱框架和訂製組裝的硬體，才能執行 6 到 12 張顯卡來挖礦。

你可以單獨購買這些配件，也可以購買組合在一起販售的同捆包。舉例來說，gpuShack（gpuShack.com）網站販售的同捆包便包含一個配置為 5 到 13 張顯卡（取決於同捆包類別）、RAM 和低容量 SSD 的主機板，並已預先安裝好 ethOS 作業系統。這些同捆包的價格從 189 美元到 399 美元不等，但你仍需要另購轉接卡、各種電線、機架等。

GPU 礦機會有很多種不同的配置，所以我們在這裡解釋的是基礎配置，用來概述基本的原則。在你開始組裝自己的 GPU 礦機之前，我們強烈建議你花時間觀看網路上的礦機組裝教學影片，以便對自行組裝有較為詳細的了解。你可以在搜尋引擎中輸入「**build GPU Mining rig**」（**如何組裝顯卡礦機**），尋找這些組裝範例和詳細指南。

礦機架

一般遊戲玩家經常會自己組裝高效能的桌上型電腦，購買直立式機箱和所有個別組件，包括主機板、CPU、顯卡、電源等，然後一一放入機箱中。建構 GPU 礦機的原理大致相同，不過由於多張顯卡的尺寸限制，因而不能使用一般的直立式機箱，你需要的是一個比較特殊的挖礦設備機箱或機架。

簡單的挖礦設備機架與普通電腦機箱的價格差不多，有時也可能更便宜（依你選擇的類型而定），當然它會比一般電腦機箱容納更多顯卡，也可以有更強的通風能力以加強顯卡的散熱。這種框架會用緊湊排列的方式來連接主機板、電源供應器和多張顯卡。

而購買 GPU 礦機機架時，可能也會包含各式各樣的組件。從基本型（只是帶插槽的金屬框架，可以用來安裝所有組件）；一直到帶有 CPU、硬碟、RAM、風扇、所有必要連接線，甚至連作業系統都有的更昂貴版本（也就是除了顯卡之外的所有東西都有），或是功能齊全的 GPU 礦機連機架等都有。舉例來說，圖 10-9 所示的 MiningSky Mining Rig 礦機架的售價為 899 美元，只要將另購的顯卡插入即可，非常簡單。

圖 10-9： MiningSky V1 GPU礦機架。除了顯卡外，你需要的一切都已備便。

有些機架的設計本身就可以讓你在上方堆疊其他機架，方便客戶在狹小空間內部署多台挖礦設備。也有些機架可以安裝在標準的電腦伺服器機架中，方便擴展和移動。許多線上零售商都有銷售礦機箱或礦機架（亞馬遜、eBay、Newegg、沃爾瑪，以及我們在第 9 章提到的礦機公司等）。這些銷售預組裝顯卡礦機的公司，通常也都會銷售個別組件，或單獨出售礦機架（有些礦工可能想自己搭設礦機架以節省成本，然而在許多情況下，這些額外的麻煩可能相當不值得）。

圖 10-10 所展示的是 Rosewill GPU 礦機箱（www.rosewill.com），最多可插 8 張顯卡，也可在標準機櫃安裝（6U 的高度）。該圖清楚顯示了主機板（motherboard）、顯卡（GPU）、電源供應器（PSU）和風扇（fan）的安裝位置，整個機箱售價約為 100 美元。

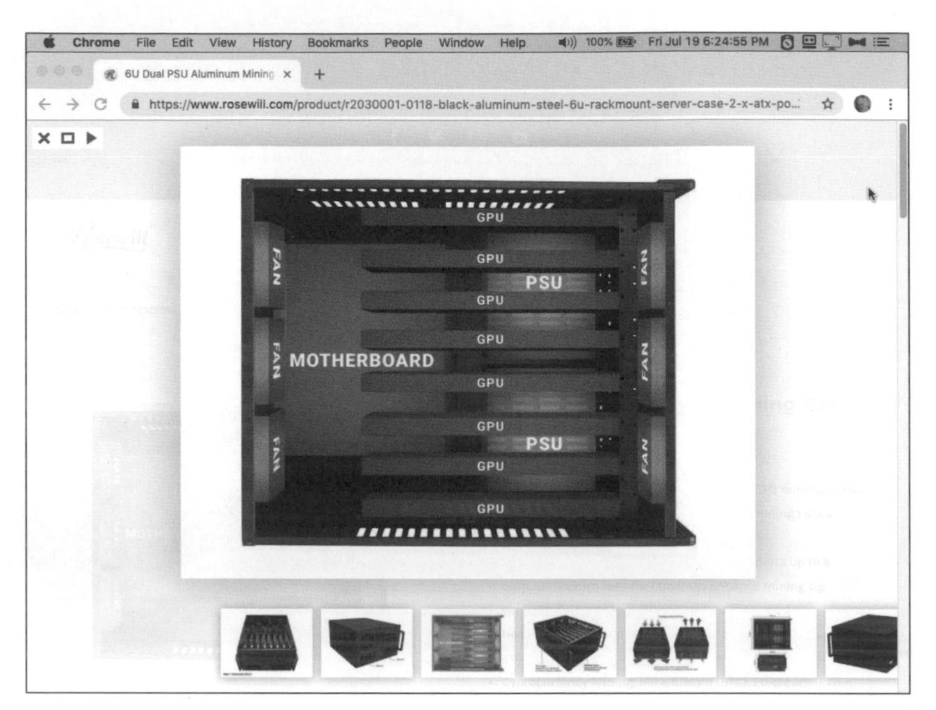

圖 10-10：Rosewill 6U 雙電源供應器鋁製礦機箱。

圖 10-11 的機架則屬於開放式設計，許多礦工都喜歡這種機架的設計方式。你買到的只是空框架，可以自己安排空間來安裝你所需要的一切（主機板、風扇、顯卡等）。

主機板

主機板簡單的說，就是將其他所有電腦零組件聯繫在一起的一種電腦硬體。它以機板上的各種裝置來安裝 CPU、顯卡、電源以及 RAM 和硬碟等。

如果你的主機板有足夠的顯卡插槽，應該會很方便。但是很少有主機板擁有兩個以上的可用長顯卡插槽。如果你使用的是更複雜的預組裝挖礦設備礦機架的話，這點就不成問題，因為所有連接器都已內建。

你只需要把主機板安裝到機架中，然後按照製造商的說明書，把其他一切連接到機架上。但如果你購買的是更簡單的機架，可能就要另購轉接卡來連接顯卡。

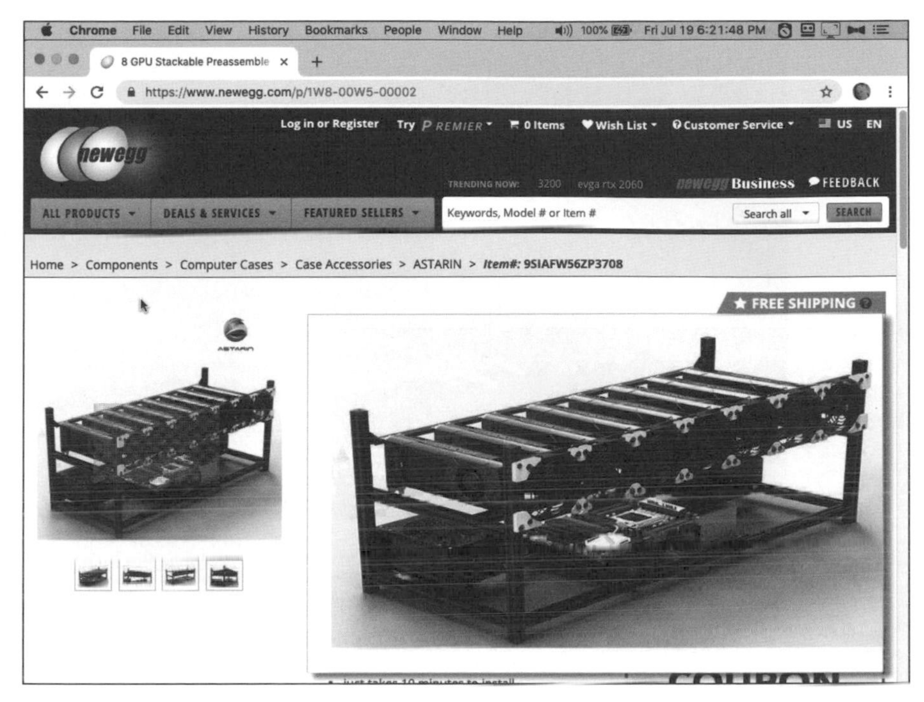

圖 10-11：開放式的顯卡礦機架，裝上所有設備後的安裝示意圖（購買的是空機架）。

事實上，你也可能必須購買專為加密貨幣挖礦所設計的主機板，這種主機板通常也會包含必要的所有連接器。圖 10-12 顯示的是知名電腦公司華碩所生產的挖礦主機板 B250 Mining Expert（挖礦專家），該板最多可以讓你連接上 19 張顯卡。

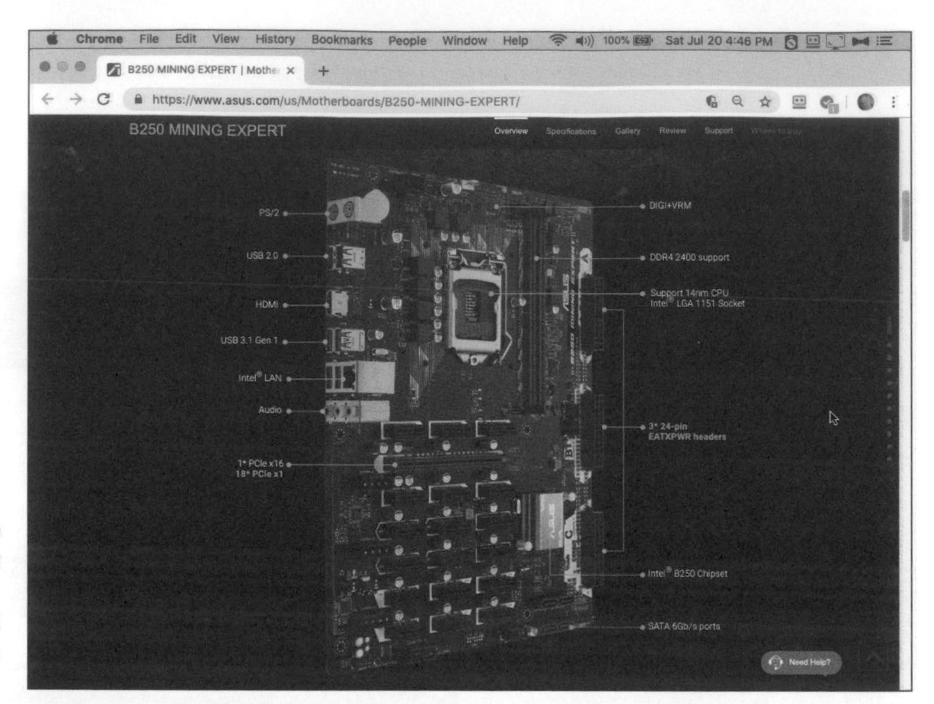

圖 10-12：華碩 B250 Mining Expert（挖礦專家）主機板，可處理多達 19 張顯卡。

REMEMBER

請確實使用主機板隨附的螺絲，把主機板牢固地安裝到機箱或礦機架上。同時還要確定你買的主機板與 CPU 型號可以相容。

中央處理器

CPU（**中央處理器**）是電腦的主要晶片，就像是桌上型電腦或筆記型電腦的「大腦」一樣。它為 GPU 礦機提供的也是一樣的控制功能。因為每張顯卡裡的 GPU 都是專用處理器，需要有一個 CPU 來管理。

一般而言，任何現成 CPU 的能力便已足夠，管理顯卡並不需要太強大的處理器。但在某些情況下，有人也會同時使用 CPU 進行挖礦（依挖礦軟體與幣種而定），也就是顯卡和 CPU 都將進行雜湊演算。如果是這種情形，你當然就需要更快更強的 CPU。這些更快的 CPU 將具有多核心（實體和虛擬核心）處理能力，可以讓 CPU 有更強的挖礦能力和雜湊率。

請確定你所購買的 CPU 與主機板相容。有些主機板可以用 Intel CPU，有些主機板可能適用 AMD CPU（其差別在於 CPU 插槽的針數，AMD 晶片使用的是 938 針的插槽，Intel 晶片則使用 1,366 針插槽）。主機板製造商會列出該板適用的 CPU。圖 10-13 所顯示的是來自 Micro Center 出售的標準 AMD CPU，能夠控制顯卡礦機的操作。

圖 10-13： 適合操作顯卡礦機的 AMD CPU，該 CPU 也附帶風扇。

請按照廠商的說明書，把 CPU 安裝到主機板上。最好也使用 CPU 風扇和散熱器來冷卻 CPU 晶片。CPU 風扇會透過與主機板連接的四針電源供電，主機板上通常會清楚標示 CPU 風扇的電源插座。風扇和散熱片要透過散熱膠或散熱膏（*thermal grease*，導熱矽脂）緊貼於 CPU 來散熱，也就是從 CPU 到散熱片再到 CPU 風扇的正確連接與散熱。圖 10-14 所顯示的便是 CPU 散熱器，設計為可鎖在主機板上，讓散熱片透過散熱膏緊貼 CPU，並在另一側用配備的風扇冷卻 CPU。

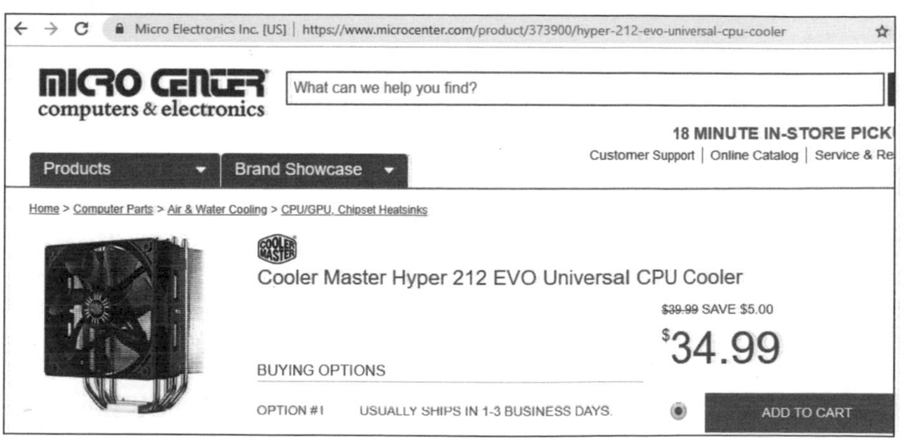

圖 10-14： 帶有內置風扇的 CPU 散熱器（來自酷碼，Cooler Master）。風扇正下方顯示的熱導管焊盤，直接接在 CPU 晶片頂部，將熱量從晶片上抽離。

GPU

GPU（*graphical processing unit*，顯示卡內的圖形處理器）是顯卡礦機所需的最基本關鍵設備。

雖然顯卡礦機所需要的其他零組件，可能不必用到很頂級，也就是可以購買更便宜的零組件來節省礦機成本。不過這整台電腦裡的 GPU 顯卡，應該會是你最想花錢購買的零件了，畢竟一台顯卡礦機是靠顯卡裡的 GPU 來進行雜湊運算。

圖 10-15 可以看到一張經常被用來挖礦的顯卡範例。這張顯卡剛出的時候並不便宜，但其算力相當強大。上面有很明顯的風扇和冷卻用的散熱器。一般而言，顯卡礦機架的內部，都可以裝得下大多數常見的顯卡厚度，但如果你認為你買的顯卡特別厚的話，可能就要仔細選擇礦機架的規格。

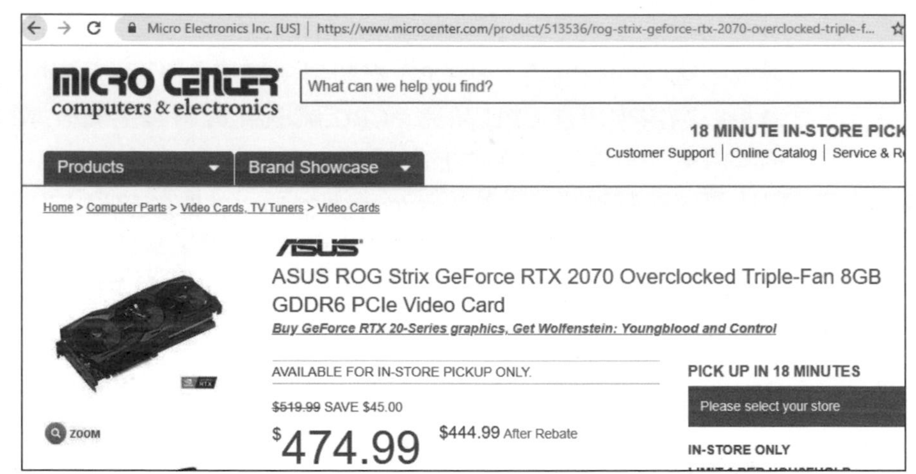

圖 10-15：
許多礦工喜歡用顯卡挖礦。

頂級顯卡的效率更高，因此它們在挖掘時只需較少的耗能便能輸出更多的雜湊值。圖 10-16 按價格高低，對加密貨幣挖礦中較受歡迎的礦卡進行排名。雖然這些礦卡價格是 2019 年底的平均值，但請注意這些挖礦用顯卡的價格，會隨著時間經過、供應量充足與否、零售商競爭或加密貨幣價格的變化而劇烈波動。

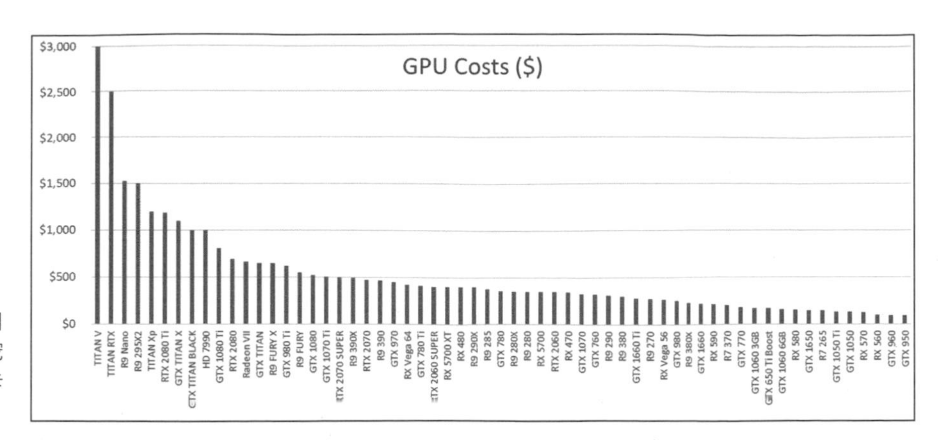

圖 10-16：2019 年底用於加密貨幣挖礦的主流礦卡平均價格。

我們建議不要在單台礦機上混合搭配不同的顯卡，因為它們可能會使用不同的 GPU 驅動軟體，很容易產生問題。只要你使用相同的品牌和型號的顯卡，便能確保不會出現這類問題。

有關顯卡挖掘硬體的雜湊輸出、功耗和整體效率的數據，以及更多詳細的訊息，請參閱第 11 章。有些顯卡礦機能夠運行多達 12 張顯卡（可參閱 https://miningstore.com.au 中的預組裝挖礦設備）。這種礦機需要更大的機架以及更多電源供應器。在某些情況下，可能還需要用兩個主機板來運作這麼多的顯卡。6 卡是比較常見的礦機配置，也接近由單一電源供應器進行安全、輕鬆供電的極限。

轉接卡和排線

將顯卡連接到主機板需要特殊的轉接卡和排線。大多數主機板只有幾個用於顯卡的內建 PCIe 連接。因此，根據硬體設置和主機板的不同，你可能有機會把顯卡直接接到主機板，但如果你的顯卡數量多於 PCIe 連接數量就沒辦法了。

遇到主機板沒有足夠的 PCIe 連接時，你可以使用 GPU 轉接卡（riser card），每張顯卡都需要一張轉接卡（每張價格大約 15 到 20 美元）。轉接卡安裝在機架上；然後透過 USB（Universal Serial Bus，通用串列匯流排）連接主機板，大部分主機板都有很多 USB 埠。

有些顯卡可以直接由主機板供電。不過最新最強的顯卡（最適合挖礦的那些礦卡），都會要求顯卡透過單獨的 PCIe 6 針排線直接從電源供應器供電。

透過 PCIe 連接埠將每個顯卡插上轉接卡，然後安裝到挖礦機箱或機架上。圖 10-17 所示為 Newegg 電子網站上出售的常用轉接卡範例。

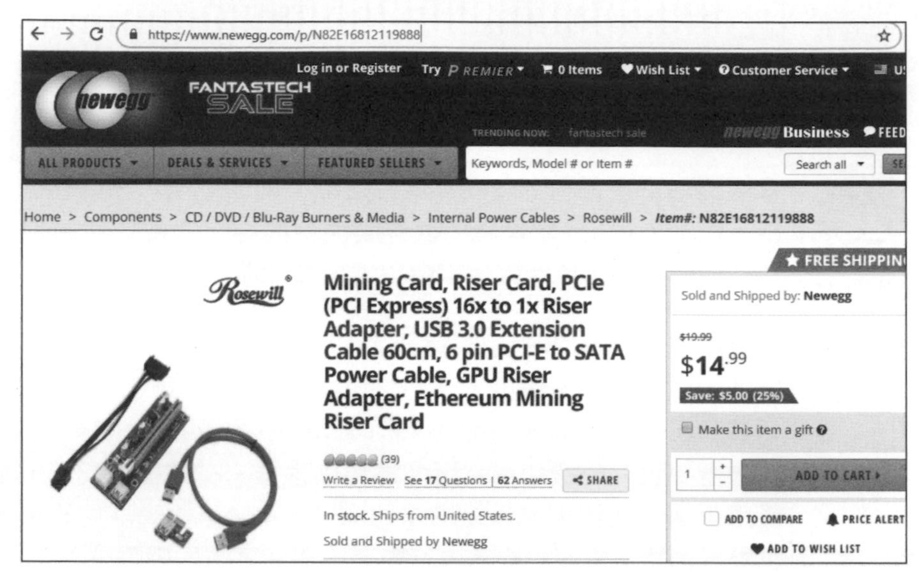

圖 10-17：用來將單一顯卡連接到主機板的轉接卡。

記憶體

任何電腦以及基於 GPU 的顯卡礦機都需要 RAM（random access memory，隨機存取記憶體，以下均簡稱 RAM）。現在的 RAM 已經相當便宜，不過挖礦並不需要用到非常大的記憶體（與原先顯卡設計的圖形密集型操作用途不同），因此無須過度加 RAM。儘管如此，你的礦機在適當數量的 RAM 下，一定會更順利運行，大約 4 到 16GB 的 RAM 就已足夠。

RAM 卡（或棒）可以直接插入主機板，但請務必仔細遵照主機板製造商的說明。某些主機板可能必須把兩條 RAM 插入插槽 1 和 2 的位置；有些主機板可能必須把兩條 RAM 插入插槽 1 和 3 的位置。一般現代主機板通常配備了四個用於可擴充 RAM 的插槽，但由於顯卡礦機並不需要太多 RAM，因此通常不會用到四個插槽。

電源供應器

你需要電源供應器，而且可能需要不只一個。顯卡礦機的電源供應器與 ASIC 電源供應器類似，也都配備了 PCIe 6 針排線，可以輕鬆快速地連接到需要電源的各種設備。

在購買電源供應器之前，請務必正確計算礦機的電源需求。顯卡製造商會列出顯卡的最大額定功耗。將此數字乘以礦機裡的安裝的顯卡數量，並安裝足夠的電源供應器來為它們全部供電。當然你還要考慮 CPU、風扇和主機板功耗等，這些附加項目的功率要求應該可以在製造商的文件中找到，但通常不會超過 200 至 400 瓦。一般電腦電源供應器的功率範圍在 600 到 1,600 瓦之間，可以輕鬆地為 3 到 8 張顯卡供電，但實際上仍需取決於顯卡的電力消耗。請參閱本書第 11 章，了解較受歡迎的加密貨幣挖礦顯卡功耗（以瓦特為單位）排名。

硬碟

在數位資料的儲存機制下，任何電腦都需要用到硬碟（HDD）。顯卡礦機本身也是一台電腦，許多擁有完整加密貨幣節點的獨立礦工，都會使用較先進的固態硬碟（SSD），不過在礦池挖礦時，並不需要特別用到這種規格。因為透過礦池挖礦時，礦池本身便能管理區塊鏈。你連接到礦池的所有設備，都在進行雜湊運算，因此並不需要特別快或特別大的硬碟，只要一個小硬碟就已足夠。

然而個人挖礦又是另一回事。因為你會在自己的硬碟上擁有區塊鏈的完整副本。這就代表在 HDD 和 SSD 之間的選擇，必須取決於你正在挖掘的加密貨幣。如果是在許多規模較小的加密貨幣挖礦時，可能並不是非常重要。但在某些情況下，例如過去我們必須儲存區塊鏈副本（亦即包含所有歷史資料的區塊鏈副本），挖掘類似以太幣這類大型區塊鏈時，如何選擇硬碟就變得更重要了。由於存檔的區塊鏈資料龐大，你可能需要安裝一個多 TB 的 SSD，因為傳統的 HDD 速度真的很慢，無法跟上資料同步的速度（另一方面，個人礦工也可以使用所謂修剪區塊鏈的方式，在以太幣這類大型區塊鏈中挖礦。這種方式會刪除非必要的歷史資料，因此區塊鏈的存檔副本會小得多）。

SSD 硬碟當然比一般 HDD 硬碟更貴，但速度也更快，可以協助個人挖礦設備快速讀取區塊資料並將其寫入儲存。這點對於利用礦池挖礦的礦工來說，並非必要。但對個人礦工而言，每一秒（或每個區塊）都很重要。舉例來說，下載、同步和驗證存檔的以太坊區塊鏈，甚至無法在不使用 SSD 的情況下，追上添加到鏈中的即時區塊，因為 HDD 實在太慢了（不過對大多數小規模的加密貨幣來說，硬碟速度並不會構成太大的問題）。

硬碟與主機板連接的方式，一般會使用 SATA 線，也一樣透過六針 PCIe 電源線連接電源供應器。

風扇

氣流的控制對於任何礦機都是不可或缺的，因為雜湊計算的過程會產生相當多熱量。最適合加密貨幣挖礦的顯卡，就是具有連接到大型散熱器冷卻的內建風扇顯卡。而前面說過你的 CPU 也需要一個 CPU 風扇，礦機架本身也可能預留一塊位置，可以讓你把一些外部風扇安裝到礦機架上，幫助散熱。這些風扇通常可以透過 4 針插腳的風扇電源連接到主機板上，以便協助於礦機散熱，並保持設備的最佳運行狀態。

請確保這些連接線都牢固地插在你的顯卡礦機上。當礦機開機後，下一步便是安裝軟體，讓你的礦機指向你的加密貨幣區塊鏈或你所選擇的礦池。

作業系統、滑鼠、鍵盤、螢幕

顯卡礦機與需要外部電腦管理的 ASIC 礦機有所不同，顯卡礦機會由儲存在你安裝到礦機中的 HDD 或 SSD 上的作業系統，進行操作與管理。因為顯卡礦機本身就是一台電腦，跟你的桌上型電腦或筆記型電腦一樣，具有主機板、CPU、RAM 和硬碟等設備。

如果你購買了預組裝的 GPU 顯卡礦機，很可能就已經內建了作業系統。我們在前面「GPU 礦機」一節所看到的 Shark Mining 礦機，預先安裝了一個名為 SharkOS 的東西，這是一個已經包含了挖礦軟體，基於 Linux 的作業系統；而 MiningSky V1 GPU Mining Rig 礦機，則已經在硬碟裡預先安裝了 Windows（未註冊）作業系統。如果你是自行組裝的話，就必須安裝作業系統，方法可能是透過網路下載到礦機的硬碟裡。

請注意，我們在本章看到的一些軟體，也會像 SharkOS 一樣是作業系統和挖礦軟體的組合方式。也就是安裝的作業系統已經帶有可執行的挖礦功能。

由於需要控制這部顯卡礦機電腦，因此你還需要滑鼠、鍵盤和螢幕（少數礦機如 Shark Mining 礦機，可能內建了觸控螢幕）。

CPU 挖礦

CPU 挖礦原本相當受歡迎，事實上，它也是比特幣和其他加密貨幣早期（ASIC 出現之前）唯一的挖礦方法。雖然後來出現的專用礦機，已經發展得更加有用和高效率。但在各種較小的加密貨幣，或故意阻礙 ASIC 開發競爭的加密貨幣（如門羅幣）上，CPU 挖礦仍然可行。應該已經有很多年沒有人刻意組裝一部 CPU 礦機，大部分的人要不是使用閒置的備用電腦，要不就是直接用正在使用中的電腦。你當然也可以使用礦機裡面的 CPU 來挖礦，除了控制著幾張顯卡外，它大部分的時間就閒置在那裡，所以為何不使用這個閒置的額外計算能力來挖掘加密貨幣呢（一般稱為雙挖）？

儘管如此，拿閒置 CPU 進行挖礦的最簡單方法，就是使用礦池軟體，例如 NiceHash、Cudo Miner 和 Kryptex 等。當然也可以使用其他軟體如 Easyminer 和 Hive OS 等。

如果你想進行個人挖礦，通常要在打算使用的 CPU 上安裝加密貨幣的核心軟體，不過也有其他的個人挖礦軟體可以使用，我們將在下一節中，詳細討論各種挖礦軟體。

REMEMBER

任何形式的挖礦，都必須了解各種「數字」，尤其是是否可以「獲利」（請參閱第 11 章）？這點對於 CPU 挖礦更為重要，因為一般 CPU 挖礦都不太有機會獲利。

挖礦軟體

硬體完備後，還需安裝適當的軟體。你所使用的軟體必須取決於礦池挖礦或個人挖礦、硬體（ASIC、GPU 或 CPU）以及打算挖的加密貨幣幣種。

有些挖礦軟體可以直接取代整個作業系統（例如 ethOS、Braiins OS 或 Braiins OS+），但在其他情況下，挖礦軟體（如 MultiMiner、NiceHash 和 Cudo Miner）都是在作業系統（例如 Windows、Linux 或 macOS）下執行的應用軟體。

礦池挖礦

礦池挖礦是一種合作挖礦系統，也就是在該系統中，有成千上萬的個人礦工一起工作以開採區塊，彼此分享與個人雜湊算力貢獻成比例的挖礦獎勵。

我們推薦各位採用礦池挖礦，以便獲得穩定一致的挖礦獎勵。在本節後面的部分，我們將討論一些用來讓你的礦機（不論是 CPU、ASIC 和 GPU 礦機），可以設置並使用礦池軟體的選項。有些軟體同時適用於三種礦機，有些則只適用於其中一種。

REMEMBER

當你購買 ASIC 或預組裝的顯卡礦機時，礦機可能已經安裝好挖礦軟體。ASIC 礦機通常配備製造商提供的作業系統（在 ASIC 的控制板上執行），具有簡單的圖形介面。你可以從連接到本地網路的另一台電腦上，操作這個作業系統；做法是使用網路瀏覽器，連接到該設備在區網上的 IP 位址。

你可參閱礦機製造商的說明文件，以便正確的設定挖礦軟體。一般挖礦製造商軟體的使用者介面圖，請參考前面提過的圖 10-6，該圖顯示的是比特大陸 ASIC 礦機附帶軟體中的礦池設定畫面。並請參閱本章前面「用一台電腦來控制你的礦機」一節中所討論到的礦機設定。如果你購買了預組裝的顯卡礦機，可能也會附帶作業系統和挖礦軟體。

然而這些礦機製造商所提供的作業系統通常是非開源軟體（並未開放修改程式碼），因此可能會出現一些程式問題，例如被安裝後門程式、被遠端監控，或是缺乏超頻或其他效率限制等，所以礦工們也經常會換掉製造商提供的軟體（如果你有興趣了解更多關於可能的效率限制或後門程式的問題，請搜尋**比特大陸「*ASICBoost*」爭議**和**「*Antbleed* 後門程式」漏洞**的新聞）。

有許多可供下載的軟體，都是專門為挖掘加密貨幣而設計。但其中也有許多並非來自可靠來源，有些甚至可能包含惡意軟體或電腦病毒，因此我們整理了這份較為可靠的礦池專用挖礦軟體列表。

- **ethOS**：這款基於 Linux 的 GPU 加密貨幣挖礦作業系統，非常適合用於顯卡礦機的礦池挖礦，也很容易安裝、設置和操作（比較適用於使用過 Linux 軟體的人）。ethOS 目前支援挖掘以太幣、大零幣、門羅幣等。ethOS 是根據通用公共許可證（GNU）許可的免費軟體，但強烈建議你購買付費版本以支持該軟體的後續開發（ethOS 雖然免費，但並非開源軟體；根據該網站的說法，宣稱它們的軟體是由一隻「紅眼小山羊」（Small Goat with Red Eyes）所許可提供。因此你必須從 gnuShack.com 網站，為打算執行 ethOS 的每台礦機，都購買一份 ethOS。否則，當你晚上睡覺的時候，紅眼小山羊就會來找你……）。這套軟體除了可以直接下載外，也可以購買預先載好的隨身碟或 SSD。取得之後，請按照官網文件來設置你的礦機以進行雜湊演算（`http://ethosdistro.com`）。
- **NiceHash**：這是一個礦池挖礦服務和礦機配置軟體（它也可以讓礦工買賣算力；請參閱第 7 章），適用於各種不同的加密貨幣。這套軟體專門設計用來透過 GPU、ASIC 和 CPU 進行挖礦，而且只能在 Windows 作業系統上執行。因此，你可以將它安裝到礦機裡的 Windows 作業系統中，進行顯卡的 GPU 挖礦作業，也能在 Windows 電腦上執行該軟體，使用電腦 CPU 進行 CPU 挖礦。若要進行 ASIC 挖礦，也可使用內建指令，將你的 ASIC 礦機指向它的伺服器（見圖 10-18）。請按照官網文件來設置你的礦機以進行雜湊演算（`www.nicehash.com`）。
- **Easyminer**：這個免費的開源挖礦軟體可以挖掘各種加密貨幣，包括比特幣、狗狗幣、萊特幣等。它也可以設定使用 CPU、GPU 和 ASIC 進行挖礦，並且可以指向礦池進行挖礦，還可以進行個人挖礦。它同樣只能在 Windows 作業系統下執行（`www.easyminer.net`）。

- **Hive OS**：Hive OS 是一款免費的作業系統，最多可用於三台挖礦設備，但如果是較多台礦機時，便需按月付費。該軟體同樣可設置 CPU、GPU、ASIC 挖礦，並可運行多種不同加密貨幣的雜湊演算法（www.hiveon.com/os）。

- **Braiins OS**：若以 ASIC 礦機挖掘比特幣來看，Braiins OS 絕對是替換製造商內建軟體的最佳替代品。這是一個開源、完全可審查的作業系統，專門為 Antminer S9 和 DragonMint T1 ASIC 礦機而設計（當你閱讀到本文時可能已經支援更多礦機）。在某些硬體設置時，它可以在相同電力下，增加雜湊運算的能力，因而提高你的效率和投資報酬率。請按照官網說明文件和安裝指南，為你的礦機更新作業系統軟體，進行設定並指向你所使用的礦池（https://braiins.com）。

- **Mother of Dragons**：這是一套在 Linux 電腦（例如 Debian、Ubuntu 和 CentOS 等）或其他基於區網連接的 Linux 設備上（例如 Raspberry Pi 樹莓派這種小巧、便宜的單板機；請參閱 www.raspberrypi.org）所執行的軟體。只要輸入你的配置，包括礦池伺服器、用戶名稱、密碼、時脈頻率、風扇速度等，軟體便會自動檢測並連接到區網上的 ASIC 礦機（DragonMint 或 Innosilicon 礦機），並更改其設定。它還擁有一個內建的監控系統，可以更新你的 ASIC 韌體，並可重新啟動任何離線的礦機。它確實可以為你節省相當多的工作，但比較偏向為專家用戶所設計。請按照其 GitHub 頁面上的文件，取得設定的說明：https://github.com/brndnmtthws/mother-of-dragons。

- **MultiMiner**：MultiMiner 是為 Windows、Linux 和 macOS 平台設計的一款開源挖礦軟體。可以使用 GPU、ASIC 和 FPGA（Field Programmable Gate Arrays，場式可程式閘陣列，稍後會解釋）進行挖礦。MultiMiner 使用 BFGMiner 挖礦引擎（在後面的「個人挖礦」一節會加以討論），結合容易使用的介面，讓你進行簡單的設置和監控。它可以設定為礦池挖礦，而且與前一套 Mother of Dragons 類似，一樣具有監控系統且可自動更新（https://github.com/nwoolls/MultiMiner）。

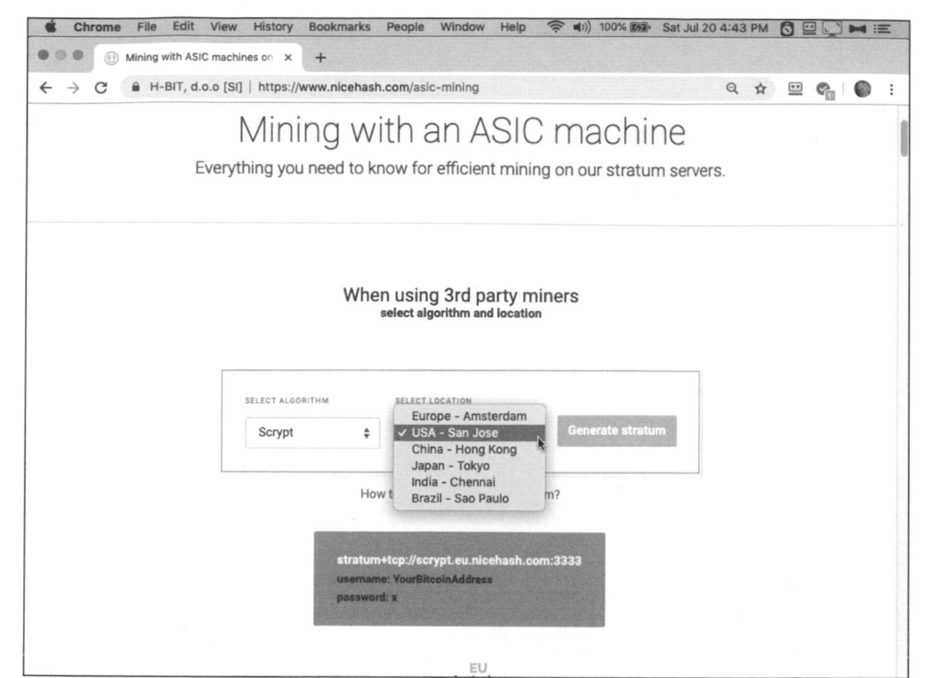

圖 10-18： 使用 NiceHash 軟體進行 ASIC 挖礦的畫面。請在此選擇演算法和伺服器位置，NiceHash 便會告訴你如何設置 ASIC 礦機。

何謂 FPGA ？

FPGA（Field Programmable Gate Array，場式可程式閘陣列）晶片，是為真正高階、專業的礦工所準備，而非讓初學者輕易涉足的晶片，因為它們在使用上具備一定的難度。FPGA 是可程式化配置的電腦晶片，事實上它等於是空白待寫的晶片，跟一般來自製造商的大多數電腦晶片，都已經設置好各種用途的情況有所不同，FPGA 的設計可以讓用戶自行設置。

FPGA 晶片有時也會被用來挖掘如門羅幣這類加密貨幣，因為門羅幣社群針對 ASIC 專用礦機，刻意定期更改演算法，讓製造商來不及設計、生產、販售挖掘門羅幣的專用 ASIC 礦機（當製造完成的門羅幣 ASIC 可以在市場販售時，演算法又被更改了）。因此更專業的礦工便使用 FPGA 來挖掘門羅幣，等於是一種比 CPU 或 GPU 挖礦更有效的方式。當門羅幣演算法改變時，這些礦工便對 FPGA 晶片重新編寫。事實上，它們就等於一種「自製」ASIC（當然效率比不上專用的 ASIC）。它們也可能被用來挖掘規模較小、較不流行的加密貨幣，因為這類加密貨幣的市場規模不夠大，不足以鼓勵製造商為它們設計專門的 ASIC 晶片。

雖然為 Windows 和 macOS 作業系統設計的礦池軟體，會讓你在筆記型或桌上型電腦上的執行變得很簡單（第 7 章可以看到範例），然而在其他作業系統下所使用的挖礦軟體，情況可能複雜得多。

有經驗的 Linux 用戶在設置 ethOS 或 Braiins OS 的過程，可能覺得相當簡單。但如果你從未使用過 Windows 或 macOS 以外的作業系統，或者你認為安裝複雜軟體的理想做法，就是把電腦丟給相關技術人員一個下午就可以完成的話，這些其他作業系統裡的某些操作，將會超出你的經驗範圍！你可能需要找個懂電腦的技客好友來幫忙，不然就必須非常仔細地閱讀說明，而且很可能還要花大量時間來尋找如何完成設置。

大多數挖礦軟體都是為 ASIC 和 GPU 挖礦而設計的，因為它們的效率最高，所以也是最有經驗的礦工使用的挖礦設備。而像門羅幣這類非 ASIC 加密貨幣則是例外，它們的目的在請你使用 CPU 和 GPU 進行挖礦（可以使用顯卡 GPU 挖礦的人，當然也可以使用 CPU 挖礦，不過 GPU 的效率還是高得多）。當然也有一些挖礦軟體確實可以使用 CPU 挖礦。然而用 CPU 挖掘門羅幣或更小加密貨幣的礦工，只需使用**核心軟體**即可，亦即該加密貨幣本身提供的軟體即可。這些軟體如果不是在該加密貨幣網站上下載，就是從該加密貨幣的 GitHub 頁面下載。不過 CPU 挖礦真的很難獲利，因此大多數門羅幣礦工都是使用 GPU 挖礦（雖然他們也必須使用顯卡礦機中的 CPU 進行基本操作）。

CPU 挖礦通常無法獲利，如果你真的打算用 CPU 挖礦的話，NiceHash 應該是唯一可能讓你獲利的軟體。

個人挖礦

除非你非常仔細地計算數字（請參閱第 11 章），並確定真的可以獲利，否則我們並不建議個人挖礦。因為你必須充分了解並接受極低的投資報酬率（可能微乎其微），或是你必須投入擁有足夠網路雜湊率的成本，才能確保獲利。話雖如此，仍有相當多的軟體可以用來設置個人挖礦。

TECHNICAL STUFF

大多數個人挖礦軟體都會要求在連上網路的電腦上，下載並同步欲挖加密貨幣的完整節點，然後將你的 ASIC 或 GPU 礦機上執行的軟體，指向該電腦上的完整節點。在啟動礦機之前，請仔細研究你打算使用的軟體說明文件。

以下是個人挖礦的軟體列表：

- **Core Cryptocurrency Software（加密貨幣核心軟體）**：有些加密貨幣（如門羅幣），在其全節點核心軟體內建了挖礦功能（比特幣也曾經有過，但已經被刪除）。只要下載他們的核心節點，同步到區塊鏈（可能需要一段時間），然後在挖礦選項下啟用挖礦即可。相關軟體下載和說明文件，請參閱該加密貨幣的主要站點（例如門羅幣，請造訪 `https://web.getmonero.org/get-started/mining`）。
- **CGMiner**：CGMiner 是為使用 ASIC 或 FPGA 進行比特幣挖礦而創建的開源軟體，可在 Linux、Windows 和 macOS 上執行。它的程式庫也是開源的（`https://en.bitcoin.it/wiki/CGMiner`）。
- **BTCminer**：BTCminer 是一款專為 FPGA 挖礦而設計的比特幣挖礦開源軟體。可以在 Windows 和 Linux 上執行（`https://en.bitcoin.it/wiki/BTCMiner`）。
- **BFGMiner**：這款適用於 Windows、macOS 和 Linux 的免費開源軟體，可以設置為使用 CPU、GPU、FPGA 和 ASIC 進行挖礦（`https://en.bitcoin.it/wiki/BFGMiner`）。

4

挖礦經濟學

本單元內容包含：

了解挖礦是否值得。

提高挖礦效率。

管理你的獲利並讓稅務人員滿意。

本章內容

- 了解決定獲利能力的因素
- 計算加密貨幣挖礦獎勵
- 評估挖礦設備的效能
- 建立投資報酬率的預估
- 建立自己的成本 / 收益分析

Chapter 11 算算數字：值得挖嗎？

避免在加密貨幣挖礦行業「錯誤投資」的最佳方法，就是在將大量資金投入雲挖礦服務、個人挖礦硬體設備或算力買賣之前，仔細做好研究。因為你必須真正了解這些數字，才能看到自己是否有可能在挖礦行業上賺錢。

我們將在本章介紹加密貨幣挖礦設備和設置標準的各個層面，協助你確定自己的規劃安排，是否真的能夠在挖礦行業中獲利。

決定挖礦獲利能力的因素

在計算挖礦的投資報酬率（ROI）時，請考慮以下因素：

- 你的挖礦設備總成本
- 礦機的雜湊率
- 整體挖礦設備的效率
- 設備維護費用
- 設施成本（空間租金、空間冷卻成本等）

» 執行挖礦設備的電費

» 計畫開採加密貨幣的整體網路雜湊率

» 透過礦池挖礦的話（請參閱第 7 章），礦池提供的全網算力和礦池收取費用的比例

» 區塊收益（區塊補貼和交易手續費）

» 加密貨幣與你所在當地法定貨幣的兌換匯率

在以下章節中，我們將一一探討這些因素，然後將它們彙整在一起總結，協助你正確計算挖礦潛在的投資報酬率。

設備成本

決定挖礦獲利能力的重要因素之一，就是挖礦設備的初始成本。設備成本通常是加密貨幣挖礦活動「資本支出」（CapEx）的最大一部分。**資本支出**的定義就是企業或組織為獲得固定資產，或為了延長資產耐用年限而產生的成本。

添購新的加密貨幣挖礦設備時，不論是功能強大的顯卡礦機或特定應用的 ASIC 礦機，其購買價格通常會根據市場需求和市場情緒而有大幅波動。在本書撰寫時，頂級的比特幣 SHA-256 ASIC 礦機市場價格，就從每 TH/s（每秒一兆次雜湊）20 美元到 100 美元不等（圖 11-1 是礦機價格比較圖，圖 11-2 則是不同效能礦機的每 TH/s 成本）。這種價格變化，主要取決於設備的使用年限和單位效率（每 TH/s 所消耗的電量；請參閱第 9 章），以及它的受歡迎程度和礦機的年份。更新、更高效的硬體，每 TH/s 的成本當然更高。較舊且功能較弱的礦機，通常會以較低價格出售，最新和最高效能的礦機則會以高價出售。事實上，礦工通常很難以製造商的預售價格買到新的 ASIC 礦機，因為新礦機的庫存量通常很少，投機者會搶購這些礦機，再以更高價格轉售。在某些情況下，甚至可能超過製造商建議零售價格的兩到三倍。

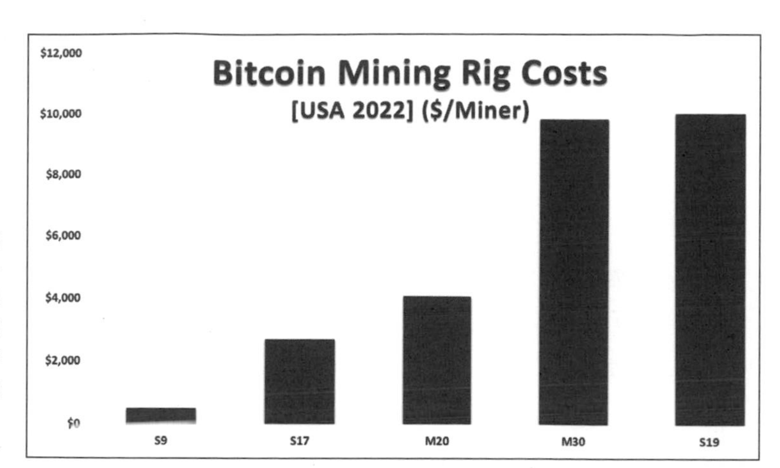

圖 11-1：在本書撰寫時，一些最新、最受歡迎，也最多人使用的 SHA-256 比特幣 ASIC 礦機的購買成本，以美元計價。

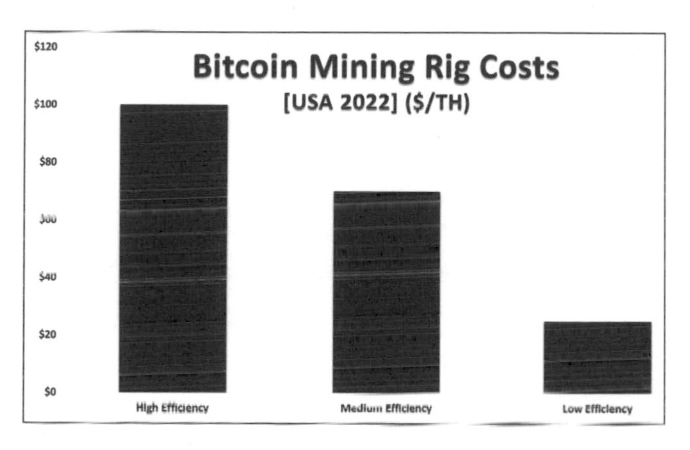

圖 11-2：在本書撰寫時，一些最新、最受歡迎，也最多人使用的 SHA-256 比特幣 ASIC 礦機的購買成本，以美元 / 雜湊率（TH/s）為單位。

因此採購礦機時必須以平衡為考量，如果相同算力的礦機 A 比礦機 B 便宜，很可能是因為它的效率較低；也就是說，它的每秒兆次雜湊運算可能會耗費更多電力。請參閱第 9 章，了解各種雜湊算法的挖礦設備效率區分。

挖礦設備的算力

你必須知道自己擁有的挖礦設備或計畫購買礦機的雜湊率（算力），我們可以透過幾種方式來計算挖礦設備的雜湊率。

REMEMBER

重申一下，這些挖礦設備並不是內建某種算力，而是具有在處理特定挖礦演算法下可以達成的雜湊率。當然，ASIC 都是為特定演算法所設計，CPU 和 GPU 則可以與各種加密貨幣及其演算法一併使用。舉例來說，GPU 可能具有不同的雜湊率，因為一切要看你所挖掘的加密貨幣種類。因此，在計算 CPU 或 GPU 雜湊率之前，必須知道你所面對的演算法，才能確定硬體的雜湊率。

礦機廠商額定算力

如果你已經購買或計畫購買某型 ASIC 礦機的話，一切就變得很簡單；製造商會提供礦機的額定算力（可參閱第 9 章，查看目前市場上功能最強大的比特幣 SHA-256 挖礦 ASIC 的製造商額定算力列表）。在購買並研究論壇（如 BitcoinTalk.org）或社交媒體網站（如 Twitter 或 Reddit）之前，請仔細閱讀廠商文件，搜尋與你的挖礦設備相關的討論。

圖 11-3 可以看到亞馬遜出售的一系列 ASIC 礦機。注意產品說明文字裡的算力：AntMiner L3+ ~504MH/s、AntMiner V9 ~4TH/s、AntMiner S9 ~14.0TH/s、AntMiner V9 ~4TH/s（~ 是接近之意）。

TECHNICAL STUFF

為何 Innosilicon 的礦機算力是 50Ksol/s 呢？這種稱為「**解法**」（sol，solution，稍後會解釋）的單位，同樣代表它每秒約可雜湊 50,000 次。我們偶爾會遇上這種單位，尤其是在挖大零幣和某些加密貨幣如比特幣黃金和 Komodo 所使用的 Equihash 演算法時，可參閱第 8 章按演算法區分的加密貨幣。

電商網站不一定會列出你正考慮使用的礦機雜湊率。遇到這種情形時，請直接造訪該製造商網站，了解礦機的詳細訊息（可以到第 9 章查找最受歡迎的 ASIC 礦機和預組裝 GPU 礦機的製造商列表）。

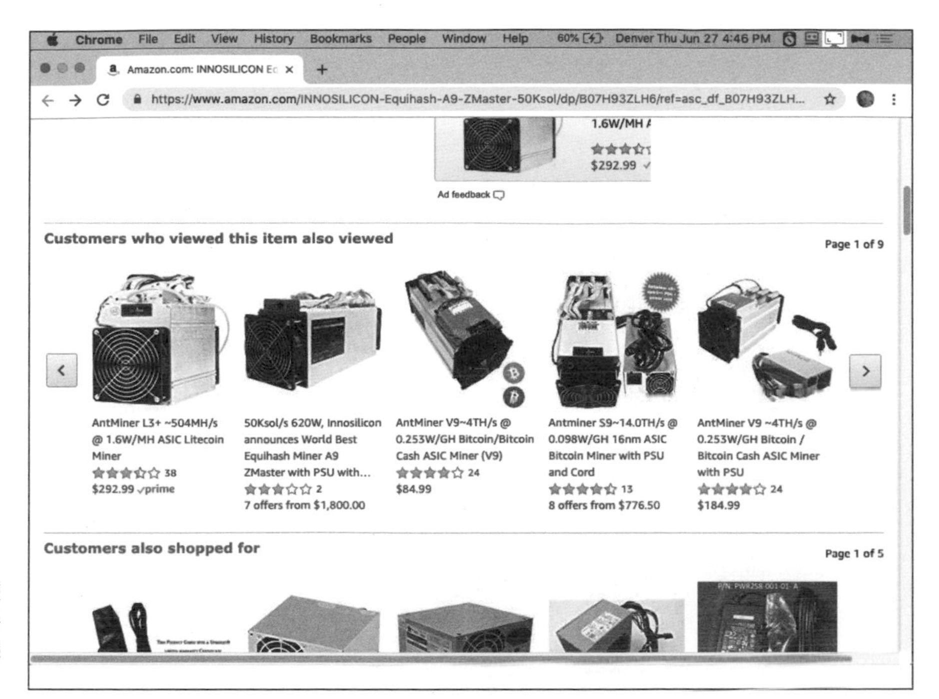

圖 11-3： 亞馬遜網站畫面，顯示了各種 ASIC 礦機的額定算力。

處理器基準測試網站

搜尋挖礦設備雜湊率的另一種方法，就是上網查看第三方測試的挖礦設備性能。如果你打算使用 CPU 或 GPU 進行挖礦的話，這些「基準測試」（benchmark test）網站的數據非常有用，因為廠商通常沒有公布這類設備的雜湊率（跟專為加密貨幣挖礦而設計的 ASIC 有所不同）。

算力不僅取決於挖礦設備的功率，還取決於所使用的加密貨幣演算法。GPU 在加密貨幣 A 上的雜湊率為 x，但在加密貨幣 B 上的雜湊率則可能為 y。

這些基準測試網站非常好用，但不一定會列出每一種處理器，如果運氣不好，也可能找不到你想要搜尋的資料（另一種方法是用預估的方式，根據一般 CPU 和 GPU 指標，找到與你的硬體相近型號的額定功率數據）。

雜湊與解法

Equihash 社群對**解法**（*solution*）和**雜湊**（*hash*）及其關聯性，存在著很多疑慮。之所以會有這種混淆，肇因於加密貨幣演算法通常都很複雜，而且可以在不了解它們的情況下就開始挖礦。因為礦工只需了解如何設定和操作相關軟硬體，並不需要了解底層的高度複雜演算法。說真的，很少有礦工會深入了解他們正在使用的演算法。

然而這種缺乏對演算法的理解，導致了一個問題：某些設備的算力可能是以**每秒解法**為單位，但有些 Equihash 加密貨幣的線上挖礦計算器，卻會要求你輸入設備的**每秒雜湊值**。例如 MinerGate（**https://minergate.com/calculator/equihash**）的計算器使用的是每秒解法數，而 WhatToMine（**https://whattomine.com/coins/166-zec-equihash**）、CryptoCompare（**www.cryptocompare.com/mining/calculator/zec**）和 Minerstat（**https://minerstat.com/coin/ARRR**）的計算器都是使用每秒雜湊數。

所謂「解法」（solutions 或 Equihash 社群所稱的 *sols*）是指 Equihash 演算法工作量證明挑戰的解法數。Equihash 所出的題目就是所謂的「生日問題」（Birthday Problem）的變體（也就是房間裡有 x 人，其中兩個人生日同一天的可能性有多大？大家可以搜尋一下，答案應該會出乎你的意料）。就像比特幣的 SHA-256 算法，每次「雜湊」都針對同一個目標測試某個數值，Equihash 的每個「解法」也是針對同一個目標測試某個解法。因此，Equihash 並沒有像 SHA-256 那樣使用雜湊的方式，稱其為每秒雜湊數。因為確實是有點不合適的說法，應該稱為每秒的解法數才比較合理。

儘管如此，我們也常看到與 Equihash 相關的「雜湊 / 秒」單位，而且實際上通常都是在表示「解法 / 秒」。如果你打算挖掘 Equihash 演算法的加密貨幣時，應該在計算與獲利相關的算力時，確保自己真正了解以「雜湊 / 秒」表示時，背後的真正含義為「解法 / 秒」。

查看各種設備（包括 CPU、GPU 和 ASIC）的基準測試網站列表：

» CPU 基準測試

- 門羅幣測試（https://monerobenchmarks.info）

» **GPU 基準測試**

- 比特幣維基測試（https://en.bitcoin.it/wiki/Non-specialized_hardware_comparison）
- WhatToMine GPU 規格（https://whattomine.com）
- Miningchamp GPU 列表（https://miningchamp.com）

» **ASIC SHA-256 設備**

- Hash Rate Index 算力指數（https://hashrateindex.com/machines）
- 比特幣維基測試（https://en.bitcoin.it/wiki/Mining_hardware_comparison）
- Braiins Mining Insights（https://insights.braiins.com/en/#profitability_of_popular_asics）

我們也可以很容易地在網路上，找到把設備性能相關訊息與實際獲利能力計算器相互結合的工具，例如 https://whattomine.com/miners。

礦池

另一種計算挖礦設備雜湊能力的方法，就是將其連接到礦池挖礦。請先為你想挖的加密貨幣找到一家信譽良好的礦池。建立礦池帳戶後，設置好你的挖礦設備連線，然後讓它執行一段時間。礦池軟體就會直接告訴你，這台設備相對於該加密貨幣的雜湊率是多少（有關礦池的更多訊息，請參閱第 7 章）。

下載處理器測試軟體

如果你用來挖礦的設備並沒有製造商列出的雜湊率規格，也沒出現在上述任何基準測試網站上，而你也不想費心去設置一個礦池帳戶的話，還有另一種找出雜湊率的方法。

如果你搜尋「**我的雜湊率是多少**」（*what is my hash rate*）或類似關鍵詞，可能就會找到可以在你的系統上執行的處理器測試軟體，也就是可以檢查設備雜湊率的網站。他們的做法通常是透過實際挖礦來測試，因此提供下載測試軟體的網站，等於光明正大地使用你的挖礦設備處理能力，在測試的同時進行挖礦並賺取加密貨幣。

你當然要小心這類網站所下載的軟體，它們很可能帶有廣告軟體、惡意軟體或發生更糟的情況！除非你絕對確定它們很安全，否則我們並不建議你使用這些測試服務（由於我們對任何一個這類網站的軟體，都沒有足夠的信心，因此就不在此列出這類網站。請記得在使用這些網站的軟體之前，一定要仔細研究並自行承擔下載的風險）。

礦機效率

在營運支出（後面的「電力成本」一節還會進一步討論）和資本支出之後，排在你的挖礦營運成本 / 收益分析中的下一項重要因素，就是你的挖礦設備效率。這個數字是由礦機的雜湊率（每秒雜湊數）以及礦機消耗的電力所決定（通常以瓦為單位）。

我們在第 9 章看過，可以把這兩個數字組合起來，成為礦機的效率數據。礦機的效率通常是以每秒兆次雜湊所耗焦耳來標示（不同設備也可能會是每秒十億次或每秒百萬次雜湊所耗焦耳）。各位還記得在第 9 章說過，焦耳是能量單位，相當於每秒消耗一瓦特的電量；TH/s 是兆次雜湊，GH/s 是每秒十億次雜湊，MH/s 是每秒百萬次雜湊……如果已經忘記了，請參閱第 9 章曾經提過，在執行常見雜湊演算法的 ASIC 礦機效率數據。

雜湊率能力

挖礦設備的效率與獲利能力，取決於該設備在你所挖的加密貨幣區塊鏈下，對於工作量證明演算法的「雜湊率」，亦即該設備每秒可以處理多少次雜湊。每秒可以處理的雜湊值越多，你在網路雜湊率中所佔的比例就越高，也就是你更有機會可以挖到加密貨幣的區塊獎勵（如同我們在第 8、9 章所說，只要時間夠長，你所獲得的網路挖礦獎勵比例，會等於你提供的網路雜湊率所佔的比例）。

請回頭參閱第 9 章，了解受歡迎的一系列比特幣 SHA-256 演算法 ASIC 礦機，以及其他常見雜湊算法的雜湊率排名。基於以太幣 Ethash 算法的 GPU 挖礦雜湊率能力的比較，請見圖 11-4。這些額定功率範圍從每秒 20 到 120 兆次雜湊不等。不過還要注意的是，這個比較表並不包括顯卡「超頻」的能力，只比較其額定功率的預估值。

TECHNICAL STUFF

「**超頻**」是用在處理器上的一個術語，用來描述提高處理器時脈或頻率，以便將電腦處理器的輸出提高到製造時的額定值之上，這點可以透過 BIOS 或是製造商提供的軟體來辦到。舉例來說，如果對某個處理器進行超頻時，可能會讓原先設置的頻率從 600 MHz 提高到 750 MHz（*MHz* 或**兆赫**是頻率週期時間的單位，代表每秒一百萬次）。超頻當然會產生更多熱量，消耗更多電力，但最終可以在加密貨幣挖礦應用上，產生更多的雜湊算力。雖然礦工幾乎一有機會就會想超頻，但超頻的做法對處理器是一種硬傷，很可能會縮短設備的使用壽命。所以有些礦工會對即將報廢的設備進行超頻，因為該設備的雜湊率能力可能正在迅速下降。

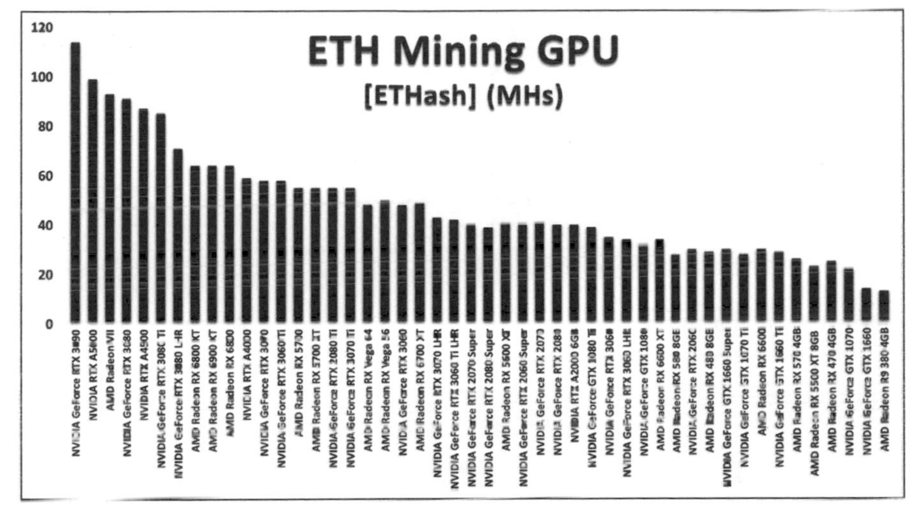

圖 11-4：在本書撰寫時，一系列常見顯卡的雜湊率。這是使用以太幣工作量證明 Ethash 演算法挖礦的比較。

效率

挖礦設備的雜湊率與挖礦設備的功耗相互結合，就能提供一個重要的指標，用來確定你的硬體效率，礦機的效率越高就越能獲利。

正如第 9 章說過，效率通常定義為執行有用的「功」，除以完成該功所消耗的「能量」。不過在一般挖礦的硬體上，製造商通常會反過來列出這個數值。亦即挖礦設備的效率，通常被列為消耗的能量（焦耳）除以執行的工作（雜湊 / 秒）。

請參閱第 9 章，複習一下較受歡迎的比特幣網路 SHA-256 礦機，和其他常用演算法的 ASIC 礦機效率比較。圖 11-5 可以看到各種頂級顯卡，用在以太幣的 Ethash 演算法挖礦時的效率比較。這些按效率進行排名的顯卡，其單位便是 J/MH/s（焦耳 / 每百萬次雜湊 / 每秒）。

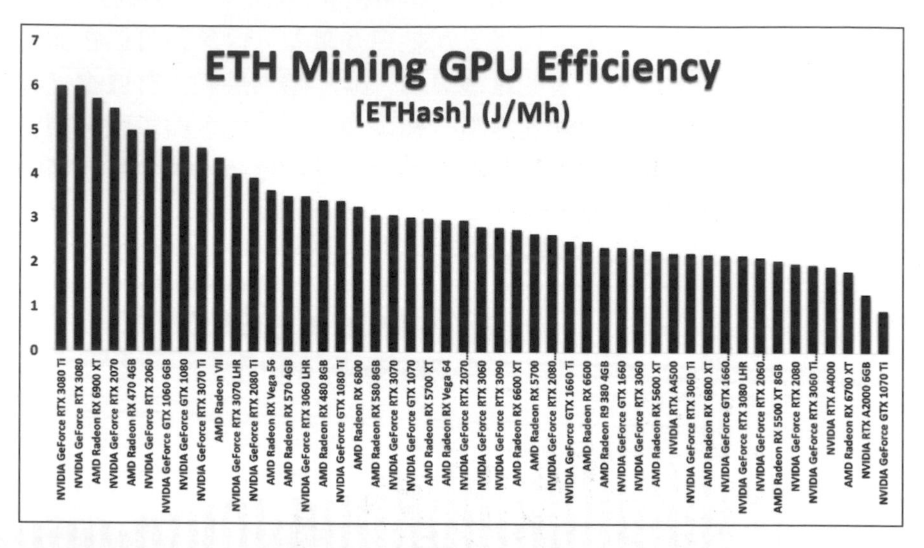

圖 11-5：在本書撰寫時，各種顯卡在挖掘以太幣區塊鏈的 Ethash 工作量證明演算法的效率比較（以 J/MH/s 為單位）。

維護費用

雖然目前市場上多數挖礦設備都非常可靠，但偶爾仍有故障的情形發生，因此，維護成本多半與這些設備的故障相關。就 ASIC 和 GPU 礦機來看，這些加密貨幣挖礦硬體設備最可能出現故障的組件，就是流動空氣以冷卻散熱器的風扇。這些風扇會以每分鐘幾千轉的速度旋轉，並且在 24 小時無休的情況下執行，因此它們很可能每隔一段時間就會發生故障。幸好這些風扇都是標準化的產品，價格也都很便宜（可能從 15 美元到 25 美元不等）。而且通常可以在製造商網站、任何電商網站或你最喜歡的購物網站上找到。

ASIC 挖礦硬體會有一個控制面板可以感知風扇故障，隨後安全關閉挖礦，並讓硬體出現故障警示（通常會顯示紅色 LED 燈）。這是為了提醒操作設備的礦工，注意故障並保護設備。對顯卡來說，當風扇發生故障時，主機板會將其輸出降低到熱量管理系統可以處理的程度。麻煩的是，顯卡風扇並不是標準化或容易修復的零件，你很可能在出現故障時，必須更換整張顯卡。

偶爾會故障的另一個組件就是「**算力板**」(*hashing board*)。ASIC 礦機通常內建三張左右的算力板，一張算力板上可以容納許多 ASIC 晶片。還有，算力板直接連接到 ASIC 控制板（正常來說，控制板幾乎不太會發生故障，因為它們沒有執行 ASIC 挖礦晶片那種高熱而導致故障的過程），如果控制板發生故障時，它們的更換價格可能從 150 美元到 750 美元不等（因為這些控制板通常是由原始設備製造商出售）。

更換算力板很容易，許多製造商或拍賣網站都有獨立於礦機之外的單片算力板出售。風扇、控制板和算力板之間由快速插頭連接，可以輕鬆快速地更換並接上排線。平均來說，一年內的總維護成本，不應超過礦機購買價格的大約 5% 到 10%。

如果是在乾淨環境中執行的礦機，通常除了修復損壞組件外，只要有限度的基本保養和維護即可。如果礦機是擺在多塵或其他高污染區域運作的話，可能還需要清潔機板之類的維護。

TIP

清潔灰塵和骯髒礦機的最佳方法就是使用空氣壓縮機、罐裝空氣或其他高速吹風裝置（各位應該看過公司 IT 人員進行電腦基本維護）。通常這樣就可以清除掉大部分污染物，讓你的礦機可以繼續雜湊下去。

設施的費用

如果你是在家裡挖礦的話，大部分的設施成本應該都在你的日常開銷中解決了。如果礦機是交給託管或挖礦服務提供商，在他們的設施裡運行你的礦機時，每個月可能會被收取 100 至 160 美元的租金，而且不包括電費（較受歡迎的加密貨幣挖礦託管服務供應商，請參閱第 9 章），商業資料中心可能還會收取更高的費用。

不論你的礦機放在何處，也不管你如何冷卻挖礦設備（排出廢熱、空調冷卻或利用熱量作為暖氣之用），都會影響到設施的使用成本。用冷氣冷卻礦機和設施空間，應該是最有效但也最昂貴的做法。如果你能找到一些方法來重新利用這些熱量，就有機會省下可觀的費用。

我們很難準確預測要為整個設施冷卻幾度，不過大致有一個思考方向：你可以假設進入挖礦設備的所有電力，都以熱量的形式釋放出來。如果你的礦機是 1,500W 功率的 ASIC 礦機，就可以想成在房間開一台 1,500W 的電暖氣（電暖器通常有常見的規格，如果你到販售家電的地方看一下，就會發現大多數市售電暖器的功率是 1,500W 或以下）。因此，你至少可以了解一共會產生多少熱量，這點也可以協助你決定在冷卻方面需要多少努力。

電力成本

計算挖礦獲利能力最重要成本之一就是電力成本。事實上，加密貨幣挖礦設備和營運設施的電力成本，就是佔你挖礦營運支出費用的最大部分。

這些營運支出，通常稱為 *OpEx*（operational expenditure，也就是營業費用），這是指企業營運、創業或在本例中為加密貨幣挖礦業務上的「經常性費用」。電力成本在挖礦業中非常重要，以致於加密貨幣礦工經常不遺餘力地尋求廉價電力。廉價的電力來源可以讓礦工即使在硬體不夠理想的情況下，也還能維持獲利。這就是為什麼你可能聽說過有些人，例如學生在宿舍裡挖礦或有人偷電來挖礦的原因。免費的電力當然最便宜，因此經濟效益也最高！（我們並不鼓勵你這樣做。）

為了進一步減少電力成本，你可以開發自己的輔助電力來源，例如可再生的能源、水力發電、風力發電或太陽能發電等。或是利用廢棄資源，例如燃燒掉的、無法銷售的，或是以其他方式浪費掉的天然氣（甲烷），並將這些能源重新用來挖掘加密貨幣。Upstream Data Inc.（`www.upstreamdata.ca`）就是一家專門從事這類礦機電力部署的加密貨幣挖礦公司。

無論從哪裡取得電力，你的電力成本都取決於兩件事：使用多少電力，以及你每單位電力會收取多少費用。

測量你的用電量

如同礦機製造商提供的雜湊率一樣，大多數的 ASIC 礦機，都有製造商提供的以瓦特為單位的額定功耗值（請參閱第 9 章提過，主流 SHA-256 比特幣礦機製造商的額定功耗列表，以瓦為單位）。這些數據有助於規劃電氣基礎設施，方便事先計算加密貨幣收入和投資報酬率。

在使用 CPU 或 GPU 進行挖掘時，較難查到這些數據。因為在挖掘加密貨幣時，不一樣的演算法需要不同級別的處理能力，所使用的電量當然也會不同。

你可以使用製造商標示的最大額定功率，來估算 GPU 和 CPU 等處理器的硬體功耗。然而這樣很可能會高估功率利用率，因而得到並不精確的數字，影響投資報酬率的計算。在圖 11-6 中，你可以看到一些主流顯卡在挖掘以太幣 Ethash 演算法時的預估功耗。

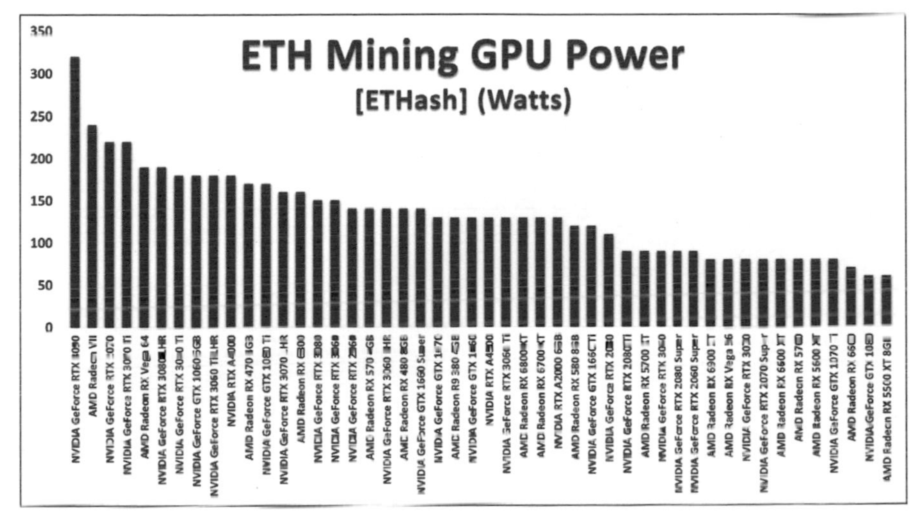

圖 11-6：在本書撰寫時，市場上主流顯卡使用以太幣 Ethash 演算法挖礦的功耗排名。

想了解挖礦裝備功耗的最佳方法就是直接測量。在理想情況下，應該在欲挖加密貨幣所使用特定演算法的雜湊下測量功耗。然而如果你還沒開始挖礦，就無法使用這種方法。

如果你已經開始挖礦了，可以購買一個帶有功率計的電源分配器（也就是第 9 章提到的 PDU）。

我們推薦給各位一個更簡單的設備：基本電錶，通常可以在當地五金商店或上網購買，電錶價格大約 30 美元左右（在台灣可能叫電力電費監控器或功率計之類），例如 Kill A Watt 電錶，可以在插入牆壁插座後，再將你的挖礦設備插入電錶正面的插座，就會顯示即時耗電量。

找出電費價格

在確定你將會使用多少電力後，接著就要查詢電力的單位成本。電力供應商通常是以每月計費週期內的總消耗度數（kWh），依不同情況來增減計費。要了解每度電費多少錢，請在你打算挖礦的地點研究當地電費帳單、查看公用事業相關網站或直接打電話問電力公司（有關電費的更多訊息，可參閱第 9 章）。

美國的平均電費大約在每度 0.08 美元到 0.15 美元之間，但不包括任何接線或各種服務費。接下來的範例計算，我們都假設每度電力為 0.10 美元（約新台幣 3.18 元）。

每月能源使用量與成本估算

只要估算或測量了挖礦設備的「瞬間功率」（instantaneous electrical power，以瓦為單位）消耗後，推斷總耗電度數就只是簡單的計算問題而已。

千瓦時（度）是一小時內消耗 1,000 瓦的電量。已知一天為 24 小時，任何給定月份平均大約為 30 天（更準確的說，應該是 30 天又 10 小時）。因此計算一下，平均每月大約有 720 小時（好吧，算 730 好了）。你可以把測量或預估的挖礦設備功率值（以瓦為單位）乘以 730 小時，便可快速估算出以度（kWh）為單位的每月耗電量。

舉例來說，如果你的挖礦設備功率為 1,280W（例如螞蟻 S9 SE 的額定數值），該設備執行一個小時便會使用 1,280Wh（瓦特小時），也就是 1.28 度。再把這個數字乘以每月 730 小時，最終便會得到每月耗電 934.4 度。

這些訊息可以組合成一個公式：功率（瓦）* 時間（小時）= 能量（kWh）。然後可以使用以下等式，將能量值轉換為當地電力成本：能量（kWh）* 價格（$）每能源（kWh）= 總能源成本（$）。

所以如果你的加密貨幣挖礦硬體的瞬間功率值為 1,280 瓦，而每度電價為 0.10 美元，每月的電費估算便是：

1,280 瓦 * 730 小時 / 1000 = 934.4 kWh

934.4 度 * 每度 0.10 美元 = 每月 93.44 美元的電費

有些電力公司還會收取需量電費[註1]、容量電費或最大功率消耗電費（各種依尖峰離峰時間用電量的計費名目），每度從幾美元到 15 美元不等。而且這些費用通常還會針對不同的特定客戶類別來收費，例如商業和工業（如果你在家裡建立規模夠大的挖礦作業時，最後可能也必須改變你的用電類別！）。

這些費用可能會根據用電量最高月份的 15 分鐘平均來計算，換句話說，需量電費是乘以你在當月達到的平均最高用電。

舉例來說，假設你有一個挖礦作業，在該月的某個時間點達到 5kW，而你的電力公司有 8 美元的需量電費。在這種情況下，你必須付 40 美元（不管只用了 15 分鐘就達到該最高峰值，或整個月才消耗了這些電量；需求費用都是一樣的）。

全網算力

你還需要知道的一個數字就是打算挖掘的加密貨幣，其整體網路雜湊率。相當好用的 BitInfoCharts 網站，可以為較受歡迎的加密貨幣提供其網路雜湊率（更多內容請參閱 https://bitinfocharts.com）。如果你在該網站找不到想挖的加密貨幣算力時，可能就要到該加密貨幣官網、礦池挖礦站點，或在網路搜尋來找到全網算力雜湊值。

你的收入將與你所能提供的網路雜湊率成正比。如果你提供了佔全網 1% 的算力，隨著時間經過後，你就可能獲得 1% 的挖礦獎勵（雖然我們以 1% 來舉例；不過你應該不可能提供如此大比例的算力，就算是更小、不太受歡迎的加密貨幣也是如此）。

註 1　需量就是以 15 分鐘為單位，計算平均的用電需求量。如果一個月以 30 天計，共有 2,880 個需量，其中數值最大者就是「最高需量」。跟電力公司訂定用電契約時要看這個數字，其單位是千瓦。礦工最好依自己的用電量與台電訂定契約，價格會較為便宜。

當然這個數值並不是恆定的，通常在加密貨幣的整個生命週期中（假設它成功且持續存活的話），其網路雜湊率都會穩步增加。因為只要能活下來的加密貨幣，通常就會有更多礦工加入，這些加入的新礦機也會更有效率。

舉例來說，在比特幣網路存在的過去十年中，只有少數雜湊率下降的情況，讓區塊難度也隨之下降（一般都是發生在比特幣價值大幅下跌，拖垮市場情緒）。因此，隨著網路雜湊率的穩步上升，你的挖礦設備在全網算力所佔的比例，當然會逐步下降（除非你繼續添加更多部礦機）。隨著你的雜湊率比例下降，你獲得的獎勵比例也會下降。換句話說，隨著網路雜湊率和挖礦競爭的增加，向網路提供恆定雜湊率的挖礦設備，在開採的資產收益衡量上，都將逐步遞減。

當然在把較少的獎勵兌換成當地法定貨幣時，你的收益並不一定會下降。例如雖然你賺取的加密貨幣比例下降，而加密貨幣價值翻倍的話，你仍然處於獲利的地位。

礦池的相關訊息

如果你想要使用礦池挖礦的話，就必須了解該礦池的相關訊息（事實上，大家應該都可能想了解礦池挖礦和個人挖礦的收益比較）。

關於礦池的訊息，我們必須知道幾件事：礦池的總算力、礦池的出塊頻率、礦池每次出塊會給礦工多少獎勵（即區塊補貼和交易手續費，減去礦池收取的費用）。你當然可以在礦池網站上找到這些訊息，有關各家礦池的更多訊息，可回頭參閱第 7 章。

區塊收益

這些收益計算，需要你打算開採加密貨幣區塊的相關訊息。你必須知道兩件事：該網路大約花多久的時間向區塊鏈添加一個新區塊，添加新區塊時，獲勝的礦工能獲得什麼收益？也就是在區塊補貼以及交易費用方面的計算（不同加密貨幣網路，支付給礦工的方式也有所不同）。

每種加密貨幣向區塊鏈添加區塊的速率，以及為每個區塊支付的獎勵金額，當然會因加密貨幣而異。而由於交易費用和算力的波動，這些獎勵也會隨時變化。交易費用可能會因區塊而不同，隨著時間經過也可能會更趨穩定。如果自上次區塊難度調整以來，礦池算力增加的話，也會更頻繁地挖到區塊。我們同樣可以在 BitInfoCharts（https://bitinfocharts.com）或類似網站、加密貨幣自己的官網或上網搜尋來找到此類訊息。例如比特幣網路可以到 https://coin.dance/blocks/thisweek，找到每個主要礦池在一週內發現的平均區塊數。

加密貨幣匯率

以當地法定貨幣來衡量加密貨幣市值時，每天的價格都會有很大的波動，時間拉長的話，波動幅度也會更大。以下提供的網站，都是很不錯的資料來源，很方便我們檢查欲挖加密貨幣的即時或長時間下的匯率。

- **CoinMarketCap**：https://coinmarketcap.com
- **CoinCap**：https://coincap.io
- **Messari**：https://messari.io/onchainfx
- **CoinGecko**：www.coingecko.com/en
- **BitInfoCharts**：https://bitinfocharts.com/index_v.html
- **CryptoCompare**：www.cryptocompare.com
- **Coinlib**：https://coinlib.io

計算投資報酬率

了解影響挖礦作業獲利能力和投資報酬率的因素之後，現在就可以計算這些數字，算算看自己打算進行的挖礦事業，可能會發生什麼情況，真的會賺錢嗎？或者只是一個失敗的想法？

我們最終想要得到的是兩個數字：你的絕對收益（或損失），以及投資報酬率百分比（也就是 ROI）數字。ROI 通常會透過以下公式計算：

利潤除以總投資再乘以 100 = ROI（%）

如果你計算一切之後得出的投資報酬率是「正」的百分比，該投資對你來說便是淨收益。如果該百分比為「負」，那麼躺在床上不動可能還比較好。

讓我們開始來計算這些數字吧。首先，請先了解你會挖到多少加密貨幣（你將獲得的區塊補貼和交易費用）。你需要計算每月的數字，因為我們算的是每月的收入（或損失）和投資報酬率。

區塊收益

讓我們從頭開始計算收益吧。也就是每挖到一個區塊時，礦工的收入是多少，以及挖到區塊的頻率如何？由於你還在挖礦事業的起點，所以只會獲得其中的一小部分獎勵。我們打算先假設你是在個人挖礦的情況下，也就是把你的礦機開機後，直接連接到該加密貨幣網路（而非透過礦池連接），然後我們再計算假設你想使用礦池挖礦的情況。

個人挖礦計算

我們以 2019 年秋季，對門羅幣（XMR）進行挖礦的數字為例。門羅幣區塊鏈中，每添加一個區塊，獲勝的礦工將得到大約 2.6 XMR 的區塊補貼，礦工也能賺取交易費用。雖然這些費用會不斷波動，但在當時我們採取的樣本平均值是 0.00277，亦即區塊獎勵總計為 2.60277 XMR，匯率為 104.57 美元（在本書完稿時，每個門羅幣價值為 153 美元，因此總區塊收益約為 398.22 美元）。

當時的門羅幣區塊鏈大約每兩分鐘就添加一個新區塊（在 https://bitinfocharts.com/ 可以找到這些統計數據），所以每天大約有 720 個新區塊添加到門羅幣區塊鏈中，平均每月增加約 21,900 個新區塊。

因此，在 2019 年秋季，每月所開採的 21,900 個區塊對礦工而言，總值約為 57,000 XMR，亦即大約 5,960,559.33 美元（21,900 個區塊 × 2.60277XMR × 104.57 美元）。

現在我們來計算你將獲得多少獎勵。剛剛說過，我們先假設你是個人挖礦，而非使用礦池。所以你必須弄清楚的第一件事，就是你將開採到的區塊比例。其計算方式是把你的礦機雜湊率，除以門羅幣網路的總雜湊率，來得到你將提供給該網路雜湊率的比例。

快速換算

這麼多長數字之間的換算會很複雜。如果你看到這麼多個零就頭昏眼花的話，最好在網路上搜尋一些「轉換器」來協助你。有些是真正的算力轉換器（例如 https://coinguides.org/hashpower-converter-calculator/），也有的是人數字的轉換器（例如 http://www.endmemo.com/sconvert/billiontrillion.php）。如果要將數值往下（往單位小的方向）轉換，你可以乘以 1,000 來向下轉換每個級別。例如你的礦機算力單位是 GH/s，網路算力是 TH/s 的話，你可以把網路算力的 TH/s 值乘以 1,000，便能把網路雜湊率轉換為 GH/s。假設網路雜湊率為 300 TH/s，乘以 1,000 便是 300,000GH/s。

在本書撰寫時，門羅幣網路的總算力約為 325 MH/s（每秒百萬次雜湊）。假設你有一張速度還可以的顯卡，例如 AMD RX VEGA 64 GPU，便可輸出 1.95 kH/s（每秒千個雜湊值），亦即 0.00195 MH/s。

請確保你使用相同的單位換算。根據挖掘的加密貨幣不同，你的設備可能會以 GH/s（每秒十億次雜湊）為單位，而你的加密貨幣網路雜湊率，可能會以 TH/s（每秒一兆次雜湊），甚至 PH/s（每秒千兆次雜湊）來表示。前者為每秒 1 兆次雜湊，後者為每秒 1 千兆次雜湊。甚至在比特幣要以 EH/s（每秒百京次雜湊，還記得這是 1 後面接 18 個 0 嗎？）為單位。因此，在執行這類計算之前，你需要將二者轉換成同一種單位。

以剛剛的顯卡為例，你的礦機算力（1.95 kH/s）除以網路算力（325 MH/s）時，不能只是簡單地把 1.95 除以 325，因為第一個數字的單位是千次，後面的單位則是百萬次。因此要充分表達這個數字時，就是：

每秒 1,950 次雜湊（你的算力）

每秒 325,000,000 次雜湊（全網算力）

將 1,950 除以 325,000,000 便得到 0.000006。也就是你的挖礦設備將貢獻給網路雜湊率，所佔的百分比大小。換算成百分比表示，請乘以 100，也就是 0.0006%。

好了，所以你現在已經知道在 2019 年平均每個月，全體門羅幣礦工：

- 挖出大約 21,900 個區塊
- 獲得大約 57,000 XMR 的區塊補貼和交易費用

這在當時的總價值約為 5,960,559.33 美元，因此我們計算一下：

- 21,900 的 0.0006% 是 0.1314 個區塊
- 57,000 XMR 的 0.0006% 是 0.342 XMR，也就是 35.76 美元（匯率為 1 門羅幣等於 104.57 美元）

因此，從你的算力來看，大約可以期望使用這台礦機每月賺取 35.76 美元收入（未計入電力、礦機成本）。然而你必須挖到一個完整區塊才能賺到區塊獎勵，所以當數據顯示在 2019 年時，平均每月挖到 0.1314 個區塊的意思，就代表平均每 7.6 個月可以挖到一個區塊。當然，今天的數據會略有不同。

從各種因素來看，例如你想開採的加密貨幣受歡迎程度、你願意在設備上投資的金額等，應該會讓你在計算後，發現你的礦機平均每個月可以挖到該加密貨幣的多少「百分比」區塊（例如上述門羅幣的例子 0.1314 個非整數區塊），這代表的什麼意思呢？例如計算得到每個月將挖出 0.01 個區塊，其意義是就「平均」而言，你將每 100 個月挖一個區塊！但你可能會在第一天就挖到一個區塊，或者你也可能需要等待好幾年才能挖到一個區塊！

這種「平均」指的就是隨著時間經過，例如時間經過一百年，而且所有因素保持穩定的話，你便可以期望每 100 個月左右（亦即每 8.33 年）挖到一個區塊。我們之所以要特別解釋這件事，就是在告訴各位，憑你一己的算力根本起不了作用！你的雜湊率百分比根本不足以單獨挖礦，或者說在你擁有或規劃使用的挖礦設備都是不夠的。你必須大幅增加自己的雜湊率，例如購買更好、更多的礦機，或是嘗試加

入礦池挖礦，因為它可以提供有效的機制，讓你獲得穩定的挖礦獎勵（更多礦池挖礦的相關訊息請參閱第 7 章）。下一節我們就要來計算礦池挖礦的收益。

礦池挖礦收益計算

當你透過礦池挖礦，而非個人挖礦時，在計算方式上會變得有點不一樣。你必須知道礦池的總算力、礦池平均挖到一個區塊的頻率，以及每挖出一個區塊時，所有礦工的收益到底是多少。如此才能計算你的收益。

這次我們換一個不同例子。假設你正在使用的是具有 14 TH/s 雜湊率的 Bitmain Antminer S9 礦機挖掘比特幣（螞蟻礦機 S9 有幾個不同版本，雜湊率也不相同，我們的例子用當前最高的 14 TH/s 版本）。你將礦機指向 Slush Pool 礦池，它們通常每天可以挖到 10 至 12 個區塊，整個礦池雜湊率為 5.0 EH/s（500 萬 TH/s）。

所以我們先來計算你的礦池算力貢獻百分比。把你的雜湊率除以總礦池雜湊率，然後乘以 100。

14 / 5,000,000 = 0.0000028

0.0000028 * 100 = 0.00028%

因此，你的 S9 礦機算力大約是 Slush Pool 礦池算力的 0.00028%。接著要找到你對礦池貢獻的預估收益，用這個百分比乘以平均區塊獎勵（區塊補貼和交易費用）。

Slush Pool 礦池的方式是把整個區塊收益（包括區塊補貼和交易費用）扣掉 2% 作為礦池運作費用，然後把剩下的 98% 支付給礦工。目前的比特幣區塊補貼為 6.25 比特幣（到 2024 年的 5 月左右，將再次減半為 3.125）。而比特幣區塊的交易費用每天都會波動，目前平均在 0.1 到 0.5 BTC 左右。假設 Slush Pool 礦池平均每個區塊會賺取 12.9 BTC，而其中 98%（約 12.642 BTC）會支付給礦工。

再假設 Slush Pool 礦池每天開採出 11 個區塊，因此每天會對礦工支付 139.062 BTC。每月的數字就是乘以 30.42（真正平均的月份數字）；

139.062 × 30.42 等於每月支付給礦工 4,230.26604 BTC，這是相當可觀的數字。

剛剛我們算過，你的礦機貢獻了全礦池雜湊率的 0.00028%；4,230.26604 BTC 的 0.00028% 等於 0.01184474491 BTC。這是多少美元呢？嗯，在本範例撰寫時比特幣尚未二次狂飆，當時 1 BTC = 11,220.20 美元（當你讀到這篇文章時，情況可能已經又大起大落了一回）。因此，0.01142172 BTC 的價值為 132.90 美元。

所以在加入礦池的情況下，你使用的 S9 礦機，在 Slush Pool 進行一個月的挖礦，可以賺取 132.90 美元的收益。

TECHNICAL STUFF

在上述計算中，我們都假設挖礦獎勵會按比例分配。然而如同我們在第 7 章提過的，實際的礦池獎勵要來得複雜一些，不同的礦池計算獎勵的方式也有所不同。Slush Pool 礦池使用「**評分雜湊率**」（*scoring hash rate*）的方法來計算（請參閱 https://slushpool.com/help/reward-system），它不僅會根據算力總數，增加或降低你的貢獻比例，還會根據你的設備雜湊率的穩定性來評分（如果不穩定可能導致收入比例偏低。從理論上講，如果你讓挖礦設備保持 24 小時全天候穩定運行，你可能就會賺到比你的算力百分比還多一點的收益）。

所以現在你知道每個月可以賺多少錢，而且可以用當地法定貨幣（無論是個人挖礦還是礦池挖礦）來換算。接下來，你還需要知道運行這些挖礦設備需要多少費用。

你的開銷

這個步驟稍比較簡單，只要你計算這些挖礦設備維持運作一個月，一共要花多少錢。亦即將以下這些數字相加：

- 每月維護費用
- 每月設施費用
- 每月電費

你當然也可以計入購買這些挖礦設備的成本攤提。請考慮一下這些設備的可能使用時間，同時也請考慮網路雜湊率的增加以及新 ASIC 效率提高的情形下，手中的礦機還能維持多久。舉例來說，如果你打算使用三年，就可以將設備成本除以 36（月），然後把這個數字放到你的每月支出中（如果可以使用四年的話，就除以 48 個月）。

計算投資報酬率

就快完成了，下一個步驟也很簡單，你可能已經非常了解。由於我們已經知道每個月會賺多少錢（收益），以及整個營運需要多少成本（費用）。所以現在我們可以用下面這個算式，計算利潤和投資報酬率：

收益 – 費用 = 獲利或虧損

舉例來說，如果你每個月挖到夠多區塊，一旦將加密貨幣轉換為美元（或任何法定貨幣），你可以賺取 1,200 美元，而且你只花了 800 美元來執行每月的挖礦運作的話，計算如下：

$1,200 – $800 = $400 利潤

至於投資報酬率百分比的計算為：

（獲利或虧損 / 費用） * 100 = 投資報酬率

所以，就上述的例子來看：

（400 美元 / 800 美元） * 100 = 50% 的投資報酬率

如果是虧損的話，計算上看起來會有點不同。假設你的支出費用仍然是 800 美元，但你只賺了 600 美元，亦即每月損失 200 美元。其計算如下所示：

（–$200/$800） * 100 = –25% 的投資報酬率

再舉一個例子，如果你在一定時期內投資加密貨幣挖礦 1,000 美元，而你的投資總收入為 1,200 美元，那麼你從總投資 1,000 美元中獲得的利潤將是 200 美元。這項投資報酬率即為 20%：（$200/$1,000） * 100 = 20%。但如果你的 1,000 美元投資，只產生 800 美元的總收入時，你的淨利潤便是 –200 美元，投資報酬率的計算結果為負 20%，也就是不該進行此項投資！

（–$200/$1,000） * 100 = –20%

了解未知

加密貨幣挖礦領域存在許多變數，其中只有一些在你的控制範圍內。正如曾任美國國防部長的唐納·倫斯斐（Donald Rumsfeld）所說：「有已知的已知 —— 我們知道我們知道的事情。有已知的未知 —— 我們知道我們不知道的事情。但也有未知的未知 —— 我們不知道我們不知道的事情」。

在本章中，我們協助你了解的是「已知的已知」，包括挖礦設備和電力成本、你的雜湊率、網路雜湊率等。

但你還是必須了解「已知的未知」。因為我們不知道整體網路雜湊率何時會上升，上升多少，或者是否可能下降。但我們確實知道波動是一種可能性，而且會影響挖礦業務的獲利能力。我們不知道正在挖掘的加密貨幣的價值會波動多少，但知道這是一種可能性，而且知道它會影響獲利能力，無論是往上或往下波動都有很大的影響。

不幸的是，我們對「已知的未知」無能為力。至少，我們無法為你提供這方面的協助。這些是你必須猜測的事，也就是基於你對正在挖掘的加密貨幣，未來可能發生什麼情況的信念。你甚至還必須接受「未知的未知」所帶來的風險，因為這就是加密貨幣礦工的日常！

WARNING

我們的計算基於各種靜態指標。隨著時間拉長，你在網路雜湊率中所佔的比例，很可能會下降，當然有時也可能會上升。

預測未來的加密貨幣挖礦收益是一項極為棘手的工作，其中包含許多假設和不同變量，這些假設和變量會大幅扭曲你的預測結果。變量之一為網路雜湊率，每天都會有很大的變化，而且通常會隨著時間經過而增加（成功的加密貨幣尤其如此），進而降低以該加密貨幣衡量的投資報酬率。另一個變量是加密貨幣匯率，同樣也經常波動，當然也一樣會大幅改變你的預估投資報酬率。

因此對於「未知的未知」，也就是我們甚至不知道的事情有可能發生嗎？事實上，這種情況在這個領域確實不太常發生，但同樣地，你怎麼能完全確定呢？

線上獲利能力計算器

加密貨幣挖礦的獲利能力是相當難以掌握的一個課題，當然也更難準確預測獲利。本章已經說明了如何進行這些計算，而且很幸運地，有許多網站都提供了易於使用的計算工具，你可以輸入自己的挖礦設備數據，並根據當前的網路狀況和不同的波動變量，得到你的加密貨幣獎勵預估值。

尤其在考慮購買或使用哪種加密貨幣礦機時，這些計算器提供了相當有用的訊息。不過它們也有弱點，因為這些計算器無法預測未來（它們無法知道已知的未知，當然更不了解未知的未知）。舉例來說，這些計算器可能只計算固定的網路雜湊率，未將網路雜湊率和區塊難度的增加納入考量，因而高估了加密貨幣挖礦收益。也可能並未考慮未來的價值成長，因而低估了加密貨幣轉換為法定貨幣後的價值（或未考慮兌換價值下降而高估了收益）。儘管如此，只要你了解它們的弱點，這些工具不失為是一種執行計算的好方法。圖 11-7 便是其中一種計算器範例。

以下是網路上一些較受歡迎的加密貨幣挖礦收益預測網站。

- **CoinWarz**：該網站基於廣泛的雜湊演算法列表，預測各種加密貨幣的挖礦利益。它還有附帶一些方便的工具，可以輸入我們在本章看到的各種數據，就你的挖礦硬體規格，預估在各種加密貨幣挖礦上的表現（www.coinwarz.com/calculators）。

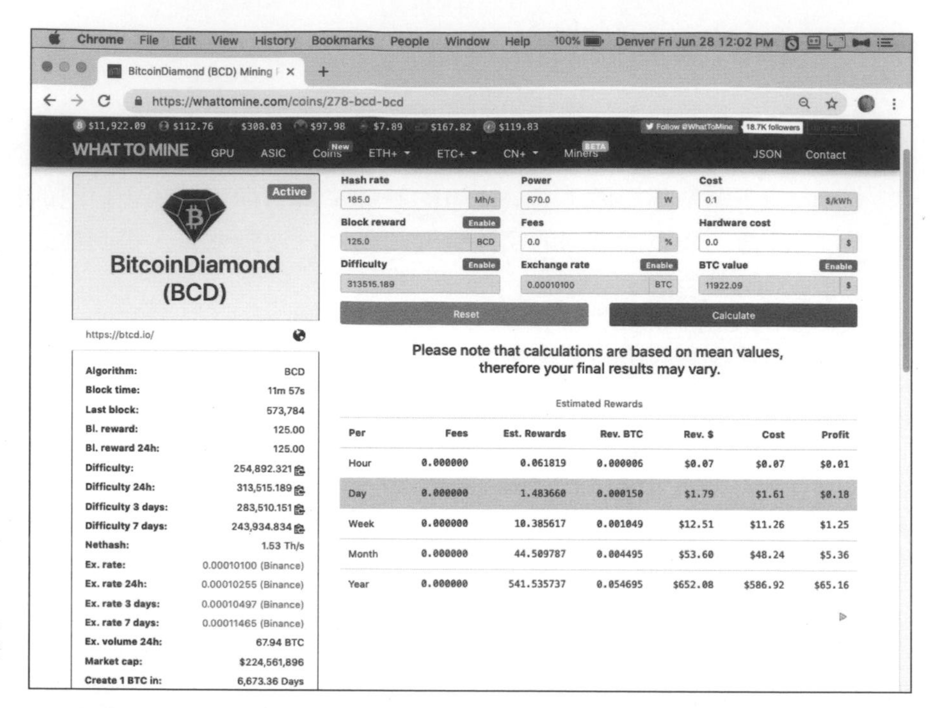

圖 11-7：WhatToMine.com 上的加密貨幣計算器。

- **WhatToMine**：WhatToMine 網站適用各種加密貨幣，可以讓你預估使用不同挖礦硬體時的挖礦獎勵。這裡可以計算 GPU、CPU 和 ASIC 等硬體，並讓你測試許多不同的硬體設置，以便找到適合自己的規劃內容（`https://whattomine.com/calculators`）。
- **Braiins Insights**：這個網站提供了一種很有用的預估計算器，專門用於比特幣網路的 SHA-256 演算法（`https://insights.braiins.com/en/cost-to-mine/`）。
- **Hashrate Index**：另一種礦工可以使用的好用工具便是「算力指數」（Hashrate Index）計算器，可以用來預估加密貨幣挖礦的系統生態（`https://hashrateindex.com/tools/calculator`）。

歷史預估

如果使用過去的真實世界歷史模型，來查看你的挖礦設備在整個加密貨幣歷史上的表現，也會是非常有用的做法。也就是說，我們可以利用該加密貨幣過去的歷史數據，結合自己的設備性能和成本，來查看在特定時期內的可能收入或損失。

只要觀察該加密貨幣在過去平均網路雜湊率的歷史數據，就很容易做到這種觀察。你可以把設備的雜湊率，以及該加密貨幣網路隨時間變化的雜湊率，輸入為類似這樣的表格中：

日期	網路雜湊率（TH/s）	我的雜湊率（TH/s）	我的算力百分比（%）
7/4/18	35728406.94	14	0.0000391845%
7/5/18	36528296.65	14	0.0000383265%
7/6/18	42660784.4	14	0.0000328170%
7/7/18	41594264.79	14	0.0000336585%
7/8/18	42127524.6	14	0.0000332324%
7/9/18	36261666.74	14	0.0000386083%
7/10/18	39727855.48	14	0.0000352398%
7/11/18	35995036.84	14	0.0000388943%
7/12/18	37594816.26	14	0.0000372392%
7/13/18	38128076.06	14	0.0000367183%
7/14/18	35461777.04	14	0.0000394791%
7/15/18	35461777.04	14	0.0000394791%

當然在理想情況下，我們希望找到的是可以下載的數值來建立表格。如果你想挖的是比特幣，可以到 www.blockchain.com/charts/hash-rate 找到這些數據（在「Export Data」的下拉選單中找到小 CSV 按鈕，便可下載圖表上所選期間的數據）。你也可以在 https://bitinfocharts.com 找到許多其他常見加密貨幣的資料，不過這邊的資料雖然可以逐日觀看，但無法下載完整資料。上述兩個網站在你讀到這篇文章時，可能還能下載也可能無法下載，不過在你的表格中逐日輸入這些數據，應該不會花掉太久的時間，例如一年中只需選擇每五天或十天記錄一次數據即可。你也可能有機會從其他相關網站，找到可供下載的雜湊率數據。

完成網路雜湊率的表格資料填寫後，只要把你的挖礦設備對該網路平均雜湊率（在 *My TH/s* 列中）除以當日（或當週或你選擇的任何時間段平均值）的網路雜湊率，便可填入你的設備對該加密貨幣網路雜湊率的百分比線條圖（圖 11-8 顯示了比特大陸螞蟻礦機 S9 所佔網路雜湊率百分比，隨時間而變化的範例圖表）。

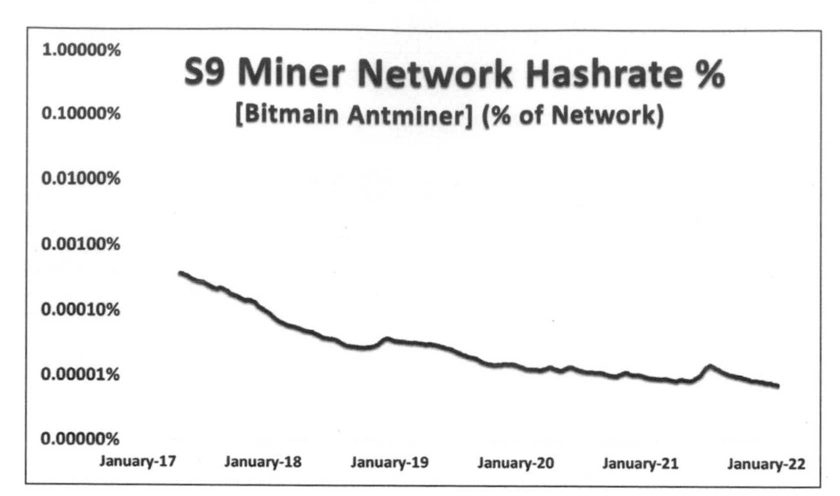

圖 11-8： Antminer S9 14 TH/s 礦機，在整個比特幣網路上的雜湊率百分比計算範例。

接著你可以把隨時間波動的百分比圖值，乘以同一時期的網路挖礦獎勵，便能得到你的挖礦設備所能得到的獎勵預估值（你也可以直接在 https://bitinfocharts.com，找到許多加密貨幣的這類訊息）。就比特幣網路來看，每區塊的區塊補貼為 6.25 BTC，交易費用的收入約為 0.08 BTC（雖然波動劇烈，但我們假設這是大致的平均值），總共獲利 6.33 BTC。如果平均每天開採 144 個區塊，礦工們每天大約會賺到 911 BTC。

從這樣的數據來算，假設你在任何一天計算出你的 SHA-256 礦機，將佔當天比特幣網路總雜湊率的 1%（再次說明，這只是為了方便舉例；1% 的比特幣網路雜湊率，已經是相當巨大的天文數字了！）。若要求得挖礦獎勵，可以把比特幣每日網路獎勵約為 911 BTC，乘以你的 1% 挖礦百分比，求出你的當日預估收益約為 9.11 BTC。

若要把加密貨幣挖礦獎勵的預測，換成以當地法定貨幣來衡量挖礦獎勵的話，即使使用網路上可以找到的方便工具，變動一定也會很大，甚至在獲利為正或負的方向上都可能有很大的變化。如果你打算開採的加密貨幣變得更難開採時，你的預測也將變得不準確。還有如果該加密貨幣兌換當地法定貨幣的匯率大幅升降的話，你的預測又更難準確。

正如諾貝爾物理學獎得主波爾（Niels Bohr）所說：「我們很難做出預測，尤其是關於未來的事」。你無法準確預測挖礦事業的未來，而且這些獎勵計算器，依賴於會大幅波動而隨之改變的輸入變量。因此，你唯一能做的預測就是對加密貨幣挖礦的投資，不要超過你負擔損失的金額！挖礦通常是長期穩定獲取加密貨幣的最佳方式之一，但它也可能是一種失敗的冒險。請開放你的思維，一如既往的做好功課再前進。

本章內容

» 將你的資源最大化
» 保持挖礦優勢
» 降低家裡的暖氣成本
» 了解替代電力來源選項
» 從挖礦資源來了解最新挖礦訊息
» 以長遠的思考方向來解讀你的挖礦資源

Chapter 12 減少負面因素以取得優勢

加密貨幣挖礦事業可以帶來好處，也有相當多的獲利機會。但是，挖礦會遇上一些阻礙和負面觀點，也存在著很大的失誤空間。其中有些困難可以克服，甚至可以變成你的優勢，以最大的可能性來提高你的挖礦收益。

明擺在眼前的加密貨幣挖礦障礙包括電力成本、熱量排放、不斷變化的加密貨幣局勢、區塊難度增加和激烈的挖礦競爭等。我們將在本章討論如何解決或緩解這些阻礙的策略，讓你可以在加密貨幣挖礦行業保持競爭優勢。

加密貨幣挖礦領域是一個極具競爭力且瞬息萬變的環境，會迫使礦工制定許多極具「創意」的策略，以便將獲利最大化並將成本和損失最小化。你可以採取各種方法來協助改進或維護你的挖礦事業，例如把你的礦機升級到最新最好的設備、降低電力成本、將排出的熱量以其他方式利用，以及即時了解最新的加密貨幣相關事件等。這類策略可以協助你充分利用你的挖礦設備，將加密貨幣的挖礦收益最大化。

透過效率來獲利

在加密貨幣挖礦領域的收支裡，每一比（比特幣，請再次原諒我的雙關語）都相當重要。你的利潤率通常很低，尤其是在加密貨幣與法定貨幣之間的匯率低迷時（例如比特幣價值大幅下降期間）。這讓我們在開採稀缺和昂貴的加密貨幣資源過程中，只要能榨取出任何一點收益，都會變成相當重要的關鍵。

升級舊設備

加密貨幣的區塊難度和網路雜湊率隨著時間經過增加後，你的挖礦獎勵比例便會減少，也就意味著你的整體獲利能力將會下降（當然還要看加密貨幣兌換法定貨幣後的價值而定）。換句話說，你的挖礦設備最後會變得無法獲利。

如果礦機接近其使用壽命，你就應該升級這些挖礦設備來緩衝獲利下降的趨勢。現代加密貨幣專用 ASIC 礦機的平均使用壽命多在四到五年間。只有升級為更新、更高效的礦機，你才可以保持你的挖礦競爭優勢。

挖掘不同的加密貨幣

然而升級礦機通常既昂貴又浪費，因此另一種方法是為你的舊 ASIC 或 GPU 礦機尋找其他替代加密貨幣來挖。

我們在第 8 章介紹過各種類型的加密貨幣演算法，以及使用這些演算法的不同加密貨幣。即使你用的是特製的專用 ASIC 礦機進行挖礦，它也可以在淘汰之後，繼續在相同演算法的其他加密貨幣挖礦上使用。

如果你的礦機在經過前面一章所教的計算之後，發現這種加密貨幣挖礦已經無法獲利的話。若能改挖其他使用相同演算法的加密貨幣，也可能會發現在該幣的工作量證明區塊鏈上，還能獲得區塊獎勵。例如從你開始挖礦準備以來，又出現了一種新的加密貨幣，或是你之前關注過的某種加密貨幣，已經搖身一變成為可以獲利的情況。因此，請打開你的眼睛和耳朵，不要一直困在你的加密貨幣無法獲利的難題上。

利用排掉的熱量

加密貨幣的工作量證明會涉及密集的計算過程，因而產生相當多的廢熱排放。尤其是 ASIC 礦機和大型多顯卡礦機，因為它們的構造就像是一台電熱器，在穩定挖掘加密貨幣的同時，很有效率的將電能轉化為熱能排出。

因此在挖掘加密貨幣時，另一種累積價值和增加利潤的方法，就是不要浪費這些排放的熱量，而是利用它們來為自己謀取獲利。根據美國能源資訊管理局（EIA）的數據，美國家庭的平均冬季暖氣費用預估在 600 美元到 1,600 美元之間，實際花費取決於家庭規模、燃料來源和當地氣候等。圖 12-1 按燃料類型顯示了過去幾年冬天的 EIA 數據，以及各種熱能來源的平均值（取自 www.eia.gov/todayinenergy/detail.php?id=37232）。

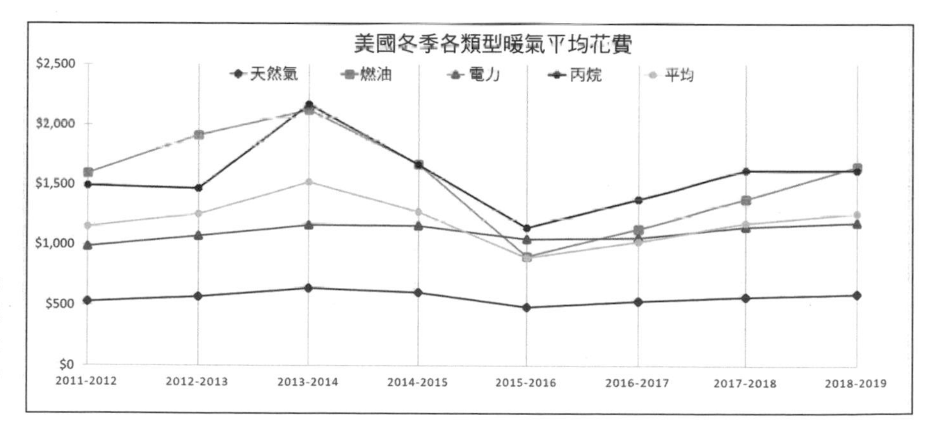

圖 12-1：EIA 數據顯示了丙烷、燃油、電力和天然氣的平均冬季暖氣成本。

如果你住在氣候寒冷的地方，並在家中進行挖礦作業的話，你就可以利用這些設備的排熱，降低家中暖氣的花費，間接降低挖礦作業的成本（在進行成本估算也會考慮這點；請參閱第 10 章）。

排熱的創意用途

聰明的加密貨幣礦工，會以其他方式充分利用挖礦設備的熱量排放。有些人會在冬天用來加熱溫室或其他種植設施。也有一些更富進取心的礦工，製造出各種熱交換器，利用這些挖礦排熱來加熱包括室外泳池或熱水浴缸等水體。有些礦工還會把挖礦設備浸入礦物油和其他工業降溫流體中，這些流體可以充當降溫的絕緣液體，有助於散發熱量並可重複使用，更能降低挖礦設備的噪音。當然還有許多更複雜的熱量管理方式，需要用到很多特殊技能和規劃才能正確安裝，但它們也確實可行，可以讓這些有創意的礦工，有機會充分利用礦機排放的廢熱。

減少電費

如第 10 章所述，工作量證明挖礦設備的電費，佔了加密貨幣挖礦營運支出的最大部分。所以減少電費顯然是件好事！可能足以讓你開始獲利或維持獲利的能力，以下將討論幾種減少電費的方法。

電力使用結構

減少電費的可能方法之一，就是到你的電力公司註冊一個特殊的費率結構（前面提過台電亦可如此）。許多電力公司提供時間費率、尖峰離峰時段不同電費，需量費率或其他此類費率（有時可以提供相當不錯的能源價格折扣費率）。舉例來說，如果你註冊「時間費率」（Time of Day），可能就會發現即使每天 24 小時運行礦機，最後仍然可以支付較少的費用。如果可以在離峰時段（可能是一天中的大部分時間）支付低 50% 的電費，這樣即使你在用電尖峰時段（佔一天中的較短時間）支付兩倍的費率，依舊可以節省開支。

請仔細研究當地電力公司提供的費率（或能源稅率），看看是否有任何費率結構，有助於降低你的能源成本（可以在電力公司網站上尋找相關訊息）。商業電價結構通常可以提供更便宜的大用電戶電價，但不適用於家庭用電。這也是你決定是否在家中挖礦（家庭用電）或商業設施挖礦（商業用電）的考量之一。

如果可能的話，你也應該貨比三家（美國各區域有不同電力公司）。德州在內的一些州對電力市場放鬆管制，允許消費者從各種零售電力供應商（REP）中進行選擇。如果你剛好位於這類地區時，就應該到處比較，找到最划算的費率；當然在選擇電力公司之前，必須先知道自己到底要用多少電。

另一種選擇是把你的挖礦設備搬到其他電力公司的服務區域，也就是該地電力公司有更優惠的電力，或是更有利的各種費率結構。你可能會對全國各地電費差異如此之大感到驚訝。圖 12-2 顯示了美國各地每度平均電價（`www.eia.gov/electricity/monthly`）。如你所見，在夏威夷挖礦可能很難獲利（而且當地氣候炎熱，你還需要額外的冷卻成本）。不過，像懷俄明州就可能相當不錯。該州不僅電力成本排名幾乎墊底，而且還是全美氣溫最低的州之一（夏季最涼的幾個州之一，冬季最冷的十個州之一）。

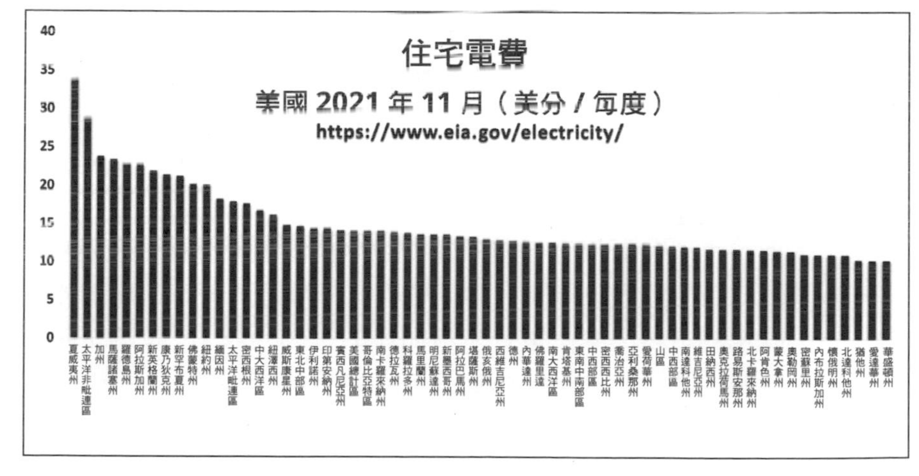

圖 12-2：根據 2021 年 11 月的 EIA 數據製作的各州住宅平均每度電費比較圖。

替代能源

除了研究更優惠的替代費率結構，或搬到不同的電力公司地區外，你也可能找到其他在加密貨幣挖礦時，更實惠的電力來源。已經有許多加密貨幣礦工在尋找原本被浪費掉的多餘電力來源，例如過剩的水力發電或燃燒掉多餘天然氣的地區。

也許這些廢物利用的電力來源，因為地點之類的因素，對你的挖礦事業來說並不實用。不過你還有另一種選擇，也就是探索再生能源，理想狀況下就是指風力、太陽能等零成本能源。這些綠色能源技術正在迅速發展，成本也在急劇下降，以致於在可能的情況下，會比使用石化燃料能源便宜得多。

根據麻省理工學院的研究顯示，太陽能電池板目前的成本只有 1980 年價格的 1%。該團隊表示：「我們已經達到了這個臨界門檻，也就是在美國大多數地區，太陽能與天然氣和石化能源相比，具有成本競爭力」。研究人員還預計價格將繼續下降，在未來五年還可能繼續下降 40%。

風能和太陽能將成為減少電力消耗的絕佳輔助能源，足以提升加密貨幣挖礦的利潤（免費能源很棒，不過它們當然會有前期建置成本，必須納入你的成本考量中）。

在住宅或商業設施安裝風力發電塔應該不太可行，但太陽能電池板就更便宜且更易於安裝，而且已經在各種環境下普遍使用，尤其是在家庭應用方面。例如有些電力公司和大多數太陽能安裝公司，都提供了完整解決方案，消費者幾乎不需付出任何代價，甚至可能完全不需要前期投資。如果你決定使用太陽能作為電力來源的話，便可受益於訓練有素、有執照的專業人員，協助安裝你所指定的電力系統。像這樣的綠色能源解決方案，除了可以減少電力消耗，也能增加挖礦的獲利（也就是藉由減少電費來增加你的挖礦利潤）。即使你後來決定停止挖礦，仍然可以免費使用電力或是將多餘發電賣回給電力公司。

知識就是力量

了解加密貨幣挖礦行業最新動態的最佳方法，就是使用各種線上資源來了解最新動態，例如各種社交媒體和挖礦相關主題的特定線上論壇。由於加密貨幣業界等於還在起步階段，許多業界相關新聞來源，可能具有誤導性、完全不正確，甚至在未標示業配的情況下，散播業者購買或付費的內容。最近一項研究發現，許多頂級加密貨幣新聞網站，都會以新聞為幌子來發布業配內容，但本質上根本就是廣告。

這類錯誤新聞訊息，反而會讓社群和其他各種基於同行資源的聯繫上，變得十分重要：請記住不要單純信任，一定要多方驗證。請查看以下資源列表，多方了解這些資源來獲得當前事件的客觀視野。

- **Bitcoin Talk**：你可以用 Bitcoin Talk 查詢幾乎所有的加密貨幣話題，包括（但不限於）挖礦在內。儘管其名稱為 Bitcoin Talk（比特幣談話），但它絕對不只適用於比特幣。你會看到許多不同加密貨幣的相關討論。舉例來說，它幾乎是各種最受歡迎的加密貨幣在發布之前，最先宣告的地方（https://bitcointalk.org）。
- **Bitcoin subreddit**：Bitcoin subreddit 為加密貨幣界大量突發的新聞和時事，提供了一個很棒的交流論壇，而且等於提供了一個了解社群當前情緒的窗口。不過，這裡談的並不全都是嚴肅的事。你會在這裡發現很多表情包、笑話和其他非挖礦相關內容，所以請在此地輕鬆瀏覽（www.reddit.com/r/Bitcoin）。
- **BitcoinBeginners subreddit**：BitcoinBeginners subreddit 對於剛進入挖礦生態系統的人來說，算是一個更好的資源，因為這裡為新手提供了大量有用的訊息（www.reddit.com/r/BitcoinBeginners）。
- **CoinDesk**：在這個充斥著加密貨幣虛假新聞媒體的行業中，CoinDesk 等於是新聞資源的一股清流。它還提供了各種不同加密貨幣的匯率資料（www.coindesk.com）。
- **CoinJournal**：CoinJournal 也是加密貨幣相關新聞的正當來源，而且會將商業新聞稿與真實新聞稿明確區分，讓用戶可以清楚區分公關稿與新聞稿（https://coinjournal.net）。
- **Bitcoin Magazine**：比特幣雜誌長期以來一直是加密貨幣領域的可靠新聞媒體。儘管該雜誌的印刷版在幾年前就已停刊，但它仍然放在網站（https://bitcoinmagazine.com）上，提供良好且一致的新聞報導。
- **Merkle Report**：Merkle Report 從加密貨幣領域的多種新聞來源中，挑選出各式各樣相關內容。為整個行業的新聞，提供了一種良好的「一站式」閱讀方式（www.merklereport.com）。
- **Messari**：Messari 擁有大量來自整個行業，以加密貨幣為重點的數據、研究和新聞。它還提供了每日通訊，方便用戶了解當前最新趨勢（https://messari.io）。

- **Block Digest**：Block Digest 也是很好的新聞來源，它以每週 podcast 的形式出現，社群成員會在此討論來自比特幣業界的各種新聞和當下的頭條新聞（www.youtube.com/c/blockdigest）。
- **Stack Exchange**：Stack Exchange 擁有大量其他加密貨幣愛好者所回答的問題。任何人都可在此發布問題或答案。如果你正在尋找某個問題的具體見解，很可能已經有人在這裡回答過你所遇到的問題（https://bitcoin.stackexchange.com）。

為何時事很重要？

加密貨幣和區塊鏈可以作為各種資料的不可變紀錄，讓訊息無可爭議，也讓任何擁有相關工具和知識的人，都能造訪與查詢。然而區塊鏈以外的資料並非如此，例如加密貨幣的相關時事和新聞等，這就是為何當你打算進行加密貨幣挖礦時，即時了解來自可靠來源的準確訊息之所以重要的原因。

REMEMBER

時事確實會影響到挖礦領域，而且可能直接影響到加密貨幣的價值。因而造成價格波動、網路雜湊率波動、你在全網雜湊率中的百分比變化、你將開採到的區塊數量，甚至最後影響你的獲利或損失。

加密貨幣挖礦領域擁有大量的新聞來源，但並非所有新聞來源都值得信賴，許多錯誤訊息的目的都是想要誤導群眾。因此，即時了解挖礦行業的最新和最重大訊息，對你在該領域的成功與否相當重要。上一小節列出的可靠來源，便是對那些會導致你誤入歧途的錯誤內容，所能提供的最佳防禦。如果不知道最新相關訊息的話，你可能最後才發現自己正在挖一種沒有未來價值的加密貨幣，或者正處於區塊鏈分叉弱勢的一方。

「分叉大戰」

你應該聽說過加密貨幣「**分叉**」的概念。詳細了解區塊鏈分叉訊息，有利於保持你的挖礦競爭優勢。分叉可以提供一些紅利，也就是送你免費的錢！但是當分叉發生時，如果你做出錯誤決定，最後也有很大的可能會賠錢。如果你沒有注意而選擇了錯誤的加密貨幣分叉，可能就會挖到不符經濟利益的分叉方區塊。

此外，有些加密貨幣分叉會被參與者宣傳為「升級」，但請依舊小心看待，因為你可能會被一些不良行為者和廉價的模仿犯所欺騙，這些模仿者只是簡單複製了原本加密貨幣區塊鏈的程式碼和品牌信譽而已。這也就是為什麼了解加密貨幣挖礦領域的最新訊息和新聞，對於挖礦行業的長期生存能力如此重要的另一個原因。

「**分叉**」（*fork*）一詞在軟體開發業中，描述的是一條開發主線被分成兩條線，兩條不同的線相互獨立運行的情況。請把它想像成是一個岔路口。你本來沿著一條路行駛，突然開到一個岔路口，你可以選擇開往分叉的左側或右側，但無論選擇哪一條，都會走在不同的道路上。

軟體分叉經常見於開源社群中。以下便是一個成功的開源分叉範例（其實大多數分叉都很難成功）：OpenBSD 是一個開源作業系統，這是從 1995 年最初的 NetBSD 開發所分叉出來。NetBSD 在分叉之前已經開發了幾年，在分叉之後，OpenBSD 和 NetBSD 變成兩套獨立的軟體系統，具有不同的功能，也有不同的軟體開發人員各自繼續開發。

然而在加密貨幣世界中，「**分叉**」這個術語具有額外的含義。當然，如果指的是軟體本身的分叉，情況就跟上述的例子一樣：開發人員依據現有加密貨幣軟體的副本，開始進行修改並執行另一個新的加密貨幣。舉例來說，Ixcoin 就是在比特幣早期（2011 年）推出，依據比特幣程式代碼複製的精確副本。該新幣的創始人複製了一份比特幣程式代碼，進行新的設置後，創建了一個全新區塊鏈（執行方式與比特幣完全相同）。儘管 Ixcoin 在市場上並沒有太多活動，但它仍在運行。其他類似情況很多，例如比特幣的副本已被多次下載、修改，然後設置為具有新功能的新加密貨幣網路，甚至改用不同演算法。事實上，這種軟體分叉的過程已經發生過幾十次。

加密貨幣的**分叉**有其不同的意義，是相當重要且必須了解的一件事。加密貨幣世界中的分叉，是指當加密貨幣系統中的一個節點或一組節點，「脫離」原始區塊鏈的共識時所發生的情況。「**共識**」（*Consensus*）就是區塊鏈網路上各個節點都需遵守的規則集，用來確保區塊鏈的所有副本都能保持同步，並對添加到區塊鏈的交易達成一致共識。當節點在區塊鏈上分叉，失去共識時，就會創建一條全新的區塊鏈；因此，兩條不同的區塊鏈會形成兩個不同的網路，從分叉點開始各自向前發展。它們具有相同的交易歷史，也就是直到分叉點之前的相同區塊紀錄。但在分叉後，便不再只有一條區塊鏈、一個加密貨幣、一個區塊鏈網路；現在變成了兩條區塊鏈、兩種加密貨幣和兩個獨立的區塊鏈網路。

加密貨幣界把程式碼和區塊鏈硬分開的情況稱為「分叉」，而另一種複製程式碼並啟動全新區塊鏈的分叉稱為「**克隆**」（*cloning*，亦即完全複製。你可能還聽過「軟分叉」這個術語，但它並未分叉為新鏈，因此不在我們的討論範圍內）。目前存在的許多區塊鏈都等於是比特幣程式碼的克隆，當然有些新區塊鏈做了輕微修改。我們以 Ixcoin 為例，它最初是比特幣區塊鏈的完全複製，但後來 Ixcoin 程式碼和區塊鏈再度分叉，產生另一種名為 IOCoin 的加密貨幣（IOCoin 的價格曾經高達 7.26 美元；不過目前的價值大約只有 11 美分。有人認為 IOCoin 不太成功的部分原因，就是沒有人知道該怎麼唸或怎麼拼寫！）。這裡有一個很棒的圖表連結，可以顯示有多少不同的加密貨幣是來自比特幣的分叉和克隆：https://mapofcoins.com/bitcoin。

無論如何，當我們在討論中使用**分叉**或**硬分叉**等術語時，指的都是區塊鏈的分叉，通常都是結合了對軟體的修改。如果你打算挖礦的話，這也是你必須釐清的問題。

以下就是分叉發生的情況。通常是特定區塊鏈的開發者社群意見分歧，一組人員想要對程式碼進行修改，但另一組人員並不贊成。最後在某個時刻，分歧的情況到了這些開發人員對彼此不滿，以致於打算分道揚鑣的地步（社群中有時會用「**內戰**」這個術語，來描述導致分叉的衝突程度！）。

舉例來說，加密貨幣的程式碼可能會被人以某種方式修改，但其他開發人員可能會說「不行，我們希望程式碼保持原狀！」，以太坊經典就是這種情況。以太幣於 2016 年 7 月分叉（因為當時有價值約 5000 萬美元的以太幣被盜，開發人員希望用區塊鏈分叉的方式，恢復損失的資金）。社群中的一些人認為不應該創建這個分叉，因此繼續使用原始的以太幣程式碼和區塊鏈。所以就出現了兩個網路，兩條區塊鏈，也誕生兩種不同的加密貨幣。

在大多數加密貨幣分叉中，分叉網路都會被賦予了新的貨幣名稱和代碼。然而，以太坊分叉卻是很不尋常的情況。與原始網路分叉出來的新區塊鏈網路，**保留了原始名稱和代碼**（ETH）！想要繼續使用原始區塊鏈和軟體的少數人，反而被迫要想出新的加密貨幣名稱（以太坊經典，Ethereum Classic）和代碼（ETC）。

亦即以太坊是過去被稱為以太幣區塊鏈的原始鏈，但現在其加密貨幣稱為以太坊經典。這種分叉結果很不尋常，因為分叉通常是「少數人」從原始加密貨幣中分離出來。在以太坊的案例中，卻是「多數人」從原始程式碼和區塊鏈中分叉出來，少數人繼續執行原始軟體、網路和加密貨幣。

我們要再舉的另一個例子，情況正好相反：比特幣和比特幣現金。2017 年 8 月，一小群比特幣開發人員分叉了程式碼，想要增加比特幣區塊鏈最為人詬病的區塊大小限制。由於大多數人繼續在原始程式碼上開發和操作節點，只有少數人開發新的分叉程式碼並管理新的網路和區塊鏈，所以後來分叉的區塊鏈加密貨幣更名為比特幣現金（BCH）。

從技術上看，分叉確實容易且成本低廉，因為大多數加密貨幣都是開源軟體，也就是任何人都可以造訪程式碼儲存庫（通常在 GitHub 上；例如比特幣儲存庫在 `https://github.com/bitcoin/bitcoin`），下載程式碼加以修改（例如更改共識規則），然後再作為新的加密貨幣重新啟動。因為它是如此容易且成本很低就能辦到，因而在加密貨幣界已經有幾百甚至幾千種新的加密貨幣，都是從現有加密貨幣的分叉中創建，或是從分叉中再分叉所創建。

多年來，許多最受歡迎的加密貨幣網路，都會有一小部分用戶更改共識規則進行分叉，帶走原先網路上的部分節點和礦工。在本書撰寫時，大約已經有 74 個以上的比特幣網路分叉，包括比特幣現金（BCH）和比特幣 SV（BSV）等，現在都能作為加密貨幣而存在於獨立的、活躍的、儘管可能比較不安全的加密貨幣系統中。

其他也經過多次分叉的知名區塊鏈，包括以太幣（有 Ethereum Classic、Ether Gold、Ethereum Zero）、萊特幣（有 Litecoin Cash、

Super Litecoin）和門羅幣（有 Monero Original、Monero Classic、MoneroV）等。對開發人員來說，分叉一個加密貨幣系統相對便宜，而且很容易模仿產生一個程式碼庫和品牌略有變化的區塊鏈。因此，我們很可能會在未來繼續看到各種加密貨幣分叉，身為礦工必須清楚這一點（對了，雖然萊特幣本身是比特幣程式碼的完全複製，再經過重大修改，但它不能算是比特幣區塊鏈的分叉）。

每條新創建的少數派區塊鏈都有一些共同點，包括節點數量減少、開發人員減少、雜湊率降低和區塊鏈安全性降低等。我們建議各位在面對區塊鏈分叉時小心行事，而且在大多數情況下最好能完全避開。因為有些分叉可能沒有啟用「重放保護」（*replay protection*，參考後面的說明），很可能會導致損失，而且有些分叉會隨著時間經過大幅下跌，也就是以當地法定貨幣和原始區塊鏈加密貨幣匯兌後，造成獲利損失的情況。

重放保護

「重放保護」（*Replay protection*）屬於一種技術上的保障，通常是由開發人員在區塊鏈分叉之前或分叉期間實施。重放保護可以使新分叉區塊鏈上的交易，在第一條區塊鏈上無效，防止有人在分叉兩邊進行重複交易，也防止節點和用戶在分叉時誤用資金。這種重放保護有助於防止所謂的「重放攻擊」（*replay attack*），這是由某個節點模仿分叉區塊鏈一側的有效交易訊息，並將此訊息重放到分叉的第二條區塊鏈上，因為分叉後彼此的區塊訊息已經分開，無法確認該有效交易是否已支付。這種類型的攻擊可能會導致分叉一側或另一側的資金被盜或意外丟失。如果沒有重放保護，毫無戒心的加密貨幣用戶，也很容易意外丟失資金或以其他方式被盜走。

你的分叉決定

如果你正在挖掘某種加密貨幣，卻遇上該加密貨幣分叉的情況時，你必須做出兩個重要決定：

- 繼續挖掘哪條分叉？
- 拿到新加密貨幣時該怎麼辦？

讓我們想像一下，假設你正在開採一種名為「傻瓜幣」（DummyCoin）的加密貨幣，而且假設你挖到傻瓜幣之後，並沒有賣掉或換掉，而是一直保留著傻瓜幣。所以你在「傻瓜幣」區塊鏈中有一個地址（可能是好幾個地址），儲存著你的挖礦收入。

現在你看到開發者社群正在進行一場分叉內戰（因為你聽了我們的話，一直持續注意相關社群新聞和論壇）。有一天，該加密貨幣真的分叉了。現在突然變成兩個網路、兩條區塊鏈和兩種加密貨幣（假設變成「傻瓜幣」跟「傻子幣」）。

好消息是，你現在不光是在傻瓜幣（DummyCoin）區塊鏈中擁有代幣，而且在傻子幣（DummerCoin）區塊鏈中也擁有了相同數量的代幣。分叉的原理就是兩種加密貨幣在分裂點之前，都使用相同的區塊鏈。傻子幣的創始人複製傻瓜幣區塊鏈的副本，並在此基礎上進行建構。因此來自傻瓜幣的所有原始交易，現在也都會出現在傻子幣區塊鏈中。所有交易紀錄，包括你挖到區塊，得到區塊獎勵存放著的紀錄，都同時出現在兩條區塊鏈中！

聽起來很棒吧，一下子就把你的錢翻了一倍。嗯，不完全如此。首先，我們經常看到分叉的新加密貨幣，會迅速且嚴重地敗下陣來，速度快到你甚至可能還沒看到自己獲得的新傻子幣。不過我們先假設，傻子幣確實取得了一點成功，讓你可以在新的區塊鏈中，安全地管理這些傻子幣。

你該挖哪一條鏈呢？

讓我們回到一開始說的必須做出兩個決定。第一個決定是你要挖什麼？要挖傻瓜幣或傻子幣？也就是要挖原來的加密貨幣或分叉的加密貨幣呢？從加密貨幣的歷史市場價值來看，分叉的加密貨幣表現通常不如原始加密貨幣。然而要決定挖哪一種，通常要比這種簡單思考來得複雜一點。

託管錢包造成的另一個問題

加密貨幣領域裡有許多人不贊成託管錢包（由另一方為你管理的錢包），其理念是你必須控制自己的私鑰。舉例來說，當交易所遭到駭客攻擊而資金被盜，或是在某些情況下，託管人監守自盜而敲詐了他們的客戶等情況。然而這裡還有另一個原因，舉例來說，在某些情況下，交易所決定不支持傻瓜幣的分叉，而你在管理傻瓜幣的交易所裡擁有一個存放傻瓜幣的錢包。當加密貨幣分叉後，你現在同時擁有傻瓜幣和傻子幣。但是交易所沒有設置可以讓你管理傻子幣的錢包，所以你可能擁有傻子幣，但你無法取得！（目前已經發生過相關問題的訴訟）。所以還是那句老話：不是你的私鑰，就不是你的傻子幣或傻瓜幣。

你可能會發現分叉後的新加密貨幣雖然價值較低，但仍值得挖掘，因為你的設備雜湊率在新網路的雜湊率中佔比變大了。換句話說，你可以在新網路上挖到比舊網路更多的區塊。另一方面，如果新加密貨幣的價值快速下跌怎麼辦？也許，你可以挖掘新的加密貨幣，並在收到獎勵後立即出售？無論你決定堅持原來的網路，或是遷移到新的網路，都是棘手的決定，這要取決於你的價值觀，以及你對分叉加密貨幣可能發生的事情做何評估？這也是為何你需要加入加密貨幣社群的原因之一，才能了解社群情緒走向。

TIP

我們建議你依循一個原則：分叉中擁有最多社群支持、節點支持、算力支持的一方，便是最可能存活的一方。最有可能保持穩定，也最有可能蓬勃發展。但這些因素也可能相互拉扯變化，例如當礦工看到機會，也就是分叉一側的整體網路雜湊率較低時，他們也可能會改變雜湊算力到另一邊（也許大多數礦工都會如此做，畢竟礦工主要受利潤驅動）。而隨著礦工切換到另一邊挖礦，網路雜湊率上升，收益下降後，有些礦工也可能又切換到原來的區塊鏈挖礦。我們可以在 BitInfoCharts 網站上看到一個展示這種現象的圖表（`https://bitinfocharts.com/comparison/hashrate-btc-bch.html`）。在圖 12-3 中，可以看到「比特幣」網路雜湊率（上方）與第一次分叉時的「比特幣現金」網路雜湊率（下方）的對比。隨著比特幣現金雜湊率上升，比特幣雜湊率便下降，礦工不斷地來回切換。新分叉的網路雜湊率，甚至有幾次高於原始網路的雜湊率。

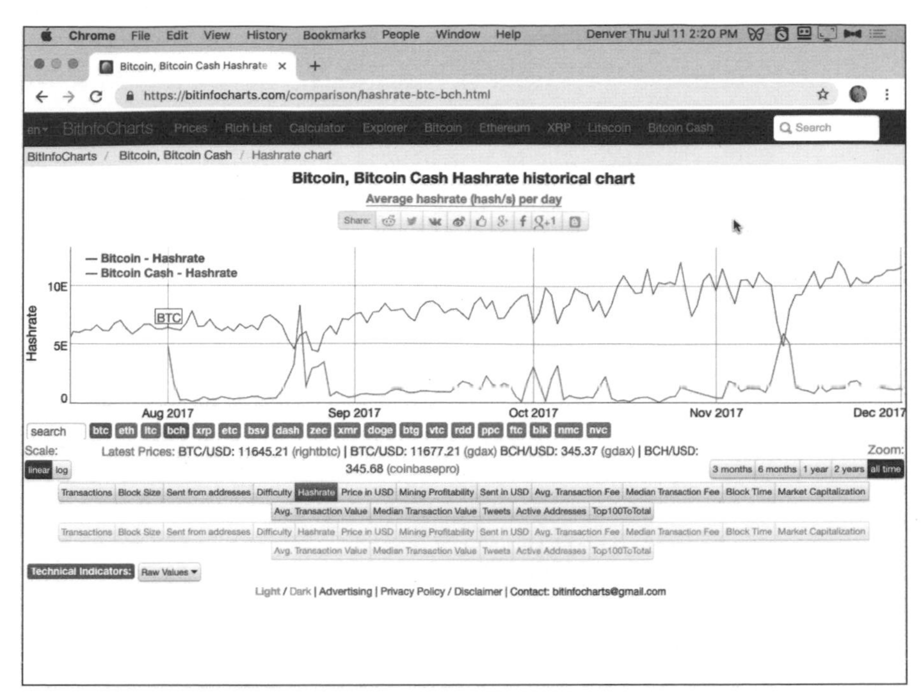

圖 12-3：BitInfoCharts.com 的圖表顯示在比特幣區塊大小爭論期間，礦工的雜湊率在比特幣和比特幣現金分叉兩者之間來回切換。

加密貨幣礦工是機會主義者，當然會受利潤的驅動。因此，在比特幣現金比比特幣更有利可圖的時期，部分 SHA-256 雜湊率便轉移到比特幣現金網路，反之亦然。然而比特幣現金的獲利能力並沒有持續多久，如今比特幣現金的雜湊率大約不到比特幣的 1%。請參閱 `https://fork.lol` 的即時比較，項目包括這兩個分叉之間的雜湊率、市值和礦工獎勵等。

比特幣現金的故事還有另一個轉折。最初在網路雜湊率上，比特幣現金確實比比特幣得到更多支持的承諾，許多大型公司提供了佔比相當大的網路雜湊率，支持分叉的想法。不過也有更多礦工不認同新的分叉，大部分網路節點都沒有切換到分叉的新網路上，因此大多數礦工的雜湊率也沒有切換過去，其結果如圖 12-3 所示。

你該如何處理手上拿到的新加密貨幣？

假設你可以使用新區塊鏈中的傻子幣，你會用它來做什麼呢？首先，請考慮它如何（是否）具有價值。如何才會讓一種具有真實世界價值，可以兌換成商品或法幣的加密貨幣，突然變成兩種，而且都具有價值？

是否具有價值，完全取決於人們會不會購買新的加密貨幣。在分叉實際發生之前，很可能會有一個「期貨」市場（預期到價買賣），市場一定會先為分叉出來的新加密貨幣設定一個價值（類似初次上市也會訂一個價格）。這樣的市場通常會評估即將到來的分叉**雙方**，提出一些市場價格的參考，可以協助我們判斷哪種貨幣最有可能繁榮且存續下去。事實上，投資者和加密貨幣社群，等於正在投票支持具有最高未來價值的貨幣。但無論如何，一旦出現分叉後，如果有人願意購買，你的新加密貨幣就能賣掉。雖然有時真的可以賣得掉，但也可能完全沒人買。

然而我們沒有理由相信這兩種加密貨幣的價值會相同，因為分叉通常會有一側比另一側更成功。隨著市場（眾多投資者）做出選擇後，價值的高低也可能會從一側轉移到另一側。如果人們真的喜歡傻子幣，那麼傻子幣可能會升值，而傻瓜幣的價值就會下跌。

舉例來說，在以太坊分叉時，分叉出來的新鏈比原始區塊鏈的價值更高（以太坊經典是原來的軟體、網路和區塊鏈，以太幣才是分叉幣）。在本書撰寫時，以太坊經典的價值僅為以太幣的 1/50；所以分叉反而更值錢。從另一方面看，比特幣的分叉幣比特幣現金，目前價值僅為比特幣的 1/90；亦即這裡又變成分叉幣的價值低得多。

如果支持分叉的某一方明顯較少，或者被社群認為在技術上較不具優勢時，很可能就會有很多持有者出售該幣，或者留舊幣拋售新幣，反之亦然。通常就會造成分叉的一方崩跌，另一方則飆升。

所以一切並沒有明確的答案。總而言之，新的加密貨幣通常在其生命的最初幾天會有較高的價值，並且會隨著熱情支持的消退而下跌。這種情況似乎經常發生，但並沒有任何鐵律說分叉後一定會如此。

分叉通常會失敗

加密貨幣分叉有一定的風險，大多數分叉都可能會失敗，或者規模縮小到無足輕重。當然有些人並不認為如此，例如本身為新分叉的以太幣仍然存在，而且變得比原來的區塊鏈更強大。還有比特幣現金的價值可能遠不如比特幣，或者不如剛分叉時的價值，但它仍然長久存在著（它也再度分叉了，而且很可能會**無限期地**再次分叉下去）。甚至我們在撰寫本章當天聽到消息說，有人在市場上買賣了價值超過 10 億美元的比特幣現金。這些分叉後的變化真的很難預測，這就是為何了解社群情緒以及基本面如此重要的原因。

今天哈囉，明天拜拜

我們必須密切關注正在挖掘的加密貨幣，以及其他可能替代加密貨幣的各種發展趨勢。因為最簡單的事實就是：加密貨幣非常不穩定，今天價值巨大的加密貨幣，明天很可能一文不值。

Zcash（ZEC，大零幣）就是一個很好的例子。Zcash 在 2016 年推出時非常受歡迎，各社群也大力炒作，讓前幾個小時的交易量非常瘋狂。礦工開採區塊並獲得區塊獎勵時，這些新的加密貨幣就進入了市場，而且立刻被搶購一空。圖 12-4 可以看到 CoinMarketCap.com 的 Zcash 圖表（`https://coinmarketcap.com/currencies/zcash`），在剛推出的最初幾天，以美元和比特幣計價的情況。

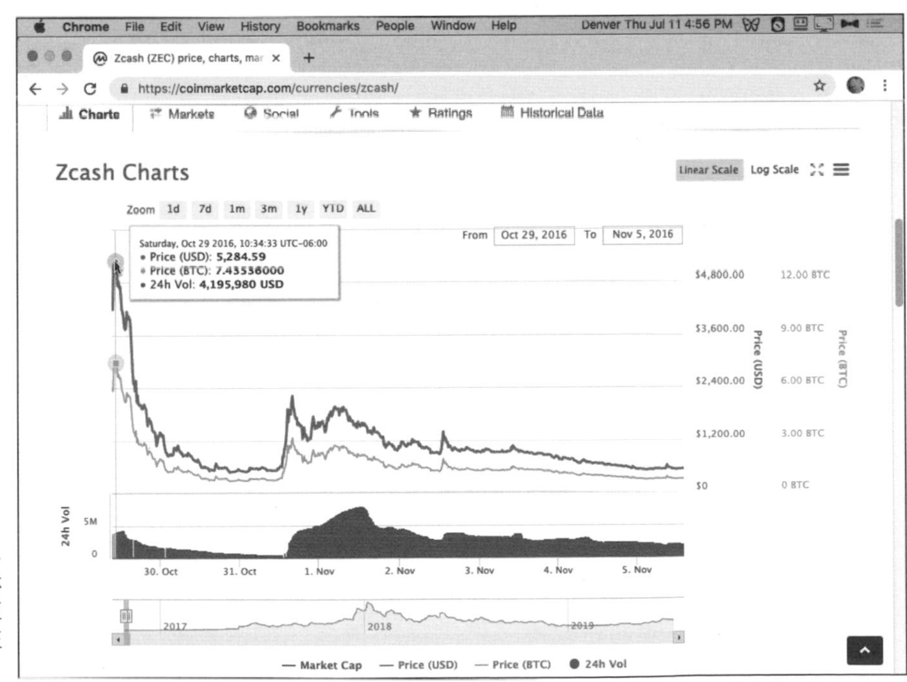

圖 12-4：CoinMarketCap.com 的圖表顯示了 Zcash 的價值在最初幾天瘋狂飆升。

在發布後的幾個小時內，它的交易價格約為每枚 5,200 美元，價值超過 7 個比特幣。六天以後，它的價值變成不到 600 美元，大約只值 0.75 個比特幣。而它現在的價格不到 100 美元，大約只有 0.0025 個比特幣。

另一個經典的例子是極光幣（Auroracoin，AUR）。這枚代幣在發行前進行了大量宣傳，理論上它應該就像冰島的比特幣一樣，甚至可以作為冰島克朗的替代品，而且每個冰島公民都可以收到部分極光幣（最後大約有 11% 到 12% 的人口收到了）。極光幣以 3 美元左右的價格在市場上推出，一週內飆升到近 100 美元，然後開始下跌。目前它的價值約為 11 美分，全球的市場交易額約為 65 美元！

加密貨幣來來去去。今天值得挖掘的，明天可能變成完全浪費時間。因此，請隨時了解最新情況，監控社群情緒，並密切關注各種可能的機會。

評估你的挖礦資源

在投入挖礦之前，請先了解你計畫用於加密貨幣挖礦的設備、資源和時間的不同價值。若能良好掌握這些訊息，就可以在挖礦前做足準備，獲得優勢並繼續維持下去。我們在第 11 章討論了網路上可以找到的各種類型挖礦獲利工具，在預估你的挖礦收入計算時，這些工具都是非常有用的資源。

然而當你對未來做進一步的預測時，加密貨幣挖礦系統的某些方面，也可能會造成這些預測略微失準。這些方面包括區塊難度增加、挖礦競爭加劇，以及加密貨幣獎勵變少等。

挖礦競爭加劇

隨著區塊鏈越來越受歡迎，挖礦設備的雜湊能力也越來越強，都讓加密貨幣挖礦趨向於一個難度更高、競爭更激烈的環境。由於有越來越多的礦工啟動新礦機，指向你所選擇的加密貨幣工作量證明演算法，導致原先預定的加密貨幣發行量，現在必須分配給更多的礦工和更高的雜湊率。

增加區塊難度

隨著時間經過，越來越多的礦工和更高效率的挖礦設備連接到區塊鏈，區塊難度將會自動增加，以確保區塊發布時間間隔的穩定。也就是說，無論有多少計算能力被用於挖礦，區塊鏈都會按照其設定好的時間間隔（例如比特幣的十分鐘左右），發布相同數量的加密貨幣。

在比特幣網路的歷史上，區塊難度幾乎都呈上升趨勢。在比特幣網路長達 10 年的生命週期中，只有 9 個月的區塊難度，是以低於該月開始時的雜湊值結束該月。換句話說，區塊難度的降低，不論在比特幣網路和其他成功的加密貨幣網路上，都相當罕見。競爭加劇將導致更難挖到區塊。因此，具有恆定雜湊率的礦機，在尋找區塊或為礦池做貢獻方面，將慢慢變得失去效率。

減半事件導致收益遞減

隨著競爭、雜湊率和出塊難度的增加，你挖到的加密貨幣獎勵將會逐漸減少。

但還有另一件要注意的事，也就是區塊補貼減半的週期。在比特幣網路上，每經過 210,000 個區塊（或大約每四年），發給礦工的區塊補貼比特幣數量就會減少一半。2020 年 5 月 11 日，比特幣區塊補貼減半，從獎勵給獲勝礦工每區塊 12.5 比特幣，減至 6.25 比特幣。2024 年中的某個時刻，比特幣區塊補貼將再度減半，從目前獎勵給獲勝礦工的每區塊 6.25 比特幣，減半至 3.125 比特幣（當然礦工的獎勵除了區塊補貼，也就是新發行的代幣外，還可獲得交易費用）。

這種補貼減半也會進一步影響你的礦機所能獲得的加密貨幣數量。在考慮挖礦是否適合自己時，這種加密貨幣補貼減半的趨勢，非常值得你的警惕。當然，如果你所挖的加密貨幣的價值上漲（以美元或你使用的任何當地法定貨幣來衡量），挖礦就依然有獲利的潛力。舉例來說，如果比特幣的價值在區塊補貼減半前上漲了三倍，那麼你仍然可以在這場遊戲中獲利。但如果加密貨幣的價值下降，再遇上區塊補貼減半的話，你也會遇上麻煩。

這些減半事件並非比特幣網路獨有，許多其他加密貨幣都會定期減少區塊補貼。因此，這個概念確實會影響到許多種加密貨幣的挖礦。

BitInfoCharts.com 網站提供了一個歷史觀點，亦即礦工每天使用 SHA-256 挖礦能力的每秒一兆次雜湊（TH/s），可以獲得多少獎勵，並以現在的美元價值衡量，也就是使用即時匯率。圖 12-5 是來自 `https://bitinfocharts.com/comparison/bitcoin-mining_profitability.html` 的圖表，可以用來說明挖礦獎勵隨著時間經過而減少的情形。它將區塊補貼和減半事件都包含在內（圖表上的「BTC」圖示，會在滑鼠停留上方時，秀出重要事件的描述，例如補貼減半事件）。

圖 12-5：收益圖表顯示一部螞蟻礦機 S9 14 TH/s 的比特幣礦機，以每天美元為單位，從礦機出貨一直到本書撰寫時的挖礦獲利能力。

該圖明確顯示了礦機的算力如何隨時間經過而降低價值。也就是說，要獲得相同的收益就需要更多算力。早在 2019 年初時，以 S9 在比特幣網路上挖礦，每天可以獲利超過 60 美元，現在每天的收入則不到 5 美元。

如果換成比特幣來看，這個收益的故事似乎不太一樣。還要注意圖 12-6 中的圖表是**對數圖**；如果你去查詢網路上的圖表，那種戲劇性的減半情況會更明顯。

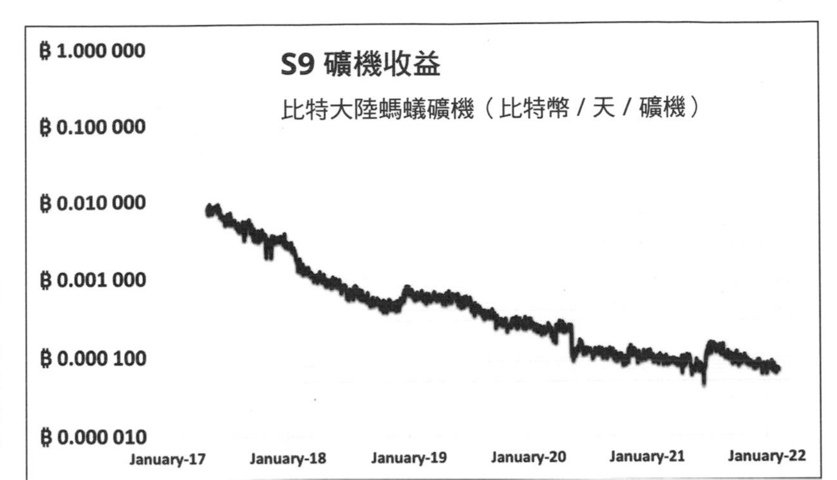

圖 12-6：對數圖顯示了從 2017 年到本書撰寫時，螞蟻礦機 S9 以 14 TH/s 的算力，每日挖礦獲得比特幣的能力。

本章內容

- 如何處理你的加密貨幣
- 進出挖礦行業的時間點
- 了解平均成本法
- 了解加密貨幣挖礦的相關稅務
- 確定何時該擴大或升級挖礦設備

Chapter 13 經營你的加密貨幣事業

一旦你展開挖礦事業，也就是已經確定要開採何種加密貨幣、安裝好挖礦設備、備妥蒐集獎勵的加密貨幣錢包後，下一個要解決的問題就是你該如何處理這些挖到的加密貨幣？

事實上，你有很多不同的事情必須考慮。例如你必須關注正在挖掘的加密貨幣，以及可能考慮轉換的其他加密貨幣市場狀況。此外，你也必須了解在挖礦冒險期間產生的繳稅責任。不論你保留挖到的加密貨幣或出售這些收入，都會對稅務產生影響（正如富蘭克林所說：除了死亡和繳稅，沒有什麼是確定的！）。我們還會討論何時該擴大你的挖礦設備規模，以及當挖礦設備逐漸過時或無利可圖時，升級這些設備的時機。

如何處理挖到的加密貨幣？

你可以用挖到的加密貨幣做各種事。由於加密貨幣是一種稀缺的、電子式的、去中心化的數位資產，而且還是無國界、主權獨立、抗審查且攜帶方便，所以你可以有很多使用加密貨幣的方法。

兌換加密貨幣的價值

最簡單的方法就是出售這些加密貨幣，例如透過加密貨幣交易所，兌換為你所在當地的法定貨幣。原因是你的挖礦業務有許多花費，例如設備和電力的成本等，這些帳單都必須以某種方式支付。你也可能想回收設置加密貨幣挖礦設備的成本，在大多數情況下，這些帳單都無法直接用加密貨幣支付。

你通常可以用加密貨幣（例如比特幣）來購買礦機（本章稍後會加以討論），不過很少有電力公司願意收取加密貨幣。如果你才剛開始準備挖礦，通常也是直接使用美元來購買挖礦設備。下一節「購買設備和支付帳單」中，將會討論如何使用加密貨幣支付帳單。

將這些加密貨幣兌現時，以下事項應納入考量：

- **繼續持有這些加密貨幣會不會更好？**本章稍後的「持有加密貨幣」一節中，將會討論到這個主題。
- **你所挖的是否為價值並不穩定的加密貨幣？**如果是的話，你可能很希望在挖到獎勵後，立刻換掉這些加密貨幣，將它們兑換為法定貨幣或轉換為另一種更有可能增值，或者至少能夠保值的加密貨幣。
- **將你的加密貨幣兌換為法定貨幣，會有哪些稅務問題？**（事實上，如果你不換成法定貨幣，也一樣必須納稅！）我們將在本章後面的「礦業業務與稅務」一節討論這個主題。

購買設備和支付帳單

你可能會想要直接使用你挖到的加密貨幣來支付各種帳單。前面提過，通常可以用加密貨幣購買礦機。舉例來說，北美最大的電子產品零售商之一 Newegg，便可接受比特幣支付，而礦機製造商或以其他方式配合挖礦或加密貨幣市場的公司，通常也能接受加密貨幣的支付。

然而，他們多半只接受如比特幣這樣比較穩定的加密貨幣，當然有時也會接受一些較受歡迎的其他加密貨幣。網路上雖然有像 CoinGate（https://coingate.com）這樣的支付服務商，可以協助電子商務商店接受更多種類的加密貨幣（CoinGate 目前可以接受大約 70 種加密貨幣），但一般而言，大多數商家只願意接受比特幣和其他少數一、兩種加密貨幣的支付。

以下是可以使用比特幣支付的商家列表（有些還能接受其他加密貨幣），當然還有更多無法一一列舉。

- **AT&T**：www.att.com
- **DISH**：https://my.dish.com
- **微軟**：www.microsoft.com
- **Newegg**：www.newegg.com
- **Overstock**：www.overstock.com
- **Virgin Galactic（維珍銀河）**：www.virgin.com

Coinmap（https://coinmap.org）可以協助你找到許多接受比特幣支付的當地零售商。

加密貨幣兌換代支付的購物方式

有許多服務可以讓你在不收加密貨幣的商店使用加密貨幣。舉例來說，亞馬遜並不接受加密貨幣支付。但 Moon（https://paywithmoon.com）和 Purse（https://purse.io）兩家公司的服務，可以讓你在亞馬遜購物時，使用加密貨幣支付。

你可以在 Moon 使用比特幣、比特幣現金、以太幣和萊特幣在亞馬遜上購物。當然你只是在同樣的購物過程中，將你的加密貨幣兌換為美元來進行購買； Moon 充當了這場交易和支付服務的中間人。在取得你的加密貨幣後，將其兌換成美元，然後為你支付亞馬遜的購物費用。

這兩家公司專門與亞馬遜合作，但最近也出現了其他支付類型的公司。它們提供方便使用的軟體，讓你以比特幣或其他加密貨幣的方式來支付。他們的概念也一樣簡單：當你進行購買後；該公司使用美元或其他當地法定貨幣付款給零售商；然後你用加密貨幣支付給該公司。有些公司甚至還提供了信用卡的消費方式，例如美國最大的加密貨幣交易所 Coinbase，便提供了 Visa 卡（見圖 13-1）的刷卡服務。

你可以在任何使用 Visa 卡的地方消費，Coinbase 會先幫你支付帳單，再從你的 Coinbase 帳戶中，扣除等值的加密貨幣。

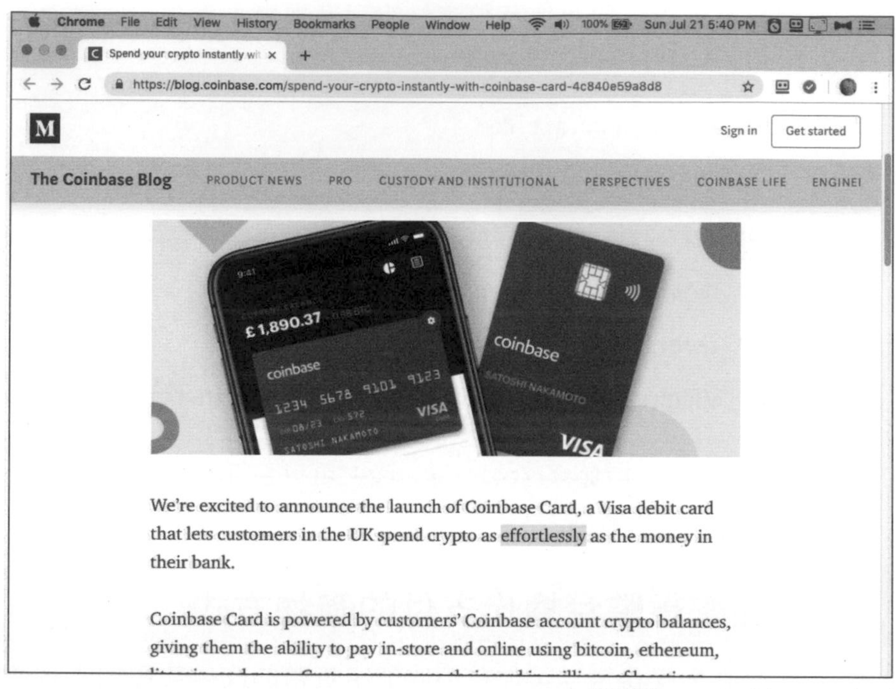

資料來源：*www.coinbase.com/card*

圖 13-1：Coinbase 是一家大型加密貨幣交易所，可以讓你用加密貨幣支付信用卡消費。

其他這幾家公司的服務也值得關注。

- **Bitrefill**（www.bitrefill.com）：可以幫禮品卡和手機加值；範圍包含 170 個國家的 1,650 家企業。
- **Gyft**（www.gyft.com）：用比特幣購買禮品卡。
- **Living Room of Satoshi**（中本聰客廳，www.livingroomofsatoshi.com）：這是一家澳洲公司，可以讓你用比特幣支付信用卡和 BPay 網路銀行帳單。
- **Piixpay**（www.piixpay.com）：一家愛沙尼亞的帳單支付公司，目前在包括美國內的 120 個國家 / 地區拓展業務。
- **Paid by Coins**（以幣支付，https://paidbycoins.com）：這是另一家與 BPay 合作的澳洲公司，可以讓你用加密貨幣購買澳洲的禮品卡。

擴充或升級你的挖礦設備

在本章後面的「擴大規模？」一節中，我們將會討論擴充與升級你的挖礦設備等相關主題。礦機通常是製造商直接以當地法定貨幣出售，但他們也可能接受比特幣或某些加密貨幣的支付。這些製造商當然願意接受電匯轉帳，但如果你曾經經歷過購買礦機的困難過程的話，應該就可以明白為何接受比特幣和其他加密貨幣的支付，就像是一種創新的支付方式一樣。所以你當然也可以直接使用加密貨幣，購買你打算擴充或升級的挖礦設備。還有，這類購買也屬於執行業務的費用，所以你的挖礦收入在購買更多設備的部分，並不需要繳稅。

可別忘了繳稅

挖礦是一門生意，而你花錢買礦機是為了賺錢。也就是說，當你賺的錢確實比花的錢多時，就會獲得利潤，這些利潤就是應稅的部分！

由於購買設備在繳稅裡屬於可以扣除的部分。所以如果你用加密貨幣進行商業購買，包括支付水電費、購買新的挖礦設備、支付挖礦設施租金等，這些費用都可以免稅（具體的扣除相當複雜，我們將在本章稍後「礦業業務與稅務」一節加以討論）。

但如果你用挖到的加密貨幣進行個人購買，例如日常雜貨、公寓租金、抵押貸款、城市夜生活的消費等，這些費用在繳稅時都不能扣除。也就是說，這屬於你的個人消費，因此它們會被視為你的個人支出，而非公司的支出。

持有加密貨幣

你也可以選擇什麼都不做，只保留挖到的加密貨幣獎勵作為投資，並期望最後它們的價值會增加。這種做法在加密貨幣社群中，通常被稱為 *hodling*（囤幣，不是拼成 holding 持有）。這是什麼單字呢？據說在很久以前，也就是在加密貨幣過去遙遠的一刻（2013 年），比特幣論壇中的某個人打錯一條訊息。他本來是要說他打算持有（holding）他的比特幣，並堅信價格會上漲，但他卻寫成「我在囤幣（hodling）」。這條訊息的發布者解釋說他在發布訊息時正在喝威士忌（有興趣的讀者可以到 https://bitcointalk.org/index.php?topic=375643.0，這裡有一些有趣的比特幣歷史時刻可以見證）。

守法納稅人，或是加密無政府主義者？

加密貨幣社群中有一群勢力龐大的「加密無政府主義者」。根據一般說法，這個名詞可能是由提姆・梅（Tim May）在他 1988 年的「**加密無政府主義者宣言**」（*Crypto Anarchist Manifesto*）一文中首次出現。他說：「……密碼學即將為個人和團體提供以完全匿名的方式，相互交流和互動的能力，網路上的各種交流將無法被追蹤。這種密碼學上的發展，將會徹底改變政府監管的性質、徵稅和控制經濟互動的能力」。

加密無政府主義者相信可以用密碼學來保護個人、經濟和政治上的自由。加密無政府主義者也認為，這些自由必須受到國家的保護。說明白一點，這些人多半不信任納稅這件事。我們在本章中假設各位並不屬於這些人裡的一員；我們還假設就納稅而言，你希望留在正常人的這一邊。

無論如何，*hodl* 和 *hodling* 這兩個詞彙，現在都已經成為加密貨幣文化的一部分。原因很簡單，如果你確信加密貨幣會升值，為何要出售？當你非常確定它會上漲時，就請收好你的加密貨幣！

事實上，這種策略很受歡迎。許多加密貨幣的長期稀缺以及社群對價值會上漲的預期心理，都讓這種策略成為一個可以實現的預言（但不會總是如此，有太多規模較小的加密貨幣價值已降至零）。

我們並不會明確告訴你要持有或出售，因為這兩種選擇都有風險。很多人投資加密貨幣損失了巨額資金，但的確也誕生了多位千萬富翁。

事實上，除了從 2017 年 12 月中旬到 2018 年 12 月下旬，為期一年左右的災難性崩盤之外，比特幣一直是一項令人難以置信的投資。如果你在 2017 年 8 月購買並持有比特幣四年，直到本書撰寫時（2022 年 1 月），你的投資將增加八倍以上。自 2016 年 5 月或 6 月以來持有的投資者，甚至看到比特幣價值增長了大約 85 倍（見圖 13-2）。不過，正如在投資業務的相關廣告最後會說的：過去的表現並不能保證未來的結果！這一切可能因為比特幣是世界上最重要的加密貨幣；其他規模較小的加密貨幣，通常在提升價值方面不太成功。因此，在你決定長時間持有之前，請務必對自己選擇的加密貨幣在可行性和運作歷史方面多加研究。

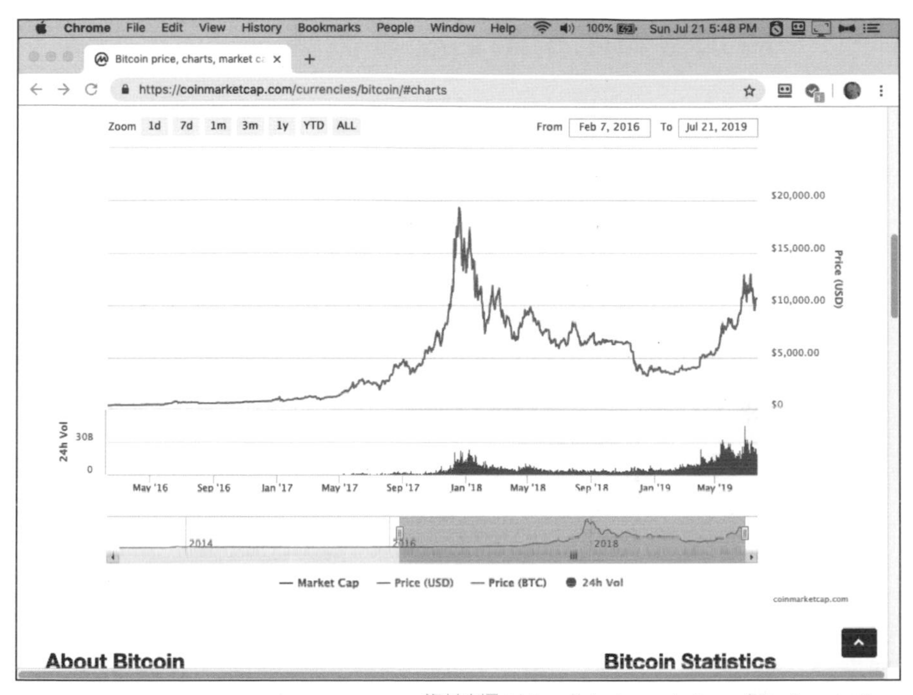

資料來源：*https://charts.woobull.com/bitcoin-valuations*

圖 13-2：這是過去九年來，各種類型的比特幣網路網路價值預估圖。

所以到底你應該出售或持有呢？請密切關注加密貨幣的市場動態，做出自己的決定！

把你的加密貨幣拿去投資

有些企業可以讓你以比特幣或其他加密貨幣進行投資。許多較早期的比特幣礦工，會利用他們的挖礦利潤投資於與加密貨幣相關的業務。舉例來說，最早成立的加密貨幣交易所 Kraken，便是由早期的比特幣投資者所主導。

這類投資有意義嗎？可能有，但同時也要考慮到當你將加密貨幣投資於股票、房地產或其他商業機會時，就是在押注新的投資報酬率，將會高於單純持有該加密貨幣的投資報酬率，這點當然不一定正確。

另一方面，你也可以考慮將挖礦利潤投資於其他業務，作為投資「多元化」的形式之一。亦即透過持有不同風險和收益的多種類型投資，來分散你的整體財務風險。

將加密貨幣捐贈給慈善機構

許多慈善組織接受加密貨幣捐贈，用來贊助他們的慈善工作。把加密貨幣捐贈給慈善機構，也會帶來納稅方面的優惠。如果你要發揮善心，以下便是可以接受加密貨幣捐贈的部分慈善單位。

- **American Red Cross（美國紅十字會）**：www.redcross.org/donations/ways-to-donate/corporate-supporters.html
- **BitGive（BitGive 基金會）**：www.bitgivefoundation.org/donate
- **Electronic Frontier Foundation（電子前哨基金會）**：https://supporters.eff.org/donate
- **Free Software Foundation（自由軟體基金會）**：https://my.fsf.org/donate
- **Internet Archive（網際網路檔案館）**：https://archive.org/donate
- **Tor Projec（Tor 專案）**：https://donate.torproject.org
- **United Way（聯合勸募）**：www.unitedway.org/get-involved/ways-to-give/donate-bitcoin
- **The Water Project（水資源專案）**：https://thewaterproject.org/donate-crypto
- **WikiLeaks（維基解密）**：https://shop.wikileaks.org/donate
- **Wikipedia（維基百科）**：https://donate.wikimedia.org/wiki/Ways_to_ Give#Cryptocurrency

把加密貨幣當成禮物贈送

讓朋友、家人和其他人，有興趣進一步了解更多關於區塊鏈和加密貨幣，或者也想自己也嘗試一下的最佳做法，就是把你挖到的加密貨幣作為禮物，贈送給他們。加密貨幣是一種很棒的教育工具，因為這個禮物讓他們必須自己設置一個錢包，以見證加密貨幣交易的過程。不過這種贈送加密貨幣給別人的做法，對贈與人並沒有直接的納稅優惠（但如果你持有加密貨幣的收益還不用繳稅的話，應該就不必考慮優惠的部分）。

收到禮物的被贈與者，也不必向美國國稅局申報或納稅。因此許多人會使用禮物贈與的方式，將財富轉送給自己的孩子。稅法裡有一種稅務項目叫做「**贈與稅**」，就是指超過一定額度（額度相當高）的贈與時，贈與者必須為贈與的錢納稅。在 2019 年的美國，此額度的限制為超過 15,000 美元。也就是說，年度贈與的前 15,000 美元無須繳稅。事實上，除了每年 15,000 美元的額度之外，還有終身一次的 1,170 萬美元贈與免稅額。

如果你已經挖到足夠考慮贈與問題的加密貨幣時，便應諮詢你的稅務顧問（但在此之前，請先閱讀《**下個富翁就是你**》（*The Millionaire Next Door*）這本書 ，作者威廉・丹科（William Danko）會說服你不要給孩子錢；因為這樣反而會傷害他們。孩子們，對不起囉！）。

決定何時出售

礦工們可能很信任自己挖礦的區塊鏈系統壽命綿長，所以只有在需要支付費用或出於市場條件（例如匯率下跌）時，才會依依不捨地決定與挖到的加密貨幣分開。

也有些礦工會採取不同的方法，亦即頻繁地出售挖到的加密貨幣，以快速兌現挖礦所產生的任何利潤。他們可能覺得只要有利潤就應該拿到，因為加密貨幣價格隨時可能下跌。

這件事的答案並沒有對錯（當然你事後回顧起來可能並不這麼認為），身為礦工必須自己做出這些決定。如果你決定出售加密貨幣的話，有些相當有用的資源，可以協助你確定適合出售的時間和數量。一旦出售加密貨幣，將會對你產生很多影響，包括交易費用、匯率等相關費用，以及稅務方面的問題（本章後面將會討論挖礦收益繳稅的問題）。

了解加密貨幣市場指標

市場指標可以協助你了解加密貨幣市場的走向。雖然市場指標不可能 100% 的準確預測，但它們確實是很好的資源，可以幫你認清市場漲跌週期中，到底發生了哪些事。以下就是一些與比特幣相關的指標範例。

- **Mayer Multiple（梅耶倍數指標）**：這是由崔斯·梅耶（Trace Mayer）建立的「梅耶倍數指標」。其方法是將比特幣的目前美元價格，除以 200 天「移動平均」價格（**移動平均**是指過濾短期波動後的平均價格）。舉例來說，如果今天的比特幣價格是 12,000 美元，而前 200 天的平均價格是 6,000 美元，那麼梅耶倍數就是 2。這個指標可以提供很好的相對訊號，說明市場價格是否過熱或過冷。倍數過高當然是警告訊號；倍數較低則暗示現在可能是買入時機（`https://stats.buybitcoinWorldwide.com/mayermultiple/`）。
- **NVT 比值**：**網路價值與交易比值**（NVTr，*network value to transactions ratio*）是追蹤區塊鏈上加密貨幣交易的美元價值，對比於總網路價值。計算方法是將每日平均市值（或總市值）除以每日鏈上交易量（兩者均以美元計價）。換句話說，它呈現的是加密貨幣的交易活動量（見圖 13-3）。

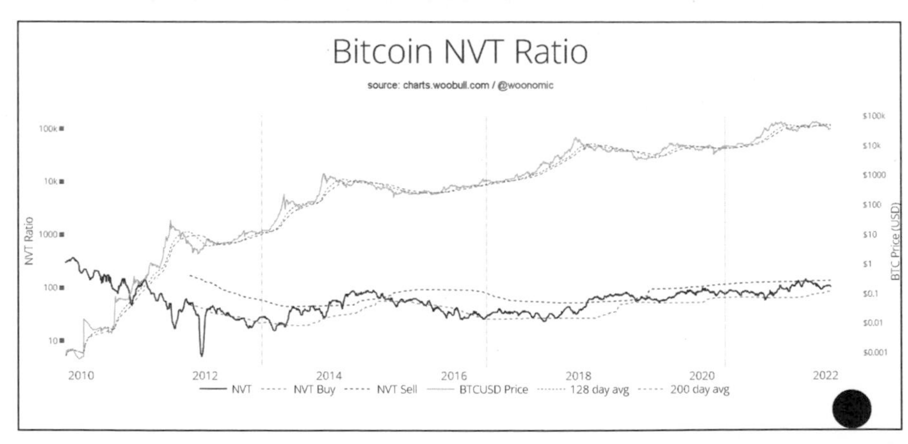

圖 13-3：Woobull 的 NVT 比值圖表，用來觀察比特幣市場交易的活動情形。

資料來源：*http://charts.woobull.com/bitcoin-nvt-ratio*

- **NVT 訊號**：NVT 訊號（NVT signal）與 NVT 比值非常類似。它用的不是總市值除以每日鏈上交易額，而是以 90 天平均市值除以每日鏈上交易額（`http://charts.woobull.com/bitcoin-nvt-signal`）。

» **實現總市值**：加密貨幣領域另一個受歡迎指標便是「市值」（market cap），也就是將加密貨幣目前的市場價格，乘以流通中的加密貨幣總量來計算。而「實現總市值」（Realized market capitalization，RMT，亦稱已實現市值），是將每枚貨幣最後一次在區塊鏈上作為交易花費時的市場價值相加來計算，亦即扣除掉完全不流通或遺失的部分加密貨幣。由於計算有點複雜，請各位參閱這個頁面所解釋的 RMT 指標運作方式；你可以在此頁面 `https://coinmetrics.io/realized-capitalization` 下方，找到指向實際圖表的連結。

» **MVRV 比率**：MVRV 比率（**市場價值實現總市值比率**）是透過將市場價值（市值），除以已實現市場價值或資本來計算。該指標同樣可以協助透視市場價值，以檢測比特幣價值被高估或低估的情形（請參閱 `http://charts.woobull.com/bitcoin-mvrv-ratio`）。

TIP

前面提到的這兩個網站：Woodbull Charts（`http://charts.woobull.com`）和 Coin Metrics（`https://coinmetrics.io`）網站，都有許多非常有趣和有用的指標。大家可以深入挖掘，看看是否會找到適合自己的分析指標。

剛剛提到的這些圖表都針對比特幣，那其他加密貨幣的圖表呢？你當然可以找到其他加密貨幣的這類指標，舉例來說，Coinmetrics 同時也為幾十種加密貨幣提供指標。圖 13-4 顯示了 BTC（比特幣）和 VTC（綠幣）的 NVT 測量結果。螢幕上方的選項框可以讓你用點擊的方式，在圖表中添加（或刪除）其他加密貨幣，你可以在左上角找到更多選項（但你無法檢視所有加密貨幣的每一種指標）。

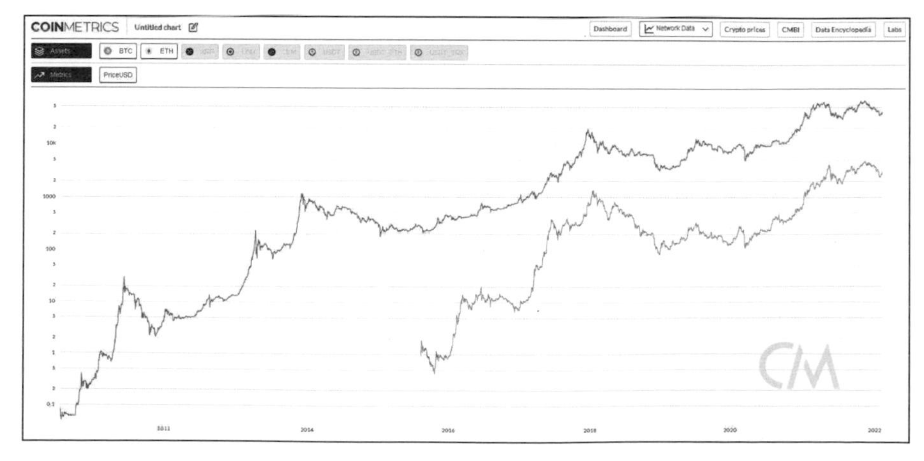

圖 13-4：Coinmetrics 的 NVT 圖表，顯示了兩種不同加密貨幣的數據圖。

有許多加密貨幣數據和統計網站非常有用，可以協助你正確觀察每種加密貨幣，以下是其中幾個。

- **Bitcoin Visuals（比特幣視覺效果）**：https://bitcoinvisuals.com
- **Bitcoinity**：https://data.bitcoinity.org/markets/volume
- **BitInfoCharts（比特幣訊息圖表）**：https://bitinfocharts.com/cryptocurrency-charts.html
- **Coin Dance（幣舞）**：https://coin.dance
- **Coin Metrics（貨幣指標）**：https://charts.coinmetrics.io/network-data
- **CoinDesk（幣桌）**：www.coindesk.com/data
- **Crypto51（加密 51）**：www.crypto51.app
- **How Many Confs（多少次確認）**：https://howmanyconfs.com

許多規模較小的加密貨幣受歡迎的程度不足，以致於人們無法進行深入研究或即時圖表分析。儘管如此，觀察其他加密貨幣的指標，至少可以讓你大致了解加密貨幣的整體市場情緒，更何況加密貨幣確實經常一起上漲或下跌。

出售地點：加密貨幣交易所

如果你打算兌現你的加密貨幣收入，把它們換成當地法定貨幣，你可能應該先考慮透過加密貨幣市場交易所來進行。有些交易所有良好的紀錄，有些交易所則可能有風險，還有另外一些交易所就像是徹底的詐欺網站一樣。有些交易所還會禁止來自某些司法管轄區的個人交易，以避免某些國家公民相關的法律限制。

交易所會收取交易的費用，費用多寡取決於交易所和交易的不同。不同的交易所可能會有不同的市場費率，換句話說，在某些交易所出售你的加密貨幣，可能會比在其他交易所獲利更高（亦即你會從加密貨幣交易中獲得更多美元）。如何得知哪個交易所最划算呢？以下是一些可以提供幫助的資源網站：

- https://data.bitcoinity.org/markets/books/USD 提供的是比較了十個不同交易所的一張很酷的圖表。
- https://en.bitcoin.it/wiki/Comparison_of_exchanges 提供幾十個交易所之間的比較圖表。

平均成本法

平均成本法（*Dollar cost averaging*，DCA）是一種很常見的投資策略，目的在減少因為大規模、高成本購買資產而產生的波動風險。這樣做的目的在於避免進行大量購買後，立即因資產價值突然下跌而造成的傷害。所以相反的做法是你可以在很長一段時間內，「分散購買」同樣數量的資產（這裡有更多 DCA 的相關訊息：www.investopedia.com/terms/d/dollarcostaveraging.asp）。

許多礦工喜歡 DCA 的概念，因為這就像是挖礦的本質一樣，每個月獲得一點加密貨幣，而非一次性購買大量加密貨幣。就像你不是一次花 10,000 美元購買你喜歡的加密貨幣，而是在挖礦設備上投資 10,000 美元，然後逐月挖礦取得回報一樣。

購買時的平均成本法

假設你打算在今年把 1,200 美元投資於比特幣等資產（或股票、債券……）。你可以在遇到較低資產價格時一次全部購買，以期獲得資產的相對利益。但如果是以平均成本法來投資的話，你在一年內可以用定期購買的方式，例如每月購買一次。亦即將現在一次花費 1,200 美元，改為在整年中每月花費 100 美元投資。

一般在價格趨勢下跌的熊市中，這種策略相當有效，因為它不會讓你的投資受到價格下跌的影響。事實上在每次購買時，你都會以較低的價格獲得資產。然而在價格趨勢呈上漲的牛市中，平均成本法將導致你以相同價格收購到較少的資產。

雖然最好的投資是在資產處於最低價時，立即把所有資金投入購買資產；但你要如何知道這是市場最低價？也就是所謂的看準市場時機進場，這在基本上不可能辦到。你當然可能很幸運，選擇到最佳時機投入市場，但你絕對無法一直如此好運。

平均成本法是一種分散風險的方式。這也是避免 FOMO（Fear Of Missing Out，害怕錯過）的一種投資方式。與其跳入市場購買大筆資產（可能因為你最近看到價格不斷上漲，害怕會錯過一個好機會），平均成本法提供了一種更嚴格的投資模式，可以讓你幾乎因為穩定而忘記自己正在投資（好吧，你當然會記得每個月都要檢查購買的情況）。而像 Coinbase 這樣的一些交易所，也可讓你設置自動定期購買。

可能有人會說我們在這裡討論的正是所謂的「**自動投資**」（*automatic investing*，類似基金的定期扣帳投資方式），它跟平均成本法類似但略有不同。我們之所以使用「平均成本法」這個術語，正是因為這是在加密貨幣領域（事實上，在其他投資領域也是）較為常用的投資術語。

平均成本法在長期下跌然後突然回升的市場中運作良好（類似近十年來加密貨幣市場的情況），在市場下跌時減少你的損失（因為每次你購買資產的成本都低於前一次），並在市場恢復時增加你的利潤（因為在這種情況下，你分次購買的的大部分資產，一定比一次性購買的價格來得更低）。

舉例來說，假設你在 2017 年 12 月 9 日購買一個比特幣，成本大約是 13,680 美元（只是假設，當天的最高點最低點可能不是這個價格）。到了 2019 年 7 月時，你的比特幣價值只剩 10,011 美元，你賠錢了。如果反過來以平均成本法購買呢？你並未一次性花費 13,680 美元，而是在該日期和接下來的 19 個月中的每個月投資了 684 美元。結果呢，你的比特幣價值竟然大約是 18,072 美元。

當然在價格長期攀升期間，情況會正好相反。每次購買時，你所獲得的比特幣都會比以前少。如果是一次性投資，你的獲利情況會好得多。但同樣是那句話，你如何看準市場時機進場？這在基本上不可能辦到。

比特幣平均成本法網站（`https://dcabtc.com`）展示了以平均成本法在比特幣市場投資的影響。你可以輸入一個定期的投資金額、一段期間間隔（每天、每週、每兩週或每月），以及你想從比特幣歷史上哪個時刻作為投資起點，系統便會計算你將投資多少金額，你購買的比特幣資產價值多少，並計算你的獲利。

這種做法跟加密貨幣挖礦有何關聯？這本書講的是挖礦，又不是投資購買加密貨幣？事實上，加密貨幣挖礦就像是一種加密貨幣資產的平均成本法形式（或是正如本書另一位作者泰勒所說的「**平均電力成本**」法）。如果你正在礦池進行挖礦，你的獎勵便會穩定且可預測。你每天或每週投資在電力、設備與維護上，都會獲得更多的加密貨幣。你的投資也會隨著時間的經過緩慢增加，就像平均成本法的投資策略一樣。

出售時的平均成本法

想要出售加密貨幣收益的礦工和囤幣者，也可以用平均成本法，規律地安排出售的時間，因為同樣的理論也適用賣出。如果你打算在一年內出售價值 1,200 美元的比特幣或其他加密貨幣，而非一次性全部出售的話，你可以規劃好每月出售 100 美元的加密貨幣，以便減少價格波動的風險。

不過平均成本法在銷售與購買的情況正好相反：如果市場呈下跌趨勢，平均成本法的策略會換到較少的當地法定貨幣，但如果加密貨幣市場呈上升趨勢，平均成本法也會帶來更多法定貨幣收益。當你需要支付挖礦的成本時，這種時間安排方法就會非常有效（你多半是在價格漲勢不斷時才想賣掉吧）。

託管匯兌風險

在比特幣和其他加密貨幣的歷史上，有許多交易所因負債多於資產、管理階層盜竊，或遇到其他管理不善問題而遭到駭客攻擊、資金損失或關閉的例子。因此在選擇交易所時，一定要格外小心和仔細調查。

最重要的就是千萬別讓資金留在交易所的時間，超過需要託管的時間，以避免在交易所遇上風險的情況。正如密碼學家（可能為中本聰的人選之一）尼克・薩博（Nick Szabo）所說：「受信任的第三方就是安全的漏洞」。請記住，交易所用戶在交易所失去加密貨幣的情況並不少見，而加密貨幣領域的口號是「沒有私鑰，就不是你的加密貨幣」。讓其他人為你管理你的私鑰，就會面臨保管者竊取或未妥善保護私鑰的風險。

礦業業務與稅務

加密貨幣稅務是相當複雜的主題。本書撰寫時，在美國買賣加密貨幣必須納稅，因為美國國稅局把加密貨幣視為財產，而非貨幣（雖然本書大抵是從美國的稅收角度來討論，不過我們在這裡討論的一些基本想法，在其他國家可能也都適用）。而且個人挖礦無法像企業挖礦一樣，可以獲得相當多的稅收減免。因此有許多礦工選擇透過商業實體（開公司的方式）進行開採。

以下的討論是比較一般性的情況，我們比較建議你應該向具有加密貨幣經驗的稅務顧問進行諮詢。

你正在挖礦，不是在投資

我們的看法是：挖礦與投資有很大的差異（但請記住，不要認為看完本書就可以了！每個人的情況不盡相同，你必須與了解加密貨幣和該領域稅收法規的稅務會計師談過才行！）。

挖礦是一項業務，你把錢投入其中，然後挖出加密貨幣（你希望獲得的）。而這些獲得的利潤就應該納稅，所以你可能也會想用美元來計算收益與稅務（美國國稅局並沒有以加密貨幣進行計算的稅單或表格）。

就像任何企業經營一樣，你必須追蹤公司的費用，包括購買設備的費用、支付的電費、租金成本（如果挖礦作業是在家裡進行，也可按比例扣除設備佔用的房屋部分空間成本）等。你為經營挖礦業務所花費的任何費用，都是可以扣除的費用。還有一些其他費用，例如具有多年壽命的挖礦設備，應該可以使用折舊攤提的方式列入扣除額。也就是說，與其在你花錢的那一年，直接在納稅時扣除設備的全部成本，不如在幾年內分批扣除一部分。因此我要再次強調，這些都屬於你應該自行向稅務會計師諮詢的問題（扣抵規則很複雜啊）。

你還必須持續追蹤自己的收入，也就是收到加密貨幣獎勵時，換算成以美元計價。換句話說，由於收入報告和稅收計算的原因，你必須把在區塊鏈地址收到加密貨幣時的價值，轉換為美元來計算。

即使只是「持有」你挖到的加密貨幣，也必須繳稅。各位可以這樣想，黃金是一種資產，如果你購買並持有（只是持有），並不會因為黃金升值而欠稅。但當你是為某人工作獲得金幣作為報酬時，就是獲得了「應稅收入」。加密貨幣也是如此，當你從挖礦業務賺取加密貨幣時，就必須對扣除挖礦費用後的收益繳稅。事實上，美國國稅局已經裁定挖礦收益應視為個人總收入的一部分（請參閱 www.irs.gov/pub/irs-drop/n-14-21.pdf 中的 Q-8）。

到底該如何計算收益呢？基本上就是把該年的加密貨幣總收入（以你賺取時的美元計價），扣除掉所有營業費用，剩下的就是你的利潤，你應該就此利潤繳納應繳稅額。

你是靠什麼來維持生活？是否必須把部分加密貨幣收益轉換為美元，以便支付房租和購買雜貨呢？或甚至直接使用加密貨幣支付個人（非商業）的生活費用？

根據你的經營形式（獨資企業、LLC 責任有限公司、C 公司或其他形式），這些給自己或花在自己身上的錢，將被視為工資或分紅。可能可以從你的經營業務成本扣除，但對你個人來說應該納稅。

所以這一切可能會變得相當複雜，而且本書的書名也不是「稅務 101」之類的教學書。從稅收目的來看，某些形式的公司結構（例如獨資企業或 LLC）是把你和你的企業視為單一實體。因此，如果你給自己錢或為自己花錢的話，都不能從你的公司業務上扣除，因為你經營的業務就是你自己。在計算扣除額時，不能扣除這些支出。

越來越複雜

我們有沒有提到稅務開始變得複雜了？我們已經說了很多，但是你現在還搞不清楚？這就是為何我們一再強調：你應該找一位懂加密貨幣的稅務會計師談談。

那如果你囤幣（hodl）會變成什麼情況呢？假設你挖的是傻子幣，它在開採時價值 1,000 美元。你沒賣掉挖到的傻子幣，而是繼續**持有**，也就是將你開採的加密貨幣獎勵作為投資保留起來，期望最後的價值會大幅增加（正如我們在本章前面討論過的情況）。而到今年年底，其價值上升為 2,000 美元時，你的應納稅所得額應該是 1,000 美元或 2,000 美元呢？

看起來應該是（看你的會計師怎麼說？）你將使用 1,000 美元，作為你開採的那個區塊的收入，因為現在你在帳面上擁有 1,000 美元的資產。如果你以 1,000 美元的原價（已稅）購買傻子幣，假設一年後再以 3,000 美元的價格出售該幣；你便需為你「支付」的 1,000 美元以及賣出的 3,000 美元之間的差額繳稅，也就是必須為 2,000 美元的獲利繳稅。

所以你必須追蹤自己的加密貨幣成本與獲利。也就是購買時的原始成本；或者如果是你自己挖的，就要記錄挖到當時的美元價格。同時，你也必須在賣出該加密貨幣時追蹤價格；也就是你將其兌換為美元時收到的金額，或是你使用該加密貨幣購買產品或各種服務時所付的美元價值。這一切可能會變得相當複雜，因此你當然需要協助。我們也為你提供了以下資源，讓你可以利用這些追蹤價格數字的計算系統，以及專門從事加密貨幣會計的稅務公司等服務。

- **BitcoinTaxes**：https://bitcoin.tax
- **Crypto Tax Girl**：https://cryptotaxgirl.com
- **CryptoFolio**：https://cryptfolio.com/tax
- **CryptoTrader.Tax**：https://cryptotrader.tax
- **TokenTax**：https://tokentax.co
- **ZenLedger**：www.zenledger.io

擴大規模？

如果你在加密貨幣挖礦中賺錢，當前的回報和利潤也很可觀時，「擴大」你的挖礦業務似乎是非常誘人的行為，但在決定之前請仔細考慮。加密貨幣挖礦是一種很不穩定的行業，同時具有繁榮和蕭條的性質。在看似良好的市場條件顯示出擴張的機會時，也可能迅速遇上轉變，導致投資資金方面的損失。這些額外投入的資金，本來可以用在市場下跌時，協助你支付營運成本，度過難關。換句話說，你最好有一些財務規劃來協助自己度過困難的時期，而不是把每一分錢都投資到極限。

在決定是否擴大挖礦業務時，必須注意一些需要仔細考量的事。

不要過度擴張

當你打算擴大礦場時，不要「過度」擴張相當重要。如果你過快發展挖礦事業，很可能會花掉你在以當地法定貨幣儲存的儲蓄，迫使你必須清算挖礦收益，以支付後續的挖礦成本。

在第 6 章曾經介紹過加密貨幣挖礦的「死亡螺旋」。我們討論過加密貨幣系統本身，可能會因為區塊鏈為了確保區塊出現的穩定性，而在算法上自動提高區塊難度，讓礦工突然陷入死亡螺旋的威脅。

除此之外，個體礦工仍然有機會暴露在其他的挖礦死亡螺旋中。例如你所挖礦的加密貨幣在交易所的市場價格，遇上短期內的大幅下跌時，你的礦場很可能就會失去獲利能力。一旦你無法負擔挖礦費用，礦場業務就會被迫關閉。所以在此情況下，如果你剛好大幅擴展自己的挖礦業務時，很可能就無法繼續保有你挖到的加密貨幣獎勵。

當你確定要擴大礦場規模時，請確保手頭有足夠的資金，可以支付加密貨幣市場低迷時的正常開銷。最好的財務專家通常會建議：小型企業必須在手頭上保留大約三到六個月的營運費用，以應付不可預見的市場狀況。

然而在比特幣和加密貨幣市場中，最長的低迷期可能長達 36 個月！在這種極端情況下，即使是最賺錢的挖礦企業，可能也必須被迫重新思考他們的營運規模，並且可能因應做出巨大改變。

再投資之前必須達到的里程碑

包括加密貨幣挖礦企業在內的「成功企業」，通常都已經設定了財務目標和長期計畫，以確保它們能夠在不斷變化的市場條件下持續生存。有些礦工會以他們正在開採的加密貨幣為基礎，衡量自己的投資報酬率，也有一些礦工是以當地的法定貨幣價值來衡量。然而很多礦工在這方面有些疑慮，因為他們不喜歡用法定貨幣來思考。這點可以追溯到加密貨幣的無政府主義根源。法定貨幣之所以不好，是因為它來自中心化的國家管理，最後應該被大眾創造出來和去中心化管理的加密貨幣所取代。但是，這完全是一種錯誤的想法！

任何資產只有**與其他資產相比**才有價值！當然你可能會說「我擁有十個傻瓜幣」啊，然而大家一定會問你「值多少錢？」，你該怎麼回答呢？「值十個傻瓜幣」的這種說法沒有任何意義，就像你問老闆一個橘子多少錢？老闆告訴你值「一個橘子」一樣！

「值多少錢」的意思就是「你能藉由它得到什麼？」，也就是你能用它買多少個披薩、多少斤橘子、夠買一部車嗎？或者更簡單地說就是：值多少「錢」？

所以沒有什麼東西是單獨具有價值的。你可以把這些加密貨幣以蘋果、橘子、黃金或法幣來衡量價值。但無論如何，加密貨幣要具有某種價值，就必須以其他事物為單位來衡量，而不是以加密貨幣本身來衡量。

你當然可以把挖礦獎勵轉換為它可以購買的橘子數量，但用橘子數量的意義何在？為什麼不直接使用你所在國家 / 地區最常見的交換媒介，也就是大家都清楚的「法定貨幣」來衡量呢？

如果只根據挖到的加密貨幣數量來衡量自己的收益，你將無法真正了解自己的挖礦業務是否具有意義。即使你的目標就是累積一種特定的加密貨幣，也知道它的價值是挖礦一天所需成本的十倍，但你仍然需要了解以法定貨幣來表示的數字。因為如果不這樣做，就無法知道你花在挖到該加密貨幣的成本，是否比你直接購買該加密貨幣的成本還高（也就是到底值不值得挖礦）。

因此，你所關注的最重要指標，應該是基於法定貨幣的損益。在不知道自己是否賺錢的情況下，當然很難做出任何關於擴張的理性決定。

也許加密貨幣挖礦對你來說只是一種嗜好或一場很酷的實驗，你的目標是了解並精通加密貨幣挖礦，以及了解加密貨幣的世界。也許這是一種意識形態的聲明，因為你是加密無政府主義者（或加密自由主義者），希望看到加密貨幣成功而願意參與其中。這種情況也沒關係，因為每個人都可以有不同的目標。

或許你並不是那麼強調意識形態的人，但你仍然相信你所開採的加密貨幣，以及整個加密貨幣界的未來，因而希望協助支持和保護區塊鏈（只要能為你帶來一點點財富即可）。

還有些礦工相信加密貨幣社群正在努力實現的去中心化目標，所以願意在短期內虧本挖礦，他們知道自己正在支持區塊鏈的世界，所以願意囤積這些挖到的加密貨幣（他們認為這些加密貨幣會因此提升長期的價值）。

還有一種情況……讓我們說點實話吧，還有一些礦工的原因是因為「匿名」而進行加密貨幣挖礦。如果你從美國的交易所購買加密貨幣，該交易所會記錄這筆交易以及你的身分。但如果是「個人開採」某一種加密貨幣的話，除了你之外，不會有人知道你是誰（但如果是礦池挖礦就不是匿名了）。

因此，很可能還有其他理由讓礦工繼續挖礦，也可能有其他指標必須考慮。但從商業的角度來看，你必須知道自己在賺錢還是虧錢，以及用哪種方式賺了多少錢。不這樣做的話，你就無法做出關於擴張與否的理性決定。就算你是以前面說過的這些不同理念、目的在挖礦的人，除非你能以法定貨幣的形式查看數字，否則你也無法完全了解這些操作是否具有意義（當然如果你願意的話，也可以真的用橘子來衡量，不過用法定貨幣會簡單得多）。

在開始挖礦冒險之前，請確定你想達成的目標，並定期檢視目標的達成率。舉例來說，相對於你在時間和金錢上的投資來看，你的挖礦事業應該有多少利潤才足夠？

接著我們要來談擴張的影響。舉例來說，把小規模的加密貨幣設備增加一倍的話，會花費在設備上的費用，但並不會花掉你太多時間。你當然必須花時間設置所有增加的設備（第二次設置應該會快得多），然而你並不需要花更多時間監看新礦機來確保維持運行。因此，就投入的時間而言，加密貨幣挖礦設備的擴張，等於增加了經濟規模。也就是說，隨著你的礦場越來越大，賺取每一美元所花費的「時間」比例會大幅下降。

擴張的規劃

挖礦設備在過去十年的演進中，已經得到顯著地改善，每台礦機的雜湊率輸出也飆升至每秒幾兆次雜湊。而且礦機在雜湊計算的效率上也有所提高，功耗大幅降低，能以更少的電力成本進行更多的工作量證明。

這種改進讓挖礦業更容易架設數量驚人的計算能力。如果你計畫擴展加密貨幣挖礦業務的話，跟幾年前比較起來，你可以用更少的設備和成本來完成。此外，如果你的加密貨幣礦機比較老舊，例如已經挖了2~5 年（大約是 ASIC 礦機的壽命）的話，更可以直接用最新最先進的礦機，更換掉老舊的礦機，大幅提升礦場整體的雜湊能力。

不過這些新礦機都相當昂貴。因此「值得擴展嗎？」就變成一個必須透過仔細計算才能回答的問題。畢竟，加密貨幣挖礦是場完美的數字遊戲。遊戲內容包括購買設備的成本、執行設備的電力成本、礦機輸出的算力、整個網路輸出的雜湊率、出塊時間等。只要挖過一段時間，應該就有可供計算使用的參考基礎。但如果花幾個小時使用 Excel 表格（或第 11 章討論過的線上計算器），就能讓你預測擴展業務可能對你有什麼影響，當然即使如此，也只是**預測**而已。

請各位記住，當你想擴展自己的挖礦事業規模時，還可以採取各種不同的方式（我們在第 9 章討論過），例如託管設施、雜湊率買賣市場（有成千上萬的人把自己的雜湊算力，出售給另外成千上萬想要在沒有挖礦設備的情況下進行挖礦的人），甚至是雲挖礦公司，也就是個人從挖礦公司購買算力等方式。

REMEMBER

千萬不要過度擴張，仔細規劃目標與過程，並保持足夠的現金儲備，以便在市場低迷或波動加劇的情況下，還能支付幾個月的挖礦支出。

5 十大注意事項

本單元內容包含：

應付市場波動擬定計畫。

尋找提高獲利能力的方法。

尋找更多訊息來源以跟上最新發展。

了解加密貨幣挖礦的缺點。

本章內容

- 為市場價格低迷時做好準備
- 制定計畫來對抗市場下跌
- 了解加密貨幣的市場相對波動
- 計算燒錢率和生存週期
- 了解何時該停止挖礦
- 考慮逢低買進

Chapter 14 市場下跌時的十個（左右）提示

由於加密貨幣世界依舊不算成熟，因此比特幣和其他加密貨幣的匯率，經常發生令人難以置信的巨幅波動，造成資產價格迅速升值或大幅崩跌的情況。

有兩方說法想解釋為何會發生如此巨大的價值波動。不相信加密貨幣的懷疑論者，可能會說這是因為加密貨幣不具備「內在價值」，就像17世紀荷蘭鬱金香狂熱時，鬱金香不具備內在價值一樣。在此期間的鬱金香球莖，最後攀升到天文價格（一株鬱金香球莖的售價可能高達1,000磅奶酪，或是12隻肥羊的價格）。懷疑論者可能還會說鬱金香球莖甚至比加密貨幣更具有內在價值，因為你還可以把它們埋在花盆裡種出鬱金香。他們說這就是加密貨幣市場波動的原因，因為這是一個建立在價值幻想中的市場。

不過相信加密貨幣的忠實信徒對此不以為然。他們指出黃金的內在價值也很小，但幾千年來一直被當成價值儲存的方式之一。這些信徒也會說「波動」是新資產出現後的正常過程，在此過程中會出現早期價格探索行為。全世界只使用了加密貨幣大約十年左右，這個世界上甚至還有很多人可能沒聽過加密貨幣。即使在發達國家受教育的人口中，他們也只是在近幾年才知道加密貨幣，而且大多都不甚了解（甚至有人就閉著眼睛投資了）。因此，在整個世界逐漸掌握這項簇新的資產類別之前，其價格會反覆波動也就不足為奇了。

無論從哪一種人的觀點來看，加密貨幣都是一個尚未穩定的市場。在過去十年中，至少對於主要加密貨幣而言，整體趨勢一直在上升，但會間歇性的急劇下降。所以你必須假設這種波動會持續很長一段時間。在本章中，我們將討論需要考慮的各種事項，以及如何為市場波動和價格低迷做好準備。

做好計畫，對沖你的挖礦事業風險

預先針對市場低迷時刻做好計畫。雖然你的挖礦事業進展順利，但請預先考慮在輕度衰退、中度衰退或嚴重的災難性衰退時，你應該怎麼做？

你有幾個選擇：

- 悶著頭繼續前進。換句話說，勇往直前，期待市場復甦的那一天（如果你有足夠資金的話）。
- 出售你的算力。利用算力市場將你的算力出售給其他人。也就是說，讓其他人承擔風險（如果你能找到一個不錯的交易，當然可以這麼做。交易是否划算也跟計算挖礦作業營收一樣，必須仔細計算數字）。
- 改挖目前看起來更有利可圖的另一種加密貨幣。
- 對沖你的營運支出（分散投資）。
- 暫時停止挖礦，先觀察市場走向再說。
- 停損並完全離開市場，賣掉設備來回收一些投資成本。但你必須了解，在市場低迷的情況下，你的挖礦設備（它們算二手貨了，可能還是前一代的舊礦機）價值也會跟著降低。

如果你在經濟低迷時期之前，已經儲存了大量多餘的資本來支付營運費用的話，「繼續前進」可能就會是不錯的策略，當然也要計算一下是否能負擔繼續下去的損失情況。另一種方法是在低迷期間關閉挖礦設備，我們將在本章後面的「停止挖礦！」一節，更詳細地討論這個主題。

你能堅持多久？

加密貨幣挖礦需要大量的流動資金，例如在市場低迷和下跌期間，有預留的當地法定貨幣以支付挖礦費用（如果你決定繼續挖礦，這就是你所需要的）。一般小企業通常建議保留三到六個月的營運支出額度，以防備市場出現不可預見的變化，這點也同樣適用於加密貨幣挖礦事業。

不過在加密貨幣領域的市場低迷，很可能持續相當長的一段時間。如果市場真的很長一段時間都跌到低於之前的價格，以致於你不再獲利的話，你就需要這筆預先規劃好的營運準備金，支付市場低迷期間的開銷。如果真的持續賠錢時，你也應該考慮停止挖礦或改挖其他加密貨幣（因為當你可以用低於自己挖礦成本的價格購買加密貨幣時，挖礦就沒有意義了）。然而有許多加密貨幣礦工，都在為整體加密貨幣市場的願景而努力；他們的目標是建立大量加密貨幣儲備。因此他們可能會出售其中一部分來支付挖礦成本，但整體而言，他們認為擁有加密貨幣是對未來的價值投資。

如果你的挖礦事業營運收支平衡，以當地法定貨幣剛好可以賺到足夠的錢來支付挖礦成本，那就繼續挖下去嗎？（也就是你繼續挖礦，但沒有賺到多餘的法定貨幣，也沒有累積到任何加密貨幣）。在這種情況下，你更應該擁有儲備資金，才能在繼續累積加密貨幣的同時，支付你的挖礦營運成本。

如果我們從長遠看，這樣的市場低迷最後可能會有很高的獲利。當撐不下去的礦工退出後，加密貨幣挖礦的成本也會跟著下降。這是因為加密貨幣價值下降時，部分礦工離開網路，整體網路雜湊率下降，你的雜湊率比例當然就上升了。讓你可以用相同的營運成本，挖到更多加密貨幣。最後的結果就是你將會以更低的成本，獲得更多的加密貨幣。雖然現在可能不賺錢，但是當市場景氣回升時，你會很慶幸自己持續挖礦！

REMEMBER

能夠承受市場低迷的時間長短，取決於你所儲備的資金。你可能已經付完挖礦設備的費用，但你還有日常開支（主要是電費）要支付。也許你每個月都得支付挖礦設備費用，例如用信用卡或貸款來分期支付。這些都是你的每月開銷，只是它們與挖礦成本沒有直接關係；因為不管礦機是否關機，你每個月都要還這筆錢。

由於存在許多變數，這些成本計算很快就會變得相當複雜。因為你正在比較四種金融場景：繼續挖礦、暫時停止挖礦、完全停止挖礦（並出售你的設備）或改挖另一種加密貨幣。

REMEMBER

這場計算不光是成本而已。如果選擇繼續挖礦，你仍然會有一些收入；因此金額不會像純計算支出那麼多。所以你可能要改為計算你的「**燒錢率**」（*burn rate*，每個月會花掉多少儲備金？）和你的「**生命週期**」（*runway*，這些儲備金可以撐幾個月？）。燒錢率的計算如下：

> 你的儲備金 / [每月總支出 - 挖礦收入] = 生命週期

假設你有 5,000 美元儲備金，每月的總支出是 1,000 美元，目前即使市場下跌，每月仍然可以賺取 300 美元的挖礦獎勵。你的生命週期就是：

> 5,000 美元 / [1,000 美元 - 300 美元] = 5,000 美元 / 700 美元 = 7.14 個月

這場討論還可以更複雜一點……而且一定會如此。首先，雖然你可以非常準確地估算費用（例如你每個月幾乎都使用相同的電力），但你無法知道這段時間內的挖礦收入到底是多少？這項收入會不斷波動；可能下降，也可能會上升一點……你只能猜測。

其次，如果你有經常性資本支出（例如你正在償還購買設備的貸款）的話，無論你是否挖礦，這筆帳單每月都必須支付。也許你當初已經付清了挖礦設備的費用，但你一直在透過以幾年分攤成本的概念來計算獲利能力。當設備已付清時；從現金流的角度來看，這是一種「沉

沒成本」（Sunk Cost，指已經發生且不可收回的成本）。把這些成本納入燒錢率或生存週期的計算中並不合適。因為我們的生存依賴現金流的計算；每月有多少資金流出，多少資金流入，這是唯一重要的事情。

除了所有的計算之外，礦工還要面對一個大問題：如果賠錢，還要繼續挖礦嗎？這就是我們在接下來的「改挖另一種加密貨幣」和「停止挖礦！」小節裡將要處理的問題。

這些預估的計算就只是預估，可能不夠準確（而且通常都很不準確）。然而做出這些預估，一定會比沒有任何計畫或想法來得更好。因為市場波動會導致月收入波動，並大幅改變你計算裡的假設和結論，所以這是你最應該密切關注的事。

從市場歷史中學習

市場一定會回升嗎？正如財務顧問所說「過去的表現並不能保證未來的結果」。事實上，有許多加密貨幣就是在市場下跌後，再也沒有回到原來的價格！

然而我們正處於一個全新的金融世界，如果你相信加密貨幣會繼續存在，那你就必須相信某些加密貨幣會在較長的期間內繼續增值。這個世界可能不需要目前市面上存在的 2,000 多種加密貨幣，其中會有一些加密貨幣可能在短期內升值，但後來持續低迷並消失了，另一些加密貨幣則可能長期存在，站穩腳步。

如果你想在市場下跌時，讓心靈能夠得到一點平靜的話，觀察加密貨幣市場在長達十年的生命史裡曾經發生的事，會是相當有效的治療藥方。

比特幣是最受歡迎、最受關注也最有價值的加密貨幣。其價值先是一段緩慢成長的歷史，隨後來到價值快速提升的繁榮時期，接著迎來了突然下跌，然後又繼續幾個月的緩慢下跌；最後，比特幣的價值又再次開始上升並重複這種循環。然而從整體的宏觀角度而言，比特幣的價值是不斷上升的。圖 14-1 是來自 CoinMarketCap.com 的圖表，顯示了從 2013 年 4 月到 2016 年底的比特幣價格走勢。圖 14-2 則是從 2013

年 4 月到本書撰寫當時的數據，我們可以看見一直到 2016 年為止的這段時間，在圖表上幾乎沒有任何大幅波動的紀錄。無論如何，我們都可以看到相同的基本模式。在 2017 年底經歷一次大跌，在 2018 年經歷了漫長而緩慢的下跌，然後再一路上升到 2021 年 4 月，接著再下跌到 7 月，然後在 11 月再次達到頂峰，當然又再一次下跌。現在的比特幣似乎又處於另一個上升趨勢中。各位可以造訪 CoinMarketCap.com，繼續觀察此圖表。其中最有趣的是，如果你放大早期比特幣的情況，當時價格極低的比特幣，竟然也能看到相同的模式。

查看圖表的另一種方式是考慮歷史高點，以及市場在歷史高點之間經過多久的時間；也就是市場歷史高點之間的時間長度，以及從目前時間到最後一個歷史高點（ATH）的時間長度。

BuyBitcoinWorldwide.com 曾經提供一個比較容易解釋的圖表，顯示了每次的「ATH」（All Time High，歷史最高價。比特幣總是不斷突破最高價格），來觀察比特幣歷史上的不同時期。不過這個圖表最近被改成比較難懂的彩色數據圖，希望他們以後還有機會改回原本的圖表（請參閱 `https://buybitcoinworldwide.com/price/`）。你還可以在 `www.coingecko.com/en/coins/ath` 上，找到自 ATH 以來各種加密貨幣的時間表（或在網路上搜尋「自最高點以來的時間」（time since all time high），便可找到該概念下的各種不同圖表）。

圖 14-1：CoinMarketCap.com 的圖表顯示了從 2013 年 4 月到 2016 年底比特幣的價格變化。

圖 14-2：CoinMarketCap.com 的圖表顯示了 2013 年 4 月至 2019 年 8 月期間比特幣的價格變化。

在本書撰寫時，距離 2021 年 11 月 7 日的 67,567 美元的最高點，已經超過了 150 天。而上一次最高點的距離時間是 189 天，也就是從 2021 年 4 月 12 日到 2021 年 10 月 18 日，當時比特幣突破了之前的 63,503 美元的價格（2021 年 10 月 18 日到 11 月 7 日視為同一波漲勢）。

在我們撰寫本書的前一版時，距離上一次 ATH（2017 年 12 月 15 日為 $19,497）則經歷了 600 天，直到 2020 年 11 月 29 日，價格才再次突破，總共費時 1,063 天。但即使這是將近三年的時間，也還不是比特幣歷史裡的最長紀錄。早在 2017 年 2 月，比特幣一共花了 1170 天才突破之前的價格高點（在 2017 年 2 月以後接下來的十個月裡，比特幣的價值從大約 1,000 美元增加到近 20,000 美元……然後再掉下來）。

REMEMBER

就算上一次加密貨幣的價格處於歷史高點已有一段時間，並不代表礦工就不能透過挖掘該加密貨幣來賺錢。雖然這次高點距離上一次高點經過了 600 天，但比特幣價格的整體上漲趨勢也已經持續了 160 天左右。所以挖礦的獲利能力與過去的價格無關，而是與目前的挖礦條件有關，包括網路算力、你的算力比例、電價等（亦即第 11 章說過的內容）。

我們提到這種概念的目的是將加密貨幣的當前價值，置於你的挖礦策略中。雖然我們看到的是一個上下大幅反彈的市場（見本章後面的「考慮市場波動」一節），但對於一些主要加密貨幣來說，市場確實是一直處於「上升趨勢」。有些礦工對這點非常肯定，他們甚至根據之前的歷史最高點，假設加密貨幣將再次回復到原本的高點（甚至更高），然後以第 11 章所提過的計算方式，進行更久的獲利預估。

WARNING

我們並不建議你這樣做。如果你也想依此遠景來預估，也應先根據目前價值來計算。否則你可能無法知道直接購買加密貨幣，可能會比挖礦更划算這件事。

不要恐慌！（保持冷靜繼續挖礦？）

市場波動是比特幣和加密貨幣領域的自然現象，因此「不要恐慌」就顯得相當重要。只要了解加密貨幣的波動，預先做好迎接波動的準備即可。如果仍然覺得恐慌的話，很可能就要考慮自己是否並不適合從事挖礦行業。

只要對正在挖掘的加密貨幣有基本的理解和信念，就比較不會陷入恐慌。然而如果你只以眼前的短期利潤（以當地法定貨幣衡量）作為挖礦的動力，當你遇上這些市場低迷的情況時，很可能就會導致嚴重的恐懼和痛苦。如果你認為追求加密貨幣是一種流行，你的挖礦體驗就會變得非常緊張，因為你會一直預期最後崩跌的時刻來臨。但如果你相信加密貨幣是一種革命性的技術，並且會一直存在下去的話，就會有比較不一樣的觀點。當你會願意接受市場衰退的情況出現，也認同這是加密貨幣領域的一部分，最後你就能「保持冷靜，繼續前進」（Keep Calm and Carry On，這是英國政府在第二次世界大戰的海報標語）……或者用加密貨幣的話來說，就是「Hodl on ！」（堅持囤下去）。

許多礦工和加密貨幣愛好者都已經學會避免恐慌，並且把這些市場低迷的情況，當成挖到更多資產的好機會。請記住，隨著資產價格下跌，礦工陸續關機或離開網路，整體網路雜湊率下降，於是你的雜湊率比例上升……最後你就能以更低的成本，挖到更多的資產（就挖礦方面而言）。

這是因為個人根據不對稱訊息而採取行動的範例，也就是市場在「價格發現」（Price discovery）行為期間，未能正確判斷價格的情況。維基百科將「**價格發現**」定義為：透過買賣雙方市場中的自然互動，來確定資產價值的過程（https://en.wikipedia.org/wiki/Price_discovery）。也就是當市場中的某些參與者不了解市場全貌，基於恐慌或錯誤訊息而採取行動時，便可能會出現訊息不對稱的情況。

正如演員（兼「歡樂單身派對」執行製片人）拉里·大衛（Larry David）曾經說過的：「我傾向於接受恐慌，我擁抱恐慌！」。

千萬不要氣餒，請各位記住：你的努力可能得到最後的真正回報。也請記住邱吉爾被廣泛引用的話：「如果你身陷地獄，那就繼續前進」（If you're going through hell, keep going.）（好吧，這句話可能不是他說的，但任何名言的引用，都可以說是邱吉爾說的，進而增加 50% 的威信）。

但仔細想想，如果你身陷地獄的話，也許你應該逃出來才對！（看吧，也許邱吉爾不說這句話才是聰明的人）。

逢低買進

比特幣和加密貨幣領域裡的許多人，都是自己所選加密貨幣的熱心支持者，並且堅信加密貨幣技術的長期願景。因此，他們可能會把市場低迷和下跌，視為一個絕佳的機會，以便能以大幅度的折扣，獲得更多自己持有且信任的加密貨幣。

「逢低買進」（Buying the Dip） 是個人根據不對稱訊息採取行動的另一個例子。亦即市場在價格發現行為期間，可能還沒有為加密貨幣正確定價（或認為市場訊息不正確且資產被低估）時，進行逢低買進。我們在第 13 章討論的平均成本法，在這種市場下跌和偏低的價值下，也等於提供了降低加密貨幣平均成本的機會。也就是說，雖然你的支出一樣，但你會挖到更多的加密貨幣。隨著礦工離開市場，網路雜湊率下降，你在網路雜湊率中的比例上升，從統計上你贏得了更大份額的總區塊獎勵，就像逢低買進一樣。

找到優勢

每片加密貨幣挖礦的烏雲裡，也許都能擁有一線光明。雖然此時的挖礦前景可能黯淡，但在市場價格極度低迷期間，仍然存在著一些優勢。

首先就是我們一再強調的，市場大幅下跌會導致網路雜湊率降低，因為其他礦工關閉了這些無利可圖的設備，或撐不下去而完全離開區塊鏈網路。

雜湊率降低便導致競爭減少，能為剩餘礦工提供更多獎勵（以基礎加密貨幣資產衡量）。你甚至可能會發現，即使加密貨幣以美元衡量的價值降低了，但是因為挖到更多的區塊，因而仍能維持收支平衡，甚至可能獲利。

隨著礦工離開網路並出售硬體設備，在二手市場的一些還算新的礦機，通常也會有很大的折扣。你甚至可能發現市場低迷的時候，正是最佳的時機，可以趁機把自己的設備更新為效率更高、更有利可圖的設備，進而協助你在低迷期間保持獲利能力，以便在市場復甦時，重新振作起來。但購買二手設備一定要多加小心，因為許多設備都可能已經被大量使用過，或者接近其使用壽命，也就是從各種市場變數來看，目前已經無法獲利的硬體設備。

購買二手礦機之前一定要做好研究，並使用第 11 章介紹的獲利能力計算器，確保自己購買到划算的設備。理想情況下，應該要多簽一條「允許你在設備無法正常運作時退回設備」的條款（亞馬遜、Newegg 等很多二手交易網站都提供這種保證；但個人銷售通常不會有）。

期待市場復甦

比特幣和加密貨幣領域的市場復甦從來都無法保證，也沒有什麼是確定的（也許懷疑論者是對的？趨勢看起來真的如此！不過，當初懷疑論者對網際網路的看法也是如此啊）。

幸好在比特幣存在這個世界上大約 13 年的過程中（截至本書撰寫時），市場已經從暴跌中恢復了 9 次。

我們應該預先為市場崩盤和市場復甦做好計畫。許多礦工在這些低迷時期繼續挖礦，期待復甦，因為他們已經為下跌做好了對應的計畫。因此請事先做好規劃，儲備各種資源（包括資金），減少支出，以便應付低迷期間的挖礦支出，確保你的挖礦事業盡可能精簡、經濟和高效率。

在經濟低迷時期，更要密切關注區塊鏈活動的各種加密貨幣指標和統計數據，例如網路雜湊率、區塊難度和每日交易情形，以及市場數據如交易量和匯率等。

這些加密貨幣指標可以用來判斷市場情緒，很可能也預示著市場即將復甦。舉例來說，在 2018 年比特幣網路市場大幅下滑期間，2018 年 12 月的日均雜湊率觸底反彈到略高於 31 EH/s（請參閱第 5 章），出塊難度也降至 5,106,422,924,659（請參閱第 6 章）。大約就在同一個時間點，匯率也開始從每比特幣 3,200 美元的相對底部回升上來。

換句話說，在價格真正開始上漲之前，有許多市場指標都可以預示市場的復甦即將到來。當然這些指數裡有許多指數彼此的關聯複雜，社群中關於雜湊率是否落後或領先於價格起伏的爭議也很多，但其中毫無疑問地存在著某種相關性。研究和理解這些有用的指標，會更容易判斷市場可能即將發生的情況。

從第一次經驗中學習

「經驗」是知識和洞察力的最佳來源，所有生活經驗都是如此，加密貨幣市場的波動也一樣。從你第一次挖礦遇到的市場低迷中學習，可能會比你想像的更有用！

請密切關注市場（當然一定要）。這種經驗可能屬於一種痛苦和壓力的經歷，而且沒有什麼可以比痛苦和壓力，更能讓人集中注意力了！

你應該關注加密貨幣領域裡的各種變量，以及它們在市場下跌期間如何變化，包括匯率、網路雜湊率、設備成本（硬體如 ASIC 的降價幅度）、社會參與等各種實質變量。

其中的「社會參與」（social engagement）是什麼意思呢？就是請你必須注意與加密貨幣相關的社交網路活動量。舉例來說，如果活動量似乎逐漸下降，可能就代表對加密貨幣的興趣正在減弱。網路上有幾種工具可以用來嘗試衡量社會參與的程度，例如 www.theblockcrypto.com/data/alternative-crypto-metrics/social 與 https://lunarcrush.com/coins?metric=social_volume 等網頁。

隨時觀察加密貨幣市場狀況，不久之後，你就會慢慢感受到這些事情到底如何運作。於是你可以從這次經驗中汲取教訓，並用它們來規劃你的挖礦事業，以期待下一次的市場回升。這有點像從飛機跳傘，跳過幾次之後壓力就會小很多。

考慮市場波動

「市場波動」是指被追蹤商品的價格大幅彈跳的市場，不過這種說法很不精確，所以我們可以再具體一些。例如測量波動率，也就是觀察一定程度的波動。「**波動率**」（*volatility*）被定義為市場匯率在一定時期內的變化量，是用對數計算的標準差來衡量。「**標準差**」（*standard deviation*）是用來衡量一組數據值變化程度的指標（在這種情況下，數據值指的就是加密貨幣的每日價格）。

波動率可以表示為特定時期內平均市場匯率價格的百分比，屬於一種「無因次單位」（dimensionless unit，亦即方便比較但並非實質單位，例如摩擦係數也是如此）。該數字越高，波動就越大。加密貨幣市場的波動率是衡量市場交易價格急劇上漲和下跌的指標（波動率衡量的是變化量，而非變化的方向）。波動率的數值越高，加密貨幣的價格與該時期的平均值變化就越大，也就是上下反彈的次數越多。

所以波動率的計算必須先有一個時間範圍；舉例來說，我們可能會測量 30 天、60 天或更長時間內的比特幣兌美元波動率。換句話說，任何特定日的波動率，都會拿來跟目前 30 或 60 天期間的平均價格進行比較。

波動率可能會有點難以理解，因為它也是一個難以掌握的指標。大致上來說，貨幣的價值在測量期間反彈得越多，波動率就越高。

我們無法從波動率圖表看出特定時間點的實際價格，因為波動率百分比並不代表當時的價格。舉例來說，當 2018 年 12 月市場低迷期間，比特幣價格下跌 50%（從約 6,000 美元跌至約 3,000 美元）時，其波動率飆升至 40% 左右（漲跌幅波動劇烈）。

比特幣在過去十年中，隨著市場價值增加，其波動性呈下降趨勢（市場的價值和流動性越高，就越不容易被大型交易撼動市場價格）。

以下資源可以協助你了解比特幣和其他各種加密貨幣的波動性：

» **Bitcoin Volatility Index**（比特幣波動率指數，www.buybitcoinworldwide.com/volatility-index）：比特幣波動率指數不只針對比特幣。該波動率指數還提供 30、60、120、252 天，以百分比表示的比特幣和萊特幣，對美元的波動衡量（見圖 14-3）。同時也提供比特幣和萊特幣的實際價格圖表。

» **Satochi.co Bitcoin Volatility Index**（**Satochi.co 比特幣波動率指數**，www.satochi.co）：Satochi.co 比特幣波動率指數追蹤了每日、30 天和 60 天對美元的波動率預估，也有對黃金、以太幣和許多其他貨幣的波動率比較。

» **Woobull Bitcoin Volatility**（**Woobull 比特幣波動率**，http://charts.woobull.com/bitcoin-volatility）：Woobull 比特幣波動率也是相當有用的圖表，可以用來追蹤過去十年間，比特幣 60 天的波動率對美元和歐元的比較。你也可以加入美元 / 歐元波動率、比特幣價格和同一時期內的 200 天平均比特幣價格做比較。

» **Woobull Bitcoin Volatility Comparisons**（**Woobull 比特幣波動率比較**，http://charts.woobull.com/bitcoin-volatility-vs-other-assets/）：這個比特幣波動率圖表把 60 天比特幣波動率預估值，與石油、美國股票、黃金、美國房地產和其他值得注意的資產進行比較。

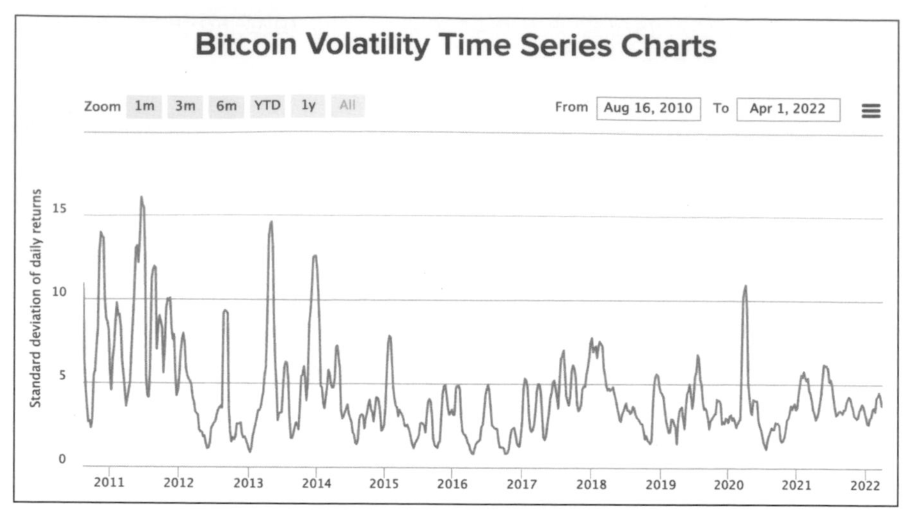

圖 14-3：Bitcoin Volatility Index 的比特幣波動率指數，可以看到這些年來比特幣的波動率逐漸下降。

資料來源：*www.buybitcoinworldwide.com/volatility-index*

為什麼我們要關心市場波動呢？它到底能告訴我們什麼，以及該如何使用呢？很多礦工喜歡密切關注正在開採的加密貨幣波動率，並與之前的波動情形做比較，讓他們了解未來可能會發生什麼情況。波動率有助於將目前的價格波動，置於歷史背景下比較。在某種程度上來說，可能是一件讓你可以「心安理得」的事情。礦工回顧過去並看到高波動率時會說：「別擔心，這種波動以前發生過！」。因此，如果你看到高波動率時，代表市場正在發生某些事情，可能需要我們密切關注，尤其是當波動率比市場以前看到的情況大得多的時候。

當然我們必須在加密貨幣價格變動的背景下來看待波動率，因為在整體上升趨勢或整體下降趨勢中，加密貨幣隨時可能會波動……或圍繞某個價格位置反彈。

改挖另一種加密貨幣

如果挖礦設備在市場低迷期間無利可圖時，加密貨幣礦工的另一種選擇就是改挖其他加密貨幣，也就是尋找與你的 ASIC 礦機使用相同演算法，並且還可以獲利的加密貨幣。如果你使用 GPU 礦機挖礦的話，還會有更多種類的區塊鏈作為改挖的選擇，這是因為 GPU 礦機更容易轉換，比較不受限於特定演算法。

如果你想尋找與你的礦機相同演算法的其他加密貨幣，請回頭參閱第 8 章，了解依演算法列出的常見加密貨幣列表，或使用 https://cryptorival.com/algorithms 等線上資源，依演算法來取得更詳盡的加密貨幣列表。你可能會因此發現雖然你的礦機在自己挖的加密貨幣上無利可圖，但在其他加密貨幣的區塊鏈上依舊可以獲利。

TIP

改挖其他加密貨幣也屬於可以「提前計畫」的範疇。事先了解自己的可能選項當然很棒，因為這樣就可以在有必要時快速轉換。不過這點跟進入每個新加密貨幣網路挖礦的情況一樣，都要仔細計算數字，以確保挖礦有利可圖。

停止挖礦！

如果市場價格持續下跌甚至崩跌，繼續挖礦的唯一做法是把你的所有加密貨幣獎勵都換掉，才能繼續挖礦的話，你可能就不想繼續挖下去了。

在挖礦上的花費超過了獲得的挖礦獎勵，就等於賠錢。你必須以某種方式彌補資金的缺口，要不是出售持有的加密貨幣，否則就得投入更多自己的錢。

如果你無法用自己的現金儲蓄或挖礦獎勵來維持你的挖礦費用支出的話，繼續在極端市場下挖礦是沒有意義的。因為在這種情況下，你可以直接透過市場，以更低的成本購買你正在開採的加密貨幣。挖礦成本明顯高過直接購買的成本，因此更有理由關機。亦即到了某個時間點，可能就應該停止挖礦！

加密貨幣挖礦可能會發生三種資金上的情況：

- **情況一：你的支出少於挖礦獎勵**。這是獲利的情況；因為你的支出少於收入，可以讓你決定是否出售加密貨幣來支付費用（也就是提取利潤），或是持有加密貨幣期待增值（也就是透過持有，將加密貨幣轉換為投資；不過這些挖到的加密貨幣必須繳稅，請參閱第 13 章）。
- **情況二：你的支出大約等於挖礦獎勵**。這是收支平衡的狀況，你並沒有賺錢。如果出售加密貨幣，便可支付你的開銷，但也沒剩下多餘資產。如果繼續持有加密貨幣並期待價格上漲，那你就是在投資加密貨幣（而且現在不需交稅，因為你沒有賺錢。如果不久的將來，你因為加密貨幣升值而賣掉它們的話，可能就要繳稅）。亦即你在電費和其他每月費用上投資，作為交換獲得等值的加密貨幣儲蓄。

» **情況三：你的支出超過挖礦獎勵**。這是賠錢的狀況（如果你有其他業務收入可以核銷的話，也可以進行稅收核銷來減少稅金）。事實上，你最好停止挖礦，然後把每個月花在挖礦上的資金，直接拿來購買加密貨幣。

讓我們考慮最後一種情況。假設要挖到 100 個傻瓜幣，每月需花費 1,000 美元（不包括設備成本攤提）。

現在假設你可以在交易所（無論 Kraken、Poloniex、Coinbase 或其他任何交易所都可以），以 8:1 的匯率出售這 100 個傻瓜幣；每個傻瓜幣值 8 美元。所以你剛剛賺到了 800 美元，比挖礦的開銷少了 200 美元。我們也用另一種方式來看，繼續挖礦下去就像你花 1,000 美元買了 100 個傻瓜幣；也就是買一個傻瓜幣要花 10 美元，比目前市場價格還多花了 2 美元。傻瓜幣的市場價格必須上升 25%（從 8 美元到 10 美元），你才能在現在的投資上實現收支平衡。

接下來我們假設你現在停止挖礦一個月，省下了 1,000 美元。如果你真的信任傻瓜幣在未來會升值的話，你可以把這 1,000 美元拿去交易所，買到 125 個傻瓜幣（比挖礦多了 25 個）；或者你也可以只花 800 美元購買 100 個傻瓜幣，然後把另外的 200 美元存起來。

情況一很合情合理，因為你正在獲利，所以繼續挖礦當然就是一門好生意（假設挖礦利潤比把你的時間和金錢用在其他用途更划算的話）。而如果你相信加密貨幣的價值及成長機會，並將其視為一項投資的話，那麼情況二也會很有意義（當然前提是你不介意經營挖礦業務所花的時間和麻煩）。

但是情況三呢？如果在交易所花同樣的錢，可以獲得更多的加密貨幣，或者用更少的錢就可以得到跟挖礦獎勵相同數量的加密貨幣，繼續挖礦就會變得沒有意義！（因意識形態而挖礦、或者正在挖剛出爐的新加密貨幣等原因除外。）

如果挖礦目標是短期內賺錢，虧本挖礦當然沒有意義。如果你的目標是獲得更多的加密貨幣，依舊沒有意義，因為當你可以用低於挖礦成本的價格購買加密貨幣，繼續挖礦當然不合邏輯。

只是簡單的計算

了解這種道理的必要計算並不複雜，例如你應該已經知道以下的數字：

- **你的每月開銷**：包括使用的電費（礦機與空調用電）、挖礦設施的租金、設備維護費用等。你應該也已經保留好這些費用的紀錄可以查閱（除了可以用來管理你的挖礦業務外，這些單據在繳稅時都是扣除額！）。
- **你的每月收入**：如果你是在礦池挖礦，礦池報告將會顯示你的收入；如果你是個人挖礦，挖礦軟體也會顯示你的收入。
- **你的加密貨幣匯率和收入的美元價值**：你可以到交易所或加密貨幣價格網站（例如 CoinMarketCap.com）查詢這些加密貨幣的現值。然後從換算為美元的收入中，減去換算為美元的支出，便能求得挖礦的損益。

這些計算並不複雜，也都是可以快速執行的操作，能讓你追蹤每天的挖礦獲利能力。你還可以設定一個 Excel 表格，讓這些計算可以在每晚花幾分鐘內就能立刻完成。再把這些數據轉換成圖表後，就可以看到獲利能力的發展方向；往上或往下。許多礦工可能每天都使用這些訊息，來確定第二天是否應該繼續挖礦。

設定 Excel 表格執行這些計算後，還可以透過更改數值來執行函數的計算，感受一下如果加密貨幣價值下跌 20% 或 30%，會變成什麼情況？

你可能會因稅務目的而記錄一些成本費用，不過有些項目不該包括在這些獲利與否的相關計算中。其中之一就是在租金方面，如果挖礦作業佔用你房子 10% 的空間，你當然可以在納稅前從收入中扣除掉這 10% 的租金、貸款或其他家庭開銷（請諮詢稅務會計師）。然而如果決定停止挖礦，你仍然需要支付這些費用，所以不要把它們納入獲利與否的計算中。

另一項不該計入的費用就是挖礦設備的成本攤提。在稅收上，你當然可以每年減去一部分挖礦設備成本（同樣請諮詢稅務會計師）。但是在挖礦的損益計算中，請不要計入這些成本。因為在「挖或不挖」的計算中，應該關心的是未來的每月成本：「如果我繼續挖下去，下個月會花多少錢？」。

你還可以使用我們在第 11 章介紹的挖礦估算工具，尤其如果你使用了多種不同礦機進行挖礦，這些計算工具就會相當好用。例如你可能有 S7、S9 以及更高效的礦機（較新的 S19 之類）。從數字上看，整體支出和整體挖礦獎勵可能是獲利的，但當你單獨查看每台礦機時，可能會發現關閉 S7 是划算的，因為這台 ASIC 礦機繼續挖下去可能虧本。如果混用不同效率的設備，整體上是有可能獲利的。也就是某些礦機在補貼其他礦機，因為這台 ASIC 礦機在挖礦計算上屬於虧損的礦機。

不過，關機只會減少電費，其他的費用如託管費用、網路費用和其他固定費用等，可能無法省下多少，而且在關機之後，獎勵也會跟著變少，限制了減少損失的重要能力。

REMEMBER

市場低迷通常會導致網路雜湊率的大幅下降，因為礦工會在缺乏利潤的情況下，關閉效率較低的挖礦設備。理想狀況下，如果情況是收支平衡或輕微獲利，可以負擔得起開銷的話，最好在這種市場條件下繼續挖礦。因為當系統雜湊率下降，你的網路雜湊率百分比便會提高，可以挖到的加密貨幣獎勵量（以比特幣或其他加密貨幣來算）也會增加。

停挖或繼續挖？

到底你該停挖或繼續挖呢？這個問題對許多礦工來說，都是相當複雜的問題，因為對他們來說，這不光牽涉到短期利潤而已。

請各位記住，當初最成功的那些礦工是在沒有實際市場匯率的情況下挖礦，因此他們等於是在完全虧損的情況下挖礦……當然最後不再虧損了。比特幣的價格從幾乎是零的情況漲到幾千美元，挖礦終於得到回報。在比特幣長達十年的歷史中，許多最有利可圖（以比特幣來算）的挖礦期，換成以美元計算時會顯示無法獲利。

所以繼續下去也有意識形態上的理由。許多礦工相信加密貨幣的未來，把加密貨幣視為大眾用來保護自己，免受當地法定貨幣貶值，以及避免老大（國家）在背後監視的一種方式。他們希望在未來可以保障、保護和建構完善的區塊鏈，所以對某些礦工來說，挖礦並不全是為了錢。

當然也有許多礦工相信加密貨幣的未來價值。確信加密貨幣的價值一定會持續上漲，因此願意在短期內虧本挖礦。而且正如我們在歷史上所見，這種持續上漲的情況經常出現，至少對於比特幣和其他一些受歡迎的加密貨幣來說確實如此。然而還是銀行理專在投資業務中常說的那句「過去的表現並不能保證未來的獲利」。（我們提過很多次了吧？）

對了，還有「新鮮」（*fresh*）加密貨幣的問題。在加密貨幣世界中，「新鮮」並不是指最近才發生的事，也不是在討論最新出現的加密貨幣。相反地，新鮮意味著在某種方式上沒有被污染，以及無法追溯到原始所有者的代幣，或者是過去沒有跟不良事件（例如駭客攻擊、盜取等其他惡意使用）相關的代幣。

舉例來說，假設駭客竊取加密貨幣，發送到自己在區塊鏈中的地址。過了一段時間後，這些代幣從某個區塊鏈地址轉移到另一個區塊鏈地址，直到最後也跟你的某個地址相關聯（買賣路徑交疊了）。還記得在區塊鏈中的所有交易都可以追蹤嗎？所以與你的地址關聯的加密貨幣，現在絕對不是沒被使用過的「新鮮」代幣。

許多礦工相當重視他們的隱私和匿名性，而且喜歡「完全匿名」代幣的想法（就像加密無政府主義的去中心化信念）。因此就有礦工認為新鮮代幣會有溢價，有時甚至可以看到 20% 的數字。換句話說，如果一枚可追蹤的加密貨幣代幣價值 1,000 美元的話，一枚新鮮代幣應該價值 1,200 美元（不過有些幣種並沒有新幣溢價，例如門羅幣就沒有，因為它們具有匿名的區塊鏈，所以新鮮與否並無差別）。

比起交易所購買加密貨幣，挖礦更能讓你以私密的方式獲得加密貨幣。因為交易所通常知道你是誰，把你購買的加密貨幣與你個人連接起來即可。然而如果你是個人挖礦的話，你所挖到的加密貨幣都是新鮮的，上面不會有可供識別的訊息（個人挖礦是如此沒錯，礦池挖礦則例外）。

許多礦工多次在無利可圖時期繼續挖礦，決不後悔。因為他們考慮的是長期的價值主張，可以在市場復甦時賺錢，所以短期數字看起來並不好也沒關係。因此對於「我應該關機嗎？」這個問題，並沒有簡單的答案。這個問題不僅取決於許多條件和變量，也取決於你對加密市場的個人信念（或是缺乏信念）。

亞當·史密斯（Adam Smith）在250年前的《國富論》說過：「對每一位謹慎的一家之主來說，請記得永遠不要試圖在家裡製造比購買成本更高的東西」。所以有時直接買幣，會比挖礦更有意義！

本章內容

- 了解數位貨幣背景
- 聰明的挖礦擴展和部署
- 確保挖礦的長期獲利
- 訂好進入或退出挖礦的時間點
- 挖掘其他加密貨幣

Chapter 15 提高投資報酬率的十種方法

在加密貨幣挖礦領域的總收入很重要，獲利與否則更重要。你應該不希望花了這麼多算力卻沒得到任何獲利，你也應該希望你的時間、挖礦硬體、電力和其他費用的投資獲得回報。以下我們將列出十件事，這些事將可協助你在加密貨幣挖礦中獲利，並提升你的投資報酬率（ROI）。

做好功課

在以任何身分進入加密貨幣挖礦領域之前，預先進行大量研究和探索相當重要。因為這是一個複雜的領域，有很大的出錯空間，而且加密貨幣挖掘並不是件簡單的事。我們在第 11 章看過預測挖礦投資報酬率所需的 ROI 計算和數學概念的練習，請仔細加以研究。

如果你計畫購買設置的礦機無法獲利，或是市場正處於嚴重低迷時期的話，最好直接從交易所購買你打算挖的加密貨幣會比較划算（我們在第 13 章介紹過一些信譽良好的交易所）。

挖礦的軟硬體設置可能都很複雜，如果你決定從頭開始設置 GPU 礦機的話！更應該在開始之前多加學習。

不要操之過急！花時間把所有事情做好，總比在沒有做好充分準備的情況下，貿然投入而賠錢要好。事實上，如果經過研究之後決定不挖加密貨幣，絕對會比做很少的研究、直接跳進去挖並失敗要好得多。如果你想挖的加密貨幣在市場上倖存下來，而且長期的存活下去時，你一定會有足夠的時間加入挖礦。如果該加密貨幣失敗了呢？那你什麼都沒損失，不是嗎？（我們認為加密貨幣業一定會存活下來！）

入場時間

加密貨幣挖礦的加入時間點有好有壞。舉例來說，在 2017 年比特幣和加密貨幣整體市場繁榮期間，許多原始挖礦設備製造商的礦機都已售罄。許多當時最有效率也最具成本效益（可以獲利）的加密貨幣礦機，連在二手市場上都是以高於全新價格的溢價轉售，幾乎抵銷掉挖礦的預期收益。

後來市場從 2017 年 12 月下旬開始急劇下跌，並且在本書前一版撰寫時仍未完全恢復（不過價位仍然是 2017 年 12 月後低點的三到四倍左右）。

雖然對於許多局外人來說，2017 年 12 月似乎是進入加密貨幣挖礦的好時機，但真實情況卻非常糟，礦機投機者們同樣在市場上榨取利潤。

跟許多其他投資市場一樣，進入比特幣和加密貨幣領域競爭的最佳時機，可能就是預期前景最糟糕的時候。在這些市場低迷時期，比特幣和其他加密貨幣可能會以較低的價格交易，能夠獲利的礦機，也比較可能以大幅折扣進入二手市場（當然這種時期也很適合直接從製造商購買全新礦機）。

18 世紀惡名昭彰的銀行家族成員羅斯柴爾男爵（Baron Rothschild）曾經說過：「你應該在大街上有血跡時購買資產，即使血跡是你自己的也一樣」。他的意思是當市場崩盤時，就是買入的最佳時機；你會以便宜的價格購買資產，而且市場終究會恢復。

進入加密貨幣挖礦領域的時機，很可能決定你是否能夠成功。不過你可能不想等太久，正如古老的加密貨幣格言所說：「挖掘（或購買）加密貨幣的最佳時機是十年前，次佳時機就是現在」。

玩轉市場

許多加密貨幣礦工會在交易所以積極交易的方式來增加利潤，甚至在 A 交易所買入並在 B 交易所賣出，以「套利」（arbitrage）的方式，賺取交易所之間的價差。

然而，套利與加密貨幣挖礦主題完全不同，需要不同的技能、知識和策略。

在加密貨幣市場中，交易可以提供必要的流動性，交易者也協助吸收了部分波動。但請記住，積極交易可能會產生稅收的問題（請參閱第 13 章）。如果你每年進行幾次明智的交易，可以顯著增加你的利潤時，就算因此而產生納稅的必要，但這可能是一件好事（因為你在交易中獲利了）。

一旦把挖到的加密貨幣轉換為當地法定貨幣後，這些加密貨幣獎勵的挖礦投資報酬率計算就會被稅務機關鎖定。

雖然快速交易法幣收益（類似外匯的方式）是某些礦工提高投資報酬率的有效策略，但我們並不推薦所有人使用。交易雖然可以很輕鬆地進行；但很明顯地，本書並不適合教各位加密貨幣交易的策略。因此在你可以安全進行多次交易之前，可能還有另一段學習之旅。

找出低難湊率的其他加密貨幣

如果你所挖的加密貨幣，不論在投資報酬率和利潤計算方面都呈現虧損時，你可以選擇繼續在市場低迷時期挖礦，或關閉你的挖礦設備並承擔硬體投資損失。或者，你還有另一種選擇：改挖其他加密貨幣！

礦工經常必須研究其他加密貨幣區塊鏈的挖礦獲利能力，看看是否能找到一種不太受歡迎，但仍可獲利的加密貨幣。當你正在挖的加密貨幣市場陷入困境，並不表示所有加密貨幣的挖礦都無法獲利，因為你可能有機會找到更有利可圖的加密貨幣。事實上，礦工們通常可以找到一種規模較小的加密貨幣，它會比較大的、更知名的加密貨幣，為你提供更好的投資報酬率。

這些規模較小的加密貨幣在交易所的價格通常較低，但每枚代幣的價格並不代表獲利能力，因為重點在於開採這種加密貨幣所需使用的設備和電力成本是否划算。

規模較小的加密貨幣，其網路雜湊率通常較低，亦即你可以貢獻更大比例的雜湊率，獲得更大比例的挖礦獎勵。因此，雖然你挖礦的加密貨幣價值較低，但你可能會挖到更多獎勵。

因此，請密切關注市場上的其他加密貨幣，尤其是你**可以**挖的加密貨幣。如果你使用 ASIC 礦機進行挖礦，可能不太需要關注市場上的所有加密貨幣，只要關注與你的 ASIC 設計的演算法相同的其他加密貨幣即可（本書第 8 章就是你的關注起點，讓你可以了解依演算法分組的加密貨幣）。

如果你使用 GPU 礦機進行挖礦的話，選擇範圍就會變大。因為你可以靈活地使用許多不同的演算法，在低雜湊率的加密貨幣區塊鏈上，挖掘許多不同的加密貨幣。你當然應該先觀察其他加密貨幣的市場狀況，在改挖之前也必須計算相關成本數字，看看它們是否可以獲利（請參閱第 11 章）。

但請特別小心，許多市值和雜湊率較低的加密貨幣，並不具備其他加密貨幣所擁有的區塊鏈安全性。規模較小的加密貨幣往往也會隨著時間經過而貶值，並可能經歷重大的價格波動。因此你的動作反應必須很快，在挖礦划算的時間點進入，在開始走下坡時立刻退出。

在區塊鏈的起點挖礦

挖掘全新加密貨幣的獲利機會可能很高（不過就像加密貨幣中的所有東西一樣，有時也可能不會）。

當一種全新的加密貨幣推出時，通常會有短暫的甜蜜期。在這段期間，發行者的所有承諾和宣傳炒作，都會激起大家對新加密貨幣的興趣。雖然他們會盡最大的努力宣傳，但新加密貨幣通常不會持久，或者無法維持其價值。不過我們可以觀察到，其中一定會有一些新區塊鏈，會在發布後的最初幾天甚至長達幾個月內，具有挖礦上的重要價值。因為這些加密貨幣在上市時，本質上就是稀缺的代幣（假設發行者沒有「預挖」大量代幣），交易者也可能會對它們預估為溢價的價值。

「**預挖**」（*pre-mine*）是加密貨幣領域的術語，意思是指該加密貨幣區塊鏈，已經用非挖礦活動中存在的代幣來啟動。方式通常是透過眾籌、初始代幣發行（ICO）或其他早期採用者分配方式取得。這種預挖的加密貨幣，通常會被挖礦社群批評為對礦工不公平且不友善。

過去許多加密貨幣都有極高的早期挖礦獲利能力，包括 Zcash、Grin 和許多其他代幣都是如此。圖 15-1 的 CoinMarketCap（加密貨幣市值）圖表中，可以看到 Zcash 的範例。在該加密貨幣生命的最初幾個小時內，快速漲到了 5,000 多美元；接著在幾天之內，它的價值立刻下跌到只有這個數字的十分之一。

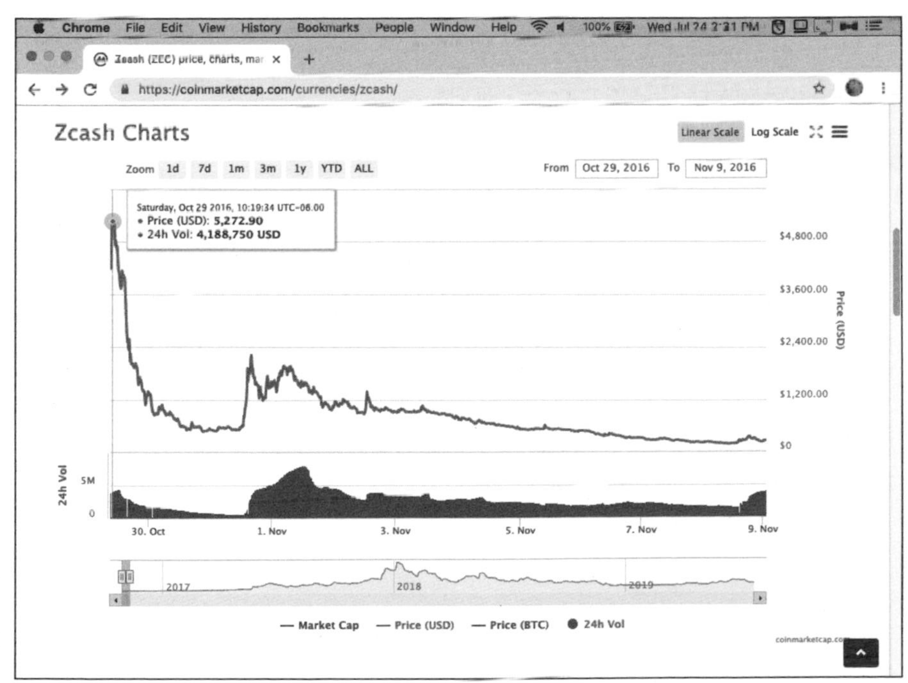

圖 15-1：這張 CoinMarketCap 圖表顯示了 Zcash 交易最前面幾天的價格。

資料來源：*https://coinmarketcap.com/currencies/zcash*

這種加密貨幣的經歷相當常見。接著我們要來做個小實驗，請各位到 www.coinmarketcap.com 網站觀看一些圖表。接著請挑選一些規模較小、不太受歡迎的加密貨幣，查看它們的市值圖表。觀察在加密貨幣歷史日期裡的第一週或兩週，或者有的可能可以到一、兩個月，通常就可以看到類似情況。舉例來說，在圖 15-2 中，我們可以看到 WAX 誕生後的前兩個月，起價約為每枚代幣 4.6 至 5 美元，但在幾天內就跌至 50 美分左右。

圖 15-2：
這張 CoinMarketCap 圖表顯示了 WAX 交易前兩個月的價格。

資料來源：*https://coinmarketcap.com/currencies/wax*

所以如果你在某種全新加密貨幣誕生時，立刻在它的區塊鏈挖礦，（有時）可能就會有很高的獲利。你通常可以使用顯卡挖礦，在某些情況下甚至可能使用 CPU 挖礦，因為 ASIC 業者還來不及開發這種加密貨幣算法的專用礦機（除非該加密貨幣使用現有的、已經有現成 ASIC 礦機的演算法）。

不幸的是許多新創建的加密貨幣系統，很難創造出健康的網路效應和成功的加密貨幣，因此許多新加密貨幣的價值，往往會在時間稍長或甚至極短的時間內，失去相對於當地法定貨幣（或相對於其他資產）

的價值（我們可以看圖 15-2，WAX 剛開始時價格很高，但在幾天內就下跌了）。即使這些加密貨幣系統有如此常見的失敗情況，有進取心的礦工仍可能有不錯的機會，例如儘早把算力引導到新幣的區塊鏈上，接著迅速把挖到的區塊獎勵換成其他更成熟的加密貨幣或當地的法定貨幣（在某些情況下，你可能必須在幾分鐘或幾小時內，賣掉這些剛挖到的新加密貨幣）。

從小處做起

任何商業活動（或加密貨幣挖礦行業）進行嘗試的最佳做法，都是先從小處著手。對於剛接觸該領域的初學者來說尤其如此；因為你還有很多東西要學，所以第一次挖礦就像進行一場實驗一樣。

從小處著手可以減輕損失的痛苦。如果最後你真的無法創建一個獲利的挖礦事業，你的損失並不會太大。從小處著手也是建立技能組合和學習所需課程的絕佳方法，可以藉此發現哪些做法行得通，哪些行不通。一旦整個操作都熟練清楚了，就可以繼續擴大規模。

擴大規模的選擇

加密貨幣領域的快速擴張，可能會發生許多不可預見的問題，例如燒錢率增加和生命週期變短等（更多訊息請參閱第 13 章）。我們可以用其他方法來擴展挖礦業務，而且這些方法並不會涉及到在家中、公司或其他設施，添購大量挖礦設備的做法。

例如有些礦工只會更換過於老舊的設備來擴大規模。因為硬體效率提高後，可以在保持近似或甚至更低的電力支出時，顯著提高雜湊率，進而增加挖礦利潤並提高投資報酬率。

其他礦工也可能選擇使用算力市場，也就是直接購買挖礦算力。還有另一種快速擴展挖礦業務的方法，就是選擇雲挖礦，從專門為礦工管理挖礦設備的公司，直接購買大量算力用於自己想挖的加密貨幣上。

這些選項都是在不大量添購設備下的擴展業務選項，其中一些選項可能會有第三方風險。各位可以參閱第 9 章來了解不同挖礦選項的優缺點。無論如何，請依據我們在第 11 章介紹的獲利能力來計算，並充分了解快速擴張業務的風險，然後再決定是否要擴展更多新的加密貨幣挖礦設備。

尋找廉價電力

正如我們在第 11 章提過，電力通常是加密貨幣挖礦中最大的營運支出，因此廉價的電力對於加密貨幣挖礦非常重要。降低電費當然可以增加利潤，節省下來的每一美元電費，都是直接用來改善成本「底線」的錢。

由於電力的成本不同，有些礦機在某個地方執行可以獲利，但在另一個地方卻不行。世界上也有某些地區的電價存在明顯的季節性波動，因此甚至有類似「逐水草而居」的遊牧型加密貨幣礦工，定期移動其業務地點以利用廉價電力和過剩能源，可以稱為「遷徙礦工」!

許多有進取心的礦工，可能會造訪原本被閒置的能源資源，進而提高投資報酬率。這些閒置能源的相關成本很低，甚至可能不用錢，可以顯著節省礦工的電力成本。亦即在能源被燃燒或丟棄之前，這些礦工充分利用了過剩燃燒的天然氣、多餘的水力發電能力、風能、太陽能甚至地熱能等方法來節省電力支出。

由於挖礦設備通常 24 小時不間斷執行，因此具有電力負載特性的「高負載係數」(high load factor，較高耗電)，有些電力公司也會為此提供折扣。

用電的負載係數是用來衡量給定時間段內，電力利用率的一項指標。負載係數的公式是(平均月負載，單位 kW) / (峰值月負載，單位 kW)，通常以百分比形式表示。

舉例來說，如果 S9 礦機整月都在運行並未關閉(礦機通常如此)，而且其峰值負載為 1.6 kW，則其負載係數即為 100%：[(1.6 kW / 1.6 kW) * 100%]。

如果你在一個月內只有一半的時間開機，負載率即為 50%：[(0.8 kW / 1.6 kW) * 100%]。

因此，請與你的電力公司討論他們所能提供的最佳費率，詳細了解適合大多數挖礦作業的負載模式類型（也就是接近 100% 的負載係數）的費率如何。

在某些情況下，礦工甚至可以只在白天的低電力成本時段開機。請仔細計算這些數字，因為挖礦時間減少，挖到的加密貨幣就會減少。因此在考慮設備的電力成本時，也必須了解對於獲利能力的影響；只開機半天，礦機回本所需的時間就會增加一倍。

舉我們認識的一位礦工為例，他最近改用電力公司推出的新型混合住宅 / 工業費率，也就是與工業費率類似的費率。這種費率與他所在地區的平均住宅費率相比，節省了 20% 到 40% 的能源成本。這個計畫屬於 ToD 的形式（Time of Day，時段費率），可以為高負載係數的人節省電力成本，不過前提是這些人的挖礦設備，整個月都必須以相當穩定的高負載運行。

大多數電力消費用戶並不知道自己可以有不同選擇，對吧？你只是每個月支付他們寄給你的帳單而已。如果能花點時間深入了解電力公司的費率結構，並花一些時間請教他們，你很可能就會發現節省電費支出的方式。

電力成本的節約確實是個大問題，對於規模已經超出業餘愛好者階段的礦工而言，大型專業礦工幾乎都在努力尋找廉價能源！

冷卻的效率

我們曾經在第 12 章討論過挖礦設備會產生的大量熱排放。除了減輕這種熱排放之外，也可以利用這些熱能來提高整體投資報酬率。

有些礦工花大量資金裝配昂貴的空調系統，把加密貨幣礦機冷卻到類似大型資料中心的溫度標準。然而，加密貨幣礦機通常本身就配備了大型散熱器和強大的風扇，而且也比大型資料中心中那些敏感的伺服器（例如網路伺服器），具有更高的執行溫度。對於習慣電腦設備必須冷卻的人來說，這些高溫相當可怕。然而有些礦工確實在玩一種「高溫遊戲」，也就是在高溫下運行礦機。德州地區（當然不是世界上最涼爽的地方）有許多礦工不使用冷卻設備，也不介意礦機的進氣只是來自正常環境溫度（德州的平均氣溫並不算低）。例如另一位作者泰勒的礦機，冬天在攝氏 10~21 度的氣溫中運作，夏天甚至在 21~32 度的氣溫中挖礦。

事實上，ASIC 晶片通常可以在高溫下運作。例如比特大陸在礦機說明文件裡便建議其 ASIC 可以在攝氏 15~35 度（或華式 59~95 度）的環境空氣溫度下運行（說明文件裡也聲稱 ASIC 晶片本身可以在高達攝氏 127° C 的溫度下運行，也就是華氏 271°F ！千萬不要摸！）。

當然礦工也可以在較冷的氣候中運行礦機，透過循環外部空氣進出礦場，進而將室內溫度降至外部環境溫度，省下高昂的冷卻成本。而且在寒冷地區挖礦，礦機的熱排放也可用於為家庭或企業的房間供應暖氣。挖礦設備甚至可以分置在家裡，舒適地加熱多個房間，而不是只烘烤一個特定房間。不過用礦機當暖氣的缺點是風扇的聲音通常非常吵雜，就算把礦機放在地下室，你在樓上也會聽到。有些礦工會使用液體冷卻和熱交換器的方式，不僅可以冷卻挖礦設備，也可以降低噪音。

試想一下，如果你使用挖礦設備為房屋供應暖氣，也就是降低房屋在暖氣上花費的電力成本。這件事通常不會出現在獲利能力計算中（請參閱第 11 章）。不過你可能很希望將個人供暖節省的費用，添加到獲利計算中，多增加一分獲利的機會。

但是當你在計算繳稅金額時，當然不想把這個數字包含進去。一般來說，你可以把這種個人開支方面的減少（降低了電費），當作國稅局不需知道的一個小紅利（我們並不提供專業的稅務意見，所以還是請各位諮詢你的稅務顧問！）。

有些更硬核的礦工，甚至會讓礦機使用浸沒式冷卻，亦即使用礦物油或其他工程流體作為介電絕緣體，除了保護礦機避免電氣故障外，還能達成輕鬆散熱的目的。礦物油導熱良好而且不導電，因此可以把礦機等電氣挖礦設備浸入其中，除了可以正常運作也不容易出現故障。接著礦工再用熱交換器來冷卻這種流體，以降低介電流體中的多餘熱量。

無論你使用哪種策略來冷卻挖礦設備，降低冷卻成本絕對是提高投資報酬率的有效方法。

礦機交易比價

礦機可能是你必須投入最多資金的一環。比較價格並節省購買礦機的初始資金，當然就是降低初始成本並確保快速獲得投資回報的好方法。

因此你必須成為一個聰明的買家。請搜尋 Craigslist、eBay、亞馬遜、NewEgg 等線上交易網站，關注購買加密貨幣礦機的折扣。在決定購買特定礦機之前，請搜尋看看是否可以找到更便宜的價格，同時也要努力了解不同類型的設備，可能花費和應該花費的成本。

請使用第 11 章介紹的計算方式和線上工具，以便在購買之前，預先確定選好的礦機是否確實可以獲利。不過也請小心，即使經過了這些計算，仍然可能產生「誤導」的情況。因為加密貨幣的交易價格、區塊難度和網路雜湊率增加等市場條件變化，都會讓二手礦機可能無法長期獲利。也就是說，看起來彷彿好得令人難以置信的二手礦機交易，很可能會變成今天看起來很棒，使用壽命卻相當短的情況。

如果你想找的是目前最新最好的礦機，請預先做好心理準備，因為可能要為最高效率和最高雜湊率的礦機支付「額外」的更多費用。因此請計算一下，有時你可能會發現使用效率較低且成本較低的礦機，成本效益比還可能更好一點。

如果可能的話，最好直接從製造商購買新的礦機，避免不必要的中間商剝削。購買礦機一定要靈活比較，因為它們可能是初始投資裡最重要的貢獻者，你在挖礦工作早期所做的硬體選擇，對未來的投資報酬率具有重大的影響。

本章內容

- 比較加密貨幣匯率
- 使用挖礦獲利評估工具
- 查看特定加密貨幣的維基網頁
- 了解加密貨幣白皮書
- 查看各種視覺化資源

Chapter 16 十種加密貨幣資源

網際網路上有大量有用的資源，可以協助有志學習的礦工，或是幫助有興趣了解加密貨幣主題的一般人。本書把這些資源分成十個不同類別，範圍從可以協助你追蹤加密貨幣價格的資源，一直到加密貨幣白皮書的資源等。光是查看這些網路資源，就能讓你開心度過許多歡樂時光！

加密貨幣市場追蹤

以下網站提供加密貨幣整體匯率和市值，這是加密貨幣業界的一些較為可靠的來源。雖然在某些特殊情況下，交易所有可能會對這些追蹤網站提供不良數據，但整體來說資料應該是相對正確的：

- **CoinCap（幣值）**：https://coincap.io
- **CoinLore（幣知）**：www.coinlore.com
- **CoinMarketCap（貨幣市值）**：https://coinmarketcap.com
- **CryptoCompare（加密貨幣比較）**：www.cryptocompare.com

- **Messari（梅薩里）**：https://messari.io/screener
- **WorldCoinIndex（世界加密貨幣指數）**：www.worldcoinindex.com

挖礦獲利評估工具

我們在第 11 章討論過如何計算加密貨幣挖礦獲利能力，也介紹過如何使用網上找到的挖礦獲利評估工具。在考慮挖掘哪一種加密貨幣，或在考慮是否擴展挖礦規模時，都經常會用到這些工具。以下便是一些較受歡迎的獲利評估工具列表：

- **Braiins.com**：https://insights.braiins.com
- **CoinWarz**：www.coinwarz.com/mining/calculators
- **WhatToMine**：https://whattomine.com/calculators

加密貨幣的 Reddit 討論區

Reddit 網站是加密貨幣社群討論或辯論熱門加密話題的最佳社交媒體網站之一，我們將在本節提供 Reddit 裡的一些最佳加密貨幣網頁列表。

如果你想看其他加密貨幣的討論時，只要在網址最後加上該加密貨幣名稱或代號即可切換。有些加密貨幣的 Reddit 論壇網址後面是用名稱，有些則使用代號，例如 www.reddit.com/r/XRP 和 www.reddit.com/r/zcash 兩種。由於有些加密貨幣有幣名代號上的衝突，兩種都不能使用，因而不得不想出別的名稱（例如 TRON 便使用 www.reddit.com/r/TRXTrading），可能必須搜尋一下才找得到。

- **r/bitcoin（比特幣）**：www.reddit.com/r/Bitcoin
- **r/bitcoincash（比特現金）**：www.reddit.com/r/Bitcoincash
- **r/dashpay（達世幣）**：www.reddit.com/r/dashpay
- **r/dogecoin（狗狗幣）**：www.reddit.com/r/dogecoin

- **r/ethereum（以太幣）**：www.reddit.com/r/ethereum
- **r/litecoin（萊特幣）**：www.reddit.com/r/litecoin
- **r/zec（大零幣）**：www.reddit.com/r/zec

區塊鏈瀏覽器

區塊鏈瀏覽器（Blockchain Explorers）是一種在網路上觀察區塊鏈細節的簡單方法。它可以用來查詢區塊、交易、難度、雜湊率和地址等各種項目。我們將在本節提供比特幣、以太幣的各種區塊鏈瀏覽器列表。如果你挖的是其他加密貨幣，請嘗試使用搜尋引擎查詢。許多規模較小的加密貨幣由於受歡迎程度不夠，並沒有相關的區塊鏈瀏覽器，但有時卻也可能找到。在列表最後面也列出了你可能沒聽過的小型區塊鏈瀏覽器。

- **比特幣區塊鏈瀏覽器**
  - **Blockchain.com**：www.blockchain.com/explorer
  - **Blockchair**：https://blockchair.com
  - **Blockcypher**：https://live.blockcypher.com/btc
  - **Blockstream Explorer**：https://blockstream.info
  - **CryptoID**：https://btc.cryptoid.info/btc
  - **mempool.space**：https://mempool.space
  - **OXT**：https://oxt.me
  - **TradeBlock**：https://tradeblock.com/bitcoin
- **以太幣區塊鏈瀏覽器**
  - **etherchain.org**：www.etherchain.org
  - **Etherscan**：https://etherscan.io
- **其他區塊鏈瀏覽器**
  - **Lykke**：https://blockchainexplorer.lykke.com
  - **SolarCoin**：https://chainz.cryptoid.info/slr

資料視覺化

雖然區塊鏈瀏覽器是相當好的查詢資源，可以幫你在喜歡的區塊鏈上查找各種資料數字，然而一些很有創意的人，已經把這種概念進一步提升。例如在比特幣和加密貨幣領域上，已經出現許多可以在視覺上吸引人觀看的「資料視覺化」（data visualizations）圖表。以下是我們愛用的一些視覺化圖表資源：

- **The Bitcoin Big Bang（比特幣大爆炸）**：https://info.elliptic.co/hubfs/big-bang/bigbang-v1.html
- **Bitcoin Blockchain Matrix（比特幣區塊鏈矩陣）**：www.doc.ic.ac.uk/~dmcginn/adjmat.html
- **Realtime Bitcoin Globe（即時比特幣地球）**：https://blocks.wizb.it
- **Bitcoin network graphs（比特幣網路圖）**：https://bitcoin.sipa.be
- **Bitcoin Transaction Visualization（比特幣交易視覺化）**：http://bitcoin.interaqt.nl
- **bitcointicker（比特幣滾動資訊）**：https://bitcointicker.co/networkstats
- **Bitnodes（比特節點）**：https://bitnodes.io
- **COIN360（代幣 360）**：https://coin360.com
- **mempool.space（記憶池空間）**：https://mempool.space
- **OXT Landscapes（OXT 景觀）**：https://oxt.me/landscapes
- **Statoshi.info（聰資訊）**：https://statoshi.info

加密貨幣數據與統計

加密貨幣的數據、比較和統計網站非常有用，可以協助你比較不同的加密貨幣。以下便是幾個不錯的加密貨幣「資料聚合器」（Data Aggregator，整合資料之用）資源：

- **Bitcoin Cash Metrics（比特幣現金指標）**：https://markets.bitcoin.com/crypto/BCH
- **Bitcoin Visuals（比特幣視覺效果）**：https://bitcoinvisuals.com
- **Bitcoinity**：https://data.bitcoinity.org/markets/volume
- **BitInfoCharts（比特幣資訊圖表）**：https://bitinfocharts.com/cryptocurrency-charts.html
- **Coin Dance（幣舞）**：https://coin.dance
- **CoinDesk（幣桌）**：www.coindesk.com/data
- **Coin Metrics（幣指標）**：https://charts.coinmetrics.io/network-data
- **Crypto51 PoW 51% Attack Cost（加密貨幣工作量證明51%攻擊成本）**：www.crypto51.app
- **How Many Confirmations（多少次確認）**：https://howmanyconfs.com

加密貨幣維基百科

維基百科裡有大多數流行加密貨幣的頁面，不過這些頁面通常只是相當簡短的描述，而非可以涵蓋加密貨幣各種方面的深度資源。目前某些加密貨幣已經有自己的一個（或多個）維基百科風格的目錄，仔細定義了與該加密貨幣相關的許多術語和歷史等各方面說明。

以下這些維基百科風格的網站，也包含許多加密貨幣的相關訊息。例如「比特幣維基」（BitcoinWiki）裡不光只有比特幣的訊息，還包含許多其他加密貨幣的訊息。

- **Bitcoin Wiki（比特幣維基）**：https://en.bitcoin.it
- **BitcoinWiki（也是比特幣維基）**：https://en.bitcoinwiki.org
- **WikiCryptoCoins（加密貨幣維基）**：https://wikicryptocoins.com/currency/Main_Page

- **The Ethereum Wiki（以太坊維基）**：www.indexuniverse.eu/the-ethereum-wiki
- **Ethereum Wiki（也是以太坊維基）**：https://eth.wiki
- **GitHub Ethereum Wiki（GitHub的以太坊維基）**：https://github.com/ethereum/wiki/wiki
- **Litecoin Wiki（萊特幣維基）**：https://litecoin.info

加密貨幣白皮書

過去十年所發生的比特幣和加密貨幣行業爆炸，都始於中本聰將他的想法發布到*Cypherpunk*郵件列表上（網路上保留的存檔可到https://mailing-list-archive.cryptoanarchy.wiki觀看），這些資料包括了一些程式碼和隨附的「白皮書」（whitepapers）。

從那時候開始到現在，加密貨幣業界發表過無數的白皮書，描述了各式各樣的加密貨幣和區塊鏈系統。我們編了一個簡短的白皮書鏈接列表，方便各位閱讀過去十年中，最受歡迎的一些加密貨幣的白皮書。當然，你也可以搜尋其他我們未列出的白皮書。還有，許多加密貨幣是在沒有白皮書的情況下就推出了（例如萊特幣和狗狗幣都是）。

- **Bitcoin（比特幣）**：https://bitcoin.org/bitcoin.pdf
- **Ethereum Original（原來的以太坊）**：https://ethereum.org/zh-tw/whitepaper/
- **Ethereum Updated:（以太坊更新）**：https://github.com/ethereum/wiki/wiki/White-Paper
- **Monero（門羅幣）**：www.getmonero.org/library/Zero-to-Monero-1-0-0.pdf
- **Zerocash（大零幣）**：http://zerocash-project.org/media/pdf/zerocash-extended-20140518.pdf

中本聰研究所

這個網站包含了中本聰全部的已知著作（無論他或她或他們到底是誰！請參閱第 1 章），以及許多其他「有助於讓比特幣融入更廣泛的密碼學和自由的故事」文件。對比特幣和加密貨幣愛好者來說，這是一個必讀的網站，也是進入兔子洞（rabbit hole，指深入研究的起點）的好方法：https://nakamotoinstitute.org/literature。

密碼龐克宣言

由艾瑞克・休斯（Eric Hughes）撰寫的「密碼龐克」（Cypherpunk，改自 Cyberpunk 賽博龐克）宣言，是多年來許多密碼學家和加密貨幣用戶都會閱讀的基本文件。這篇宣言等於是對加密貨幣起源背後政治意圖的有趣介紹：www.activism.net/cypherpunk/manifesto.html。

各種比特幣指南和導讀

雖然比特幣已經問世 13 年了，但如果你有朋友宣稱自己完全了解比特幣的話，他們不是騙你，就是騙了自己。比特幣就像可以終身學習的一種良好、謙卑的課程，即使我們已經在本書談到了各式各樣的專業術語，但我們也知道本書無法涵蓋關於比特幣的所有內容。我們可能也錯過了許多重要細節沒談到，不過以下的資源應該會有所幫助。正如常見的比特幣諺語所說，「保持謙虛，保持囤幣」（Stay Humble, Stack Sats.，改編自賈伯斯名言 Stay hungry, Stay foolish.）。

目前可用的加密貨幣教育資源，比起從比特幣問世到現在的任何時期都多。成為一個基本的「比特幣人」（Bitcoiner）也比過去容易得多。以下是我們推薦的一些學習資源和學習工具庫：

» **本書另一位作者彼得的八小時影片課程「Crypto Clear：Blockchain & Cryptocurrency Made Simple」（加密貨幣釋義：讓區塊鏈和加密貨幣變得簡單）**：www.cryptoofcourse.com

- **21 Lectures**（**21 講座**）：www.21lectures.com
- **Bitcoin EDU**（比特幣教育）：www.bitcoinedu.com
- **Bitcoin for Everybody**（適合所有人的比特幣）：https://learn.saylor.org/course/view.php?id=468
- **Bitcoin is Hope**（比特幣就是希望）：www.hope.com
- **Bitcoin Lessons**（比特幣課程）：www.bitcoinlessons.org
- **The Bitcoin Standard**《比特幣標準》（碁峰出版，**2019**）：https://saifedean.com/eco21
- **Bitcoin Support**（比特幣支持）：www.bitcoinsupport.com
- **BTC Sessions**（比特幣對話）：www.youtube.com/c/BTCSessions
- **CaseBitcoin**（探索比特幣）：www.casebitcoin.com
- **Jameson Lopp**（詹森·洛普）：www.lopp.net
- **Learn Me a Bitcoin**（比特幣學習）：https://learnmeabitcoin.com/talks
- **Teach Bitcoin**（比特幣教學）：https://teachbitcoin.io

本章內容

- 重新評估工作量證明的能源消耗
- 尋找減少計算浪費的方法
- 將交易吞吐量指標加入評估
- 避免詐騙和敲詐
- 防止火災和鄰居投訴

Chapter 17 對加密貨幣和挖礦的十大批評與抱怨

加密貨幣一直承受著許多批評和抱怨，尤其是針對支持它們的工作量證明挖礦上。其中有許多批評相當有道理，但這些批評也存在許多細微差異，值得徹底解釋、討論甚至辯論。我們將在本章中，解釋一些最常見的批評以及與之相關的反駁論點。

耗費能源

由於工作量證明的挖礦行為，讓比特幣和其他加密貨幣在網路能源消耗上，引發許多爭論。原因正如你在本書中所看到的，比特幣區塊鏈的挖礦需要耗費大量電力。

工作量證明的挖礦確實會消耗大量電力，然而其確切的數量是很有爭議的，而且也很難精確計算。許多經常引用的預估，都是基於單一來源的能源預估，也就是基於區塊鏈網路礦工負擔的電費進行預估。這是一種「經濟」方面的計算，因此會牽涉到許多「假設」，包括假設市場價格、礦工的電費、礦工的用電量如何等等。

然而這種經濟上的能量預估，忽略了很多可以從區塊鏈上取得的數據，也就是可以引用實際網路能量消耗的更準確統計資料，例如每天挖出的區塊數、網路總雜湊率和平均挖礦設備效率等。

幸好目前對比特幣工作量證明網路的能源消耗，已經出現多種不同的預估，而且是來自各種知名單位的預估。它們也都使用了更準確、更基於實際情況的做法來計算能源消耗。表 17-1 列出了比特幣挖礦「瞬間功耗」的各種估計值，單位為百萬瓦（GW、GigaWatt）；以及每年的「能當量」（energy equivalent），單位為太瓦時 / 年（TWh/ 年，TWh 為 10 的 9 次方，也就是 10 億 kWh）。

你可以在圖 17-1 的表格看到這些不同預估。該圖表顯示了時間軸上以 TWh/Year（太瓦時 / 年）為單位的各種能量預估，以及 2017 年至 2019 年的比特幣網路雜湊率（EH/s）。我們可以看到隨著雜湊率上升，能耗也跟著上升。

各位可以拿這些耗電的實際預估數值來比較一下，例如美國全國在聖誕燈裝飾等慶祝節日時，平均一年會用掉 6.63 TWh/ 年（而且這些燈通常只會點亮一個月而已）。

表 17-1 比特幣挖礦功耗估算

來源	網址	瞬間功耗	年能源當量
Alex de Vries（艾力克斯·德弗里斯，加密貨幣資料科學家，2019年7月）	https://digiconomist.net/bitcoin-energy-consumption	8.34 GW	73.12 TWh/year
Coin Center（代幣中心，2019年5月）	www.coincenter.org/evaluating-estimates-of-bitcoin-electricity-use	5 GW	44 TWh/year
CoinShares（數位資產投資，2019年6月)	https://coinshares.com/research/bitcoin-mining-network-june-2019	4.7 GW	41.17 TWh/year
EPRI（美國電力研究院，2018年4月）	www.epri.com/research/products/3002013910	2.05 GW	18 TWh/year

來源	網址	瞬間功耗	年能源當量
Hass McCook（哈斯・麥庫克，知名工程師，2018年8月）	www.academia.edu/37178295/The_Cost_and_Sustainability_of_Bitcoin_August_2018_	12.08 GW	105.82 TWh/year
IEA（國際能源署，2019年7月）	www.iea.org/commentaries/bitcoin-energy-use-mined-the-gap	6.62 GW	58 TWh/year
Marc Bevand（馬克・貝文德，加密貨幣研究員，2018年1月）	http://blog.zorinaq.com/bitcoin-electricity-consump-tion	2.1 GW	18.39 TWh/year
University of Cambridge, Judge Business School（劍橋大學賈奇商學院，June 2019）	https://ccaf.io/cbeci/index	6.36 GW	58.97 TWh/year

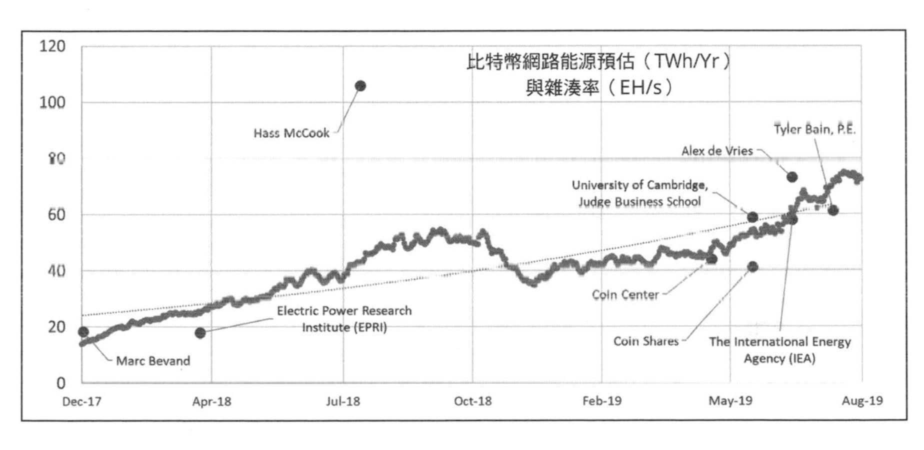

圖 17-1：以每年太瓦時為單位的各種比特幣年度能源預估，以及以EH/s（每秒百京次雜湊）的比特幣網路雜湊率。

也許更適合的比較對象是每年用於金礦開採和回收的能源用量。表格裡提到的哈斯・麥庫克在論文中預估過，金礦開採所使用的全球能源用量，相當於 196.03 TWh/ 年的電當量，幾乎是比特幣挖礦所用能源（基於論文裡的計算）的兩倍（而且是把比特幣挖礦領域的其他用電，例如用來製造挖礦設備的電力也計入）。如果也照比特幣的計算方式，把開採金礦的其他相關能耗加入評估，其所使用的能源還會更多。舉最簡單的例子說，各位知道金礦開採對「環境」產生的重大影響嗎？只要上網搜尋**開採金礦對環境的影響**，那些較有環保意識的人，可能就會放棄穿戴黃金首飾了！金礦開採的過程會產生大量有毒廢物：按照某些統計數據來看，每開採一盎司黃金，就會產生 60 噸的有毒廢物，包括氰化物、砷和汞！

世界上大約 90% 的黃金被當成價值資產儲存，或是做成了黃金首飾，而且大部分黃金首飾本身也同樣被視為價值儲存，因此黃金的工業用途只佔開採份量裡的一小部分而已。從麥庫克的數據來看，每年大約有 175 TWh 的能量被用在黃金的非生產性用途上。因此有人也會爭論這點，認為如果將黃金作為投資標的角色，轉移為投資比特幣的話（加密貨幣狂熱者確信這是最後會發生的情況），一定可以節省更多能源！（而且還保護了環境。）

在 2014 年的一份類似報告中，麥庫克也估算了（請參閱 www.coindesk.com/markets/2014/07/19/under-the-microscope-conclusions-on-the-costs-of-bitcoin）每年用於紙幣印刷和鑄幣的能源用量（11 TWh/Year），以及每年銀行系統消耗的能源用量（650 TWh/ 年）。只要以新的加密貨幣世界來加以取代（讓我們等個 25 年，看看是否有機會發生！），便可大幅減少每年用於管理世界貨幣供應的能源用量。請見圖 17-2，以圖形方式所顯示的這些不同預估年電能用量比較（加密貨幣挖礦的年度能量條圖形長度，包含了對比特幣、以太幣、萊特幣、達世幣和大零幣等網路消耗電量的加總預估）。

我們還根據製造商提供的數據，將網路雜湊率與網路 ASIC 礦機的效率進行比較，估算了其他受歡迎的工作量證明加密貨幣的能耗。其中包括比特幣、以太幣、達世幣、萊特幣和大零幣。圖 17-3 所顯示的比較數據包括瞬間電力消耗（以十億瓦為單位），以及每年的能源值（以每年太瓦時為單位）。

雖然全球比特幣挖礦的能源消耗聽起來可能非常大，但它們總共只佔全球用電量的 0.2% 左右，而且之前的一些研究還預估，用於比特幣和加密貨幣挖礦的 60% 到 75% 的電力是來自可再生資源。

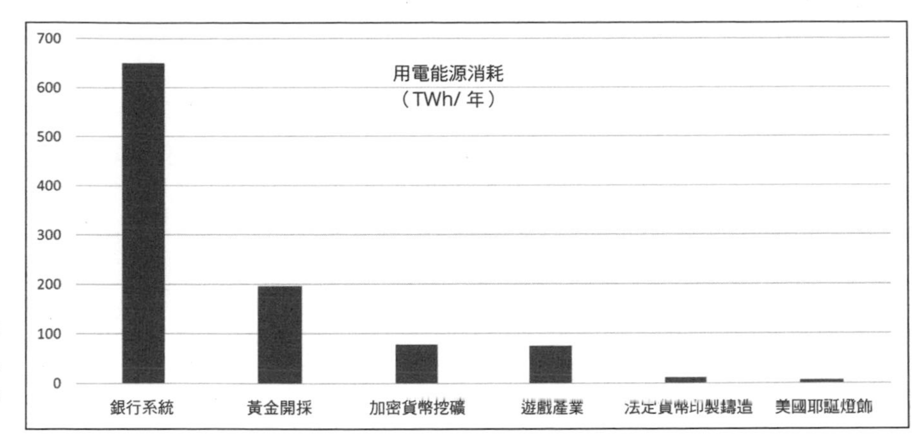

圖 17-2： 各種用途的年能耗比較，以每年太瓦時為單位。

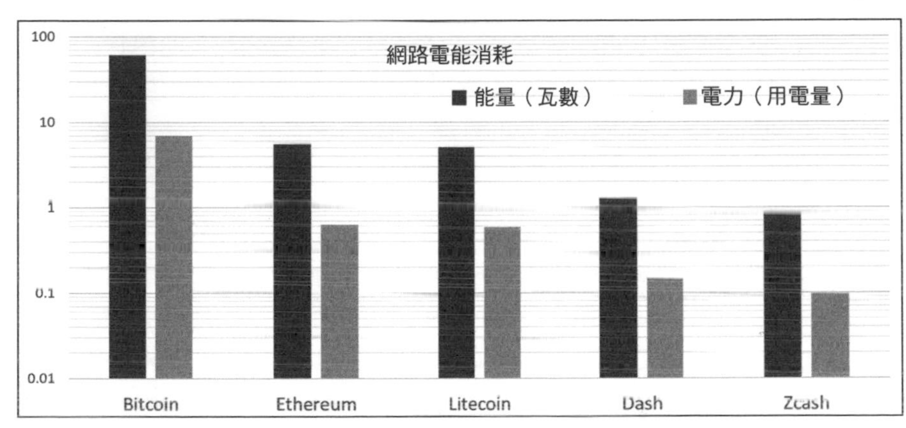

圖 17-3： 使用工作量證明的各種加密貨幣網路所使用網路電力和年度能源的預估。

浪費處理能力

比特幣或加密貨幣另一件經常被批評的事，就是挖礦浪費了本來可以用在其他更好用途上的處理能力。當然，這種批評有一定的道理。因為像超級電腦一般的大量處理能力，確實是被用來挖掘加密貨幣，而不是用來治療癌症或瘧疾，或是解決可能發現新材料或新能源的重要問題上。

不過，浪費與否應該是一件見仁見智的事，因為浪費和價值的定義，都是由旁觀者眼中自行定義的。

而且「浪費」通常被定義為「無目的」的粗心用掉。然而加密貨幣挖礦確實有其目的，也就是拉高操控網路的計算成本，進而保護各種點對點區塊鏈網路，避免駭客攻擊的威脅。這種「工作量證明」機制依賴於博弈論機制和經濟理論，讓攻擊者了解與網路合作，會比對抗網路來得更有價值。

一旦新區塊被添加到區塊鏈上，用於挖掘該區塊的計算價值便已消失，完全沒有任何更進一步的其他價值，所以似乎真的像是一種浪費（因為我們談的不只那位獲勝礦工所提供的算力而已；還要算上全網共同競爭的海量算力）。

許多人對這種處理能力的龐大浪費感到不滿，因此很正常的，會有一些工作量證明加密貨幣的開發者，試圖解決這種浪費掉處理能力的問題。由於工作量證明依賴於數學計算，如果我們能在保護區塊鏈的同時，為人類提供額外的好處，就像錦上添花一樣，何樂而不為？以下便是一些試圖將工作量證明機制，導向慈善事業的加密貨幣範例：

- **Primecoin（質數幣**，http://primecoin.io）是一種獎勵礦工發現質數的加密貨幣系統。質數的定義是只能被自身或 1 整除的整數，自古希臘時代以來一直是數學研究的主題之一，對數學家來說非常有價值。嗯，不過質數到底可以用來做什麼？（質數的用途之一就是加密，亦即我們可以用質數來加密，因此擁有質數的資料庫將會相當有用。還有，聽說量子物理學家也喜歡質數。）
- **Foldingcoin（折疊幣**，https://foldingcoin.net）是基於史丹佛 Folding@home 分散式計算項目，來獎勵「折疊蛋白質」的礦工所使用的加密貨幣。蛋白質折疊有助於醫學界找到可以治療癌症、阿茲海默症和其他許多疾病的蛋白質化合物。
- **Curecoin（治療幣**，https://curecoin.net）是另一種同樣基於史丹佛 Folding@home 項目，獎勵折疊蛋白質礦工的加密貨幣。
- **Gridcoin（格子幣**，https://gridcoin.us）是另一種基於不同分散式計算項目的加密貨幣，用在柏克萊開放式網路計算平台 BOINC 上。BOINC 希望使用閒置的計算資源（亦即 Gridcoin 挖礦的計算能力），協助開展各種科學研究項目，這些項目包括調查疾病、研究全球暖化、發現脈衝星（Pulsar）以及其他許多科學研究。

可惜這些加密貨幣的規模都很小，總市值大約只有 700 萬美元，跟比特幣目前市值可能達 1770 億美元相比，簡直是九牛一毛。然而在不久的將來，世界上的加密貨幣也可能會使用既能保護區塊鏈安全，又能帶來額外好處的挖礦演算法。正如質數幣的創始人桑尼・金（Sunny King）所說：「我希望加密貨幣中的工作量證明，能夠逐漸過渡到能源多用途的方式，亦即可以同時提供安全與科學的計算價值」。另一方面，也有人反對這種論點，因為目前主要加密貨幣的工作量證明演算法非常「簡單」（但競爭激烈），貿然引入更「複雜」的演算法，很可能會引入漏洞，造成更多被攻擊的可能性。

還要再提一件事：各位認為世界上的遊戲玩家一共使用了多少計算能力？雖然很難準確計算，但是有人嘗試過計算玩遊戲的能耗，而且很多礦工都使用了類似的硬體設備（許多 GPU 顯卡本來就是為遊戲設計的），所以耗費的能源可能很接近（也就是兩者能耗之間的關係和計算能力相似，而且遊戲玩家還得為他們的高階顯示器供電）。勞倫斯伯克利國家實驗室的伊凡・米爾斯（Evan Mills），同時也是政府間氣候變化專門委員會的成員，他所提出的估算結果是 75 TWh/ 年（約比特幣能耗的四分之三）。

可擴展性、交易速度和吞吐量

比特幣和其他加密貨幣也經常因交易速度和吞吐量低而受到批評。這種批評同樣是有道理的，因為目前每秒的鏈上交易平均在 2 到 8 筆之間。比特幣網路鏈上交易的理論最大值約為每秒 14 筆交易，相當於每天大約 120 萬筆交易。

為了比較這個數字，我們可以看看信用卡網路的情況。Visa 信用卡每天大約處理 1.5 億筆交易，也就是每秒略多於 1,700 筆。這當然是平均值，所以他們一定可以擁有比尖峰時段還要更高的處理量，根據他們的說法是每秒能夠處理 24,000 筆交易（當然也是理想值）。無論如何，這些數字遠高於比特幣的能力。

不過信用卡系統常被大眾誤解，認為似乎是即時交易。因為當你在商店結帳時，處理交易的時間通常只需要幾秒鐘即可，然而真正需要的處理時間要長得多。各位可以看你的信用卡對帳單，你會發現交易通常需要一天，有時是兩天，有時甚至需要更長時間才會完成交易。而且信用卡交易可能會受到質疑，甚至可能在幾週後撤銷某筆交易。

事實上，你的信用卡交易必須經歷很多個步驟才能完成，而且整個系統非常複雜。交易始於信用卡支付處理器，例如 First Data（美國最大的實體商店信用卡處理器），或始於電子商務（例如 Stripe 或 PayPal）的支付處理器；然後被傳遞到信用卡公司網路如 VisaNet 或 MasterCard（萬事達卡）的 BankNet 網路，接著會在某家銀行透過 SWIFT 網路（環球同業銀行協會金融電信）處理最終的結帳。整個過程通常需要一天時間，但也可能花上長達四個工作天才完成信用卡交易。而且在某些情況下，單筆交易還可能會在長達三個月後出現爭議。

這些信用卡拒付和糾紛的發生，也是信用卡公司不願意讓人們以信用卡購買比特幣或加密貨幣的原因之一，因為一般信用卡交易可以有爭議、撤銷和退款，比特幣交易則完全不行。

那比特幣和其他加密貨幣的交易過程呢？就比特幣而言，交易通常被認為在六個區塊左右（大約一個小時）內，就可以解決而且無法逆轉。如果你完全不知道信用卡交易要花一到三天的時間，可能就會覺得加密貨幣交易很慢。我們認為中本聰設定的比特幣結算時間相當正確：「紙本支票可能會在一、兩週後退票；信用卡交易最長可以在 60 至 180 天後提出異議。比特幣交易則在一、兩個小時之後便不可逆轉」。（有關加密貨幣的相對區塊鏈交易安全性和最終確定區塊時間的比較，可參閱 https://howmanyconfs.com 上的即時統計數據）。

只觀察比特幣或其他加密貨幣的「鏈上」（on-chain）交易數量，並非完全正確，因為許多交易可能發生在「鏈下」（off-chain）。這些鏈下交易是由交易所、託管錢包商或更分散式的第二層解決方案（例如閃電網路 Lightning Network）所進行的交易。這些交易的協議建立在比特幣區塊鏈上，使用雜湊時間鎖定合約（HTLC），因而可以允許每秒進行更多交易，亦即更快的完成交易。區塊鏈上的一個比特幣交易可以包含幾千筆（或更多）閃電網路的交易（若想了解複雜的鏈下交易內容，可參考 https://lightning.network/lightning-networkpaper.pdf 上的閃電網路白皮書，或 https://en.bitcoin.it/wiki/Lightning_Network 上的比特幣閃電網路維基頁面）。

另一種讓交易速度高於一般比特幣交易的方法，就是使用「批量交易」（batched transactions）。一個礦池或交易所可以批量處理包含多達 100 到 250 個輸出地址的「一筆」鏈上交易，在區塊鏈上只需計入一筆交易，因而可以提高交易量。

但即使交易數量增加了，仍然會有人批評鏈上的「吞吐量瓶頸」（throughput bottleneck，亦即交易訊息還必須經過大量傳遞與驗證）問題，但這種區塊鏈空間的稀缺性，對於網路的「去中心化」也相當重要。由於每筆鏈上交易都需經過辨識、驗證並儲存在整個點對點節點系統上，因此這種交易空間的稀缺性和資料共享性，都可以用來維持比特幣等加密貨幣系統最重要的分散式、去中心化特性。

代幣分配的公平性

比特幣等加密貨幣經常因代幣分配「不公平」而受到批評。這種批評來自預先設定的區塊補貼獎勵數量。如第 8 章所述，比特幣網路補貼獎勵隨著時間經過逐漸下降。早期礦工的獎勵較多，然後隨著時間經過穩定下降（比特幣的補貼大約每 4 年或 210,000 個區塊就會減半），許多加密貨幣也模仿了這種區塊獎勵的方式。

然而從另一方面看，工作量證明補貼的分配，依舊會比獎勵大股東的權益證明（POS）系統要公平得多，也比經常竊佔投資者資金的一些自私的「首次代幣發行」（ICO）更為公平。還有那些會獎勵早期投資者而大量「預挖」加密貨幣的類型，或是基於法定貨幣投資佔比來分配獎勵的類型，加上某些大型金融機構控制某些加密貨幣經濟中的資金流動，並在資金流經手中時大賺一筆，都是更加不公平的情況。

市場泡沫與波動

另一個常見的批評就是加密貨幣只不過是另一個投資「泡沫」。懷疑論者經常把加密貨幣與其他著名的投資泡沫一起進行比較，例如荷蘭鬱金香狂熱（17 世紀初）、南海公司（18 世紀初）和網際網路泡沫（1994 年至 2000 年）等。

本書另一位作者彼得對於這類金融泡沫很感興趣，他親身經歷過網際網路泡沫。在 1993 年夏天，也就是泡沫開始前的那個夏天，他正在撰寫《**網際網路白痴指南**》（*the Complete Idiot's Guide to the Internet*，後來他在書中將泡沫的開始追溯到新聞報導的急劇成長以及幾百萬美國人開始上網的 1994 年夏天）。當泡沫破滅時（2000 年夏末至秋季），他正在經營著一家由風險投資公司資助的網際網路公司。2000 年初，他讀了那本《**網際網路泡沫**》（*The Internet Bubble*，哈潑柯林斯出版），這是一本預測大崩跌即將到來的書，而且多數網路公司的管理階層都看了這本書。

這本書的作者安東尼·珀金斯和邁克爾·珀金斯是「紅鯡魚」（Red Herring，一家談論網路商業的紙本雜誌。諷刺的是雖然他們預測到網路泡沫，但在泡沫破滅後，他們也沒能生存下來！）雜誌的編輯，他們提出的理論是金融泡沫通常會持續 6 至 7 年。例如南海公司的股價在公司成立大約 9 年後暴跌（當然我們很難判斷當時的泡沫是從何時開始），網際網路熱潮也在開始六年後，泡沫破裂。

加密貨幣（尤其是比特幣）是否也處於「泡沫」之中？這點很難說，不過到目前為止，情況並非如此。比特幣軟體於 2009 年 1 月首次發布，因此它已經存在了 13 年多（這種說法當然不是指泡沫起始於比特幣的誕生；網際網路的誕生可以追溯到 1960 年代，但網際網路泡沫化要一直到 1990 年代才開始出現）。

但可能因為與其他傳統資產（如黃金或美元）相比，加密貨幣的市值相對較低，因此它們的流動性較低，波動性也會較大。任何新資產在普及和接受的過程裡，市場匯率都會有相當大的波動。前面說過這是由於市場的「價格發現」過程，以及新資產的相關市場訊息不對稱的緣故。在比特幣和其他加密貨幣與其他大型資本化資產相比，能夠獲得相對較接近的市值規模和穩定匯率之前，對於加密貨幣的波動性和泡沫化的看法，可能不會完全消退。

目前看來，加密貨幣不僅沒有消失，也有越來越多的大公司（例如特斯拉），包括規模相當大的金融企業，都參與了加密貨幣的投資。所以我們有充分的理由，可以證明加密貨幣可能是一項對大眾有益的新技術，而且有很大的機會繼續存在下去。

另外也要請大家思考一下：當南海公司股價崩跌最後造成公司倒閉時……荷蘭的鬱金香最後終於降到合理的價格並趨於穩定（不過現在稀有的鬱金香品種價格依舊相當高）時……網際網路泡沫也摧毀了成千上萬的公司……**但是，網際網路並未消失**，甚至已經徹底融入現代人的生活中。除非發生全球性大災難，否則網際網路會消失是完全不可思議的一件事。也有許多在網路泡沫破滅之前就已成立的公司，依舊存在於我們身邊。例如亞馬遜是最早成立的網路公司之一，現在則是世界上最大的公司之一。

中心化

許多加密貨幣的「中心化」也被認為是相當重要的問題。因為加密貨幣需要「去中心化」才能安全可靠的執行，挖礦和程式碼開發都需要去中心化和分散式節點，以確保沒有任何一方或團體可以主導和操縱加密貨幣。

不過大家最擔心的中心化問題，就是挖礦行業集中在少數幾個國家，並由少數礦池實際主導著挖礦。甚至執行加密貨幣網路的軟體程式碼，通常也是由相對較少的人在編寫和管理。這些現象都與點對點加密貨幣網路的分散式特性格格不入。雖然這種批評有其道理，也值得進行學術上的研究，但確實也有點被誤解了。

比特幣和大多數加密貨幣都是基於開源軟體而建立，亦即任何人都可以進行審查和修改並貢獻程式碼。雖然這些開放的分散式加密貨幣系統，確實也有過多次程式碼上的改進，而且有許多人都參與了程式碼修改。然而對於那些為了個人利益或商業利益，而想修改比特幣程式碼的基本原則和共識機制的人，我們認為可以看看中本聰的說法：「比特幣的本質是一旦 0.1 版本發布後，其核心設計在餘生中都不會改變」。換句話說，共識規則是從區塊鏈的開始，亦即從創世區塊開始設定。如果想改變共識規則，你與整個區塊鏈網路的其他部分就會「脫離共識」；你就會「分叉」成為一個不同的區塊鏈網路。

當然「中心化」確實是加密貨幣的真正問題之一。原先點對點系統的預設，是以自己執行完全驗證節點的 CPU 礦工為核心。不過自比特幣誕生以來，ASIC 設備發展迅速，礦池逐漸普及，大規模的加密貨幣礦場變得司空見慣。這些發展也導致加密貨幣的生態系統更加中心化。

我們在第 8 章討論過去中心化的規模，中心化和去中心化並不是兩種不同的東西，而是指系統可以在不同程度上中心化或分散化。這種情況就是指比特幣和加密貨幣的挖礦，大部分集中在某些地方的問題。在本書撰寫時，礦工的共識可能更傾向於把這種規模加以去中心化。隨著這種提議發展下（例如 BetterHash 礦池的改進，以及 Stratum v2 的提議，都讓依附礦池工作的礦工和礦池營運商之間，能夠改進原先過於中心化的運作機制），比特幣和其他工作量證明開採的加密貨幣，都更有機會朝向更可能去中心化的方向發展。

詐騙和敲詐

加密貨幣領域充斥著各種詐騙（scam，惡意騙錢）和敲詐（rip-off，哄抬價格或未履行交貨等）事件。例如交易所被駭客入侵、哄抬價格的挖礦設備供應商，以及收錢卻不誠實的雲挖礦公司等，都讓比特幣短短的歷史上，充斥著許多公司和個人從善意的消費者手中騙走比特幣、其他加密貨幣或當地法定貨幣的案例。

還有無數次涉及首次代幣發行（ICO）的騙局，這些騙局通常會承諾超出宣傳者可以支付（或曾經打算支付）的加密貨幣價值或其未來發展承諾，並藉此竊取價值可能高達幾十億美元的投資者資金。

這對加密貨幣的發展是相當嚴重的問題，因為這種事件會把加密貨幣描繪成危險和不可靠的投資，而不是普通人願意參與的投資標的，當然也會嚴重阻礙加密貨幣市場的成長。

這些批評都非常有效，可以讓你警惕而保護自己。避開比特幣和加密貨幣領域裡那些潛在的不良行為者、詐騙者和敲詐者的唯一方法，就是學習和理解你正在做什麼，並且仔細做好你的研究，然後遵守「不要信任，要驗證！」的原則。

硬體價格上漲與稀缺的問題

比特幣和加密貨幣挖礦的另一個問題，就是硬體價格上漲和稀缺性，亦即硬體設備在其他用途上缺貨的情形。

舉例來說，當 GPU 挖礦越來越受歡迎也頗有獲利時，對顯卡這種計算硬體的需求猛然增加，價格也持續飆升，一般用途的使用機會便下降了。因此也導致使用這類顯卡的一般用戶（主要是電腦遊戲玩家、影片製作人和圖形設計師），必須為顯卡設備支付更高的價格（如果買的到的話）。

不過我們也可以說，由於對 GPU 和 ASIC 的高度需求，進而導致印刷電路板（PCB）領域的創新，讓生產、開發和製造的量能都顯著提升。手機等其他晶片應用的改進、筆記型電腦和任何其他依賴基於 PCB 電腦晶片的電子設備，都能有長足的進步。這種由加密貨幣挖礦 ASIC 帶頭的創新，已經滲透到幾乎所有其他工業電腦晶片的應用上。

火災風險

確實有一些值得注意的加密貨幣礦機失火的案例；雖然可能發生，但實際上並不常見。顯卡和 ASIC 晶片都是在非常高的溫度下運作，如果礦工使用的大量電力設備沒有正確安裝、配置或維護的話，確實可能引發火災。

最著名的案例發生在俄羅斯符拉迪沃斯托克，有一間在公寓頂樓經營的加密貨幣礦場發生火災，迅速燒毀了緊鄰的 8 間公寓，在消防隊員撲滅大火時，下方的 30 間公寓也完全被水浸濕而毀損。

這個例子告訴我們，一定要正確執行挖礦設備的安裝操作！例如適當的額定電力和安裝妥善的電源與電氣基礎設施；事實上，如果供電設備是經由合格且認證過的電工正確安裝的話，挖礦幾乎不會有發生火災的問題。

在安裝電路或檢查用於加密貨幣挖礦的電氣設備接線時，請諮詢當地認證電工的建議。此外，為避免萬一因電氣故障而讓設備起火的情況，請確實安裝火災警報器，並將滅火器相關設備放在挖礦設備附近（這點對任何家庭或工作地點都是很好的建議）。

鄰居投訴

高轉速的冷卻風扇讓加密貨幣挖礦設備產生相當大的噪音。不論小型或大型挖礦作業，都很常見到鄰居投訴的情況（各位可以搜尋有關**鄰居投訴加密貨幣挖礦噪音**的新聞，你就會發現一堆頭條新聞，包括「那是什麼噪音？」、「世界上最大的比特幣設施之一實在太吵了」、「比特幣挖礦營運商努力遵守城市噪音管制條例」、「挖礦的嗡嗡聲讓鄰居無法入睡」……等）。

不過對於加密貨幣的這種批評，實在屬於 NIMBY（Not in My Back Yard，別出現在我家後院！）的問題範疇。這是很正常的狀況，因為人們通常不希望住宅安寧被附近任何工業流程擾亂。加密貨幣挖礦相關的噪音和其他問題（例如電力使用和當地電網限制等），讓一些小鎮居民甚至會遊說當地管理委員會，明令禁止在當地從事加密貨幣挖礦。

該如何解決鄰居投訴的噪音問題呢？對於大型挖礦設施而言，唯一合理的答案可能就是遠離住宅區！而對於小型的家庭挖礦作業來說，尤其如果是住在公寓裡的話，可能就相當困難。不過如同前面章節裡提過的，你的挖礦設備確實能有接近「靜音」的機會，有些更專業的礦工，也已經把礦機安裝在這種靜音裝置中（請參閱第 12、15 章）。

關於作者

彼得·肯特（Peter Kent）：彼得幾十年來持續為一般人解釋各種技術，他的方法是透過自己的六十幾本書（包括知名的《第一次學 *SEO* 就上手》和《網際網路白痴完整指南》）、企業諮詢、線上課程、研討會、講習班以及法庭證詞（亦即作為技術相關訴訟的專家證人）等。這六十幾部技術書籍的範圍除了上述《第一次學 *SEO* 就上手》（*SEO For Dummies*，Wiley 出版）；《網際網路白痴完整指南》（*Complete Idiot's Guide to the Internet*，Que 出版）外；還有關於密鑰加密和 JavaScript，以及有關電子商務和網路開發的書籍。從 80 年代以來，彼得一直在對讀者教導並解釋各種相關技術，從事客戶諮詢（包括律師、法官和陪審團方面，通常是在與網際網路技術相關的訴訟中擔任專家證人），甚至協助美國國會（受研究機構邀請造訪立法機關，協助他們了解加密貨幣的新世界）。他製作了一個關於加密貨幣作業的 8 小時影片課程，名為「*Crypto Clear：Blockchain & Cryptocurrency Made Simple*」（加密貨幣釋義：讓區塊鏈和加密貨幣變得簡單！），課程放在 www.cryptootcourse.com 網站。

泰勒·貝恩（Tyler Bain）：泰勒從事加密貨幣挖礦領域的研究多年，得到許多區塊鏈生態系統方面的經驗。他除了是科羅拉多州註冊的專業工程師外，也曾在科羅拉多州戈爾登市的科羅拉多礦業學院主修電機專業。他目前是加密貨幣礦業公司的顧問，也在當地一家電力公司擔任電機工程師，當然也是一位狂熱的比特幣和加密貨幣礦工。他還是電機與電子工程研究所和落磯山電機聯盟的活躍成員，並為電力研究所提供諮詢服務。他的興趣包括金融運輸電子化、點對點系統和電網等。

致獻

彼得：這本書要獻給莫妮克；抱歉上次沒來得及獻給妳！

泰勒：我想把這本書獻給中本聰，沒有他，這本書就不會存在。同時也要獻給整個比特幣和加密貨幣社群：「我們都是中本聰」。

第一次加密貨幣挖礦就上手 第二版

作　　者：Peter Kent, Tyler Bain
譯　　者：吳國慶
企劃編輯：蔡彤孟
文字編輯：江雅鈴
設計裝幀：張寶莉
發 行 人：廖文良

發 行 所：碁峰資訊股份有限公司
地　　址：台北市南港區三重路 66 號 7 樓之 6
電　　話：(02)2788-2408
傳　　真：(02)8192-4433
網　　站：www.gotop.com.tw
書　　號：ACD022700
版　　次：2023 年 04 月初版
建議售價：NT$520

國家圖書館出版品預行編目資料

第一次加密貨幣挖礦就上手 / Peter Kent, Tyler Bain 原著；吳國慶譯. -- 初版. -- 臺北市：碁峰資訊, 2023.04
面；　公分
譯自：Cryptocurrency Mining For Dummies, 2nd ed.
ISBN 978-626-324-490-0(平裝)
1.CST：電子貨幣

563.146　　112005092

讀者服務

- 感謝您購買碁峰圖書，如果您對本書的內容或表達上有不清楚的地方或其他建議，請至碁峰網站：「聯絡我們」\「圖書問題」留下您所購買之書籍及問題。（請註明購買書籍之書號及書名，以及問題頁數，以便能儘快為您處理）
http://www.gotop.com.tw

- 售後服務僅限書籍本身內容，若是軟、硬體問題，請您直接與軟體廠商聯絡。

- 若於購買書籍後發現有破損、缺頁、裝訂錯誤之問題，請直接將書寄回更換，並註明您的姓名、連絡電話及地址，將有專人與您連絡補寄商品。